प्रभात प्रणीत

प्रभात प्रणीत का जन्म 7 अगस्त, 1977 को हाजीपुर, वैशाली (बिहार) में हुआ। उन्होंने सिविल इंजीनियरिंग में स्नातक किया है। विभिन्न पत्र-पत्रिकाओं में उनकी कविताएँ, कहानियाँ, लेख और समीक्षाएँ प्रकाशित होती रही हैं। वे साहित्यिक संस्था और वेव पत्रिका 'इन्द्रधनुष' के संस्थापक हैं। उनके दो उपन्यास— 'यही इंतिज़ार होता' और 'वैशालीनामा' तथा एक कविता-संग्रह 'प्रश्न काल' प्रकाशित है। वे पटना में रहते हैं।

ईमेल : prabhatpraneet@gmail.com

वैशालीनामा

लोकतंत्र की जन्मकथा

प्रभात प्रणीत

राधाकृष्ण पेपरबैक्स

राधाकृष्ण पेपरबैक्स में

पहला संस्करण : 2023

राधाकृष्ण पेपरबैक्स : उत्कृष्ट साहित्य के जनसुलभ संस्करण

राधाकृष्ण प्रकाशन प्रा. लि.
जी-17, जगतपुरी
दिल्ली-110 051
द्वारा प्रकाशित

शाखाएँ : अशोक राजपथ, साइंस कॉलेज के सामने, पटना-800 006
पहली मंजिल, दरबारी बिल्डिंग, महात्मा गांधी मार्ग, प्रयागराज-211 001
1, अनमोल सोराबजी संतुक लेन, धोबी तलाव, मरीन लाइंस, मुम्बई-400 002

वेबसाइट : www.radhakrishnaprakashan.com
ई-मेल : info@radhakrishnaprakashan.com

विकास कंप्यूटर एंड प्रिंटर्स
ट्रॉनिका सिटी–201 102
द्वारा मुद्रित

मूल्य : ₹250

VAISHALINAMA : LOKTRANTRA KI JANAMKATHA
Novel by Prabhat Pranit

ISBN : 978-81-19092-79-6

पिता के लिए
जिनसे समाज को समझने की दृष्टि
और
संघर्ष की शक्ति मिली

भू-स्पर्श

'वैशालीनामा' उपन्यास है, इतिहास नहीं। लेखक की कल्पना ही इसमें पल्लवित हुई है। हाँ, इसमें सन्देह नहीं कि इस कथा की प्रेरणाभूमि पौराणिक है। और, इसका उद्देश्य मानव समाज के उज्ज्वल वर्तमान और उज्ज्वलतर भविष्य के लिए प्रासंगिक मूल्यों का आह्वान करना है।

—प्रभात प्रणीत

वैशालीनामा

लोकतंत्र की जन्मकथा

गंगा-सरयू संगम के दक्षिणी तट से कुछ ही दूर घने जंगल के बीच अवस्थित सिद्धाश्रम रात के उस दूसरे पहर एकदम शान्त पड़ा था। ऋषि-मुनियों के निवास स्थान के लिए प्रसिद्ध इस जगह पर दिन के समय कोलाहल मचाए रखनेवाले वानर, हिरन, खग सब थककर सो गए थे। अमावस की यह रात इतनी घनी थी कि वृक्ष, लता, कुटीर सब अँधेरे में डूबकर अदृश्य-से हो चुके थे। आश्रम से सोन तट तक जानेवाला मार्ग भी अँधेरे में डूबा हुआ था, वह मार्ग जिस पर चलकर व्यापारी, राही वहाँ से तीन योजन दूर सोन-गंगा संगम को पार करते हुए मगध राज्य की राजधानी राजगृह तक जाते थे। दिन के समय इस मार्ग पर गहमागहमी बनी रहती थी। इस मार्ग का उपयोग बहुत से व्यापारी वज्जि राज्य की राजधानी वाणिज्यग्राम जाने के लिए भी करते थे। वही वैभवशाली वज्जि राज्य जिसकी स्थापना आर्य सिरमौर वैवस्वतमनु के पुत्र नाभानेदिष्ट ने की थी। व्यापारीगण गंगा-सोन संगम के पास के पाटलिग्राम के सामने गंगा के उस पार वज्जि होते हुए विदेह और चम्पा तक जाते थे। बेबीलोन, फारस, हस्तिनापुर, कोसल के यात्री वैसे तो यमुना के द्वारा नाव से प्रयाग तक आकर वहाँ से गंगा के रास्ते काशी होते हुए सीधे वज्जि, मगध या बंग चले जाते थे किन्तु उनमें से बहुतेरे काशी से चलने के बाद गंगा-सरयू के संगम पर उतरकर आगे की यात्रा इस मार्ग से भी पूरी करते थे। सिद्धाश्रम की प्रसिद्धि और इस रमणीक मार्ग की सुषमा उन्हें यहाँ खींच लाती थी। इस मार्ग पर रथ, पालकी, अश्व, हाथी के चलने के लिए ऊँचा रास्ता बना था जिसके दोनों तरफ ऊँचे-ऊँचे पेड़ थे जबकि पैदल चलने वालों के लिए मार्ग के दोनों तरफ थोड़ा नीचे अलग से रास्ता बना था। मार्ग के किनारे व्यापारियों, यात्रियों के लिए एक बड़ा विश्रामगृह था जहाँ का पहरेदार भी इस समय थककर ऊँघ रहा था।

किन्तु विश्रामगृह से थोड़ी दूर जंगल के अन्दर एक शिविर से आ रही हल्की रोशनी सम्पूर्ण चराचर को अपने आलिंगन में समेटे घुप्प अँधेरे को भेदकर बार-

बार चमक उठती थी। जब कोई धनी व्यापारी, धनपति यात्रा करता था तो अपने साथ रक्षक, दास आदि की टोली लेकर चलता था और गन्तव्य तक पहुँचने से पूर्व मार्ग में विश्राम के लिए उसे पड़ाव डालना पड़ता था। दल-बल बड़ा होने के कारण ऐसे लोगों को विश्रामगृह में रुकने की जगह अपना शिविर बनाकर रुकना सुविधाजनक लगता था। यह शिविर भी ऐसा ही एक अस्थायी विश्राम था जिसमें कई तम्बू आसपास बने थे। रात के उस अँधेरे में कुछ लोग थे जिनकी दृष्टि दूर से इसी शिविर पर टिकी थी। वे छः की संख्या में थे जो इस मार्ग से गुजरनेवाले यात्रियों को लूट लेते थे। माघ-फाल्गुन के महीनों में जब यात्रियों की संख्या बढ़ जाती थी ये लोग विशेष रूप से सक्रिय हो जाते थे। इनके पास चाकू, खड्ग, तीर-धनुष, भाला जैसे तमाम हथियार होने के साथ-साथ तीव्रगति से दौड़नेवाले मजबूत घोड़े भी थे जो बिना थके देर तक भाग सकते थे। ये लोग व्यापारियों के शिविरों की ताक में रहते थे क्योंकि इन शिविरों को लूटने से इन्हें एक ही बार में अत्यधिक धन प्राप्त हो जाता था। इस दल का प्रमुख लम्बी कद-काठी एवं बलिष्ठ डील-डौल वाला सत्यरथ था। इस समय दल के बाकी सदस्य सत्यरथ को घेरकर खड़े थे और उससे आगे की कार्यवाही हेतु दिशा-निर्देश ले रहे थे। विश्रामगृह का प्रहरी अधिक दूर नहीं था इसलिए सत्यरथ अत्यन्त धीमे स्वर में बोल रहा था।

"तुममें से दो जन पहले शिविर में प्रवेश करो और उनके रक्षकों, प्रहरियों को मदिरापान कराओ, जब वे मद में चूर होकर शिथिल होने लगे तब शेष साथियों को संकेत कर देना। एक बार में एक ही तम्बू पर धावा बोलना है, और धावा दो जन ही बोलेंगे, एक जन बाहर ही खड़ा रहेगा, यदि किसी तरह की असुविधा हुई तो मुझे ऊँचे स्वर में संकेत देना मैं पहुँच जाऊँगा। किन्तु एक बात सदैव की तरह स्मरण रहे, किसी स्त्री या शिशु को चोट नहीं पहुँचनी चाहिए और न ही किसी का वध करना है, प्रतिकूल स्थिति में कुछ करने से बेहतर है वापस लौट आना।"

सत्यरथ की बात पूरी होते ही उस दल के सभी सदस्य शिविर की तरफ प्रस्थान कर गए। सत्यरथ वहीं खड़ा रहा। आज उसका मन कुछ विचलित सा था जिसका कारण वह समझ नहीं पा रहा था। वज्जि से मगध के इस हिस्से में आकर व्यापारियों को लूटने का काम वह पिछले पाँच वर्षों से करता आ रहा था किन्तु आज की तरह उसका मन कभी उद्विग्न नहीं हुआ था। उसने मन-ही-मन अपने स्वर्गवासी माता-पिता का स्मरण कर अपने मन को स्थिर करने का प्रयत्न किया। पिता को तो उसने देखा भी नहीं था किन्तु अपनी माता के मुख से उनके बारे में सुनकर उसने अपने मन में उनकी एक छवि रच ली थी। माता की मृत्यु भले ही सात वर्ष पूर्व हुई हो किन्तु उसकी छवि उसके मन में इतनी ताजा थी जैसे वह अभी-अभी उससे मिलकर आया हो। माता-पिता का स्मरण करने से उसे थोड़ी शान्ति मिली। वह वहीं बैठ गया और अपनी दृष्टि शिविर से आ रही रोशनी पर टिका दी।

रात्रि का तीसरा पहर होते-होते पहले गए साथियों के संकेत पाकर सत्यरथ के तीन साथी शिविर में प्रवेश तो कर गए किन्तु उन्हें इस बात का आभास हो गया कि यह कोई सामान्य धनपति या व्यापारी का शिविर नहीं है। प्रहरी जो उनके साथियों के साथ एक कोने में अब भी मदिरापान कर रहे थे उनकी संख्या तीस से अधिक थी व्यापारी इतने प्रहरियों को साथ प्राय: नहीं चलते थे। वे कुछ घबरा से गए थे किन्तु अब वापस लौटने का कोई विकल्प नहीं था। उन्हें भय था कि मुख्य तम्बू में लूटपाट करने में यदि विशेष प्रतिरोध का सामना करना पड़ा और कोलाहल हुआ तो बाहर मदिरापान कर रहे प्रहरी सचेत हो सकते हैं। उस स्थिति में इतने अधिक प्रहरियों से अपनी रक्षा कर पाना मुश्किल था। इसी आशंका से तीनों ने मिलकर एक आपात निर्णय किया—अन्दर जो भी हो हम उसका सीधा वध कर देंगे, यदि दल-प्रमुख ने बाद में प्रश्न किया तो हम कह देंगे कि ऐसा हमें अपनी प्राण-रक्षा के लिए करना पड़ा है।

इस निश्चय के उपरान्त उन्होंने मुख्य तम्बू के अन्दर झाँककर देखा तो एक नवयुवक को राजसी वेशभूषा में सोया हुआ पाया। इतनी कम उम्र का धनपति! उस निद्रालीन नवयुवक की नियति पर किंचित दुख हुआ किन्तु अब कुछ भी सोचने का समय नहीं था। एक ने अपनी खड्ग निकाल ली और तौल-तौल कर पाँव रखता हुआ तम्बू के अन्दर प्रवेश किया। बाकी दो उससे कुछ दूरी पर बने रहे। अभी खड्ग वार को उठा ही था कि एक खंजर खड्गधारी के हाथ पर तेजी से आकर धँस गया और खड्ग भूमि पर गिर गया।

खड्ग गिरने की आवाज से सोया नवयुवक जाग गया और बिजली की गति से एक झटके में वह न केवल उठ खड़ा हुआ बल्कि एक हाथ में तलवार उठाकर दूसरे हाथ से उसने अपने कब्जे में ले लिया जिसने उस पर वार करने की चेष्टा की थी। उसने यह सब इतनी फुर्ती से और पलक झपकते किया कि किसी को कुछ समझ में नहीं आया।

वार करने की चेष्टा करनेवाले ने बाँह में खंजर धँसने से हो रही तीव्र पीड़ा में कराहते हुए जब खंजर आने की दिशा में अपनी क्रोध भरी दृष्टि घुमाई तो वहाँ सत्यरथ को खड़ा देखकर क्षण भर के लिए भौंचक्का रह गया और चिल्लाया—"तुमने मुझ पर वार क्यों किया सत्यरथ!"

सत्यरथ भी उसी आवेग में चिल्लाया—"क्योंकि तुम अनर्थ करने जा रहे थे, मैंने किसी का भी वध करने से मना किया था और तुम्हें इस बात का भान भी नहीं कि जिस पर तुम वार करनेवाले थे वे कौन हैं!"

और इन शब्दों के पूरा होते-होते शिविर के प्रहरी उस तम्बू में घुस आए। अब सत्यरथ सहित उसके सभी साथी उनके कब्जे में थे।

वार करने की चेष्टा करनेवाले को प्रहरियों को सौंपकर राजसी वेशभूषा वाले

नवयुवक ने सत्यरथ से ऊँचे स्वर में प्रश्न किया—"कौन हो तुम और यहाँ आने का प्रयोजन क्या है, और तुमने अपने ही साथियों से मेरी प्राण-रक्षा क्यों की?"

"अपने कृत्य के लिए मैं शर्मिंदा हूँ युवराज नाभाग, मुझे यथोचित दंड दें किन्तु मैं सारी बातें एकान्त में करना चाहता हूँ और अपना परिचय भी एकान्त में ही देना चाहता हूँ", सत्यरथ ने उत्तर दिया।

नवयुवक का परिचय सुनकर सत्यरथ के साथी सन्न रह गए। वे युवराज नाभाग से और बार-बार क्षमा-याचना करने लगे। वे यह सोचकर ही काँप रहे थे कि वे अपनी मातृभूमि वज्जि राज्य के युवराज नाभाग की हत्या करने जा रहे थे। यह अक्षम्य अपराध था। उन्हें भयातुर देख युवराज नाभाग ने सभी को शान्त रहने के लिए कहा और सत्यरथ से एकान्त में बात करने की इच्छा का कारण पूछा।

सत्यरथ ने अनुरोध भरे स्वर में कहा, "युवराज, मैं जो कुछ भी कहना चाहता हूँ उसे यदि आपके प्रहरियों के समक्ष कहने से मुझे क्षति पहुँचती तो मैं उसकी परवाह नहीं करता किन्तु प्रश्न आपके हित का है इसलिए मैं यह विनती कर रहा हूँ। कृपया अपने रक्षकों से भी कहें कि वे आपके आदेश के बिना मेरे साथियों से कोई प्रश्न नहीं करें।"

युवराज नाभाग अब भी आश्चर्य में था। कुछ देर पहले जो कुछ घटित हुआ था उसका कारण उसे समझ नहीं आ रहा था किन्तु उसने यह स्पष्ट हो चुका था कि सत्यरथ उसका अहित नहीं चाहता तभी उसने उसकी प्राणरक्षा की थी। बारह वर्ष तक काशी में महर्षि मलय ऋषभ के पास रहकर विद्या अध्ययन करने के बाद लौटते समय सीधे अपने राज्य जाने के बदले सिद्धाश्रम के ऋषि-मुनियों से मिलने और इस बीच मगध वासियों का जीवन वैभव ठीक से देखने के लिए इस मार्ग से वज्जि लौटने का निर्णय उसका अपना था। महर्षि मलय ऋषभ ने भी कहा था कि वास्तविक शिक्षा आम लोगों के मध्य रहने और देशाटन करने से प्राप्त होती है। ग्रन्थों में वर्णित सिद्धान्तों को धरातल पर परखना आवश्यक है, इसके बिना शिक्षा अपूर्ण ही रहती है। सिद्धाश्रम के ऋषियों के बीच सात दिन बिताने के पश्चात दस दिन तक वह आम नागरिक की वेशभूषा में विभिन्न गाँवों में जाकर समय बिता चुका था। अगले दिन सुबह उसे अपनी राजधानी वाणिज्यग्राम के लिए प्रस्थान करना था कि यह घटना हो गई। कुछ क्षण सोचने के पश्चात उसने सत्यरथ को छोड़कर सभी को बाहर चले जाने को कहा तथा अपने रक्षकों को निर्देश दिया कि बन्दी बनाए गए लोगों का कोई उत्पीड़न न हो और उनसे अभी कुछ न पूछा जाए।

उनके जाने के पश्चात नाभाग ने सत्यरथ से पूछा, "मेरा परिचय यहाँ कोई नहीं जानता सत्यरथ। पिछले सत्रह दिन मैंने मगध सीमा में बिताए हैं जिसकी सूचना मेरे पिताश्री महाराज के अलावा हमारे राज्य में किसी को नहीं है, फिर तुम्हें मेरे बारे

में कैसे ज्ञात है? तुम्हारा प्रायोजन समझने में मैं अभी तक असमर्थ हूँ। सत्य तुम्हारे नाम से जुड़ा है, आशा है अपने नाम के साथ न्याय करोगे।"

दो क्षण ठहरकर सत्यरथ ने उत्तर दिया, "क्षमा कीजिए युवराज। मैं शब्दों के प्रचलित अर्थ और उसकी महत्ता में विश्वास नहीं रखता। यहाँ शक्तिशाली और समर्थ जन शब्दों को अपने हितों के अनुरूप अर्थ दे देते हैं अत: इस प्रकार आरोपित अर्थों में मेरी आस्था नहीं, फिर भी मैं आपसे सत्य ही बोलूँगा क्योंकि असत्य बोलना स्वयं मुझे ही स्वीकार्य नहीं। मैं आपके राज्य का ही नागरिक हूँ, मेरा गृह विशाल नदी के किनारे विष्णुपद ग्राम में है और हर साल माघ-फाल्गुन के मास में अपने साथियों के साथ यहाँ आकर व्यापारियों को लूटता हूँ।"

"सत्यरथ, शब्द अपने अर्थ स्वयं कभी नहीं बदलते, यह तो हम हैं जो उसे अपनी सुविधानुसार तोड़ते-मरोड़ते हैं इसलिए उनके प्रति अविश्वास उचित नहीं... किन्तु तुम्हारी बातों व व्यवहार से यह तो ज्ञात होता है कि तुम विवेकशून्य नहीं हो फिर किसी को बलपूर्वक लूटने जैसा घृणित कार्य क्यों करते हो वह भी अपनी राज्य-सीमा से बाहर निकलकर दूसरे राज्य में आकर। इस अपराध के लिए तुम्हें मगध राज्य द्वारा मृत्युदंड दिया जा सकता है।"

"युवराज, मैं आपकी बातों को नकार नहीं सकता, सम्भव है मैं जहाँ खड़ा हूँ वहाँ से दृष्टि भ्रमित रहती हो इसलिए शब्दों को अब तक परख नहीं पाया हूँ। मैं अपराधी भी हूँ बलपूर्वक धन लूटने का किन्तु युवराज यह पूरी सृष्टि, यहाँ का समस्त विधान तो बलाधारित है, यहाँ स्वतंत्र क्या है, माँ की कोख में आने के पहले ही मनुष्य समस्त बलों की अधीनता स्वीकार लेता है। मुझे साँस लेनी है तो मुझे कुछ करना है और जो करने की अनुमति मुझे यह धरती दे रही है वह मुझे स्वीकार नहीं, और जो कर रहा हूँ उसे दोष मानते हुए भी जिन्दा रहने के लिए ही कर रहा हूँ। माता ने कहा था कि मातृभूमि के साथ कभी विश्वासघात नहीं करूँ इसलिए मगध सीमा में आकर यह काम करता हूँ।"

"तुम्हारी बातों से लगता है तुम कुछ कारणों से अत्यधिक पीड़ा में हो किन्तु सत्यरथ, इस पृथ्वी को मत्स्य न्याय से बचाने के लिए विधान आवश्यक है जो बलात आरोपित तो होता है किन्तु अन्तत: उसका लाभ मानव जाति को ही मिलता है। मैं तुम्हारी माता को नमन करता हूँ जिन्होंने तुम्हें मातृभूमि से प्रेम का पाठ पढ़ाया। तुमने बताया नहीं कि तुम्हें मेरे बारे में जानकारी कैसे हुई और तुमने मुझसे एकान्त में वार्तालाप की बात क्यों की?"

"युवराज, क्षमाप्रार्थी हूँ किन्तु विधान बनानेवाले क्या न्याय की मनगढ़ंत परिभाषा नहीं गढ़ लेते? मेरी ईश्वर में कोई आस्था नहीं किन्तु मेरी माँ की अटूट आस्था थी। ईश्वर का यदि अस्तित्व है तो क्या सब उनकी इच्छा से ही हो रहा है जैसा कि मेरी माँ को अपने अन्तिम क्षणों तक विश्वास था, और जैसा कि विधान

आरोपित करनेवाले स्वयं को यह अधिकार देते समय घोषित करते हैं? सही-गलत, न्याय-अन्याय, सत्य-असत्य इस पृथ्वी पर द्विअर्थी हैं, क्षमा करिएगा युवराज, इनका आपके लिए एक अर्थ है और मेरे लिए दूसरा अर्थ है। आप वज्जि राज्य के युवराज हैं, आप क्षत्रिय हैं, सभी विधानों में आपकी इच्छा के अनुसार आपके लिए एक ओट प्रस्तुत होगा किन्तु क्या मेरे लिए ऐसा ही है? क्या मेरी माँ के लिए यह था? मेरी माँ की गलती केवल इतनी थी कि उसने प्रेम किया। प्रेम! ब्राह्मण होते हुए एक शूद्र से प्रेम! शूद्र अर्थात मेरे पिता। उसे प्रतिष्ठा और प्रेम में से किसी एक का चयन करने का आदेश हुआ, माँ ने प्रेम का चयन किया। नगर निष्कासन से इस सभ्य समाज को सन्तुष्टि नहीं मिली तो उसने मेरे पिता को मृत्युदंड दे दिया, घोषित विधान के विपरीत। और ऐसा करनेवाले जन शुल्क देकर दंड से सुरक्षित हो गए क्योंकि ब्राह्मण द्वारा एक शूद्र की हत्या हुई थी। यह सब मेरे जन्म से पहले हुआ। दुनिया में मेरे आँखें खोलने से पूर्व से ही सन्ताप मेरी प्रतीक्षा कर रहा था...अपना यह इतिहास लेकर मैं न्याय की किस परिभाषा को सत्य समझूँ युवराज और इसे आरोपित करनेवाले विधान को क्यों आवश्यक मान लूँ?...मैं ब्राह्मण माता और शूद्र पिता की सन्तान हूँ इसलिए चांडाल हूँ। मुझे नगर में रहने की अनुमति नहीं, मेरे लिए मृत शवों को नगर से बाहर करने का कार्य निश्चित है। इस कार्य को करने के लिए भी यदि मैं नगर में प्रवेश करता हूँ तो मुझे लकड़ी बजाते हुए जाना होता है ताकि योनिश्रेष्ठ लोग मुझसे सतर्क हो जाएँ। अन्यथा उनकी दृष्टि भी मुझ पर पड़ेगी तो वे अशुद्ध हो जाएँगे। मुझे मनुष्यों के नगर को, उनके आवास को स्वच्छ रखना है किन्तु यह ध्यान रखते हुए कि मुझ पर दृष्टि पड़ भर जाने से कहीं वे अशुद्ध न हो जाएँ। सारे उत्तरदायित्व और कर्तव्य मेरे लिए निर्धारित हैं सिवाय किसी अधिकार के। मुझे कुत्तों और पक्षियों की श्रेणी में रखा गया है। मैं जहाँ रहूँ वहाँ की हवा तक दूषित मानी जाती है। मुझे एक बार आपके पिता महाराज नाभानेदिष्ट का दूर से दर्शन करने का अवसर अनायास मिल गया था। इसलिए मैं आपको पहचान गया कि आप युवराज नाभाग हैं। अभी आपने मेरे जिस साथी का स्पर्श किया था वह भी मेरी तरह चांडाल है। उसको आपके स्पर्श करने की बात राज्य के लोगों तक पहुँचना ठीक नहीं। जल्दी ही आपका राज्याभिषेक होनेवाला है इसलिए इस बात के फैलने से आपके राज्याभिषेक में व्यवधान आ सकता है, शुद्धि प्रक्रिया में विलम्ब हो सकता है इसलिए मैंने यह जानकारी एकान्त में देना उचित समझा। आपके वज्जि पहुँचने की सूचना पूरे राज्य को है किन्तु मेरे साथी आपको पहचान नहीं पाए। मैं आपका अपराधी हूँ, आप यथोचित दंड दीजिए, मुझे स्वीकार होगा।"

"तुम्हारी बात सुनकर दुख हुआ सत्यरथ, तुम पीड़ित हो और तुम्हारे साथ मेरी पूरी संवेदना है, वर्ण व्यवस्था के लिए भेदमूलक विधानों से मैं सहमत नहीं इसलिए मैं शुद्धि-अशुद्धि जैसी बातों में विश्वास नहीं रखता। यह सामाजिक दंश है। तुमने

मेरे प्राणों की रक्षा की है इस हेतु मैं तुम्हारा ऋणी हूँ। आज से तुम मेरे मित्र हो। तुम्हें दंडित करने का प्रश्न ही नहीं उठता। किन्तु मेरे मन में एक प्रश्न है, चांडालों के सामाजिक बहिष्कार और दुरावस्था से मैं परिचित हूँ अतः तुम्हारा किसी गुरु से शिक्षित होना तो बहुत कठिन है फिर भी तुम्हारी बातें साफ बतलाती हैं कि तुम अशिक्षित तो नहीं हो, यह कैसे सम्भव हुआ?"

"आपके मुख से अपने लिए मित्र जैसा शब्द सुनकर कृतज्ञ हुआ युवराज। मेरी माता मेरी पहली गुरु थी। ब्राह्मण कुल में जन्म लेने के कारण जो कुछ ज्ञान उसे सुलभ हुआ था वह सब उसने मुझे प्रदान किया। किन्तु एक गोपन सत्य यह भी है कि मुझ चांडाल को औपचारिक रूप से शिक्षित करने का असम्भव कार्य आचार्य ब्रह्मदत्त ने किया है जिनके साथ जाकर आज से तेरह साल पूर्व अपनी किशोरावस्था में मैंने आपके पिता महाराज को देखा था।"

सत्यरथ और युवराज नाभाग एक-दूसरे के सम्मुख अपने-अपने जीवन के पृष्ठ एक के बाद एक खोलते जा रहे थे। इसके साथ ही दोनों की जिज्ञासाएँ बढ़ती जा रही थीं। दोनों की बातचीत सुबह होने तक चलती रही। जब सत्यरथ अपने साथियों के साथ शिविर से निकला तो जितने प्रश्न उत्तरित हुए थे उससे अधिक प्रश्न अनुत्तरित रह गए थे। दोनों अपनी धरती और अपने आसमान से इतर किसी ऐसे आधार को तलाश रहे थे जहाँ या तो इन प्रश्नों के उत्तर हों या ये प्रश्न ही न हों। किन्तु तत्क्षण ऐसी कोई जगह नहीं थी इसलिए उनकी दुविधा और उनके प्रश्न यथावत बने रहे।

चार हजार वर्ष से भी अधिक समय पहले आर्यों का विस्तार भारत के पूर्वी भाग तक हो चुका था। इससे पूर्व वे मध्य एशिया से निकलकर पहले ईरान और अफगानिस्तान होते हुए भारत के पश्चिमी क्षेत्र तक आ चुके थे। प्रारम्भिक काल में आर्यों के प्रधान को 'मनु' कहा जाता था वैवस्वतमनु उनमें छठे थे जिन्हें श्रद्धा नामक पत्नी से दस पुत्र हुए। इनके पहले पुत्र इक्ष्वाकु ने सरयू नदी के तट पर कोसलराज्य की स्थापना की जिसकी राजधानी अयोध्या थी। इक्ष्वाकु के नौ पुत्र हुए जिनमें से विकुक्षि अयोध्या के, निमि विदेह के और दंडक दंडकाण्य के राजा के रूप में प्रसिद्ध हुए। विकुक्षि के वंशजों में ही राजा दसरथ और राम हुए। जबकि निमि के बाद विदेह के दूसरे राजा मिथि ने निथिला राज्य की स्थापना की और इसी विदेह वंश में आगे चलकर सीरध्वज जनक हुए जिनकी पुत्री सीता थी।

वैवस्वतमनु और श्रद्धा के चौथे पुत्र नाभानेदिष्ट ने अपने दो बड़े भाइयों नृग, शर्याति और छोटे भाइयों घृष्ट, जरूषक, नरिष्यंत, पृषघ्र, नभग, कवि के साथ मगध के विपरीत, गंगा के उत्तरी किनारे की ओर सदानीरा और विशाल नदी के बीच के अत्यन्त उपजाऊ वज्जि भूमि को देखने के बाद यहीं अपने राज्य की नींव रखी। उन्होंने अपनी राजधानी वाणिज्यग्राम में बनाई। पश्चिम में सदानीरा, पूरब में विशाल नदी के एकदम निकट और दक्षिण में थोड़ी दूरी पर गंगा के होने के बाद भी वज्जि भूमि बाढ़ से कभी प्रभावित नहीं होती थी। यहाँ के वनों में फलदार वृक्षों की भरमार थी और पूरा क्षेत्र रमणिक था। यही वज्जि राज्य और वाणिज्यग्राम अपने युवराज नाभाग की प्रतीक्षा में आज व्यग्र था जो शिक्षा ग्रहण कर काशी से वापस लौट रहा था।

वैसे तो पूरे वज्जि राज्य को महीनों पहले युवराज नाभाग के आने की सूचना मिल गई थी और हर वर्ग के सभी स्त्री-पुरुष, और बाल-वृद्ध सभी उत्साहित थे किन्तु उसके पहुँचने के ठीक पहले वाणिज्यग्राम में उत्सव का वातावरण बन चुका था। पूरे नगर को नववधू की तरह सजाया गया था, नगर का हर नागरिक अपने घर को इस तरह सुसज्जित कर रहा था जैसे उसके अपने घर में कोई विवाह समारोह हो। नगर के मुख्य द्वार और राजमहल के द्वार पर मंगलवाद्य बज रहे थे। राजमहल के पास अमात्यों के तीन तल्लों वाले घर हों या उसके बाद एक जगह बने क्षत्रियों के सैकड़ों विशाल घर या फिर चार-पाँच तल्लों वाले वैश्य धनपतियों के घर सभी खूबसूरत ढंग से सुसज्जित किए गए थे। सामान्य वैश्यों की बस्ती में भी हर घर की शोभा देखते बनती थी, सभी ने अपनी-अपनी क्षमता के अनुरूप अपने घर की सजावट की थी।

आधी रात होने को थी और सभी उस सुबह की प्रतीक्षा कर रहे थे जब युवराज नाभाग का आगमन हो। युवराज के पाटलिग्राम तक भूमार्ग से पहुँचने के पश्चात गंगा पार कर आने की सूचना थी। नगर के मुख्य द्वार के पास बने ऊँचे गोपुर जहाँ से मीलों दूर तक दृष्टि जाती थी वहाँ पीतल के तूर्य के साथ पहरा दे रहे प्रहरीगणों का समय काटे नहीं कट रहा था, दीपदंड की रोशनी अधिक दूर जा नहीं सकती थी और सुबह होने में अभी समय शेष था। फिर भी उनकी दृष्टि बार-बार कभी सुदूर गंगा नदी की दिशा में चली जाती थी तो कभी पास की सदानीरा नदी की दिशा में।

राजमहल तो दस दिन पहले ही भव्य तरीके से सज चुका था। सभी सेवक, दास, दासी दिन-रात तैयारी में लगे थे। महाराज नाभानेदिष्ट रात्रि के तीसरे पहर सारी तैयारियों का निरीक्षण करने के पश्चात जब अपने शयनकक्ष की ओर जा रहे थे तो उन्होंने अपने स्वर्गीय बड़े भाई नृग के पौत्र वसुरथ को कल होनेवाले समारोह की तैयारियों में व्यस्त देखा। वसुरथ नाभाग से छः साल बड़ा था और उसकी भी शिक्षा काशी में महर्षि मलय ऋषभ के पास ही हुई थी। वहाँ सात वर्ष वह नाभाग

के साथ ही था और दोनों में अत्यधिक घनिष्ठता थी। महाराज नाभानेदिष्ट दोनों की घनिष्ठता से प्रसन्न रहते थे। बचपन में माँ को खो चुके नाभाग का एकाकीपन उन्हें चिन्तित रखता था, ऐसे में वसुरथ से उसकी नजदीकी उन्हें कुछ ढाढ़स देती थी।

महाराज नाभानेदिष्ट के आँखों में नींद नहीं थी, एक तरफ तो इकलौते पुत्र के आने की प्रसन्नता थी तो दूसरी तरफ उसके भविष्य को लेकर उनकी चिन्ताएँ थी। कई ऐसी बातें थी जिन्होंने उन्हें परेशान कर रखा था। वे कुछ समय के लिए ही सो पाए और प्रातः पूजा आदि सम्पन्न कर अपने प्रमुख सलाहकार एवं राजपुरोहित बाभ्रव्य कौशिक से वार्तालाप करने मंत्रणा कक्ष में चले आए।

"क्या बात है महाराज, आज तो उल्लास का दिन है फिर आपके मुख पर चिन्ता की गहरी रेखाएँ क्यों? क्या कुछ अनिष्ट की आशंका है आपको या कोई 'गुप्तचर सूचना' जिसने आपको चिन्तित कर दिया है", राजपुरोहित बाभ्रव्य-कौशिक ने आसन ग्रहण करते ही प्रश्न किया।

"आप सच कह रहे हैं राजपुरोहित कौशिक, आज उल्लास का दिन होते हुए भी कुछ चिन्ताओं ने मुझे व्यथित कर रखा है। आज तेरह वर्ष बाद अपने पुत्र से मिलूँगा, ये वर्ष मैंने किस व्यग्रता में व्यतीत किए हैं यह आपसे छुपा नहीं है। युवराज नाभाग को मैंने अब तक वह हर प्रसन्नता प्रदान करने का प्रयत्न किया है जिस पर उसका अधिकार बनता है परन्तु यह बात भी सत्य है कि माता की ममता का संसार में कोई विकल्प नहीं। उसने छः साल की उम्र में अपनी माता को खो दिया और तब से मैं उसके लिए चिन्तित हूँ। अभी तक का समय तो उसने महर्षि मलय ऋषभ के सानिध्य में व्यतीत किया किन्तु अब यहाँ आकर उसे पुनः अपनी माता की कमी कहीं अधिक न खलने लगे?" महाराज नाभानेदिष्ट ने अपनी परेशानी स्पष्ट की।

राजपुरोहित ने कहा, "आपकी बात सत्य है राजन, किन्तु प्रकृति मनुष्य को परिस्थितियों को आत्मसात करना सिखा देती है। युवराज नाभाग के सम्बन्ध में आपने पहले ही निर्णय कर रखा है कि आप यथाशीघ्र उसे यह राजपाट सौंप देंगे, और यह सर्वथा उचित भी है। महर्षि मलय ऋषभ ने युवराज के सम्बन्ध में जो भी जानकारी दी है उससे आप निश्चिंत हो सकते हैं कि वे पूज्य वैवस्वतमनु और आपकी कीर्ति को और प्रकाशवान करेंगे तथा वज्जि राज्य को सुरक्षित रखेंगे। युवराज राजनीति, दंडनीति, व्याकरण, काव्य, दर्शन, धर्मशास्त्र, लोकायत शास्त्र में निष्णात होने के साथ ही धनुर्विद्या में भी निपुण हो चुके हैं। केवल आपके पुत्र होने के कारण नहीं बल्कि अपने गुणों के कारण भी वे वज्जि राज्य के लिए सबसे उपयुक्त पात्र हैं। युवराज जब राजन बन जाएँगे तो राज्य का उत्तरदायित्व उन्हें व्यस्त रखेगा और माता की कमी कम खलेगी। इसके अलावा वे आर्यपुत्र हैं महाराज, आर्य असंख्य विपत्तियों को जीतने के अपने पौरुष के कारण ही इस विश्व को जीत पाए हैं, मनुष्यगत कमजोरियाँ उन्हें कभी विचलित नहीं करती।"

कौशिक की बातों से असहमत न होते हुए भी महाराज को निश्चिन्तता का अनुभव नहीं हुआ। वे बोले, "आपके वचन सत्य हैं राजपुरोहित, किन्तु मेरे मन में अब भी कुछ अनिश्चितता है। मैंने यथाशीघ्र राज्याभिषेक का निर्णय तो कर लिया है किन्तु आपको तो पता है वज्जि राज्य का उत्तरदायित्व कितना बड़ा है। मगध की तरफ से आशंका निरन्तर बनी रहती हैं, अभी चम्पा भी हमारी तरफ अपनी दृष्टि टेढ़ी किए हुए है। ऐसी स्थिति में युवराज नाभाग के लिए चैन की साँस लेना कठिन होगा। बाल्यावस्था माता के वियोग में, फिर शिक्षा ग्रहण और अब राज्य का उत्तरदायित्व, मेरे पुत्र के पास सुख के क्षण, निश्चिंतता के क्षण तो रहे ही नहीं।"

राजपुरोहित ने समाधान प्रस्तुत करते हुए कहा, "आपका कहना सत्य है महाराज। युवराज नाभाग को कुछ समय निजी सुख के लिए मिलना चाहिए। क्या यह उचित नहीं होता कि राज्याभिषेक के पूर्व हम युवराज को विवाह सम्पन्न कर देते और कुछ समय जीवन का आनन्द लेने देते, फिर उचित समय देखकर उनका राज्याभिषेक करते। उनकी आयु भी अभी कम है, उनका राज्याभिषेक एक-दो साल बाद भी किया जा सकता है।"

"यह तो बहुत उत्तम विचार है राजपुरोहित, किन्तु यह इतनी जल्दी कैसे हो सकता है, क्या आपके पास कोई उपयुक्त विवाह प्रस्ताव है युवराज नाभाग के लिए?"

कौशिक मानो इसी का उत्तर देने आए थे। उन्होंने तत्काल कहा, "बिल्कुल है राजन, वैवस्वतमनु के पौत्र और महाराज नाभानेदिष्ट के पुत्र के लिए भला प्रस्तावों की कमी होगी! कलिंग, बंग, सौराष्ट्र, मध्यभूमि से लेकर भानिस्मती तक के राजकुलों के प्रस्ताव हैं, आप अब केवल युवराज नाभाग के आने का हर्ष मनाइए, यह सब आप मुझ पर छोड़ दीजिए।"

"आपका आभार राजपुरोहित, आपने मेरी बड़ी चिन्ता का समाधान कर दिया। कुछ ही समय में युवराज नाभाग नगर में प्रवेश करेंगे। आप राज प्रसाद में पहुँचिए जहाँ औपचारिक स्वागत होना है।" यह कहते हुए महाराज आसन से उठ गए।

युवराज नाभाग के वाणिज्यग्राम नगर के मुख्य द्वार पहुँचते ही गोपुर पर उपस्थित प्रहरीगण तीव्र ध्वनि में तूर्य बजाने लगे। तूर्य की ध्वनि एवं सार्वजनिक जगहों पर बजने वाले नगाड़े की ध्वनि ने नगरवासियों को औपचारिक रूप से युवराज के आगमन की सूचना दे दी। जो जहाँ था वहीं हर्षोल्लास से भर उठा। नगर के मुख्यद्वार

पर राजपुरोहित कौशिक स्वयं उपस्थित थे, उनके साथ पीले रेशमी परिधान में सजी युवतियाँ भी थीं जिनके हाथों में ज्वलित दीपों वाली स्वागत थाली थी। युवराज नाभाग जब वाणिज्यग्राम से गया था तब वह ग्यारह साल का किशोर था और अजब वह चौबीस साल का सुदर्शन नौजवान हो चुका था। गौर वर्ण, ऊँचा कद, कसरती शरीर, सुदृढ़ भुजाएँ और ऊँचा मस्तक युवराज के व्यक्तित्व को आकर्षक बना रहे थे। राजपुरोहित ने अपने ग्यारह शिष्यों के साथ मंत्रोच्चार कर युवराज का स्वागत किया जिसके पश्चात नवयुवतियों ने युवराज के ललाट को चन्दन के टीके से सुशोभित किया। उसके बाद उन्होंने दीपों वाली थाली से युवराज नाभाग की आरती उतारी। इसके पश्चात युवराज नाभाग ने नगर में प्रवेश कर राजपथ से पैदल ही राजमहल के लिए प्रस्थान किया। राजपथ के दोनों तरफ नागरिकों की व्यग्र भीड़ थी। भीड़ में कई तो कोसों दूर से आनेवाले ग्रामीण भी थे जो केवल युवराज का दर्शन करने आए थे। क्या वृद्ध क्या बालक, स्त्री या पुरुष, सभी बस युवराज को एक झलक देख लेना चाहते थे। जो वृद्ध थे उन्हें युवराज नाभाग में अपने महाराज नाभानेदिष्ट की युवावस्था की छवि दिख रही थी। राजपथ के किनारे अवस्थित गृहों के स्वामी और उनकी पत्नियाँ अपने झरोखों से युवराज पर पुष्प वर्षा कर रहे थे। रह-रह कर 'युवराज नाभाग की जय' के उद्घोष से पूरा आकाश गूँज रहा था। पुष्प वर्षा और जयघोष कर पूरा नगर हर्षोल्लास में डूब गया था।

युवराज नाभाग अपना इस तरह का स्वागत देखकर न केवल चकित था बल्कि अपने अन्दर एक संकोच का अनुभव भी कर रहा था। उसने इस तरह के स्वागत की उम्मीद भी नहीं की थी। वह बार-बार स्वयं से प्रश्न कर रहा था कि मैंने वज्जिवासियों के लिए आखिर ऐसा किया क्या है जो गण मेरा इस तरह स्वागत कर रहे हैं? युवराज होना या युवराज का शिक्षा ग्रहण कर स्नातक बनना क्या इतनी बड़ी उपलब्धि है? और यदि यह उपलब्धि है तो इससे वज्जिवासियों को क्या लाभ मिलनेवाला है? इतने वर्षों पश्चात अपने पिता से मिल पाने की उसे प्रसन्नता थी, उत्साह था, लोगों को प्रसन्न देखकर उसे अच्छा लगा किन्तु अपने से अधिक उम्र के स्त्री-पुरुषों को उस पर पुष्पवर्षा या जयघोष करते देख उसे एक ग्लानि का अनुभव हुआ। किन्तु उस समय उसने प्रयत्नपूर्वक अपने चेहरे पर मुस्कान बनाए रख और किसी को उसकी वास्तविक मन:स्थिति का पता न चला।

राजप्रसाद पहुँचकर युवराज नाभाग महाराज नाभानेदिष्ट से मिला। महाराज इतने साल पश्चात अपने पुत्र को देखकर भावविह्वल हो गए और उसे अपनी बाँहों में भरे बिना नहीं रह सके। राजप्रसाद में तमाम आमत्य, सेनापति प्रसेनजीत, नगर के प्रमुख श्रेष्ठी आदि ने एक-एक कर युवराज से मुलाकात की, सभी ने अपना परिचय दिया और युवराज को विभिन्न तरह के उपहार प्रदान किए। किसी ने बेबीलोन से आयातित खड्ग दिया तो किसी ने लंका से मँगाई हाथी दाँत से निर्मित मंजूषा तो

किसी ने स्वर्णाभूषण। सभी अपनी तरफ से युवराज नाभाग को प्रसन्न करने का हर यत्न कर रहे थे।

युवराज के आगमन के उपलक्ष्य में आयोजित समारोह सम्पन्न होते-होते शाम हो गई किन्तु नगरवासियों का उत्साह अब भी कम नहीं हुआ था। हर जगह केवल युवराज नाभाग के आगमन की चर्चा थी।

रात्रि के प्रथम पहर में जाकर ही महाराज को युवराज से अपने कक्ष में एकान्त वार्तालाप करने का मौका मिल पाया। पहले तो महाराज युवराज से विगत तेरह सालों का विस्तृत विवरण लेते रहे। हर एक बात जो वे पूछ सकते थे पूछते रहे। वस्तुत: ऐसा कर वे पुत्र के बिना बिताए अपने समय को पुत्र के सानिध्य से भर रहे थे और पुत्र के उनसे दूर रहते हुए बिताए गए समय में स्वयं को शामिल करा रहे थे। युवराज नाभाग भी पिता की जिज्ञासा को शान्त करने का यत्न करता रहा।

शयनकक्ष में जाने के पूर्व नाभाग वसुरथ और उसकी धर्मपत्नी पौलोमी से भी मिला। वसुरथ आयु में उससे बड़ा था किन्तु सम्बन्ध की मर्यादा के अनुसार छोटा था। महर्षि मलय ऋषभ के यहाँ कई साल तक साथ रहने के कारण नाभाग वसुरथ के साथ अधिक सहज था और मित्रवत व्यवहार करता था।

रात जैसे-जैसे गहराती गई वैसे-वैसे दिन की गहमागहमी ठंडी पड़ती गई और विभिन्न सम्भावनाओं और भविष्य की थाह लेती आकांक्षाओं ने अपने द्वार खोल दिए। किन्तु महाराज या युवराज को बिल्कुल भान नहीं था कि वज्जि राज्य का भविष्य कहीं और भी रचा जा रहा था, उसे कोई और भी लिख रहा था जिससे स्वयं वह भी अनजान था।

वाणिज्यग्राम पहुँचने के अगले दिन युवराज नाभाग ने अपना पूरा समय विश्राम में बिताया। इसके बाद वसुरथ ने नाभाग को आखेट का प्रस्ताव दिया जिसे उसने स्वीकार लिया। दोनों प्रात: काल अपने-अपने अश्व पर सवार होकर कुछ सैनिकों और चाकरों के साथ वाणिज्यग्राम से उत्तर-पश्चिम दिशा में स्थित जंगल की तरफ चल पड़े। रास्ते में वार्तालाप के दौरान वसुरथ ने नाभाग से उसके भविष्य की योजनाओं के बारे में पूछा। नाभाग राजसिंहासन सँभालने की जल्दी में नहीं था किन्तु वह वज्जि राज्य और इसके नागरिकों के उत्थान हेतु विभिन्न योजनाओं पर मंथन अवश्य कर रहा था। अपनी योजनाओ को लेकर वह बहुत उत्साहित भी था।

यह जंगल घना था, कई जगहों पर तो प्रकाश इतना कम था कि गोधूलि का आभास होने लगता था। दिन आधा बीत गया किन्तु अत्यधिक यत्न के बाद भी उन्हें कोई शिकार नहीं मिला था। वे लोग निराश हो रहे थे कि तभी एक मृग दिखाई दिया। मृग के पीछे भागते-भागते नाभाग बाकी लोगों से आगे निकल आया। यह मृग अत्यधिक चपल था, जब भी नाभाग तीर चलाने को होता मृग अपना मार्ग बदल देता और नाभाग को अपना घोड़ा उस दिशा में ले चलने को विवश होना पड़ता। नाभाग और मृग के बीच यह खेल कुछ समय तक चलता रहा किन्तु अन्ततः नाभाग उस पर तीर चलाने में सफल हुआ। तीर लगने के बाद भी मृग दौड़ लगाता रहा और जंगल के अधिक घने भाग में जाकर ओझल हो गया। नाभाग उसके पीछे दौड़ा किन्तु उसे मृग कहीं दिख ही नहीं रहा था। नाभाग घने जंगल में आगे बढ़ता जा रहा था किन्तु मृग तक अब तक नहीं पहुँच पाया था। जब मृग का कुछ पता नहीं चला तो वह निराश होकर वापस लौटने लगा। तभी उसे किसी स्त्री की आवाज सुनाई दी। उस घने जंगल में किसी स्त्री की उपस्थिति की आशा नहीं की जा सकती थी इसलिए नाभाग को आश्चर्य हुआ। जहाँ से स्त्री की आवाज आई थी, उस जगह पर जब वह पहुँचा तो देखा एक वृक्ष के नीचे आहत अवस्था में मृग पड़ा हुआ है और एक युवती उसका उपचार करने की चेष्टा कर रही है। उपचार कर रही युवती के पास ही तीन अन्य युवतियाँ खड़ी थीं जो उसकी सहायता कर रहीं थीं। नाभाग जब एकदम निकट पहुँचा तो पास खड़ी तीनों युवतियाँ उसे देखकर दो कदम दूर हट गईं किन्तु मृग का उपचार कर रही युवती अब भी अपने काम में तल्लीन थी। युवती की पीठ नाभाग की तरफ थी इसलिए युवती का चेहरा वह अब तक देख नहीं पाया था।

कुछ क्षण पश्चात तक जब युवती ने नाभाग की तरफ ध्यान नहीं दिया तब नाभाग ने स्वयं कहा, "आप कौन हैं देवी और आप यह क्या कर रही हैं, यह मेरा शिकार है आप इसे छोड़ दें।"

वह युवती अब भी मृग के उपचार में तल्लीन रही, कुछ इस तरह जैसे उसे नाभाग की बातें सुनाई ही न दी हों। युवती का यह व्यवहार नाभाग को चकित कर रहा था किन्तु अपने आवेश पर नियंत्रण रखकर उसने पुनः युवती को सम्बोधित करते हुए कहा, "देवी, आप इस तरह मेरी बातों को क्यों अनसुना कर रही हैं, क्या आपका यह व्यवहार यथोचित है?"

"और आपका व्यवहार? अपने व्यवहार के सम्बन्ध में आपका क्या आकलन है? क्या आप स्वयं के व्यवहार से सन्तुष्ट हैं..."

नाभाग के कानों तक केवल इतना ही पहुँच पाया, इसके बाद भी वह युवती बोलती रही किन्तु अब तक वह खड़ी होकर उसकी तरफ घूम चुकी थी और तब युवती के अद्वितीय सौन्दर्य को देखकर नाभाग मानो कुछ क्षणों के लिए अपनी

सुधबुध खो बैठा। अपने अब तक की उम्र में उसने इतनी सुन्दर स्त्री को नहीं देखा था। युवती के चेहरे की चमक जैसे चन्द्रमा के उजाले को भी मन्द कर देनेवाली थी। उसके वस्त्र साधारण ही थे किन्तु उसके असाधारण सौन्दर्य की आभा इन साधारण वस्त्रों को भी असाधारण बना दे रही थी। उसकी तरफ देखते ही नाभाग को प्रतीत हुआ जैसे कोई अप्सरा धरती पर उतर आई है।

नाभाग न जाने कब तक उसी तरह बेसुध रहता यदि युवती अपने शब्दों को पुनः नहीं दुहराती—"आप चुप क्यों हैं, मेरे प्रश्न का उत्तर दीजिए, अपने व्यवहार के सम्बन्ध में आपका क्या आकलन है? क्या आप स्वयं के व्यवहार से सन्तुष्ट हैं?"

"मैंने क्या अपराध किया है, मेरे व्यवहार में ऐसी क्या कमी हुई है जिससे आपको कष्ट है, जहाँ तक मैं समझ रहा हूँ इससे पूर्व हमारा कभी साक्षात्कार नहीं हुआ है, फिर मैंने आपको किस तरह का कष्ट दिया है?" नाभाग ने किसी तरह अपने को सँभालते हुए उत्तर दिया।

"क्या सच में आपको अपना अपराध ज्ञात नहीं जो आप इस तरह निर्दोष बनकर प्रश्न कर रहे हैं। वेशभूषा से तो आप कुलीन और सुसंस्कृत दिखते हैं, किसी राजकुल के रत्न, कोई आर्यपुत्र अपने अपराध के प्रति अनभिज्ञ कैसे रह सकता है?"

"आपका अनुमान सत्य है, मैं आर्यपुत्र हूँ किन्तु यह भी सत्य है कि मैं अपने अपराध से अनभिज्ञ हूँ, आप मेरी दुविधा का निराकरण करें।"

"क्या एक मृग की हत्या का प्रयास अपराध नहीं है? किसी सजीव के जीवन को इस तरह छीनने का प्रयास अपराध नहीं है? यदि यह अपराध नहीं है तो फिर अपराध किसे कहते हैं? यदि हम लोग समय पर नहीं पहुँचते तो इस मृग की जान बचाना दुष्कर होता, यह मृग विष के प्रभाव में अभी मूर्छित है जो कुछ समय में ठीक हो जाएगा।"

"किन्तु शिकार, मृग के मांस का भोजन यह तो हम आर्यों के लिए मान्य है, यह अपराध कब हो गया? मैंने अभी स्नातक की उपाधि प्राप्त की है किन्तु मुझे यह शिक्षा किसी ग्रन्थ में नहीं मिली, फिर यह अपराध कैसे?"

"एक निर्दोष जीवन को छीनने का अधिकार आपको या किसी को नहीं है इसलिए यह मेरी दृष्टि में अपराध है, आपके ग्रन्थ ने आपको क्या शिक्षा दी इससे मुझे मतलब नहीं किन्तु यह अपराध ही है।"

यह विवाद-वार्ता शायद और चलती किन्तु तभी वसुरथ सैनिकों के साथ वहाँ पहुँच गया। सैनिक मृग को उठाने का यत्न करने लगे तो उस युवती ने उन्हें ऐसा करने से रोक दिया। अब तक की घटना से अनजान सैनिक युवती की इस हरकत से क्रोधित हो गए और उनमें से एक ने ऊँचे स्वर में कहा, "तुम्हें ज्ञात भी है तुम क्या धृष्टता कर रही हो, इस अपराध हेतु तुम्हें बड़ा दंड भोगना पड़ सकता है।"

युवती ने निर्भीकता से उत्तर दिया, "मैं अपना कर्म कर रही हूँ सैनिक, और यह करते समय मुझे किसी दंड की परवाह नहीं।"

यह उत्तर सुनकर सैनिक और आवेशित हो गया और उसने उत्तेजित होते हुए कहा, "तुम जिनके समक्ष यह अपराध कर रही हो वह इस धरती के स्वामी हैं, वज्जि राज्य के राजन महाराज नाभानेदिष्ट के सुपुत्र और भावी सम्राट युवराज नाभाग द्वारा आखेट किए हुए मृग को ले जाने से रोकने की चेष्टा के अपराध में मैं तुम्हें अभी बन्दी बना सकता हूँ।"

युवराज नाभाग का परिचय सुनकर अन्य युवतियों में चिन्ता की लहर दौड़ गई और अब तक हुए घटनाक्रम के आकलन से उत्पन्न भय उनके चेहरे पर दिखने लगा किन्तु मृग को न ले जाने देने पर अडिग युवती ने अप्रभावित रहकर उत्तर दिया, "वज्जि राज्य के निष्ठावान सैनिक, मैं तुम्हारी भावना का कद्र करती हूँ किन्तु इस धरती के स्वामी केवल ईश्वर हैं—इंद्र, यम और श्री, और कोई इस धरती का स्वामी नहीं हैं।"

फिर एक क्षण रुककर अब तक उसे एकटक निहार रहे और वार्तालाप सुन रहे नाभाग की तरफ मुड़कर उसने कहा, "युवराज, मैंने आपको पहचाना नहीं इसलिए यदि आपके सम्मान को मेरे कारण कोई ठेस पहुँची हो तो कृपया मुझे क्षमा करें किन्तु अब यह मृग मेरी शरण में है, मैं इसे आपको सौंपने में असमर्थ हूँ।"

इसके उत्तर में सैनिक कुछ कहने को तत्पर ही था कि नाभाग ने उसे रोकते हुए युवती से कहा, "आप निश्चिंत रहें, यह मृग अब आपकी शरण में ही रहेगा, किन्तु इस घने जंगल में आप लोग यहाँ क्या कर रही हैं, आपका परिचय जान सकता हूँ?"

"युवराज, मेरा गृह नगर वाणिज्यग्राम ही है, मैं एक वैश्य कन्या हूँ, मेरा नाम सुप्रभा है, मेरे पिता का नाम सुदेव है। हम राजऋषि निपा की शिष्या हैं जिनका हिमवंत आश्रम यहीं पास में ही है। यह हमारी शिक्षा का अन्तिम मास है और जल्द ही हम लोग वाणिज्यग्राम लौटनेवाली हैं।"

नाभाग मृग को सुप्रभा के पास छोड़कर वसुरथ और अन्य सैनिकों के साथ राजमहल तो लौट आया किन्तु उसका मन अब उसके बस में न था। सुप्रभा उसके अन्तःकरण पर छाई हुई थी। वह पुनः सुप्रभा से मिलने के लिए व्यग्र था किन्तु इसका रास्ता उसे सूझ नहीं रहा था। सुप्रभा तो अगले एक मास तक राजऋषि निपा के हिमवंत आश्रम में रहनेवाली थी। राजऋषि निपा की प्रसिद्धि बहुत थी और वह पहले से ही उनसे मिलने का इच्छुक था। उसने निर्णय किया कि वह अगले एक महीने का समय राजऋषि निपा के आश्रम में ही बिताएगा। उसने अपनी यह इच्छा महाराज नाभानेदिष्ट के समक्ष व्यक्त की तो उन्होंने इसका कारण पूछा।

"पिताश्री, राजऋषि निपा की प्रसिद्धि भारत भर में है, उनके आश्रम में युद्ध कला और शस्त्र विद्या के अलावा वेद पाठ की शिक्षा का स्तर अत्यधिक उच्च है। महर्षि मलय ऋषभ ने भी मुझे कुछ समय उनके आश्रम में बिताने का सुझाव दिया था।"—नाभाग ने महाराज को सन्तुष्ट करने की कोशिश की।

नाभाग का वैसा कहना असत्य भी नहीं था क्योंकि राज्य के आम हों या विद्धत जन, सभी आचार्य राजऋषि निपा को काफी सम्मान देते थे। विभिन्न आचार्यों से स्नातक हुए छात्र भी उनसे शिक्षा ग्रहण हेतु लालायित रहते थे। किन्तु अभी उनके आश्रम में जाने की इच्छा का सबसे बड़ा कारण सुप्रभा थी, यह बात नाभाग इस समय कहना नहीं चाहता था और इस सच को अपने पिता से छुपाने के कारण उसने किंचित ग्लानि का अनुभव किया।

"किन्तु युवराज यह सारी शिक्षा तो आप महर्षि मलय ऋषभ के यहाँ पहले ही प्राप्त कर चुके हैं फिर इन्हीं विषयों के लिए वहाँ क्यों जाना चाह रहे हैं?"

"आपका कथन सत्य है पिताश्री, किन्तु कोई भी शिक्षा कभी पूर्ण नहीं होती, और सीखने की सम्भावना तो बची ही रहती है। काशी से लौटकर इसीलिए तो मैंने कुछ समय सिद्धाश्रम में वहाँ के ऋषि-मुनियों के साथ बिताया था। एक मास की ही तो बात है।"

"आपकी इतनी इच्छा है तो मैं आपको रोकूँगा नहीं किन्तु आपको अब यह समझना पड़ेगा कि अब तक के जीवन से आपका आनेवाला जीवन भिन्न है। वज्जि राज्य के भावी सम्राट हैं, नागरिकों की अत्यधिक अपेक्षाएँ हैं आपसे। अब आप पर हमारे शत्रु राज्यों की भी दृष्टि होगी अत: आपका सुरक्षित रहना बहुत आवश्यक है। आप राजऋषि निपा के आश्रम जाना चाहते हैं तो जाइए किन्तु आपके साथ सैनिकों का एक दल भी जाएगा जिसके ऊपर आपकी सुरक्षा का उत्तरदायित्व होगा।"

"पिताश्री, मुझे इस स्थिति का पूरा भान है किन्तु राजऋषि निपा के आश्रम में सैनिकों के साथ जाना उचित नहीं होगा और यह बात राजऋषि निपा स्वीकार भी नहीं करेंगे। इस स्थिति में मैं स्वयं भी असहज रहूँगा। जिस प्रकार मैंने काशी में अकेले समय व्यतीत किया है उसी तरह मैं राजऋषि निपा के यहाँ भी रहना चाहता हूँ। मुझे वहाँ अकेले ही जाने की अनुमति दें।"

युवराज को अतिशय आग्रह को देखते हुए महाराजा नाभागेदिष्ट ने नाभाग राजऋषि निपा के आश्रम में जाने की अनुमति दे दी। इस अनुमति के साथ ही भविष्य का एक नया द्वार खुल गया था जिसके अंक में मानव सभ्यता को सदैव के लिए प्रभावित करनेवाली युगांतकारी घटनाओं के सूत्र मौजूद थे।

जब युवराज नाभाग राजऋषि निपा के हिमवंत आश्रम पहुँचा तो सन्ध्या हो चुकी थी। आश्रम के प्रवेशद्वार पर प्रहरी को उसने अपना परिचय एक श्रेष्ठीपुत्र के तौर

पर दिया और राजऋषि निपा से मिलने की अनुमति माँगी। चूँकि उस समय सन्ध्या आरती का समय हो चुका था इसलिए प्रहरी ने प्रतीक्षा करने के लिए कहा। नाभाग प्रवेशद्वार के पास ही इन्तजार करने लगा। रात्रि के प्रथम पहर में उसे राजऋषि से मुलाकात की अनुमति मिली।

हिमवंत आश्रम के अन्दर प्रवेश करने पर नाभाग अन्दर की छटा देखकर मंत्रमुग्ध हो गया। सिद्धाश्रम की तरह घने जंगल के बीचोबीच स्थित उस आश्रम का वातावरण शान्त और रमणीक था। राजऋषि निपा की कुटिया के सामने एक विशाल मैदान था जिसका उपयोग कसरत और अस्त्र-शस्त्र प्रशिक्षण के लिए होता था। कुटिया के ठीक सामने मैदान के पूर्वी छोर पर भव्य मन्दिर था जिसमें उस समय भी कुछ युवतियाँ स्तुति गायन कर रही थीं। विशाल मैदान के दक्षिणी और उत्तरी छोर पर अनेकानेक कुटीर बने थे। दक्षिणी छोर के कुटीरों का उपयोग युवक करते थे तो उत्तरी छोर के कुटीरों का उपयोग युवतियाँ करती थीं। युवकों के कुटीर के पीछे का क्षेत्र कृषि सम्बन्धित कार्यों के लिए उपयोग में लाया जाता था। युवतियों के कुटीर के पीछे के हिस्से में कई सारी विशाल कुटिया बनी थीं जहाँ विभिन्न विशिष्ट विषयों की शिक्षा दी जाती थी। राजऋषि निपा की कुटिया के पीछे आरोग्यशाला बनी हुई थी। वास्तव में इस आश्रम में एक व्यवस्थित गाँव ही बसा हुआ था। पूरे रास्ते पर एवं प्रत्येक कुटिया के सामने प्रकाश के लिए जगह-जगह और दीपदंड खड़े थे जिससे वह पूरा आश्रम रात्रि में भी प्रकाशवान था। नाभाग के साथ राजऋषि निपा की कुटिया तक जानेवाला प्रहरी यह सारा विवरण देता रहा और नाभाग विस्मय से उसकी बातें सुनता रहा।

राजऋषि निपा ने जब नाभाग से उसका परिचय पूछा तो उसने अपना वास्तविक परिचय देते हुए अनुरोध किया कि उसका यह परिचय आश्रम में किसी के समक्ष स्पष्ट नहीं किया जाए, वह यहाँ छद्म परिचय के साथ ही रहना चाहता है। राजऋषि निपा ने नाभाग का यह अनुरोध तो स्वीकार लिया किन्तु वे अभी नाभाग के उनके पास एक मास बिताने की इच्छा के पीछे के कारण से सन्तुष्ट नहीं हुए थे।

"युवराज नाभाग, मेरा यह आश्रम तो सर्व सामान्य जिज्ञासुओं के लिए सदैव प्रस्तुत रहता है मैं किसी भी शास्त्रसम्मत अपेक्षा में अपनी भूमिका के लिए प्रस्तुत रहता हूँ, जो भी अपने मनुष्यत्व को सार्थक करने का अभिलाषी हो उस हर आर्य का मैं सहर्ष स्वागत करता हूँ, तुम तो आर्य शिरमौर परम पूज्य वैवस्वतमनु के पौत्र और चक्रवर्ती सम्राट नाभानेदिष्ट के पुत्र हो, तुम्हें प्रवेश देने में किसी असुविधा का प्रश्न ही नहीं है किन्तु मैं अभी भी तुम्हारे एकाएक यहाँ आने का कारण समझ नहीं पाया हूँ?"

"मैं आपका ऋणी हूँ राजऋषि जो आपने मुझे अपने सानिध्य की अनुमति प्रदान की। मेरे गुरु महर्षि मलय ऋषभ ने भी मुझे आज्ञा दी थी कि आपसे जरूर

मिलूँ। कौन है जो आपके सानिध्य को लालायित नहीं रहता हो। मेरे पिताश्री महाराज नाभानेदिष्ट ने मेरी शिक्षा के लिए आपसे ही अनुरोध किया था किन्तु मेरा दुर्भाग्य कि तब आप केवल ऋषिपुत्रों को ही शिक्षित करते थे और तब आपके ही विमर्श पर मुझे महर्षि मलय ऋषभ के पास भेजा गया। आपके सानिध्य के बिना मेरी शिक्षा अधूरी है।"

"युवराज नाभाग, क्या मैं तुमसे अपेक्षा रखूँ कि तुम्हारे वचन केवल सत्य की सीमा में होंगे?"

राजऋषि निपा के इस कथन से नाभाग को अपनी गलती समझ में आई, उसने झूठ नहीं बोला था पर वह पूरा सच भी नहीं था, किन्तु उसके मन में पूरा सच बोलने को लेकर गहरा संकोच था। वह सच प्रकट करना चाहता था किन्तु यह किन शब्दों में हो और किस तरह हो इसे लेकर दुविधा में था। वह अभी चुप ही था कि राजऋषि निपा ने पुन: प्रश्न किया—"सत्य क्या है युवराज?"

"मैंने आपसे जो कहा वह मिथ्या नहीं है राजऋषि किन्तु इस समय का पूर्ण सत्य 'प्रेम' है।"

"वह युवती कौन है युवराज जिसके प्रेम में आप अभी यहाँ प्रस्तुत हैं? उसका नाम क्या है?"

"सुप्रभा"

"सुप्रभा?"—राजऋषि निपा ने चौंकते हुए पूछा। उनके चेहरे के भाव में एकाएक परिवर्तन आया था जिसे देखकर नाभाग भी सोच में पड़ गया। वह कुछ क्षण चुप हो गया फिर उसने पूछा, "हाँ राजऋषि सुप्रभा, क्या कोई समस्या है?"

"तुम्हें पता है वह वैश्यपुत्री है?"

"हाँ, मुझे पता है।"

"युवराज तुम जिस रास्ते का चयन कर रहे हो वह कभी सुगम नहीं होगा, यह तुम्हारे पास अन्तिम मौका है, समय रहते अपने निर्णय का पुनर्मूल्यांकन कर लो।"

"राजऋषि, प्रेम में मूल्यांकन का न तो विकल्प होता है और न ही समय, और यदि आपका आशीर्वाद मेरे साथ है तो मैं हर रास्ते को सुगम बना लूँगा।"

"युवराज, मेरा आशीर्वाद सदैव तुम्हारे साथ है। किन्तु इस आश्रम की कुछ मर्यादाएँ हैं, उनका उल्लंघन न हो यह ध्यान रहे।"

"मैं ऐसी कोई भूल नहीं करूँगा राजऋषि जिससे आपको कष्ट हो, आप निश्चिंत रहें।"

"युवराज, कल प्रात: काल की प्रार्थना के पश्चात मैं चाहूँगा कि तुम मेरे साथ रहो।"

"जैसी आज्ञा राजऋषि।"

बातचीत समाप्त होने के पश्चात राजऋषि निपा ने नाभाग को प्रहरी के साथ युवकों के लिए निर्धारित एक अलग कुटीर में भेज दिया।

नाभाग आश्रम तो पहुँच गया था किन्तु सुप्रभा से अगले दो दिन तक मिल नहीं पाया, न ही उसे देख पाया था। आश्रम के नियम बहुत ही कठोर थे, सबके कार्य और समय निर्धारित थे, चाहे वह वेदपाठ का समय हो या शस्त्र-अभ्यास का। इसके अलावा दिन के दूसरे पहर तक का समय उसे राजऋषि निपा के सानिध्य में बिताना होता था। नाभाग सुप्रभा से मिलने के लिए व्यग्र था और बीतते समय के साथ मिलने की उसकी आकांक्षा और प्रबल होती जा रही थी।

तीसरे दिन जब वह राजऋषि निपा के पास से अपनी कुटिया की तरफ लौट रहा था उसे शस्त्र अभ्यास कर रहे छात्रों में कुछ अलग दिखाई दिया। उसने देखा कि एक युवती जिसका चेहरा ढका हुआ था तीन युवकों से अकेले जूझ रही थी। नाभाग ने कभी किसी युवती को वह भी इतनी निपुणता से खड्ग और कृपाण चलाते नहीं देखा था। वह युवती इतनी चपलता से वार कर रही थी कि उसका सामना कर रहे युवक सभी बेबस हो रहे थे। युवती के इस कौशल को देखकर एक क्षण के लिए नाभाग के मन में आया कि वह स्वयं जाकर युवती को और परखे किन्तु आश्रम के नियमों का स्मरण होते ही वह रुक गया और उस अभ्यास को अचंभित होकर देखता रहा। किन्तु नाभाग का आश्चर्य तब और बढ़ गया जब अभ्यास के बाद युवती का चेहरा सामने आया, वह सुप्रभा थी। हर्ष और अचम्भे के मिश्रित भाव से वह सुप्रभा को एकटक निहार रहा था कि सुप्रभा की आँखें उसकी आँखों से टकरा गई। सुप्रभा भी नाभाग को आश्रम में, वह भी साधारण छात्रों की वेशभूषा में देखकर आश्चर्यचकित हो गई। किन्तु वह चुपचाप अपनी कुटिया की तरफ बढ़ने लगी। नाभाग उससे मिलने का यह मौका खोना नहीं चाहता था इसलिए वह तेजी से चलकर उसके पास पहुँच गया, नाभाग को अपने निकट आता देखकर सुप्रभा एक वट वृक्ष के पास रुक गई।

उसने पहले तो युवराज का अभिनंदन किया फिर पूछ बैठी—"युवराज, क्या मुझसे पुनः कोई भूल हुई है या फिर उस दिन की भूल का दंड मुझे मिलना अभी शेष है?"

सुप्रभा के प्रश्न में स्पष्ट व्यंग्य था, किन्तु इसे अनदेखा करते हुए नाभाग ने उत्तर दिया, "देवी सुप्रभा, ऐसी कोई बात नहीं है, उस दिन मेरी ही भूल थी और आपने यह बात स्पष्ट भी कर दी थी।"

"फिर आप यहाँ क्या कर रहे हैं युवराज?"

"मैं यहाँ राजऋषि निपा के सानिध्य के लिए आया हूँ।"

"क्या आप सत्य बोल रहे हैं युवराज?"

सुप्रभा ने जब राजऋषि निपा की तरह यह प्रश्न किया तो नाभाग स्वयं के बारे में सोचने को विवश हो गया कि क्या उसके चेहरे पर उसका असत्य इतनी साफ तरह से परिलक्षित हो जाता है कि कोई भी सरलता से इसे पढ़ लेता है।

"नहीं मैं पूरा सत्य नहीं बोल रहा हूँ देवी सुप्रभा", उसने उत्तर दिया।

"तो पूरा सत्य क्या है युवराज?"

"यह मैं उचित समय पर बताऊँगा देवी, इस समय आपसे इतना ही अनुरोध करूँगा कि आप और आपकी सहेली युवतियाँ जिन्हें मेरी पहचान ज्ञात है वे इसे अपने तक ही सीमित रखें।"

"मुझे आपके सत्यवचन की प्रतीक्षा रहेगी युवराज। और आप निश्चिंत रहें, आपकी पहचान किसी के समक्ष स्पष्ट नहीं होगी", यह कहकर सुप्रभा वहाँ से चली गई और उसकी वाणी, उसकी कला, उसके सौन्दर्य से वशीभूत नाभाग वहीं उसे जाते हुए देखता रहा।

सुप्रभा अपने कुटीर में आकर बैठ गई। वह अभी स्वयं के अन्दर एक बिलकुल नई तरह की भावना को अनुभूत कर रही थी जिसे परखने और व्यक्त करने में वह स्वयं असमर्थ थी। युवराज नाभाग से पहली बार वन में मिलने के बाद भी उसे इसी तरह की अनुभूति हुई थी किन्तु तब की परिस्थिति असामान्य थी इसलिए उस समय वह इसकी उपेक्षा करने में सफल रही किन्तु अभी शान्त वातावरण में हुए साक्षात्कार ने उसके अन्दर एक उथल पुथल मचा दी थी। वह युवराज नाभाग के प्रति एक ऐसे तीव्र आकर्षण की अनुभूति कर रही थी जो उसके मनमस्तिष्क पर आधिपत्य स्थापित कर रहा था। वह अभी जब वार्तालाप कर कुटीर की तरफ लौटनेवाली थी तब उसकी इच्छा थी कि युवराज नाभाग उसे लौटने न दें, उससे और बातें करें। वह युवराज नाभाग के साथ बीत रहे सुखदायी क्षणों में विस्तार चाहती थी और ऐसा उसने अब तक के जीवन में कभी किसी के लिए अनुभूत नहीं किया था। अभी तो उसे न यह समझ में आ रहा था कि इस अनुभूति का अर्थ क्या है और न ही यह कि यह मनोभाव कितना उचित है। वह जानती थी कि वे इस वज्जि राज्य के युवराज हैं, वह जानती थी कि उसका सामर्थ्य उनके सम्बन्ध में ऐसी किसी भी भावना की अनुमति नहीं देता किन्तु उसका मन उसके ही वश में नहीं था। युवराज नाभाग की तरफ खिंचे जा रहे अपने अन्त:करण को वह रोक ही नहीं पा रही थी। उसके अन्दर चाहे इस तरह की जितनी भी उथल पुथल मची हो किन्तु वह प्रसन्न थी, हर्षित थी, युवराज नाभाग को पुन: देखकर, हिमवंत आश्रम में उन्हें पाकर।

इसके पश्चात नाभाग सुप्रभा से प्रतिदिन मिलने लगा। यह संयोग सामान्यत: सन्ध्या आरती के पूर्व मन्दिर के पास बनता था, दोनों की बातचीत आश्रम के कार्यकलाप और शिक्षा तक ही सीमित होती थी किन्तु वे अब एक दूसरे के साथ अधिक सहज थे।

नाभाग सुप्रभा से स्पष्ट शब्दों में प्रणय निवेदन करना चाहता था, विवाह का प्रस्ताव देना चाहता था किन्तु कई बार अन्तिम समय में चुप रह जाता था। सुप्रभा उसके साथ सहज थी इस बात को वह समझ रहा था, कई बार उसे यह भी लगता था कि वह उसे पसन्द करने लगी है किन्तु यह बात वह निश्चित रूप से नहीं कह सकता था और यही उसके संकोच का कारण था। अपने संकोच को लेकर नाभाग को कई बार क्षोभ भी होता। इसी तरह समय बीतता जा रहा था और जब आश्रम से जाने में केवल सात दिन शेष बचे थे तो नाभाग ने सुप्रभा से अपने मन की बात बात कह देने का निश्चय कर लिया। उस दिन सुप्रभा और नाभाग अपने-अपने घोड़ों पर कौशल दिखाते हुए आश्रम से बाहर निकल गए थे। जब कुछ समय विश्राम के उद्देश्य से एक जगह वे एक वृक्ष के नीचे बैठ गए तो नाभाग ने अपनी बात कहने के उद्देश्य से भूमिका बाँधनी शुरू की—"देवी सुप्रभा, आपने मुझसे उस दिन मेरे इस आश्रम में आने का वास्तविक उद्देश्य जानना चाहा था।"

"हाँ युवराज, और आपने सही समय आने पर बता देने की बात कही थी किन्तु आपने फिर कुछ कहा ही नहीं और अब हमारे आश्रम से जाने का दिन भी निकट है, क्या अब वह समय आ गया है जब आप बता सकें?"

"बता तो मैं तब भी सकता था किन्तु तब मन में शंका थी कि पता नहीं इस बात पर आपकी प्रतिक्रिया क्या होगी।"

"क्या अब वह शंका समाप्त हो गई, क्या अब आप मेरी प्रतिक्रिया को लेकर निश्चिंत हो गए हैं युवराज?"

"हाँ, एक हद तक अब निश्चिंत हूँ कि आप अप्रसन्न या कुपित नहीं होंगी।"

"जब आप निश्चिंत हैं तो फिर कहिए युवराज।"

"मैं यहाँ आपके लिए आया हूँ, आपसे प्रथम साक्षात्कार के बाद ही मेरा हृदय आपके वश में जा चुका है और आपसे दूर रहना अब सम्भव नहीं है, मैं आपसे विवाह करना चाहता हूँ, कृपया मेरे प्रस्ताव को स्वीकार कर मुझे कृतज्ञ करिए देवी सुप्रभा।"

सुप्रभा ने कोई उत्तर नहीं दिया और शान्त भाव से आकाश की तरफ निहारती रही मानो नाभाग के प्रश्न का उत्तर वह किसी आकाशवाणी से सुनना चाह रही हो। जब सुप्रभा ने उत्तर नहीं दिया तो नाभाग व्यग्र हो उठा। उसने पुनः सुप्रभा से कहा, आपका मौन मुझे न केवल आशंकित बल्कि भयभीत कर रहा है। "आप मौन मत रहिए, मेरे प्रश्न का उत्तर दीजिए देवी सुप्रभा।"

"युवराज, कई बार उत्तर न देना ही सबसे बेहतर उत्तर होता है"—आकाश की तरफ निहारते हुए ही सुप्रभा ने अपना मौन भंग किया।

नाभाग बेचैन हो उठा।

"आप इस तरह का अस्पष्ट उत्तर नहीं दीजिए, आपके उत्तर पर मेरा भविष्य निर्भर करता है, क्या आप मुझे नापसन्द करती हैं या अपने जीवनसाथी के रूप में आपने किसी और को पसन्द कर रखा है?"

"चूँकि मेरे उत्तर पर आपका भविष्य निर्भर करता है इसीलिए तो उत्तर देने में मुझे असुविधा हो रही है। आप कोई आम नागरिक नहीं हैं, वज्जि राज्य के भावी सम्राट हैं, आप क्षत्रिय हैं जिससे अपनी पुत्री का विवाह करने के लिए समस्त राजकुल लालायित होंगे। मैं आपके ही राज्य की एक साधारण वैश्य पुत्री हूँ। यदि मैं आपके निवेदन को स्वीकार करती हूँ तो इसका प्रभाव आप पर और आपके भविष्य पर भी पड़ेगा युवराज। मैं यह नहीं चाहूँगी कि मेरे कारण आपको किसी असुविधा का सामना करना पड़े। और रह गई बात मेरे पसन्द की तो मेरे अब तक के जीवन में कोई ऐसा पुरुष नहीं आया है जिससे मैंने अपने अन्तर्मन को इस तरह साझा किया है।"

"देवी सुप्रभा, आपके इन बातों को मैं आपकी स्वीकारोक्ति ही मानूँगा। रह गई बात मेरे भविष्य की तो यह अब आपसे जुड़ा है सदा-सदा के लिए। राजकुलों की प्रथा और मेरी आकांक्षा के बीच यदि चुनाव करना हो तो मेरे पिताश्री मेरी इच्छा को चुनेंगे इसका मुझे पूर्ण विश्वास है अत: मेरे भविष्य के लिए आप व्यथित न हों। आपके पिताश्री को तो हमारे विवाह पर कोई आपत्ति नहीं होगी?"

"इस हेतु आपको स्वयं मेरे पिताश्री से बात करनी होगी युवराज।"

इसके बाद दोनों ने एक-दूसरे से कुछ नहीं कहा।

सन्ध्या आरती के समय जब वे दोनों आश्रम लौटे तो उनके बीच एक बंधन बन चुका था। अब उन्हें परिवार और समाज की सहमति की प्रतीक्षा थी।

आश्रम से प्रस्थान के दो दिन पहले सन्ध्या आरती के बाद राजऋषि निपा ने नाभाग को अपने पास बुलाया। इससे पहले नाभाग की राजऋषि निपा से मुलाकात केवल सुबह होती थी जो कि दिन के दूसरे पहर तक चलती थी इसलिए जब इस समय बुलाया गया तो नाभाग को प्रतीत हुआ कि जरूर किसी महत्त्वपूर्ण विमर्श के लिए उसे बुलाया गया है।

जब नाभाग राजऋषि निपा के पास पहुँचा तो वह अपनी कुटिया में अकेले बैठे थे, उन्हें देखकर लगता था जैसे वे किसी गहरे मनन में लीन है। उन्हें इस अवस्था में देखकर नाभाग की इच्छा हुई कि वह वापस लौट जाए और उनकी एकाग्रता को

भंग न करे किन्तु तभी राजऋषि निपा की दृष्टि उस पर पड़ गई और उन्होंने उसे आसन ग्रहण करने के लिए कहा।

कुछ समय तक उसी अवस्था में शान्त बैठे रहने के पश्चात राजऋषि निपा ने नाभाग को गौर से देखते हुए पूछा, "युवराज नाभाग, तुमने लगभग एक मास का समय यहाँ व्यतीत कर लिया है, वैसे तो विभिन्न विषयों में तुम स्वयं दक्ष हो, महर्षि मलय ऋषभ ने तुम्हारी शिक्षा में कोई कमी नहीं रखी है फिर भी मैंने इस अवधि में अपनी तरफ से पूरा यत्न किया कि मेरा अनुभव, ज्ञान तुम तक पहुँच पाए। तुम कोई आम नागरिक नहीं हो, उस आर्य वंश से तुम्हारा नाता है जिसने न केवल आज इस राष्ट्र की तस्वीर बदल दी है बल्कि इसके भाग्य की दिशा भी तय कर दी है। इस तरह तुम और तुम्हारा आचरण व्यक्तिगत सीमा से निकलकर पूरे समाज और राष्ट्र के सन्दर्भ में महत्त्वपूर्ण हो जाता है। क्या तुम इस बात को अच्छी तरह समझ रहे हो वत्स?"

राजऋषि निपा ने जिस तरह बात की उससे नाभाग को लगा जैसे अनजाने में उससे कोई गलती हुई है जिसकी तरफ वे इशारा कर रहे हैं। अपनी आँखें नीची कर उसने उत्तर दिया, "बिल्कुल राजऋषि, क्या मुझसे कोई भूल हुई है, क्या मैं किसी अपराध का भागी बना हूँ, यदि ऐसा कुछ हुआ है तो मैं आपके दंड का प्रार्थी हूँ, आपकी आज्ञा शिरोधार्य है, मुझे दंड दें।"

"नहीं युवराज, ऐसी कोई बात नहीं है। महाराज नाभानेदिष्ट पर इंद्र की विशेष कृपा है जिन्हें तुम्हारे जैसे चरित्रवान, विवेकशील, योग्य पुत्र रत्न की प्राप्ति हुई है। तुमसे कोई अपराध नहीं हुआ है युवराज किन्तु तुम जीवन के उस दौर में हो जहाँ से तुम्हारे हर एक पग का परिणाम केवल तुम पर नहीं बल्कि इस वज्जि राज्य पर पड़ेगा। तुम वैश्य पुत्री सुप्रभा से प्रेम करते हो। सुप्रभा मेरी उन शिष्याओं में से एक है जिनकी प्रतिभा ने मुझे सन्तुष्टि दी है, सर्वगुणसम्पन्न जैसे शब्द सुप्रभा जैसों के लिए ही बने हैं, इस दृष्टि से वह तुम्हारी अर्धांगिनी बनने योग्य है किन्तु क्या उसकी जाति राजपरिवार में समस्या का विषय नहीं होगा? क्या तुमने इस सम्बन्ध में विचार किया है वत्स?"

"राजऋषि, मैंने सुना है कि प्रेम इस संसार का सबसे पवित्र सूत्र है जिससे संसार में सबकुछ प्राप्त किया जा सकता है, सबसे बड़ा आधार है जिस पर पूरी पृथ्वी को स्थापित किया जा सकता है। प्रेम ईश्वर प्रदत्त है जबकि जाति मनुष्यों की निर्मिति है। मैंने ईश्वर प्रदत्त राह को चुना है, मुझे विश्वास है कि इस राह में आनेवाले व्यवधान स्वत: समाप्त हो जाएँगे।"

"तुम्हारी दृढ़ता और स्पष्टता को देखकर प्रसन्नता हुई, इंद्र तुम्हारी मनोकामना पूरी करें। किन्तु इस बात का ध्यान रखना वत्स, मेरी दृष्टि कह रही है कि भविष्य में कई ऐसे मौके आएँगे जब तुम्हारे निर्णय पर आनेवाले कल की सारी संरचना

निर्भर होगी, तुम एक आम युवराज नहीं हो जिसका जीवन केवल राजसिंहासन तक सीमित हो। तुम्हारा जन्म सम्पूर्ण मनुष्य जाति को एक नई दिशा देने के लिए हुआ है, अपनी महत्ता को पहचानो और हर निर्णय समग्र सोच के साथ करो।"

"आपकी बात मेरे मनमस्तिक में अंकित रहेगी राजऋषि।" कुछ क्षण चुप रहने के पश्चात नाभाग ने कहा, "राजऋषि, जबसे मैं यहाँ आया हूँ मेरे मन में एक प्रश्न घूम रहा है, आपकी अनुमति हो तो मैं वह आपके समक्ष रखूँ?"

"पूछो वत्स, क्या जिज्ञासा है मन में।"

"वैसे तो इस आश्रम में शिल्प, ज्योतिष, धर्म, नीतिशास्त्र, दर्शन, व्याकरण, काव्य, और आयुर्वेद जैसे विविध विषयों पर गहन अध्ययन होता है किन्तु यहाँ सबसे अधिक जोर सैन्य शिक्षा पर क्यों है? यहाँ हर शिष्य के लिए शस्त्र अभ्यास अनिवार्य क्यों है? काशी में मेरे गुरुदेव महर्षि मलय ऋषभ के यहाँ वेदपाठ अनिवार्य था वहाँ शस्त्र शिक्षा ऐच्छिक थी, सिद्धाश्रम में तो सैनिक शिक्षा जैसी कोई चीज ही नहीं थी, यहाँ सैनिक शिक्षा को इतनी प्राथमिकता क्यों राजऋषि?"

राजऋषि ने अधरों पर हल्की मुस्कराहट फैल गई "तुम्हारा प्रश्न उत्तम है युवराज नाभाग, तुम्हें जिस अन्तर की अनुभूति हुई है वह सत्य है, अन्य आश्रमों में सैनिक शिक्षा पर अधिक जोर नहीं दिया जाता है। इस प्रश्न का एक वाक्य में उत्तर यह है कि मैंने भूत और भविष्य दोनों के बीच सामंजस्य बनाए रखा है जबकि बाकी गण वर्तमान पर निर्भर हैं। इसे जानने के लिए यह समझना होगा कि हम आर्य इस भारत भूमि पर क्यों स्थापित हुए, इस धरती के मनुष्यों और हममें क्या अन्तर था? आखिर ऐसा क्या कारण था कि यहाँ के मूल गण हमारे समक्ष दुर्बल सिद्ध हुए? शारीरिक स्तर पर कोई विशेष अन्तर नहीं था फिर भी हम विजयी हुए और आज हर दिशा में हमारा राज्य है। वस्तुतः हम आर्य बौद्धिक और सैन्य स्तर पर यहाँ के मूल निवासियों से अत्यधिक आगे थे। किन्तु हमारी सफलता ने हमें अहंकारी और आलसी बना दिया है। आज बौद्धिक स्तर उच्च बनाए रखने के लिए तो हम निरन्तर प्रयासरत हैं किन्तु सैन्य स्तर के प्रति एकाएक गम्भीर रूप से उदासीन हो गए हैं। चूँकि हमने मूल निवासियों पर अन्तिम और स्थायी विजय प्राप्त कर ली है इसलिए हमें अब यह निरर्थक लगने लगा है। आज अधिकतर राज्यों में कोई स्थायी सैन्य बल तक नहीं है, संघर्ष या संकट की स्थिति में हम नागरिकों पर निर्भर होते हैं और चूँकि ये संघर्ष गम्भीर नहीं होते हैं या फिर आपस में ही होते हैं इसलिए हम इस ओर ध्यान नहीं दे रहे। किन्तु हमें यह समझना होगा कि यह स्थिति स्थायी नहीं है, हमारे बीच के संघर्ष भी भीषण होंगे क्योंकि इस पृथ्वी के संसाधन सीमित है, संसाधनों पर आधिपत्य की इच्छा में संघर्ष के स्वाभाविक बीज हैं जिन्हें वृक्ष बनना ही है। क्या आज अंग, बंग, कलिंग, चम्पा, काशी, कोसल, ताम्रपणी, मगध, सौराष्ट्र, विदेह और माहिष्मती जैसे राज्यों के बीच सत्ता संघर्ष की सम्भावना नहीं बन रही है?"

इतना कहकर राजऋषि निपा क्षण भर के लिए मौन हो गए और नाभाग के चेहरे को गौर से देखने लगे मानो वे उसके अन्तः को पढ़ने की कोशिश कर रहे हों। कुछ क्षण के पश्चात उन्होंने पुनः कहा, "युवराज नाभाग, यह समझने की आवश्यकता है कि सैन्य शक्ति केवल युद्ध के लिए आवश्यक नहीं है बल्कि यह शान्ति के लिए भी उतना ही आवश्यक है, शान्ति के लिए शक्ति सन्तुलन होना बहुत आवश्यक है। और जिस तरह यहाँ की शक्तियों से अधिक सक्षम होकर हम यहाँ आए थे और इस धरती के स्वामी बन गए क्या इसी तरह भविष्य में हमसे अधिक शक्तिशाली शक्तियों के आने की सम्भावना समाप्त हो गई है? हमारी उर्वर भूमि संसाधनों से इस कदर भरी पड़ी है कि यह अन्य ताकतों को आकर्षित करती रहेगी? आज हम जिस तरह सैन्य तैयारियों से विमुख होते जा रहे हैं कल यदि कोई बड़ी शक्ति हमारे समक्ष खड़ी हो जाए तो क्या हम अपनी रक्षा कर पाएँगे? हम कायम रहें इसलिए यह आवश्यक है कि सैन्य शिक्षा पर जोर हो और हम यही कर रहे हैं वत्स।"

"आपका कहना सत्य है राजऋषि निपा, किन्तु मेरे मन में एक आशंका है, सैन्य प्रशिक्षण बिना नैतिक शिक्षा और नियंत्रण के क्या समाज के लिए दूसरी तरह की समस्याएँ खड़ी नहीं कर देगा?"

"तुम्हारा कथन सत्य है, नैतिक शिक्षा और नियंत्रण की आवश्यकता है किन्तु संयोग से हमारे धर्म में नियंत्रण की एक प्रणाली पहले से ही विकसित है। हम इन संसाधनों को उन्हीं तक सीमित रखते हैं जिनका नैतिक बल ऊँचा हो। ब्राह्मण, क्षत्रिय और वैश्य ही हमारे धर्म और अब इस राष्ट्र के मूल नैतिक बल हैं इसलिए ऐसे संसाधन इन तक ही सीमित रखना आवश्यक है। सैन्य प्रशिक्षण मैंने पुरुष क्षत्रियों और कुछ प्रतिभाशाली वैश्यों के लिए ही सीमित रखा है। सुप्रभा जैसे अपवाद कम हैं जिनकी विशेष रुचि और आग्रह के कारण मैंने उसे इस हेतु अनुमति दी है।"

"क्षमा करेंगे राजऋषि, किन्तु क्या यह धर्म के बाकी अंगों के साथ अन्याय नहीं है, शक्ति, संसाधन को केवल कुछ वर्गों तक सीमित रखना और बाकी वर्गों को इससे वंचित रखना यह किस तरह धर्मसंगत है?"

"वत्स नाभाग, कोई भी व्यवस्था तभी सफल होती है जब उसके हर अंग के बीच बेहतर सामंजस्य हो और यह सामंजस्य तभी स्थापित हो सकता है जब कार्य क्षेत्र और सीमाओं का निर्धारण एवं उसका पालन कठोर तरीके से किया जा रहा हो। हमारे निर्देशों का मुख्य स्रोत ऋग्वेद है, इसका पुरुषसूक्त कहता है—

ब्राह्मणोऽस्य मुखामासीद्वाहू राजन्यः कृतः।
ऊरू तदस्य यद्वैश्यः पद्भ्यां शूद्रो अजायत॥

अर्थात ब्राह्मण ब्रह्मा के मुख से जन्मे हैं, क्षत्रिय ब्रह्मा की भुजा से जन्मे हैं, वैश्य जंघा से, जबकि शूद्र पाँव से जन्मे हैं।

युवराज, इस निर्देश के पालन में ही तुम्हारी शंका का उत्तर है। यदि हम इसका पालन करते हैं तो आवश्यक अपेक्षित नियंत्रण स्वत: ही हो जाएगा।"

"किन्तु राजऋषि हमारे धर्म में कुछ की स्थिति तो शूद्र से भी बदतर है जैसे चांडाल आदि, उनके लिए वेद में तो कोई निर्देश नहीं है जो उन्हें उस तरह का जीवन जीना पड़ता है।"

"वत्स, प्रकृति के कुछ नियम हैं जिनके उल्लंघन का अधिकार किसी को नहीं है। इस तरह के उल्लंघन विकृति उत्पन्न करते हैं इसलिए इन्हें दंड देना आवश्यक है। एक ब्राह्मण स्त्री का शूद्र से संसर्ग घृणित है, पाप है, शूद्र जन्मजात दास हैं और उनके साथ सम्बन्ध तो अक्षम्य है इसलिए इस प्रवृति को रोकने के लिए कठोर दंड का होना जरूरी है, ऐसे पाप से उत्पन्न सन्तानों को तो दंड भोगना ही होगा।"

"पुन: क्षमा करेंगे राजऋषि, जाति तो प्रकृति की देन नहीं है, यह तो मानव निर्मित है फिर यह प्रकृति का उल्लंघन कैसे हुआ? यदि आपकी बात सत्य भी मान लूँ तो इसमें सन्तान की क्या गलती है जो उन्हें ताउम्र तिरस्कृत जीवन जीने को विवश होना पड़ता है?"

"युवराज नाभाग, सन्तान को अपने पूर्वजन्म या माता-पिता के अच्छे-बुरे कर्मों का फल भोगना ही पड़ता है, आप युवराज केवल दो कारणों से हैं, या तो पूर्व जन्म के अपने अच्छे कर्मों के कारण या इसलिए क्योंकि आपका जन्म राजपरिवार में हुआ है। शूद्र या चांडाल जैसे अस्पृश्य पूर्वजन्म के पास या निम्नकुल में उत्पन्न होने के कारण निकृष्ट जीवन जीते हैं।"

राजऋषि निपा की इस बात को सुनकर युवराज नाभाग के मन की शंकाएँ कम होने की जगह और बढ़ गईं, वह उनकी कई बातों से सहमत नहीं था किन्तु उसने आदरवश मौन रहना ही बेहतर समझा। ऋग्वेद की यह व्याख्या और यह व्यवस्था उसे सन्तुष्ट नहीं कर रही थी, उसे ऐसा लगता था कि इस पूरी प्रक्रिया में, व्यवस्था निर्धारण में कहीं कोई भूल है, कुछ तो है जो गलत है। एक समाज ऐसी संकुचित दृष्टि के बल पर कैसे उन्नति कर सकता है?

उस दिन अपनी कुटिया में आकर नाभाग ने अत्याधिक अशान्ति अनुभव की। उसने भले ही राजऋषि निपा को सन्तुष्ट करने का प्रयत्न किया था किन्तु जिस तरह वे बार-बार आनेवाले संकट की तरफ संकेत कर रहे थे वह चिन्तन करने को विवश था। हालाँकि नाभाग पहले दिन से जान रहा था कि सुप्रभा से उसका विवाह सहर्ष स्वीकार नहीं किया जाएगा, कुछ दिक्कतों का सामना करना पड़ेगा किन्तु राजऋषि की बातों से उसे ज्ञात हुआ कि संकट उसके अनुमान से कहीं अधिक गहरा भी हो सकता है। किन्तु उसने रास्ते का चयन कर लिया था, सुप्रभा के बिना

वह अपने जीवन की कल्पना नहीं कर सकता था, इसलिए भविष्य की कोई भी परेशानी अब उसके लिए मायने नहीं रखती थीं। उसके लिए केवल एक ही बात महत्त्वपूर्ण थी और वह थी उसके अन्त:करण में बसा सुप्रभा के लिए असीम प्रेम, अब उसके लिए उसके जीवन का सबसे बड़ा सत्य यही था।

आचार्य ब्रह्मदत्त रात्रि पूजन सम्पन्न कर अब सोने की तैयारी में थे। बाहर हवा तेज चल रही थी, बादल तो शाम से ही मंडरा रहे थे, बारिश होने की पूरी सम्भावना थी। चैत मास में सामान्यत: बारिश होती तो नहीं है किन्तु यदा-कदा हो भी जाती है। उनकी कुटिया विशाल नदी के किनारे रेहसायागढ़ी गाँव में ऐसी सुनसान जगह पर थी, जहाँ बड़े-बड़े वृक्षों और विशाल नदी की तेज धारा के अलावा कुछ भी नहीं था। गाँव के अन्य घर थोड़े दूर थे, रेहसायागढ़ी के किसी घर से अधिक निकट तो नदी के पूर्वी पार अवस्थित विष्णुपद गाँव के लोगों का घर था।

ब्रह्मदत्त के पास पहुँचना हो तो एक समय चलने पर भी रेहसायागढ़ी से पहले विष्णुपद के लोग पहुँच सकते थे जबकि उन्हें विशाल नदी को भी पार करना होता था। ब्रह्मदत्त के पिता पंडित माणिक्य कई पीढ़ी से रेहसायागढ़ी में रह रहे थे हालाँकि ये लोग मूलत: काशी के थे, काशी से पलायन कर पहले हिमालय की गोद में बसे नेपा होते हुए रेहसायागढ़ी पहुँचे थे। महाराज नाभानेदिष्ट से पंडित माणिक्य की बहुत गहरी घनिष्ठता थी। महाराज नाभानेदिष्ट ने रेहसायागढ़ी में भूमि उन्हें दान में दी थी। पंडित माणिक्य की मृत्यु के पश्चात उनके इकलौते पुत्र ब्रह्मचारी ब्रहमदत्त ने इस जमीन के एक हिस्से पर अपनी पाठशाला बना दी और शेष में खेती की व्यवस्था कर दी जिससे उत्पन्न होनेवाला अन्न वे आसपास के निर्धनों में बाँट देते थे। आचार्य ब्रह्मदत्त का पूरा समय पूजा-अर्चना या आसपास के शोषित वर्ग के बच्चों की शिक्षा में बीतता था। अस्पृश्यों अर्थात ब्राह्मण स्त्री और शूद्र पिता से उत्पन्न चांडालों, ब्राह्मण पिता और शूद्र स्त्री से उत्पन्न पारशवों, ब्राह्मण पुरुष और अम्बष्ठ स्त्री के परस्पर संसर्ग से उत्पन्न आभीरों, ब्राह्मण स्त्री और वैश्य पुरुष से उत्पन्न म्लेच्छों, क्षत्रिय पुरुष और शूद्र स्त्री से उत्पन्न शुलिकों, डोमों, चर्मकारों जैसी समाज में बहिष्कृत जातियों के बच्चों की शिक्षा, कल्याण में ही आचार्य ब्रह्मदत्त ने अपना जीवन समर्पित कर दिया था। ऐसे अस्पृश्यों के समक्ष सदैव भुखमरी की स्थिति बनी रहती थी अत: वे अपने बच्चों को ब्रह्मदत्त के पास भेज देते थे ताकि कम-से-कम वे जीवित रहें। ब्रह्मदत्त अपने पिता से प्राप्त

सम्पत्ति का उपयोग इनके ही संरक्षणार्थ कर रहे थे। रेहसायागढ़ी के कई-कई कोस दूर की परिधि से ऐसे बच्चे उनके पास आकर युवा होने तक रहते थे। निस्सन्देह वज्जि राज्य के ब्राह्मणों, क्षत्रियों और वैश्यों के लिए ब्रह्मदत्त का यह कार्य व्यापार अस्वीकार्य था। उन्होंने ब्रह्मदत्त को रोकने का हर यत्न किया। पहले तो ब्राह्मण समाज ने उनका बहिष्कार किया, फिर क्षत्रियों और वैश्यों ने भी उन्हें बहिष्कृत कर दिया। ब्रह्मदत्त के विरुद्ध वे महाराज नाभानेदिष्ट के पास भी गए किन्तु नाभानेदिष्ट ने यह कहकर कोई कार्यवाही करने से इनकार कर दिया कि ब्रह्मदत्त जब तक किसी को क्षति नहीं पहुँचाते राज्य को दंड देने का कोई अधिकार नहीं है। महाराज नाभानेदिष्ट के इस विधान से ब्राह्मण समाज में अत्यधिक क्षोभ व्याप्त हुआ और उन्हें यह लगा कि वे ऐसा ब्रह्मदत्त के पिता पंडित माणिक्य के प्रति अपने स्नेह के कारण कर रहे हैं। इसके पश्चात आचार्य ब्रह्मदत्त पर कई बार शारीरिक हमले भी हुए जिसमें वे बाल-बाल बच गए। अन्ततः ये सभी असन्तुष्ट जन ब्रह्मदत्त के साथ अस्पृश्यों की तरह व्यवहार करने लगे। रेहसायागढ़ी के ब्राह्मण, क्षत्रिय और वैश्य विशाल नदी के उस तट पर नहीं जाते थे जहाँ ब्रह्मदत्त और अस्पृश्यों के बच्चे रहते थे। यहाँ तक कि जिनके खेत ब्रह्मदत्त के खेत के समीप थे उसमें उन्होंने अन्न उपजाना भी बन्द कर दिया था और इस तरह ब्रह्मदत्त के खेतों के आसपास की भूमि बंजर हो गई थी। इन तमाम व्यवधानों के बाद भी आचार्य ब्रह्मदत्त अपनी सोच और कृत्य पर अडिग थे।

बाहर हल्की बारिश होनी शुरू ही हुई थी कि आचार्य ब्रह्मदत्त के कानों में हलचल की आवाज आई। उन्होंने ऊँचे स्वर में पूछा कि बाहर कौन है? किन्तु बाहर से कोई उत्तर प्राप्त नहीं हुआ। कुछ क्षण शान्ति रही पर पुनः आहट हुई। वे कुटिया से बाहर निकले तो उन्होंने देखा सत्यरथ भूमि पर बैठा हुआ है। इस समय सत्यरथ को देखकर उन्हें लगा जैसे कोई बड़ी अनहोनी हुई है तभी वह इस समय आया है। सत्यरथ के चेहरे का भाव बता रहा था जैसे वह काफी गुस्से में हो। उन्होंने सत्यरथ को कुटिया के अन्दर बुला लिया। आचार्य ब्रह्मदत्त सत्यरथ से इस समय आने का कारण पूछते रहे किन्तु वह चुप रहा। वे सत्यरथ के इस स्वभाव से परिचित थे, जब वह अधिक पीड़ा में होता था तब इसी तरह मौन हो जाता था।

कुछ देर पश्चात सत्यरथ बोला, "गुरुदेव, क्या हमारा जन्म केवल अपमान, अन्याय भोगने के लिए हुआ है, क्या हमारे जीवन का एकमात्र उद्देश्य यही है। और यदि यह सच है तो फिर हम जीवित क्यों हैं, या तो हम इसे बदलें या हम इस धरती पर रहे ही नहीं।"

"वत्स सत्यरथ, ईश्वर ने इस सृष्टि में कुछ भी निरर्थक, निरुद्देश्य नहीं बनाया है। जिस तरह हमारे शरीर के हर अंग की उपयोगिता है उसी तरह इस सृष्टि के हर

कण की, हर जीव की, हर मनुष्य की उपयोगिता है। जिस तरह शरीर के किसी अंग का उद्‌देश्य समझ नहीं आने भर से वह निरर्थक नहीं हो जाता उसी तरह इस सृष्टि के किसी कण का महत्त्व समझ नहीं आने से उसको बोझ मान लेना उचित नहीं। हमारी बुद्धि की लघुता हमें ईश्वर के उद्‌देश्य को समझ पाने से रोकती है, हमारे वातावरण में हमारे द्वारा उत्पन्न विष हमें भ्रमित रखता है और हम सत्य तक पहुँच नहीं पाते। यह हमारी कमी है, इसमें ईश्वर का कोई दोष नहीं। ईश्वर ने तुम्हें किसी अन्य मनुष्य से अलग नहीं बनाया है। तुम्हारा जन्म भी उसी तरह एक माँ की कोख से हुआ है जिस तरह मेरा जन्म हुआ है। माँ के गर्भ में नौ मास तक की अवधि तुमने भी बिताई है और मैंने भी। तुम्हारे रक्त का रंग भी लाल है और मेरे रक्त का रंग भी। ईश्वर ने तो कोई भेदभाव नहीं किया। किन्तु चूँकि ईश्वर धरती पर स्वयं उपस्थित नहीं हैं, स्वयं समाज का संचालन नहीं कर रहे हैं, यह काम उन्होंने हम मनुष्यों पर छोड़ दिया है इसलिए तमाम विकृतियाँ हर तरफ व्याप्त हैं। अन्याय, अपमान हम मनुष्यों ने अपनी दूषित मानसिकता के कारण उत्पन्न किया है, यह हमने किया है और जो हमने किया है वह स्थायी नहीं हो सकता। ईश्वर ने जब मनुष्य का जीवन ही स्थायी नहीं बनाया तो मनुष्य द्वारा उत्पन्न चीजें चाहे वह विकार हो या उपलब्धि, वह स्थायी भला कैसे हो सकता है? इसीलिए इस दौर के सत्ताधारी शक्तिशाली समाज द्वारा तुम लोगों पर किया जा रहा दुर्व्यवहार, अन्याय और अपमान भी चिरकाल के लिए नहीं है, स्थायी नहीं है, यह भी एक समय बीते कल की बात हो जानी है।" आचार्य ब्रह्मदत्त ने सत्यरथ को शान्त करने की कोशिश की।

"गुरुदेव, आप सदैव इसी तरह की बातें कहकर मुझे शान्त कर देते हैं किन्तु आप कभी भी वह समय या समय सीमा नहीं बताते जब हमें इससे मुक्ति मिलेगी, क्या यह मेरे जीवन में हो पाएगा, यदि मेरे जीवन में हो पाएगा तब तो मैं धैर्य रखने को तैयार हूँ और यदि नहीं हो पाएगा तो मुझे अनुमति दें कि मैं स्वेच्छा से अपने जीवन के साथ या किसी के भी साथ जो उचित समझूँ वह कर सकूँ।" सत्यरथ अब भी व्यग्र था।

ब्रह्मदत्त समझ रहे थे कि उसकी व्याकुलता, उसका आक्रोश तत्काल खत्म नहीं होंगे। उसको सान्त्वना देने के स्वर में उन्होंने कहा, "शान्त वत्स, शान्त, उद्विग्न मन कभी उचित निर्णय नहीं करता। आक्रोशित होना भी हमारी लघुता है, जीवन में घट रही अच्छी या बुरी घटनाओं के प्रति एक सीमा तक तटस्थ बने रहना जरूरी है। दुख, आवेश या अत्यधिक हर्ष दोनों हमारे हित में नहीं हैं।"

"क्षमा गुरुदेव, अपने इस आचरण के लिए शर्मिंदा हूँ किन्तु क्या करूँ, मैं आपकी तरह आचार्य तो नहीं हूँ, एक तुच्छ इनसान हूँ जो आज तक इसी बात को तय नहीं कर पाया कि वह इनसान है भी या नहीं।"

"वत्स सत्यरथ, मैं तुम्हारी पीड़ा समझ सकता हूँ किन्तु इस पीड़ा को स्वयं पर हावी कर देने से तो कुछ भी प्राप्त नहीं होगा। हम मनुष्य अपने योगदान का आकलन करने में असमर्थ हैं। सम्भव है हम आज जो कर रहे हैं उसका फल हमें हमारे जीवन में न मिले या समझ भी न आए कि हमारे किए कर्मों का प्राप्त क्या है। हम युगों तक कायम रहनेवाली इस सृष्टि के बीच काल के एक भाग में अपना योगदान अर्पित कर रहे हैं, सम्भव है यह समय के तरंग को जरा भी कंपित न करे किन्तु हमारे ऐसे योगदानों के समूह से कम्पन्न तो हो सकता है, तरंग की धारा प्रभावित तो हो सकती है। हम करेंगे तभी तो इसके समूह की सम्भावना बनेगी, हम ही नहीं करेंगे तो समूह की सम्भावना भी नहीं रहेगी। सत्यरथ, स्मरण रखो, तुम अपने जैसों के साथ, अपने वर्ग के साथ हो रहे अन्याय से सच में व्यथित हो और इसे बदलना चाहते हो तो जो आज समय कहता है वह करो, अपनी आहुति दो, किसी तात्कालिक परिणाम की प्रत्याशा मत रखो। तुम्हारे योगदान का मूल्यांकन काल तय करेगा। तुम मुझे यह बताओ आज किस कारण इतनी पीड़ा में हो, क्या हुआ है?"

"गुरुदेव, नया क्या होना है, वही जो आए दिन होता है। कभी श्रेष्ठियों के प्रहरी आते हैं, तो कभी ब्राह्मणों या क्षत्रियों के। आज पता नहीं किनके प्रहरी थे, मैंने जानना भी नहीं चाहा, चार नवयुवतियों को उठाकर ले गए और उनका शोषण कर कभी भी पुनः फेंक जाएँगे। ये नीच जिनका धर्म हमारी छाया तक से भ्रष्ट हो जाता है, जिनके लिए हमारा मुख तक देखना पाप की श्रेणी में आता है वे हमारी स्त्रियों को किस तरह भोग पाते हैं, इसमें उनका धर्म भ्रष्ट नहीं होता? यह उनके लिए पाप नहीं है? यह उनके लिए भोग है और उनके इस भोग से उत्पन्न सन्तानें पुनः पाप बन जाएँगीं, अस्पृश्य बन जाएँगे। जिनका रक्त जिसके शरीर में होगा उसी सन्तान को देखने भर से उनका ही धर्म नष्ट हो जाएगा? यह कैसा धर्म है, यह कैसा विधान है?"

"यह धर्मसम्मत कर्म है ही नहीं वत्स, यह तो इन्होंने अपनी सुविधानुरूप विधान बना लिए हैं, कोई भी सच्चा धर्मशील व्यक्ति इस तरह का घोर पाप कर ही नहीं सकता। यह अधर्म है, अन्याय है।"

"और हमें यह अन्याय कब तक सहना होगा गुरुदेव, हम इसका प्रतिकार क्यों नहीं कर सकते?"

"सत्यरथ, प्रतिकार करने के लिए शक्ति चाहिए, शक्ति के लिए समूह चाहिए और व्यक्ति को समूह में बदलने के लिए जागृति चाहिए, अकेले तुम प्रतिकार नहीं कर सकते, तुम्हें इस हेतु एक बड़े वर्ग को जागृत करना होगा और यह कुछ समय में सम्भव नहीं। समाज की जागृति में युग बीत सकते हैं, तुम्हारे जैसे कई जीवन इसमें खप सकते हैं, किन्तु यही तुम्हारा सार्थक योगदान होगा, इस धरती को, अपने जैसे शोषितों को, धर्म को।"

"गुरुदेव, जागृति के लिए शिक्षा चाहिए, बिना शिक्षा के जागृति कैसे सम्भव होगी? वे संख्या में हमारे सामने कहीं नहीं टिकते फिर भी हमारा वर्ग उनके हर पाप को अपनी नियति और उनका अधिकार समझता है, धर्म समझता है क्योंकि हमारे प्राय: स्वजन अशिक्षित हैं। वे इस बात को जानते हैं कि शिक्षा ही वह अमृत है जो हमें जागृत कर समूह में बदलेगा और प्रतिकार की शक्ति देगा इसलिए उन्होंने गर्भनाल की तरह शिक्षा तक पहुँचने के हर विकल्प को काट दिया है। वेद के स्वर तक हम में से जिस कान तक पहुँचे उसे सदैव के लिए गूँगा-बहरा बना देने का विधान तय है। ऐसे में आशा की किरण कहाँ है, कैसे कुछ भी सकारात्मक सोचने की शक्ति कायम रखी जाए।"

"तुम्हारा कथन सत्य है, किन्तु शुरुआत तो हो चुकी है। मैंने तुम्हें शिक्षित किया, तुम अन्य को शिक्षित करो, यह सिलसिला एक दिन बदलाव का आधार बनेगा। और यह भी मत सोचो कि ऐसा केवल मैं कर रहा हूँ या तुम करोगे, यह पृथ्वी बहुत विशाल है, ऐसे असंख्य प्रयास हो रहे होंगे जिसके बारे में आज हमें ज्ञात नहीं किन्तु एक ऐसा समय आएगा जब ये प्रयास एक आकार लेंगे और वह दौर सब बदल देगा, हर अन्याय, शोषण का नाश कर देगा।"

"गुरुदेव, इस वर्ग को शिक्षित करने का मेरा कोई भी प्रयास आर्थिक पंगुता के कारण निष्फल हो जाता है। जब तक मैं किसी को शिक्षा का महत्त्व समझाने और उसे प्रशिक्षु बनने के लिए तैयार करता हूँ तब तक उसके पेट की भूख उसे उन अत्याचारियों के पैरों तले दब जाने को विवश कर चुकी होती है। उन्होंने केवल शिक्षा के स्रोत को गर्भनाल की तरह नहीं काटा है बल्कि आर्थिक विपन्नता के चक्रव्यूह में फँसाकर जीवनदायी हवा के स्रोत को भी बन्द कर दिया है। यही कारण है कि धनोपार्जन के लिए मैं उन रास्तों का भी चयन कर लेता हूँ जिसकी अनुमति आप नहीं देते, किन्तु मैं यह करता हूँ ताकि एक को ही, दो को ही कम-से-कम उस चक्रव्यूह से बाहर निकाल सकूँ, जीवन दे सकूँ।"

"संकट गम्भीर है वत्स, वे शक्तिशाली हैं इसलिए उनके द्वारा रचा गया व्यूह भी भीषण है किन्तु जैसा कि मैंने पहले कहा है मनुष्य निर्मित कुछ भी अमर नहीं, मनुष्य सबकुछ कर सकता है किन्तु अमरत्व न स्वयं प्राप्त कर सकता है न ही किसी वस्तु को प्रदान कर सकता है। अत: एक समय ऐसा आएगा जब परिस्थितियाँ बदलेंगी अनाचार के लिए स्थान असम्भव हो जाएगा और तब सत्य की, धर्म की जीत होगी। उस युग के लिये, उस समय के लिए आज किसी फल की आशा किए बिना अपना प्रयास करते रहो सत्यरथ, स्वयं को इस वेदी पर आहूत रखो, यही तुम्हारा धर्म है और यही तुम्हारी जीत है।"

अपनी बात पूरी कर ब्रह्मदत्त सत्यरथ की दृष्टि से दृष्टि मिलाकर चुपचाप देखने लगे। सत्यरथ भी मौन, अपलक उन्हें देखता रहा।

बाहर बारिश तेज होने लगी थी, हवाएँ आँधी का रूप ले चुकी थी किन्तु यह उस बवंडर से कम ही था जो सत्यरथ के सीने के अन्दर उथल-पुथल मचाए हुए था, जिसे केवल आचार्य ब्रह्मदत्त जान रहे थे।

नाभाग राजऋषि निपा के आश्रम से लौटकर यह निर्णय नहीं कर पा रहा था कि सुप्रभा से विवाह के अपने मनोरथ के रहस्य का वह सबसे पहले किसको साझेदार करे, अत्यधिक चिन्तन के बाद उसने वसुरथ से बात करना तय किया। दिन के तीसरे पहर वह वसुरथ के महल में पहुँचा तो उस समय वह विश्राम कर रहा था किन्तु नाभाग के आने की सूचना सुनकर वह दौड़ा चला आया। आते ही उसने नाभाग से कुशलक्षेम पूछा और आसन ग्रहण का आग्रह किया। फिर पूछा, "क्या बात है युवराज नाभाग, तुम कुछ व्यथित प्रतीत हो रहे हो?"

"व्यथित होने जैसी कोई बात तो नहीं है वसुरथ, किन्तु मैं अभी किंकर्तव्यविमूढ़ अवश्य हूँ, किसी निर्णय पर नहीं पहुँच पा रहा।"

"ऐसी क्या बात है, विषय क्या है? यदि तुम मुझे योग्य समझते हो तो मुझसे कहो मैं शायद तुम्हारी कुछ सहायता कर सकूँ।"

"कैसी बात करते हो वसुरथ, तुम पर मुझे अटूट विश्वास है और तभी किसी से वार्तालाप करने के पूर्व मैं तुम्हारे पास ही आया हूँ।"

"मुझ पर विश्वास करने के लिए आभार युवराज, अब बताओ ऐसी क्या बात है जिसने तुम्हारे जैसे तीक्ष्ण, चपल और शूरवीर को किंकर्तव्यविमूढ़ कर दिया है?"

"वसुरथ, मैं एक कन्या से प्रेम करता हूँ और उसे अर्धांगिनी बनाना चाहता हूँ। वह भी मुझसे विवाह करने को तैयार है।"

यह सुनते ही वसुरथ ने हर्ष व्यक्त करते हुए कहा, "वाह, यह तो बहुत आनंदित करनेवाली सूचना है। युवराज नाभाग ने अपनी अर्धांगिनी का चयन कर लिया है यह तो पूरे वज्जि राज्य के लिए हर्ष का विषय है। यह समाचार जानकर तो महाराज भी हर्षित होंगे। युवराज वह सौभाग्यशाली कन्या कौन है जिसके भाग्य में वज्जि राज्य की साम्राज्ञी होने का सौभाग्य प्राप्त है, वह किस राज्य की राजकुमारी है?"

"नहीं वसुरथ, वह किसी राज्य की राजकुमारी नहीं है, वह हमारे राज्य की ही नागरिक है।"

"हमारे राज्य की! हमारे राज्य में किस क्षत्रिय गृह में ऐसी सुकन्या का जन्म हुआ जिसने युवराज नाभाग को मोहित कर लिया, क्या वह किसी अमात्य की पुत्री है?"

"नहीं, वह किसी अमात्य की पुत्री नहीं है वसुरथ।"

"मैं इस राज्य के समस्त प्रमुख क्षत्रियों को जानता हूँ, मुझे बताओ वह सुकन्या किस गृह की है?"

"वसुरथ, वह एक वैश्य पुत्री है, उसका नाम सुप्रभा है और उसके पिता का नाम सुदेव है।"

"क्या? वैश्य? वैश्यपुत्री?"

"हाँ, और तुम उनसे मिल भी चुके हो, यह वही कन्या है जिनसे आखेट के समय हमारा साक्षात्कार हुआ था और जिसने मृग देने से इनकार कर दिया था।"

"हाँ मुझे स्मरण है, वह वास्तव में अद्वितीय रूपवती थी, किन्तु उसका वैश्यपुत्री होना सामान्य समस्या नहीं है। युवराज नाभाग, तुम अच्छी तरह जानते हो इस तरह के विवाह की अनुमति हमें नहीं है, हम आर्य पितामह वैवस्वतमनु के रक्त हैं, इसलिए यह सरल नहीं होगा।"

"मैं जानता हूँ वसुरथ, इसीलिए तो किंकर्तव्यविमूढ़ हूँ, और समाधान के लिए तुम्हारे पास आया हूँ।"

"यह प्रश्न विकट है किन्तु समाधान तो जरूर निकलेगा। युवराज, क्या तुम्हारा यह निर्णय अटल है, यह मैं इसलिए पूछ रहा हूँ क्योंकि एक बार इस बात के उजागर हो जाने के बाद वाद-विवाद की लम्बी प्रक्रिया प्रारम्भ हो जाएगी जिसे बाद में सीमित करना सम्भव नहीं होगा"—यह प्रश्न वसुरथ वस्तुत: नाभाग की दृढ़ता को परखने के लिए कर रहा था।

"वसुरथ, जिस तरह सूर्य का पूर्व दिशा से उदय होना और पश्चिम दिशा में अस्त होना अटल है उसी तरह मेरा यह निर्णय भी अटल है, तुम मुझे यह बताओ कि मुझे इस हेतु सबसे पहले किससे बात करनी चाहिए?"

"बताता हूँ युवराज, किन्तु तुम मुझे यह तो बताओ कि क्या सुप्रभा के साथ-साथ तुम्हें उसके वैश्य पिता सुदेव की भी सहमति प्राप्त है?"

"नहीं, मेरी बात केवल सुप्रभा से हुई है और मुझे नहीं लगता कि उनके पिता को कोई आपत्ति होगी।"

"क्षमा करना युवराज नाभाग, मैं तुम्हारी बात से सहमत नहीं हूँ। जिस जातीय अवरोध की आशंका हमें है वही आशंका सुदेव के मन में भी तो हो सकती है, और यदि अपने समाज से होनेवाली आपत्ति का भय उसे सहमति देने से रोक दे फिर उस स्थिति में तुम्हारा इस हेतु अन्यत्र कहीं भी किया गया वार्तालाप निरर्थक साबित होगा, इसलिए तुम्हारा सबसे पहले सुदेव से बात करना उचित जान पड़ता है।"

"यदि यह बात है तो मैं आज ही सुप्रभा के पिता के पास जाता हूँ और उनके मंतव्य को जानता हूँ।"

“क्या बात कर रहे हो युवराज नाभाग, तुम वैश्य सुदेव के पास जाओगे! यह राजमर्यादा के प्रतिकूल तो होगा ही, आज ही यह चर्चा पूरे राज्य में फैल जाएगी जबकि महाराज को अभी तक इस सम्बन्ध में कुछ ज्ञात नहीं।”

“तुम्हारा कहना सत्य है वसुरथ, किन्तु वे सुप्रभा के पिता हैं और इस नाते मुझे ही उनके पास जाना चाहिए, उन्हें अपने पास बुलाना उचित प्रतीत नहीं होता।”

“युवराज नाभाग, सुप्रभा के साथ जब तक तुम्हारा रिश्ता औपचारिक रूप से जुड़ नहीं जाता तब तक तुम्हारे लिए ऐसे किसी भी निर्णय हेतु राजपरिवार की मर्यादा प्रथम मापदंड होना चाहिए। अभी तुम युवराज हो, भावी सम्राट हो और वे इस राज्य के नागरिक, उनका यहाँ आना ही उचित है और इस तरह ही अभी इस बात को गुप्त रखा जा सकता है। मैं कल सुदेव को बुलाने की व्यवस्था करता हूँ, उनसे वार्तालाप होने के पश्चात हम लोग महाराज से बात करेंगे।”

नाभाग वसुरथ के इस प्रस्ताव से सहमत हो गया।

उसी रात दूसरे पहर वैश्य सुदेव से मिलने नगर का एक बड़ा सेठ राधगुप्त उसके घर पर पहुँचा और उसने एकान्त में बात करने की इच्छा व्यक्त की। रात के समय राधगुप्त को अपने पास आया देख सुदेव तमाम तरह की आशंकाओं से घिर गया।

सुदेव पहले वाणिज्यग्राम नगर के पास ही मन्तरनाग्राम नाम के एक छोटे से गाँव में किसान था। आज भी वहाँ उसका पुश्तैनी घर मौजूद था। खेती और गौ पालन कर के वह किसी तरह जीवनयापन करता था। खेती में उपज की अनिश्चितता के कारण उसका जीवन कठिनाइयों से घिरा रहता था। कभी बीज सही नहीं मिलते तो कभी बारिश समय पर नहीं होती, यह सब न होता और उपज अच्छी होती तो बलिसाधक या निग्राह्क को राज-कर देने और पिछले उधार चुकाने में ही उपज शेषप्राय: हो जाती। ऐसी स्थिति में ऊँचे दर पर ऋण देनेवाले सेठों की शरण में जाना पड़ता। साल दर साल सुदेव की स्थिति दयनीय होती चली गई। इसी बीच सुप्रभा के जन्म के समय सुदेव की अर्धांगिनी चल बसी तो सुदेव का मन गाँव से सर्वदा के लिए उचट गया और उसने नगर वाणिज्यग्राम का रुख किया। उसने अधिकतर भूमि सेठों को बेच दी और उससे प्राप्त धन से नगर में वस्त्र का व्यापार करने लगा। व्यवसाय में भाग्य ने साथ दिया तो धीरे-धीरे स्थिति सुधर गई। अब उसके पास वाणिज्यग्राम में अपना घर था, दास थे, प्रहरी थे।

राधगुप्त के आसन ग्रहण करने के पश्चात उसके आने को लेकर अनेकानेक कारणों के बारे में सोच रहा सुदेव उसके पहले प्रश्न से ही अचंभित हो गया, क्योंकि उसने चाहे जो भी कारण अब तक सोचे थे यह प्रश्न उन सबसे अलग था और निश्चय ही अधिक चिन्तित करनेवाला था।

“सुदेव, क्या तुमने क्षत्रियों की तरह अपनी पुत्री सुप्रभा को भी अपना वर स्वयं चुनने की अनुमति दे रखी है”—राधगुप्त के इस वाक्य में जिज्ञासा कम उलाहना

अधिक था, सुदेव समझ गया कि कोई अप्रत्याशित परिस्थिति उत्पन्न हुई है जिसका सम्बन्ध उसकी पुत्री से है।

"नहीं बन्धु, इकलौती पुत्री है मेरी, उसकी अभी उम्र ही क्या है, अभी-अभी तो शिक्षा सम्पन्न हुई है उसकी, अब गृह कार्य में कुछ निपुण हो जाए तो आप लोगों के सहयोग से एक योग्य वर चुनकर यह उत्तरदायित्व पूरा करूँगा"—सुदेव का धीमा स्वर उसके रक्षात्मक रुख और अन्त:करण में पसरी दुश्चिंताओं का द्योतक था।

"ऐसा लगता है तुम किसी और धरती पर विचरण कर रहे हो सुदेव, और तुम्हारी पुत्री किसी और धरती पर, तभी तुम्हें किसी बात की सूचना नहीं या फिर तुम्हारी पुत्री इतनी चतुर है कि उसने अपने कृत्यों के सम्बन्ध में तुम्हें कुछ भी ज्ञात नहीं होने दिया।"

"क्षमा करेंगे बन्धु, मेरी पुत्री मेरा मान है, उसके संस्कार ऐसे ओछे नहीं है कि वह मुझे अन्धकार में रखे, अभी एक दिवस पूर्व ही तो वह आई है राजऋषि निपा के आश्रम से, राजऋषि निपा ने सुप्रभा की खूब प्रशंसा की है। मुझे लगता है आपको कुछ भ्रम हुआ है या फिर कोई मिथ्या सूचना आप तक पहुँची है।"

"मेरे पास जो सूचना है वह सत्य है और वह कल तक तुम्हारे पास भी उचित माध्यम से पहुँच ही जाएगी सुदेव।"

"बात क्या है बन्धु, आप स्पष्ट शब्दों में कहें, मैं सत्य का आकांक्षी हूँ।"

"तुम्हारी पुत्री सुप्रभा युवराज नाभाग के मोहपाश में है। कल तुम्हारे पास युवराज नाभाग का पाणिग्रहण प्रस्ताव आनेवाला है। हम लोग वैश्य हैं सुदेव, इन क्षत्रियों के चाल-चरित्र को अच्छी तरह जानते हैं। क्या आज तक किसी राजवंश ने किसी वैश्य को सम्राज्ञी बनाया है, यह अधिकार केवल और केवल क्षत्राणियों के लिए सुरक्षित है। हाँ, यह बात सत्य है कि राजवंश के युवराज सौन्दर्य के संग्रहक अवश्य होते हैं, एक स्त्री से उनकी आवश्यकता पूर्ण नहीं होती इसलिए उनके राजमहल में स्त्रियों की भीड़ लगी होती है। किन्तु उनकी स्थिति पटरानी के समक्ष दासियों से अधिक कुछ नहीं होती। क्या तुम भी सुप्रभा के लिए ऐसा ही भविष्य चाहते हो।"

"बिल्कुल नहीं श्रेष्ठी, आपकी बहुत कृपा जो आपने मुझे समय रहते यह जानकारी दे दी। यदि यह सब सत्य है तो मैं इसकी अनुमति कभी नहीं दूँगा। यदि कल मेरे पास इस तरह का प्रस्ताव आया तो मैं तत्क्षण इसे अस्वीकृत कर दूँगा।"

"केवल अस्वीकृत करने से क्या होगा सुदेव, युवराज तुम्हारे इनकार के बाद भी अपनी इच्छा पूरी कर सकता है। वह सुप्रभा का हरण भी कर सकता है, अत: इस तरह का प्रस्ताव आते ही तुम महाराज के पास जाओ, उनसे संरक्षण माँगो ताकि युवराज नाभाग बलपूर्वक अपनी इच्छा को पूरी न करे। और हाँ, जब तक

तुम युवराज नाभाग और उसके पश्चात महाराज से मिल नहीं लेते तब तक अपनी पुत्री से इस सम्बन्ध में कोई चर्चा नहीं करना। इसे अपने तक ही सीमित रखो। मुझे तो यह बात समझ नहीं आती कि क्या इन क्षत्रियों ने हमें शूद्र या अस्पृश्य समझ लिया है जो अब हमारी स्त्री पर अपनी कुदृष्टि ले जा रहे हैं। सुदेव, यह प्रश्न अब केवल तुम्हारा नहीं है बल्कि हमारे पूरे वैश्य समाज का है जिसकी मर्यादा की रक्षा अब तुम्हारे हाथ में है।"

"आप निश्चिंत रहें बन्धु, मेरे जीते जी वैश्य समाज की प्रतिष्ठा को ठेस नहीं पहुँचेगी, जब तक मैं जीवित हूँ सुप्रभा का किसी क्षत्रीय के साथ पाणिग्रहण नहीं होगा।"

सुदेव का कथन पूरा होते हुए राधगुप्त ने उठकर जाने की आज्ञा माँगी।

राधगुप्त के प्रस्थान के पश्चात भी सुदेव यंत्रवत बैठा रहा, और अपनी पुत्री के भविष्य और वैश्य समाज की मर्यादा, दोनों के बारे में सोचता रहा।

काल की गति से सम्भावित सुख-दुख की चिन्ता से परे वज्जि राज्य रात के आलिंगन में असीम शान्ति की नींद सो रहा था। अनिंद्रा तो उनके हिस्से में होती है जो व्यथित हों, पीड़ा में हों जैसे सुप्रभा के पिता सुदेव। हालाँकि ऐसे रतजगे वे भी करते हैं जो योजनाएँ बनाने में व्यस्त हों। ऐसा ही रतजगा उस वक्त राजमहल के एक हिस्से में भी चल रहा था।

वसुरथ अपने शयनकक्ष में था किन्तु उसकी आँखों में नींद नहीं थी।

वसुरथ की पत्नी पौलोमी वसुरथ की मन:स्थिति को जानती थी इसलिए उसने उसकी उद्धिग्नता को कम करने हेतु कहा, "आर्यपुत्र, आप इस तरह व्यथित रहेंगे तो आपकी मन:स्थिति प्रकट हो जाएगी और यह हमारे हित में तो कतई नहीं होगा।"

"तुम्हारा कथन सत्य है पौलोमी, किन्तु चित्त बिल्कुल स्थिर नहीं है, अभी तक बहुत कुछ हमारी योजनाओं के अनुरूप हो रहा है बावजूद इसके मेरा मन स्थिर नहीं है,"—वसुरथ ने अपनी चिन्ता व्यक्त की।

"आर्यपुत्र, आप स्वयं इस बात को स्वीकार कर रहे हैं कि आपकी योजनाएँ सफल हो रही हैं फिर यह उद्धिग्नता आखिर क्यों?"

"पौलोमी, योजनाओं को सफल होते देखकर भी कुछ बातें हैं जिनसे इनके निरर्थक होने का भय मुझे सताता रहता है।"

"ऐसी कौन-सी बातें हैं आर्यपुत्र जिनसे सारी योजनाएँ निरर्थक सिद्ध हो सकती हैं? इस आशंका का आधार क्या है?"

"राजसत्ता में शक्ति का केन्द्र भले ही घोषित रूप से एक व्यक्ति में निहित हो, राजा भले ही सारी शक्तियों का संचालक हो किन्तु उसका केन्द्र तो नागरिकों के मध्य होता है देवी पौलोमी। नागरिकों के समर्थन के बिना कोई भी राजा अधिक समय तक सिंहासन पर नहीं बैठ सकता। मेरी अब तक की योजनाएँ मेरे इस आकलन पर आधारित रही हैं कि तेरह वर्षों तक राज्य से बाहर रहने और विगत छः वर्षों से मेरे सक्रिय रहने के कारण वज्जि राज्य के आम नागरिकों में नाभाग के प्रति कोई विशेष आकर्षण नहीं होगा किन्तु उसके आगमन पर जिस तरह पूरे राज्य के नागरिक उसके चरणों में लोट रहे थे उससे तो स्पष्ट है कि यहाँ से दूर रहकर भी नाभाग नागरिकों के हृदय में बसा हुआ है। यही नहीं जिन श्रेष्ठियों को मैंने विगत वर्षों में इतनी सहायता की जिनसे मुझे उम्मीदें थी कि समय आने पर वे मेरा साथ देंगे वे भी आज नाभाग के चरणों में थे। जब नागरिकों पर नाभाग का इतना प्रभाव है फिर मैं अब कुछ कैसे कर सकता हूँ? मुझे तो नाभाग के लिए इस पागलपन का कारण ही समझ में नहीं आ रहा है, आखिर उसने ऐसा क्या जादू कर रखा है?"

"आर्यपुत्र, युवराज नाभाग के लिए यह स्नेह उनके स्वयं के कृत्य से अधिक महाराज नाभानेदिष्ट द्वारा अर्जित किया गया है। पिछले पचास सालों के अपने शासन में उन्होंने वज्जि को, वाणिज्यग्राम को अपार समृद्धि दी है और यहाँ के लोगों के लिए आर्य शिरमौर वैवस्वतमनु जैसा सम्मान अर्जित कर लिया है। युवराज नाभाग चूँकि उनके पुत्र हैं तो गण उनमें उनकी ही छवि देख रहे हैं। संयोग से युवराज नाभाग का रूप-रंग, व्यक्तित्व भी महाराज नाभानेदिष्ट से अत्यधिक मिलता है।"

"और मैं, मेरी क्या गलती है पौलोमी? मैं तो मेरे पितामह के साथ हुए अन्याय को बदलना चाहता हूँ। हम आर्यों का क्या यह विधान नहीं रहा है कि ज्येष्ठ पुत्र को ही राजन घोषित किया जाता है। आर्य पितामह वैवस्वतमनु ने सबसे उत्तम स्थान सरयू किनारे कोसलराज की स्थापना का मौका किसे दिया? अपने ज्येष्ठ पुत्र इक्ष्वाकु को, आखिर क्यों? इसके पश्चात क्या इक्ष्वाकु ने अपने ज्येष्ठ पुत्र विकुक्षि को कोसल का राजपाट नहीं सौपा? इक्ष्वाकु जब कोसल रुक गए तो मेरे पितामह नृग को अपने अन्य भाइयों के साथ इतने पूरब वज्जि तक आना पड़ा। किन्तु यहाँ का राज्य उनसे अनुज महाराज नाभानेदिष्ट को क्यों मिला? इनमें सबसे बड़े तो मेरे पितामह नृग थे किन्तु वे सम्राट नहीं बन पाए, क्यों? क्या केवल इसलिए क्योंकि सबसे पहले महाराज नाभानेदिष्ट ने इस जगह को पसन्द किया था? जब सभी भाई साथ आए थे फिर निर्णय तो सामूहिक हुआ। और ज्येष्ठ तो मेरे पितामह नृग ही थे, तो उन्हें सत्ता क्यों नहीं मिली? यदि आर्य प्रथा के अनुरूप वे राजन घोषित होते तो आज यह सिंहासन मेरे पिताश्री को स्थानान्तरित होते हुए स्वतः मेरे पास होता और आज मैं इस ज्वाला से दग्ध नहीं हो रहा होता।"

"आर्यपुत्र, मन में इतनी अस्थिरता उचित नहीं है, आप इस हद तक पीड़ा में रहेंगे तो फिर जो आप कर सकते हैं वह भी कठिन हो जाएगा। यह समय चित्त को स्थिर रखकर ठोस योजनाएँ बनाने का है। मेरी अन्तरात्मा मुझे कहती है आप एक दिन सिंहासन पर जरूर बैठेंगे, इंद्रदेव आपकी मनोकामना अवश्य पूरी करेंगे। आप अपना चित्त शान्त रखें और इस समय सो जाएँ, आगे आपको बहुत कुछ करना है।"

वसुरथ-पौलोमी यह वार्तालाप कर ही रहे थे कि इसी बीच एक सेविका ने उन्हें राजपुरोहित कौशिक के उनसे मिलने आने की सूचना दी। अर्धरात्रि में राजपुरोहित कौशिक के आने की सूचना ने उन्हें सशंकित कर दिया।

यथोचित स्वागत करने और राजपुरोहित के आसन ग्रहण करने के पश्चात वसुरथ ने अपनी आशंका व्यक्त करते हुए उनके आगमन का कारण पूछा।

"व्यर्थ चिन्तित न हो युवराज वसुरथ, मैं तो तुम्हें मंगल संदेश देने आया हूँ, आज की रात्रि के पश्चात तुम्हारे ग्रहों की दशा पूर्णतः अनुकूल हो रही हैं। अब तक की जो भी योजनाएँ हमने बनाई हैं कल प्रातः काल से हम उन्हें फलीभूत देखेंगे।"

"सब आपकी कृपा है गुरुदेव। महाराज तो अब तक नाभाग का राज्याभिषेक कर चुके होते यदि आपने दो वर्ष की अवधि तक इसे टालने के लिए उन्हें प्रेरित नहीं किया होता। हाँ, यह बात अवश्य है कि नाभाग और सुप्रभा के प्रेम ने हमारे कार्य को आसान किया है किन्तु इसकी परिणति हमारे मनोनुकूल हो यह भी आपके सहयोग से ही सम्भव होगा।"

"तुम सत्य कह रहे हो वत्स, नाभाग और सुप्रभा के प्रेम ने बहुत कुछ सरल कर दिया है। नाभाग की सुप्रभा से विवाह की आकांक्षा व्यक्त करने भर से एक ऐसा बवंडर आएगा जिसमें उसके राज्याभिषेक की सम्भावना सदा के लिए समाप्त हो जाएगी। पहली बात कि नाभाग हेतु महाराज नाभानेदिष्ट के पास उदीनगर, पंचाल, काशी, कुरु, बंग जैसे कई राजघरानों से विवाह प्रस्ताव विचाराधीन है। अब यदि नाभाग सुप्रभा की बात करेंगे तो महाराज को होनेवाली पीड़ा या नाभाग से मतभिन्नता दोनों के बीच असंख्य अवरोध खड़े कर देगी और तब मेरे पास विकल्प होगा कि मैं तुम्हारा नाम प्रस्तावित करूँ। दूसरी और महत्त्वपूर्ण बात कि क्षत्रिय राजकुमार होकर वैश्य कन्या से विवाह का प्रस्ताव करना कोई सामान्य घटना नहीं है। ऐसा कर के नाभाग राज्य के ब्राह्मण और क्षत्रिय समाज का समर्थन क्षण भर में खो देंगे और यह तुम्हारे लिए बेहतरीन मौका होगा। किन्तु एक समस्या है।"

"कैसी समस्या गुरुदेव?"

"वत्स, यह तो तय है कि धर्म, परम्परा इस तरह के विवाह की अनुमति कभी नहीं देगा किन्तु फिर भी मेरा नाभाग के प्रस्ताव का सीधा विरोध करना सर्वथा उचित नहीं होगा।"

"ऐसा क्यों गुरुदेव?"

"ऐसा इसलिए क्योंकि सही समय आने पर तुम्हारे नाम का प्रस्ताव मुझे ही रखना है और यदि मैं अभी युवराज नाभाग के प्रस्ताव का विरोध करूँ तो महाराज या अमात्यों के मन में मेरे प्रति शंका हो सकती है और यह तुम्हारे लिए लाभकारी नहीं होगा वत्स।"

"फिर विकल्प क्या है गुरुदेव क्योंकि नाभाग के प्रस्ताव के तार्किक विरोध की क्षमता आपके सिवा किसी में नहीं है। यहाँ कोई और नहीं जिस पर महाराज को आपके जितना विश्वास हो और जिसकी बात वे अक्षरश: मान लेते हों।"

"एक विकल्प है प्रिय वसुरथ।"

"वह क्या गुरुदेव?"

"ऋषि भार्गव, उनकी बात कोई भी आर्यपुत्र आज के समय में नकार नहीं सकता। ऋषि भार्गव के मुख से निकला विधान ईश्वर आदेश के समान है। मुझे केवल यह करना होगा कि मैं महाराज को ऋषि भार्गव से परामर्श करने का सुझाव दे दूँगा, उसके पश्चात सबकुछ स्वत: होता चला जाएगा।"

"यह तो अति उत्तम विचार है प्रभु, इस तरह सबकुछ आपकी योजना के अनुरूप हो जाएगा। वैसे भी आप हर योजना जिस सुनियोजित तरीके से कार्यान्वित करते हैं उसके पश्चात किसी असफलता के लिए कोई जगह शेष नहीं होती। आपने तो अब तक यह अवश्य ही सुनिश्चित कर लिया होगा कि सुप्रभा के पिता सुदेव के समक्ष कल जब नाभाग सुप्रभा से विवाह की इच्छा व्यक्त करे तो वह उसे तत्क्षण अस्वीकृत कर दे। सुदेव के इनकार के बाद स्वाभाविक है कि महाराज नाभानेदिष्ट के पास नाभाग के प्रस्ताव को अस्वीकार करने के सिवा कोई विकल्प नहीं बचेगा जिसे नाभाग सहन नहीं कर पाएगा और ऐसी भूल अवश्य करेगा जिससे पिता-पुत्र में दूरी बढ़ेगी, और गुरुदेव वह स्थिति हमारे लिए सबसे अच्छी होगी।"

"निश्चित वत्स, वह सब निश्चित हो चुका है, कल प्रात:काल से सबकुछ स्वयं ही घटित होते चला जाएगा। कल तुम सुदेव को नाभाग से अविलम्ब मिलने की सूचना भेजो और फिर अपनी आँखों से अपने स्वप्न को साकार होते देखो। अब मुझे तुम्हारे राज्याभिषेक की अवधि बहुत निकट दिखाई दे रही है, जाओ इंद्र देवता, कुलदेवता की शरण में जाओ, उनकी उपासना करो, तुम्हारा मंगल होगा।"

"बिल्कुल गुरुदेव, यदि आपका आशीर्वाद मेरे ऊपर इसी तरह बना रहा तो मैं यह जरूर साकार करूँगा। मेरे पितामह नृग के साथ हुए अन्याय को मैं न्याय में अवश्य बदलूँगा। मुझे पता है कि यह अन्तिम अवसर है और मैं इसे नहीं गँवाऊँगा। आप केवल अपनी दया दृष्टि और आशीर्वाद मुझ पर बनाए रखिए। क्योंकि यह सब आपका आशीर्वाद होगा प्रभु, यह राजमुकुट भी मैं आपके चरणों में समर्पित करूँगा, राजपाट तो आपके ही जिम्मे होगा, मैं तो बस आपका प्रतिनिधि भर रहूँगा।"

"नहीं वत्स वसुरथ, इस ब्राह्मण के मन में अब कोई महत्त्वाकांक्षा नहीं, बस तुम्हें राजसिंहासन पर देख लूँ, मुझे सब प्राप्त हो जाएगा।"

सुदेव राजमहल के प्रवेश द्वार पर खड़ा था, प्रहरी ने उसे वहीं प्रतीक्षा करने के लिए कहा था। सूरज सिर पर था और उसकी तपन सुदेव को अस्थिर कर रही थी किन्तु उसे अभी उसकी परवाह नहीं थी। श्रेष्ठी राधगुप्त से हुए वार्तालाप के पश्चात वह एक क्षण के लिए भी चैन की साँस नहीं ले पाया था, भविष्य की आशंकाए उसे बार-बार विचलित कर रही थीं। हालाँकि उसके मन में रात से सुबह होने तक इस बात की क्षीण आशा अवश्य थी कि श्रेष्ठी राधगुप्त की सूचना गलत हो। किन्तु सुबह जब एक सैनिक युवराज नाभाग से मिलने का संदेश लेकर आया तो यह आशा भी समाप्त हो गई। इस समय वह अपने उस निर्णय के लिए स्वयं को धिक्कार रहा था जब उसने गाँव छोड़कर नगर आने का निर्णय किया। अभाव की यातना को वह किसी तरह झेल लेता किन्तु आज की विकट स्थिति से तो वही बेहतर होता। आज उसके समक्ष विकल्प सीमित थे। उसे अपनी दयनीय स्थिति ज्ञात थी, वह जानता था कि युवराज के समक्ष उसकी हैसियत कुछ नहीं है। राजमहल के समक्ष बड़े-बड़े लोग निर्बल सिद्ध होते हैं तो उसकी क्या बिसात। उसे पता था कि जो श्रेष्ठी राधगुप्त रात में वैश्य मर्यादा की रक्षा की बात कर गया है वह भी युवराज के समक्ष खड़ा नहीं होगा, किन्तु यदि आज वह असफल रहा तो सारे श्रेष्ठी, सारा वैश्य समाज उसे ही अपराधी मानेंगे। ये चिन्ताएँ उसे खाये जा रही थी किन्तु इन सारी बातों से अधिक चिन्ता उसे सुप्रभा के भविष्य की थी। वह अपनी इकलौती पुत्री को किसी युवराज के भोग-विलास का साधन भर बनते नहीं देख सकता था। आज जिस पाणिग्रहण की बात युवराज करनेवाला है वह केवल छल है जिसके द्वारा उसने उसकी पुत्री को ठग लिया है और अब उसे ठगने का प्रयत्न करेगा। आर्य पितामह वैवस्वतमनु का पौत्र, महाराज नाभानेदिष्ट का पुत्र और वज्जि राज्य का होनेवाला राजा किसी वैश्य पुत्री को सम्राज्ञी का स्थान कभी नहीं दे सकता। नहीं वह यह कभी नहीं होने देगा, वह संघर्ष करेगा और अपनी पुत्री की रक्षा करेगा।

प्रहरी ने उसे राजमहल में प्रवेश करने की अनुमति दी और एक सैनिक उसके आगे चलकर उसे राजमहल के उस हिस्से में ले जाने लगा जहाँ उसकी मुलाकात युवराज से होनी थी। सुदेव अभी उन दिनों को स्मरण कर रहा था जब उसके पिता उसे राजमहल की भव्यता के बारे में बताते थे। वह एक बार नगर आने पर बाहर

से ही राजमहल देखकर गए थे और तब उसके मन में भी राजमहल की भव्यता देखने की इच्छा जागृत हो गई थी किन्तु आज वहाँ से गुजरते हुए राजमहल की यही भव्यता उसकी आँखों में चुभ रही थी। उसे लग रहा था कि ये सारी भव्यता, विशालता उसकी पुत्री के भविष्य को अन्धकार में डुबा देने के षड्यंत्र का माध्यम मात्र है। इस वैभव से उसे प्रभावित नहीं होना।

युवराज नाभाग अपने कक्ष के बाहर ही खड़ा था और सैनिक के पीछे-पीछे चल रहे व्यक्ति को देखकर समझ गया कि वही सुप्रभा के पिता हैं। नाभाग ने आगे बढ़कर सुदेव का उसी तरह अभिवादन किया जिस तरह वह अपने पिता महाराज नाभानेदिष्ट का करता था। नाभाग के इस विनम्रता को देखकर सुदेव भी आश्चर्यचकित था। नाभाग ने सैनिक को वापस जाने के लिए कहा और सुदेव को स्वयं अपने कक्ष तक ले आया। सुदेव के आसन ग्रहण करने के पश्चात उसने स्वयं आसन ग्रहण किया। एक युवराज से इस तरह के अत्यधिक विनम्र आचरण की अपेक्षा सुदेव को बिल्कुल नहीं थी किन्तु उसे यह सब उस छल का अंश प्रतीत हो रहा था जिसके द्वारा युवराज ने सुप्रभा को भ्रमित कर लिया था। वह शान्त बैठकर युवराज के सम्भावित प्रस्ताव की प्रतीक्षा करने लगा कि युवराज उससे उसकी पुत्री का हाथ माँगे और वह एक शब्द में उत्तर दे—नहीं।

"मुझे क्षमा करेंगे, मुझे आपको इस तरह बुलाना पड़ा, मैं स्वयं आना चाहता था किन्तु राजकाज की मर्यादा के कारण यह नहीं हो सका"—इतना कहकर नाभाग सुदेव की प्रतिक्रिया की अपेक्षा में चुप हो गया। किन्तु सुदेव मौन बैठा रहा। उसने कोई प्रतिक्रिया नहीं दी। ऐसा लगा जैसे उसने कुछ सुना ही नहीं।

नाभाग को सुदेव के इस व्यवहार से आश्चर्य हुआ किन्तु इसे अस्वाभाविक न मानकर वह सीधे मुख्य विषय पर आ गया।

"मैं आपसे कुछ माँगना चाहता हूँ, और मुझे विश्वास है आप मुझे निराश नहीं करेंगे।"

"युवराज, मैं आपके राज्य का अदना सा नागरिक हूँ, आपके समक्ष तो सारी प्रजा याचक है, हम भला आपको क्या दे सकते हैं, हमारा जीवन तक आपकी दया पर निर्भर है, हमारे पास आपको देने के लिए कुछ भी नहीं है।"

"ऐसी बात नहीं है, जीवन की निर्भरता ईश्वर की दयादृष्टि पर है न कि किसी राजा के। राजा ईश्वर नहीं होता। राजा आम जन का ही प्रतिनिधि मात्र होता है जिसकी शक्ति और सत्ता का स्रोत वही आम जन होते हैं। सत्ता तो आम जन ही राजा को प्रदान करते हैं, राजा तभी तक राज कर सकता है जब तक आम जन का संचित विश्वास उसमें निहित है।" नाभाग एक क्षण के लिए रूका, फिर बोला, "किन्तु आज मैं महाराज नाभानेदिष्ट का पुत्र युवराज नाभाग के रूप में आपसे कुछ नहीं माँगना चाह रहा। मैं एक आम व्यक्ति के रूप में आपसे कुछ माँग रहा

हूँ। मैं आपकी पुत्री सुप्रभा से असीम प्रेम करता हूँ और वह भी मुझसे प्रेम करती है इसलिए मैं उसे अपनी अर्धांगिनी बनाना चाहता हूँ। हम दोनों को आपका आशीर्वाद चाहिए। आप आशीर्वाद दे कर हमें अनुगृहित करने की कृपा करें।"

सुदेव बीती रात से उस क्षण तक युवराज नाभाग के इसी प्रस्ताव का सामना करने हेतु खुद को मानसिक रूप से तैयार कर रहा था। कुछ देर रुककर उसने उत्तर दिया, "युवराज, कुछ सत्य सूर्य और चन्द्रमा की तरह कभी नहीं बदलते, उसे शब्दों के आवरण से ढका नहीं जा सकता। एक राजा के पुत्र और एक वैश्य की पुत्री में वही अन्तर है जो दिन और रात में है। आप जैसे उजाले का मेल हमारे जैसे अन्धकार से कभी नहीं हो सकता। मुझे मेरे सामर्थ्य एवं स्थिति का पूरा-पूरा भान है युवराज। मुझे और मेरी पुत्री को क्षमा करें, आपसे पाणिग्रहण के लिए तो भारत के हर राजवंश की कन्यायें प्रस्तुत होंगी, और वे हीं आपकी मर्यादा के अनुरूप होंगी, हम आपके उपयुक्त नहीं हैं।"

सुदेव के इस उत्तर की अपेक्षा नाभाग को नहीं थी। एक क्षण के लिए उसे लगा जैसे उसकी आँखों के आगे अँधेरा छा गया, सुप्रभा को पहली बार देखने के समय से उस समय तक उसके उत्साह, योजनाओं पर जैसे एक ही क्षण में कुठाराघात कर दिया गया था। अपने आनेवाले जीवन को सुप्रभा से जोड़कर उसने जो भी सपने देखे थे वह सब मानो एक ही झटके में टूट गए।

उसने किसी तरह स्वयं को सँभाला और पुनः सुदेव को समझाने की कोशिश करते हुए कहा, "एक युवराज हो या एक वैश्य पुत्री ईश्वर की दृष्टि में सभी एक समान हैं। प्रेम जैसी भावना के लिए राजनीतिक या आर्थिक स्थिति मायने नहीं रखती। हमने एक दूसरे से प्रेम करते समय एक दूसरे की इस स्थिति का आकलन नहीं किया था, यह हमारा निश्छल प्रेम था जिसने हम दोनों को एक दूसरे से जोड़ दिया है। हमारे लिए एक दूसरे से अलग रहना अब सम्भव नहीं है। मैं आपके समक्ष नतमस्तक हूँ, मुझ पर दया करें, मुझे अपनी पुत्री के लिए स्वीकार करें।"

किन्तु सुदेव दृढ़ था—"युवराज, आप मुझ पर कृपा करें, मेरी स्थिति को और विकट ना बनाएँ, मैंने बहुत कठिनाइयों से अपनी पुत्री को पाला है, हम छोटे लोग हैं, हमारा संसार छोटा है। मुझे नहीं पता सुप्रभा से आपकी क्या बात हुई है किन्तु वह अभी अबोध है, संसार का अनुभव उसे अभी नहीं है इसलिए मैं उसे कोई गलत निर्णय करने नहीं दूँगा। मुझे क्षमा करें और मुझे प्रस्थान करने की आज्ञा दें।"

इतना कहकर सुदेव वहाँ से बाहर निकल गया और नाभाग हताश, निराश, किंकर्तव्यविमूढ़ वहीं बैठा रहा।

युवराज नाभाग के कक्ष से बाहर निकलकर सुदेव ने बाहर प्रतीक्षा कर रहे सैनिक से कहा कि उसे महाराज से मिलना है। सैनिक सुदेव के साथ युवराज के

अति विनम्र व्यवहार को कुछ देर पहले उस समय देखा चुका था जब युवराज ने स्वयं अगवानी की थी। अतः वह सुदेव को सीधा राज प्रसाद ले गया। सुदेव जब महाराज के समक्ष उपस्थित हुआ तो उस समय राजपुरोहित कौशिक भी वहीं था।

"अपना परिचय दो नागरिक"—राजपुरोहित कौशिक ने सुदेव से कहा।

"महाराज मेरा नाम सुदेव है, मैं एक वैश्य हूँ और मूलतः मन्तरनाग्राम का निवासी हूँ किन्तु विगत पन्द्रह साल से वाणिज्यग्राम में रह रहा हूँ"—सुदेव का परिचय सुनकर राजपुरोहित कौशिक सारी बात स्वतः समझ गया। किन्तु उसने अनभिज्ञ बनते हुए पुनः प्रश्न किया—"क्या तुम्हें ज्ञात नहीं वैश्य सुदेव कि यह समय महाराज से मिलने का नहीं है, नियत समय के बदले तुम इस समय क्यों उपस्थित हुए हो, ऐसी क्या विपदा आन पड़ी है।"

"विपदा ऐसी ही है प्रभु, यदि विपदा बड़ी न होती तो महाराज को इस समय कष्ट देने की धृष्टता कभी नहीं करता।"

"ऐसी क्या बात हो गई सुदेव, बोलो क्या समस्या है"—महाराज नाभानेदिष्ट ने प्रश्न किया।

"मुझे किसी के कुकृत्य के बारे में सूचना देनी है जिनके कारण मेरी प्रतिष्ठा, मेरी पुत्री का भविष्य सब संकट में है।"

"तुम पहेलियाँ न बुझाओ वैश्य सुदेव, जो बात है, समस्या है साफ शब्दों में स्पष्ट करो, किसने क्या किया है तुम्हारे या तुम्हारी पुत्री के साथ, सब बताओ" —राजपुरोहित कौशिक ने कहा।

"प्रभु, क्षमा करें, मेरी जिह्वा, मेरे होंठ भय से मेरा साथ नहीं दे रहे हैं।"

"सुदेव, तुम मेरे समक्ष खड़े हो, यह न्याय का मन्दिर है, तुम्हें किसी से भयभीत होने की आवश्यकता नहीं है, तुम बिना भय के अपराध और अपराधी के बारे में बताओ।"—महाराज नाभानेदिष्ट ने कहा।

"महाराज, मेरी पुत्री सुप्रभा से युवराज नाभाग पाणिग्रहण करना चाहते हैं, उन्होंने अभी मुझे बुलाया था। आपको तो पता है मैं वैश्य हूँ अतः यह सम्बन्ध आपकी प्रतिष्ठा के प्रतिकूल होगा और यदि आपकी प्रतिष्ठा हनन का कारण मैं या मेरी पुत्री बनेगी तो मेरी प्रतिष्ठा भी समाप्त हो जाएगी। मैंने अभी युवराज को यही बात समझाने का प्रयत्न किया है किन्तु वे कुछ भी समझने को तैयार नहीं हैं, मुझे भय है कि वे मेरी इच्छा के विरुद्ध अपना हठ पूरा करने का यत्न कर सकते हैं।"

"वैश्य सुदेव, तुम अपनी वाणी को लगाम दो, तुम जिन पर मिथ्या आरोप लगा रहे हो वे भावी सम्राट हैं, तुम्हारा यह अपराध क्षमा योग्य नहीं है"—राजपुरोहित कौशिक ने ऊँचे स्वर में कहा। सुदेव कुछ बोलता इससे पहले ही महाराज नाभानेदिष्ट ने कहा, "सुदेव, तुम्हें डरने की आवश्यकता नहीं, तुम निश्चिंत होकर जाओ। यदि

तुम्हारा कथन सत्य है तो तुम्हारी पुत्री की रक्षा का वचन मैं देता हूँ, तुम्हारी पुत्री के साथ कोई जबरदस्ती नहीं होगी।"

सुदेव के चले जाने के बाद महाराज नाभानेदिष्ट ने युवराज नाभाग को तुरन्त मिलने का संदेश भेजा। महाराज नाभानेदिष्ट ने इस तरह की स्थिति की कल्पना नहीं की थी, उन्हें अपने पुत्र के चरित्र, आचरण पर गहरा विश्वास था। वे तो नाभाग को यथाशीघ्र राजपाट सौंपकर बचा हुआ जीवन ईश्वर साधना में व्यतीत करना चाहते थे। शिक्षा समाप्ति के पश्चात महर्षि मलय ऋषभ ने जिस तरह नाभाग की प्रशंसा की थी उन्हें अपने पुत्र की योग्यता पर गर्व होने के साथ-साथ वज्जि राज्य का भविष्य भी सुरक्षित प्रतीत हुआ था। किन्तु सुदेव की एक शिकायत ने महाराज नाभानेदिष्ट की सारी तैयारियों और निश्चिंतता की जड़ें हिलाकर रख दी थी। वे एक तरफ भारत भर से युवराज के लिए आ रहे पाणिग्रहण प्रस्तावों पर विचार करनेवाले थे तो इधर दूसरी तरफ सुदेव के अनुसार नाभाग ने स्वयं कन्या का चयन कर लिया था, वह भी एक वैश्य कन्या का। इस पर राज्य भर में होनेवाली प्रतिक्रिया और भारत भर में होनेवाली बदनामी की सम्भावना ने महाराज नाभानेदिष्ट को अत्यधिक परेशान कर दिया। राजपुरोहित कौशिक महाराज की स्थिति को समझ रहा था किन्तु वसुरथ के साथ बनी योजना के अनरूप वह नाभाग के पक्ष में महाराज को समझाता रहा। उसका कहना था कि युवराज नाभाग कोई भी ऐसा काम नहीं करेंगे जो राजवंश की परम्परा और प्रतिष्ठा के प्रतिकूल हो इसलिए परेशान होने की आवश्यकता नहीं है।

युवराज नाभाग संदेश मिलते ही महाराज नाभानेदिष्ट के पास पहुँचा। उसके आसन ग्रहण करते ही महाराज नाभानेदिष्ट ने उससे पूछा, "युवराज नाभाग क्या कोई ऐसी बात है जिसके बारे में आप मुझसे बात करना चाहते हैं?"

नाभाग अभी इस प्रश्न के लिए तैयार नहीं था, वह सुदेव के व्यवहार से स्वयं चिन्तित था किन्तु जिस तरह महाराज ने प्रश्न किया था वह भी राजपुरोहित कौशिक के समक्ष उसे समझ में आ गया कि उन तक किसी भी तरह सूचना पहुँच चुकी है।

नाभाग ने उत्तर दिया, "हाँ पिताश्री, मुझे आपसे बात करनी है। राजऋषि निपा के आश्रम से लौटकर आते ही मैं इस सम्बन्ध में आपसे बात करना चाहता था किन्तु कुछ कारणों से इसमें विलम्ब हुआ इस हेतु मैं क्षमा प्रार्थी हूँ।"

"बात क्या है आप बताइए युवराज?"—महाराज नाभानेदिष्ट ने कहा।

"पिताश्री, मैं वाणिज्यग्राम के वैश्य सुदेव की सुपुत्री सुप्रभा से प्रेम करता हूँ और उन्हें अपनी जीवनसंगिनी बनाने का निर्णय कर चुका हूँ।"

"क्या इसमें उन लोगों की भी सहमति है"—महाराज नाभानेदिष्ट ने अगला प्रश्न किया।

"सुप्रभा को मेरा निवेदन स्वीकार है पिताश्री।"

"किन्तु अभी-अभी कन्या के पिता सुदेव मुझसे कहकर गए हैं कि आप बलात् उनकी पुत्री को प्राप्त करना चाहते हैं"—महाराज नाभानेदिष्ट ने कहा।

नाभाग ने अपने विरुद्ध इस तरह के दोषारोपण की अपेक्षा नहीं की थी। सुप्रभा के पिता सुदेव के इनकार से अधिक पीड़ा उसे इस झूठे आरोप से हुई। उसने कहा, "पिताश्री, आप मेरे आचरण के सम्बन्ध में निश्चिंत रहें, किसी की सहमति के बिना उसे अपनी अर्धांगिनी बनाने की बात मैं कल्पना भी नहीं कर सकता। सुप्रभा की पूर्ण सहमति मुझे प्राप्त है, वह भी मुझसे प्रेम करती हैं, उनके पिता ने अभी अपनी सहमति से इनकार अवश्य किया है किन्तु सम्भव है वे हमारे बीच के अन्तर के कारण घबरा रहे हों, मुझे पूर्ण विश्वास है कि यदि आपकी सहमति मुझे प्राप्त हो गई तो वे भी हमारे इस सम्बन्ध को स्वीकार लेंगे।"

"युवराज, क्या आपको इस बात का भान है कि आप वैवस्वतमनु के पौत्र और मेरे पुत्र हैं, आप कुछ ही दिनों में इस राज्य के सम्राट बननेवाले हैं?"

"मुझे पूरा ध्यान है पिताश्री।"

"मुझे तो ऐसा नहीं लग रहा है युवराज, यदि आपको ध्यान होता तो आप यह भूल नहीं कर रहे होते।"

"क्या प्रेम करना अपराध है पिताश्री, क्या आर्य राजवंशों में युवराजों ने प्रेम नहीं किया है, अपनी पसन्द की जीवनसंगिनी का चुनाव नहीं किया है, और यदि यह परम्परा रही है तो मेरे सम्बन्ध में यह भूल कैसे बन गया?"

"प्रेम अपराध नहीं है किन्तु आप एक आम नागरिक नहीं हैं युवराज, आपके साथ कुछ मर्यादायें हैं जिनका पालन करना आपका कर्तव्य बनता है। आज तक किसी राजवंश में किसी वैश्य कन्या के साथ पाणिग्रहण नहीं किया गया है। आप क्षत्रिय हैं, आपको यह समझना चाहिए, आपकी अर्धांगिनी कोई क्षत्राणी ही बन सकती है।"

"पिताश्री, आपने स्वयं कहा कि प्रेम अपराध नहीं है, तो प्रेम को किसी प्रकार निर्देशित करना भी सम्भव नहीं। यह भावना स्वत: उत्पन्न होती है, यह उत्पन्न होने के पूर्व किसी मापदंड के दायरे में स्वयं को नहीं लाती और जो एक बार उत्पन्न हो जाती है तो यह जीवन पर्यन्त यथावत रहती है। सुप्रभा से प्रेम करते समय मैंने उनकी पृष्ठभूमि जैसी बातों के बारे नहीं सोचा, कुछ सोचा जाना सम्भव भी नहीं है यदि प्रेम सच्चा है तो। मैं आपकी दुविधा समझ सकता हूँ पिताश्री, चूँकि आज तक किसी क्षत्रिय युवराज ने किसी वैश्य कन्या से प्रेम नहीं किया इसका यह मतलब तो नहीं कि यह प्रतिबंधित है। आज तक इस तरह के संयोग की स्थिति नहीं आई तो यह नहीं हुआ, आज मेरे सन्दर्भ में यह संयोग हो गया है तो यह आज हो रहा है, इसे इस तरह ही देखने की चेष्टा करिए। मुझे इस हेतु अपनी अनुमति प्रदान कर मुझ पर कृपा करिए पिताश्री, मैं सुप्रभा के बिना अपने जीवन की अब कल्पना नहीं कर सकता।"

महाराज नाभानेदिष्ट कुछ बोलते उसके पूर्व ही राजपुरोहित कौशिक बोल पड़े—"युवराज नाभाग, चूँकि अभी कुछ क्षण पूर्व ही वैश्य सुदेव महाराज के समक्ष आप पर दोषारोपण कर गए हैं इसलिए महाराज अभी चिन्तित हैं, इन्हें सोचने के लिए थोड़ा समय दीजिए और आप भी व्यथित न हों, इंद्र की कृपा से सब मंगल होगा।"

युवराज नाभाग के जाने के पश्चात राजपुरोहित कौशिक ने महाराज नाभानेदिष्ट से इस विषय में मंत्रणा की। महाराज नाभानेदिष्ट अत्यधिक दुखी थे, तमाम तरह की दुश्चिंता उन्हें व्यथित कर रही थी। नाभाग की बातों से उन्हें समझ में आ गया कि वह इस सम्बन्ध में दृढ़ निश्चय कर चुका है। एक तरफ राजवंश की परम्परा थी तो दूसरी तरफ पुत्र की इच्छा, इसके अलावा सुदेव को उन्होंने किसी अनहोनी न होने देने की भी बात कह रखी थी। कोई भी निर्णय आसान नहीं था। तभी राजपुरोहित कौशिक ने अपनी योजना के अनुसार भार्गव ऋषि से इस सम्बन्ध में मंत्रणा करने का सुझाव दिया जिसे उन्होंने स्वीकार लिया। भार्गव ऋषि के प्रति अगाध सम्मान सम्पूर्ण वैवस्वतमनु वंशजों में था। न केवल महाराज नाभानेदिष्ट बल्कि अयोध्या में कोसलराज्य स्थापित करनेवाले इक्ष्वाकु और उनके पुत्र राजा विकुक्षि भी भार्गव ऋषि का बहुत सम्मान करते थे। महाराज नाभानेदिष्ट को भी इस समय उनसे बेहतर विकल्प नहीं दिखा जो इस विकट समस्या का कोई हल निकाल सके। उसी समय भार्गव ऋषि को यथाशीघ्र वाणिज्यग्राम आने का अनुरोध संदेश भेज दिया गया।

राजमहल उद्विग्न था तो सुदेव के निवास स्थान पर भी अशान्ति व्याप्त थी। युवराज नाभाग और महाराज नाभानेदिष्ट से वार्तालाप कर जब सुदेव लौटा तो उसने सुप्रभा से सच्चाई जाननी चाही। और जब सुप्रभा ने नाभाग के लिए अपने प्रेम को स्वीकार किया तो उसने रात में श्रेष्ठी राधगुप्त से हुए वार्तालाप से लेकर युवराज नाभाग और महाराज नाभानेदिष्ट से हुए वार्तालाप का समस्त विवरण सविस्तार दे दिया। यह सब सुनकर सुप्रभा व्यथित हो गई, उसने कहा, "पिताश्री, आपने यह बहुत बड़ा अनर्थ कर दिया, एक बार मुझसे बात तो कर लेते, इतना बड़ा निर्णय करने के पहले एक बार मेरे मन्तव्य से तो अवगत हो जाते।"

"मैंने कोई अनर्थ नहीं किया है पुत्री, मैंने वही किया जो एक पिता को करना चाहिए। मैं तुम्हारा मन्तव्य तब लेता जब मैं किसी तरह की शंका में होता, श्रेष्ठी राधगुप्त की सूचना सत्य भी सिद्ध हुई, अत: मेरा कृत्य सर्वथा उचित है।"

"श्रेष्ठी राधगुप्त की कौन-सी सूचना सत्य सिद्ध हुई पिताश्री? उन्होंने युवराज की मंशा पर प्रश्न चिह्न खड़ा किया है, आपने जो युवराज से वार्तालाप किया उसमें यह तो कहीं से भी सिद्ध नहीं होता कि युवराज के मन में कोई खोट है।"

"क्षत्रियों के चरित्र के सम्बन्ध में, वह भी जब किसी राजवंश की बात हो तो सिद्ध करने के लिए कुछ भी शेष नहीं रह जाता। क्या तुम्हें नहीं पता कि लगभग

हर राजा की एक से अधिक घोषित रानियाँ होती है और अन्त:पुर की अघोषित रानियों या स्त्रियों की संख्या अनंत होती है।"

"यह आवश्यक नहीं पिताश्री कि सभी एक ही तरह का चरित्र रखते हों। स्वयं युवराज के पिता महाराज ने केवल एक स्त्री को अपनी अर्धांगिनी बनाया था। युवराज के चरित्र में कोई खोट मुझे नहीं दिखता, यदि मुझे उनके चरित्र को लेकर कोई शंका होती तो मैं उन्हें कभी स्वीकार ही नहीं करती।"

"किसी व्यक्ति के चरित्र को क्षण भर में परखना सम्भव नहीं पुत्री, और आज तक क्षत्राणियाँ ही राजवंश की रानी बनती रही हैं, तुम यह मत भूलो कि तुम आजीवन वैश्यपुत्री ही रहोगी। वैश्यपुत्री को राजमहल में सम्मान मिलना असम्भव है।"

"मुझे राजमहल के सम्मान की परवाह नहीं है, मुझे केवल युवराज का प्रेम और सम्मान चाहिए, और मुझे उन पर पूर्ण विश्वास है। मैंने उनके चरित्र और व्यक्तित्व को अच्छी तरह परख लिया है, उनकी नियत में कोई विकार नहीं, उनका प्रेम और उद्देश्य दोनों पवित्र है। पिताश्री, आपने एक श्रेष्ठी की बात मानकर न केवल युवराज के प्रस्ताव को अस्वीकृत किया बल्कि उनके निर्दोष रहते हुए भी उनके विरुद्ध महाराज नाभानेदिष्ट के पास चले गए। यह तो युवराज के साथ घोर अन्याय हुआ।"

"मैंने जो कुछ भी किया तुम्हारे जीवन और वैश्य समाज के मान की रक्षा हेतु किया पुत्री।"

"मेरे जीवन हेतु और मुझे बताए बिना! और मेरे युवराज की अर्धांगिनी बन जाने से वैश्य समाज की प्रतिष्ठा का हनन कैसे हो जाएगा? यह तो असत्य है। इसका उलट अधिक सत्य है क्योंकि इस मानक के अनुसार तो यदि मैं युवराज की अर्धांगिनी बनती हूँ तो वैश्य समाज का गौरव बढ़ेगा।"

"गौरव तब बढ़ता जब तुम्हें रानी का सम्मान प्राप्त होता जो कि सम्भव नहीं है क्योंकि यह स्थान केवल किसी क्षत्राणी के लिए आरक्षित है।"

"और यह आप इसलिए सोच रहे हैं क्योंकि ऐसा श्रेष्ठी राधगुप्त ने आपसे कहा है। आपने यह भी चिन्तन करने की चेष्टा एक बार नहीं की कि ये श्रेष्ठी जिनसे आपका कभी विशेष निकटता नहीं रही वे युवराज के निमंत्रण के ठीक पहले आप तक कैसे पहुँच गए? इन्हें इस बात की सूचना किसने दी?"

"जिसने भी दी हो, मुझे इस बात से कोई मतलब नहीं। श्रेष्ठी राधगुप्त अत्यधिक प्रभावशाली हैं, उनकी पहुँच राजमहल तक हो इसमें अचरज की कोई बात नहीं। और मुझे गलत सूचना दे कर, मुझे भ्रमित कर किसे क्या लाभ होगा भला?"

"किसे क्या लाभ होगा यह मुझे नहीं पता पिताश्री, किन्तु राजघरानों में षड्यंत्र होना आम बात है। मेरा हृदय कह रहा है, यह युवराज के किसी शत्रु का कोई गम्भीर षड्यंत्र है जिससे मैं या युवराज स्वयं अभी अनजान हैं।"

"कहीं कोई षड्यंत्र नहीं है पुत्री, तुम युवराज के मोहपाश में पड़कर जो सत्य है उसे देख नहीं रही हो, यदि देख भी रही हो तो उसे स्वीकार नहीं कर पा रही हो।"

"पिताश्री, मैं कोई अबोध नहीं हूँ, मुझे इतनी तो समझ है कि अपना हित, अहित समझ सकूँ। मुझे दुख इस बात का है कि मेरे कारण आज युवराज कष्ट में होंगे क्योंकि आपने जो किया है उससे राजमहल में बवंडर मचना तय है। आपने अपनी इच्छानुसार जो चाहा वह कर लिया पिताश्री, किन्तु आज ही मैं आपसे कह देती हूँ, जब और जिस समय युवराज मुझे पुकारेंगे, मुझे अपने साथ चलने कहेंगे मैं उनके साथ चली जाऊँगी, मैं एक क्षण भी नहीं रुकूँगी।

"पुत्री सुप्रभा, क्या अब तुम्हारे लिए युवराज नाभाग से अधिक महत्त्वपूर्ण कुछ भी नहीं, मैं तुम्हारा पिता हूँ, क्या तुम मेरा अपमान करोगी?"

"पिताश्री, आपका अपमान करने से बेहतर मैं मृत्यु को अंगीकार करना उत्तम समझूँगी किन्तु जीवन में हर सम्बन्ध, बंधन की एक मर्यादा और सीमा होती है। मैं आपकी पुत्री हूँ उसी तरह युवराज की प्रेयसी हूँ, और यह दोनों सम्बन्ध मेरे लिए महत्त्वपूर्ण है। आपके प्रति मेरा कर्तव्य और उनके प्रति मेरा प्रेम दोनों पृथक है, दोनों की धाराएँ भी अलग है, दोनों में प्राकृतिक रूप से कोई टकराव कभी सम्भव ही नहीं। उन्होंने केवल मुझ पर विश्वास कर अपने पिता और पूरे संसार के समक्ष स्वयं को अपराधी के रूप में खड़ा कर लिया है। अब यदि मैं उनका साथ नहीं दूँगी तो यह उनके साथ घोर विश्वासघात होगा और यह मैं कभी नहीं कर सकती। यह करने से बेहतर मेरे लिए मृत्यु का वरण करना होगा।"

यह तेज आँधी के ठीक पहले की शान्ति थी।

सुप्रभा के आगे सुदेव स्वयं को निरुत्तर पा रहा था। मर्यादा का प्रश्न उसका पीछा नहीं छोड़ रहा था। एक अकथनीय दुविधा उसके मन में तूफान की सी अस्थिरता पैदा कर रही थी। किन्तु इस अस्थिरता से अभी वाणिज्यग्राम अनजान था।

महाराज नाभानेदिष्ट के मंत्रणा कक्ष में उनके साथ भार्गव ऋषि, राजपुरोहित कौशिक और राज्य के अन्य प्रमुख ब्राह्मण युवराज नाभाग के प्रस्ताव को लेकर गहन विमर्श कर रहे थे। भार्गव ऋषि के लिए भी यह अभूतपूर्व संकट था। उनके लिए तो धर्म और राजवंश, दोनों की मर्यादा एक साथ संकट में थी। भार्गव ऋषि के मतानुसार धर्म की व्याख्या स्पष्ट थी जिसमें विजातीय पाणिग्रहण की अनुमति नहीं थी, धर्म-नियम इस बात का स्पष्ट निर्देश देते थे कि वर्ण मर्यादा का पालन अत्यावश्यक है अन्यथा

पूरी व्यवस्था, धर्म का स्वरूप ही खतरे में पड़ जाएगा। धर्म अपनी इसी व्यवस्था के कारण सर्वश्रेष्ठ है और इस जैसे विशाल देश पर अपना प्रभाव स्थापित किया, यदि इसमें छेड़छाड़ की अनुमति दी गई तो पूरी व्यवस्था डगमगा जाएगी और धर्म का अस्तित्व खतरे में होगा। कालांतर में उपजे व्यभिचारों और अनैतिक सम्बन्धों ने इस व्यवस्था पर संकट अवश्य उत्पन्न किया है, विशेषकर दास के रूप में रह रहे शूद्रों के साथ सम्बन्धों ने किन्तु ऐसे लोगों और इन अनैतिक सम्बन्धों से उत्पन्न सन्तानों को समाज से बहिष्कृत कर और उनके जीवन कष्टप्रद बनाकर ऐसी प्रवृति को रोकने का प्रयास भी हुआ है। पहले देव इंद्र द्वारा दस्युओं के नाश और बाद में ऋषि वशिष्ठ के सहयोग से भरतों द्वारा पुरुओं पर पाई गई अन्तिम विजय जैसे महान प्रयासों से प्राप्त जम्बूद्वीप पर कायम आर्यों के राज्य को कायम रखने के लिए वर्णव्यस्था का कठोरता से पालन अनिवार्य है। शूद्र श्रम के स्रोत हैं यदि उन्हें मुख्य समाज में मिश्रित होने दिया गया, विलीन होने दिया गया, उन्हें पतित बनाकर नहीं रखा गया तो श्रमिक कहाँ से आएँगे? इससे भी बड़ा खतरा इस बात का है कि तब अपनी संख्या बल के आधार पर ये हम ब्राह्मणों सहित हमारे धर्म के प्रमुख अंगों के अस्तित्व पर संकट उत्पन्न कर देंगे। नहीं, नहीं यह अनर्थ होने नहीं दिया जा सकता। प्रश्न केवल युवराज नाभाग के एक वैश्य युवती से पाणिग्रहण का नहीं है, यदि वर्णव्यस्था में इस तरह ढील दी गई तो कल कोई क्षत्रिय किसी शूद्रा से भी पाणिग्रहण की माँग कर सकता है और फिर तो शूद्रों का मुख्य समाज में स्वत: विलयन हो जाएगा और पहले वर्ण व्यवस्था फिर धर्म का विनाश हो जाएगा। एक राज्य का युवराज कोई आम नागरिक नहीं होता, राजवंश के आचरण से जन समूह प्रेरणा लेता है। जब युवराज इस तरह का आचरण करेगा, जब युवराज को नहीं रोका जा सकेगा फिर तो आम जन को रोकना असम्भव हो जाएगा। इस मनोभाव ने भार्गव ऋषि को उद्वेलित कर दिया, बाकी ब्राह्मण तो पहले से ही असहज थे।

भार्गव ऋषि ने महाराज नाभानेदिष्ट से युवराज नाभाग को बुलाने के लिए कहा। साथ ही यह भी निर्देश दिया कि जब तक वे न कहें वहाँ उपस्थित कोई अन्य कुछ न बोले। जब नाभाग आया तो उसने आदर सहित पहले भार्गव ऋषि और फिर वहाँ प्रत्येक ब्राह्मण के समक्ष जाकर उनका नमन किया। उसके आसन ग्रहण के पश्चात भार्गव ऋषि ने कहा, "युवराज नाभाग, महाराज नाभानेदिष्ट से आपके पाणिग्रहण प्रस्ताव के सम्बन्ध में ज्ञात हुआ। किन्तु धर्म इस तरह के पाणिग्रहण की अनुमति प्रदान नहीं करता। आप केवल एक क्षत्रिय नहीं हैं अपितु इस राज्य के भावी सम्राट भी हैं। आपको अपने आचरण और सामाजिक व्यवस्था हेतु अनिवार्य जातीय मर्यादा का विशेष ध्यान रखना चाहिए।"

"मैं क्षमा प्रार्थी हूँ गुरुदेव यदि मेरे किसी आचरण से आपको कष्ट पहुँचा हो तो किन्तु मैं अभी तक यह समझ नहीं पाया हूँ कि मुझसे ऐसी कोई सी धृष्टता हुई

है। मुझे एक युवती से प्रेम हुआ और मैं उसके साथ अपना जीवन व्यतीत करना चाहता हूँ अब यदि वह वैश्य पुत्री है तो मैं अपनी इन पवित्र भावनाओं को नष्ट कर दूँ? और मेरे नष्ट करने से भी ये भावनाएँ कभी नष्ट नहीं होंगी।"

"युवराज, आपकी भावनाएँ अपनी जगह सही हो सकती हैं किन्तु जो भी कृत्य धर्म के विरुद्ध हो उससे दूर हो जाना ही मनुष्य का कर्तव्य है। धर्म के बिना मनुष्य का कोई अस्तित्व नहीं, मनुष्य के जीवन का उद्देश्य ही धर्म की रक्षा है। आप जो कामना कर रहे हैं वह धर्मसम्मत नहीं है।"

"गुरुदेव, पुनः क्षमा प्रार्थी हूँ किन्तु मेरा मत है कि मनुष्य के जीवन का प्रधान उद्देश्य मनुष्यत्व की रक्षा है, मनुष्यत्व की रक्षा होगी तभी धर्म की रक्षा हो सकती है, मनुष्यत्व के अस्तित्व पर ही धर्म की निर्भरता है। मनुष्य ने धर्म को अपनाया है न कि धर्म ने मनुष्य को। धर्म एक विश्वास है जिसका हम पालन कर रहे हैं, और मुझे नहीं लगता कि मेरे वैश्य कन्या से पाणिग्रहण कर भर लेने से मेरे धर्म को कोई चोट पहुँचेगी।"

"युवराज, आपकी बातों से प्रतीत होता है कि आप मनुष्य को धर्म से बड़ा मानते हैं, क्या ब्रह्म के बिना, इंद्र के बिना, यम के बिना हमारा कोई अस्तित्व है? मैंने तो सुना है आपने ऋग्वेद को कंठस्थ कर रखा है फिर इस तरह के विचार आपके मन में कैसे उत्पन्न हो रहे हैं?"

"गुरुदेव, आपने सत्य कहा, मैंने ऋग्वेद को कंठस्थ कर रखा है, और मैंने इसके वास्तविक अर्थ को आत्मसात भी किया है। मैंने पूरे ऋग्वेद में कहीं भी जाति शब्द को नहीं देखा है। वहाँ जिन चार वर्णों ब्राह्मण, क्षत्रिय, वैश्य और शूद्र का वर्णन है उन पर आधारित वर्णाश्रम व्यवस्था का मुख्य प्रायोजन समाज में मनुष्य को परस्पर सहयोगी बनाकर योग्यता के अनुरूप कार्यों का निर्धारण करना है जिससे कि समाज व्यवस्थित रह सके। समस्त मनुष्य का वर्ण एक ही है, लौकिक व्यवहारों की सिद्धि के लिए केवल कार्यों का विभाजन किया गया है। हमने अपने स्वार्थ में वर्ण को जाति में बदल दिया है, हमने उत्तम ऋग्वैदिक वर्णाश्रम व्यवस्था को अन्यायपूर्ण, छद्म शोषक जातीय व्यवस्था का रूप दे दिया है। ऋग्वेद में कहीं भी जन्मगत जातीय अवधारणा का उल्लेख ही नहीं है जिसके आधार पर पाणिग्रहण सम्बन्धित कोई अनुदेश स्थापित किया जा सके। इसके अलावा गुरुदेव, मनुष्य जीवन में धर्म का प्रभाव है, इसकी आवश्यकता भी है, किन्तु धर्म की व्याख्या व्यक्ति और परिवेश के अनुरूप बदलती भी रहती है। हम आर्यों के इस जम्बूद्वीप पर पदार्पण के पूर्व जो मनुष्य यहाँ थे क्या उनके लिए हमारे धर्म का कोई अर्थ है? या उनका जो विश्वास है उसे हम मान्यता देते हैं? किन्तु वे भी तो मनुष्य ही हैं। हमें अपने विधान इस तरह बनाने चाहिए जहाँ मनुष्यत्व और उससे सम्बन्धित निश्छल भावनाओं का संरक्षण हो सके, यदि हम ऐसा नहीं करते हैं तो यह हमारी असफलता है, यह हमारा दोष है।"

"वत्स नाभाग, अब मुझे तो ऐसा लग रहा है जैसे अपने धर्म और इसकी परम्पराओं में आपकी आस्था कम हो गई है एवं आप अपने इच्छानुसार ऋग्वेद की व्याख्या करने को आतुर हैं। और आप अभी हम आर्यों से पूर्व इस जम्बूद्वीप पर विचरने वाले जिन प्राणियों की बात कर रहे हैं वे तो मेरी दृष्टि में मनुष्य ही नहीं थे। ये काले-कलूटे दस्यु हाड़-मांस की विकृति थे, हमने इनका उद्धार किया है। जिस मनुष्यत्व की बात आप कर रहे हैं वह मनुष्यत्व अपने धर्म की शरण में लाकर हमने इन्हें प्रदान किया है, ये ऋणी हैं हमारे। युवराज, हम विषयांतर हो रहे हैं, यहाँ प्रश्न आपके पाणिग्रहण का है। आप क्षत्रिय हैं, भावी सम्राट हैं। आपकी अर्धांगिनी इस राज्य की सम्राज्ञी बनेंगी, और यह स्थान केवल किसी क्षत्राणी के लिए आरक्षित है। यही परम्परा है, यही धर्म है और आज मैं ऋषि भार्गव तमाम ब्राह्मण देवताओं के मत से यही विधान देता हूँ। कोई क्षत्राणी ही आर्य पितामह वैवस्वतमनु के पुत्र द्वारा स्थापित इस राज्य की सम्राज्ञी बनेंगी न कि कोई वैश्य पुत्री।"

"गुरुदेव मुझे क्षमा करेंगे, इस स्थिति में मैं आर्य पुत्र नाभाग इस सम्राट के पद का ही त्याग करना उचित समझूँगा, मुझे वैसा कोई पद नहीं चाहिए जो मुझे मेरी अन्तरात्मा के साथ समझौता करने के लिए विवश करता हो, मेरे क्षत्रिय होने पर एक वैश्य युवती से पाणिग्रहण करने से यदि धर्म को क्षति पहुँच रही है जैसा कि आपके विचारों से प्रतीत होता है तो मैं क्षत्रिय होना भी अस्वीकार कर दूँगा और वैश्य जीवन को स्वीकार कर लूँगा। वैश्य बनकर ही सुप्रभा के साथ जीवन व्यतीत करूँगा"—नाभाग के इस कथन से सभी सकते में आ गए, महाराज नाभानेदिष्ट भी गहरे क्षोभ से भर गए। नाभाग सुप्रभा से विवाह के लिए इस सीमा तक दृढ़ है यह किसी को अन्दाजा नहीं था। सभी को यह लगा था कि नाभाग को समझाया जा सकता है किन्तु अब यह असम्भव दिख रहा था।

कुछ क्षण मौन छाया रहा। फिर भार्गव ऋषि ने कहा, "युवराज नाभाग, आप महाराज नाभानेदिष्ट के इकलौते पुत्र हैं, आप यदि सम्राट का पद त्यागेंगे तो राज्य के समक्ष उत्तराधिकार का एक गम्भीर संकट उत्पन्न हो जाएगा और इससे समस्त समाज को हानि होगी। इस विशेष स्थिति में एकमात्र विकल्प यह है कि आप पहले किसी क्षत्राणी से पाणिग्रहण कर लें उसके पश्चात आपकी जिसे इच्छा हो उसे अपनी जीवनसंगिनी बना लें। इस तरह धर्म की रक्षा भी होगी, राज्य व समाज की रक्षा भी होगी और आपकी इच्छा भी पूरी हो जाएगी।"

ऋषि भार्गव के इस समाधान के बाद सभी ब्राह्मण एक स्वर से "यही हो, यही हो, धर्म की रक्षा हो" का उद्घोष करने लगे।

कुछ क्षण शान्त रहकर नाभाग उठ खड़ा हुआ और उसने कहा, "मैं समझ सकता हूँ मेरे कारण आज पिताश्री पीड़ा में हैं जबकि मैंने ऐसी कोई गलती नहीं की है जिससे उन्हें यह कष्ट हो, फिर भी मैं उनसे क्षमा माँगता हूँ। आप सभी

ब्राह्मण देवता भी मेरे कारण कष्ट की अनुभूति कर रहे हैं इसलिए मैं आप सभी से भी क्षमा माँगता हूँ। किन्तु मैंने आज तक के अपने जीवन में अपने हर कर्तव्य का निर्वहन पूरे मनोयोग से करने की चेष्टा की है। मेरे लिए मनुष्य होने की नैतिकता सबसे महत्त्वपूर्ण है, मैं ऐसा कुछ भी नहीं कर सकता जो मुझे मेरे मनुष्य होने के तौर पर शर्मिंदा करे। मेरे लिए मनुष्यत्व सबसे बड़ा धर्म है, कर्म है। इसलिए अब मैं वही करने जा रहा हूँ जो मेरे सामने अब एकमात्र विकल्प बचा हुआ है। मैं वैवस्वतमनु का पौत्र, महाराज नाभानेदिष्ट का पुत्र नाभाग आप सभी ब्राह्मण देवताओं के समक्ष ईश्वर को साक्षी मानकर यह घोषणा करता हूँ कि आज से, अभी से मैं अपना शेष जीवन एक वैश्य के रूप में बिताऊँगा। मैं अब क्षत्रिय नहीं हूँ और न ही इस राज्य का युवराज हूँ। इस राज्य के उतराधिकारी के सम्बन्ध में निर्णय लेने के लिए पिताश्री स्वतंत्र हैं। पुनः एक बार मैं आप से क्षमा माँगते हुए इस सभा से विदा लेता हूँ।"

कोई कुछ कहता, इससे पहले नाभाग उठकर वहाँ से चला गया। सभी के मुख पर पीड़ा की रेखाएँ स्पष्ट थीं सिवाय राजपुरोहित कौशिक के जिनकी योजनाएँ पूरी तरह सफल हुई थीं। वे यह शुभ समाचार वसुरथ तक पहुँचाने के लिए व्यग्र थे परन्तु यह व्यग्रता चेहरे पर न आए, इसकी कोशिश में आँखें मूँदकर इस प्रकार बैठे रहे, मानो गम्भीर चिन्ता में हों।

सूर्य अस्त होने को था, सुप्रभा अपने घर की तीसरी मंजिल के पिछले भाग से उसे निहार रही थी। उसका मन अशान्त था। जब हिमवंत आश्रम से वापस आई थी तब मन कितना प्रफुल्लित था। तब ऐसा लगता था जैसे अब उसके नये जीवन की शुरुआत होने ही वाली है, उस जीवन की जिसे युवराज नाभाग का प्रेम पूर्ण करेगा, जिसे वह अपनी संवेदनाओं से सँवारेगी। उसके और युवराज के बीच के अन्तर को वह जानती थी, उसे पता था कि अन्तर बहुत बड़ा है, युवराज का भावी सम्राट होना और उसका वैश्य पुत्री होना इतना बड़ा अन्तर था जिसे पाटना आसान नहीं था किन्तु उसे नाभाग की बातों पर पूर्ण विश्वास था। नाभाग को वह जितना समझ पाई थी उससे अब उसके मन में कोई शंका नहीं थी। युवराज नाभाग जितने सुदर्शन थे उतने ही तीक्ष्ण बुद्धि के स्वामी भी थे, समस्याओं के समक्ष वह मजबूती से खड़े हो जाते थे। उनके चेहरे पर सदैव एक निश्चिंतता का भाव रहता था जैसे सब ठीक है और जो ठीक नहीं है उसे वे ठीक कर लेंगे।

बचपन से अभी तक सुप्रभा ने अपना जीवन लगभग एकाकी ही बिताया था। माता कब चली गई उसे पता भी नहीं चला, पिता ने लालन-पालन में कोई कमी नहीं की किन्तु वह माता तो नहीं हो सकते थे। फिर वह राजऋषि निपा के हिमवंत आश्रम में चली गई। वहाँ शिक्षा, प्रशिक्षण, पूजन सब था किन्तु जीवन तो एकाकी ही था। अपना तो कोई नहीं था। अन्तिम कुछ दिन जब युवराज नाभाग का सानिध्य मिला तब उसे अनुभव हुआ कि अब तक के जीवन में अपनत्व की कमी, अपनी भावनाओं को किसी अपने से न कह पाने की कमी उसके जीवन में किस हद तक रही है। नाभाग ने आकर उसके जीवन की इस कमी को पूरा कर दिया था। युवराज नाभाग उसकी भावनाओं के प्रति इस हद तक सजग और संवेदनशील थे कि कई बार उसे आश्चर्य होता कि वे उसके कहे बिना उसके दिल की बात कैसे समझ लेते हैं। उसमें और नाभाग में एक समानता थी जिसने शायद एक दूसरे को समझ पाने में अधिक सहायता की, वह था दोनों का माता के बिना बीता बचपन। माता के ममत्व की कमी दोनों के अब तक के जीवन का वह सच था जिसकी पीड़ा वे दोनों ही जानते थे और जिसे अब तक उन्होंने किसी से साझा नहीं किया था, किन्तु एक दूसरे के साथ जुड़ने के बाद उन्होंने न केवल इस कमी को समझा बल्कि उस खालीपन को भरने हेतु साझा प्रयास भी किया। युवराज नाभाग को पाकर सुप्रभा स्वयं को पूर्ण अनुभूत करने लगी थी और उस क्षण की प्रतीक्षा कर रही थी जब वह उनके संग अपना जीवन व्यतीत करेगी। किन्तु श्रेष्ठी राधगुप्त की बातों में आकर पिताश्री ने उलझन बढ़ा दी थी। समस्याएँ विकट हो गई थीं। वह सोच रही थी कि अब पता नहीं युवराज इससे कैसे पार पाएँगे।

अपने इन्हीं चिन्तन में सुप्रभा इतनी तल्लीन थी कि उसे पता ही नहीं चला कि दासी कब से उसे पुकार रही है, जब वह एकदम पास आकर बोली तब उसे पता चला। वह बुरी तरह घबराई हुई थी और घबराहट में क्या बोल रही थी स्पष्ट नहीं हो रहा था। सुप्रभा ने उसे शान्त होकर बात करने के लिए कहा। तब दासी ने कहा, "आप अपने को सुरक्षित कीजिए, कोई गृह में घुस आया है, उसने प्रहरियों को आहत कर दिया है और आपका नाम पुकारे जा रहा है, आप स्वयं को सुरक्षित कीजिए तुरन्त।"

"मुझे बताओ वह अभी कहाँ है?"

"पहले तल पर।"

"उसके हाथ में कौन-सा हथियार है?"

"खड्ग।"

"क्या वह अकेला है?"

"प्रतीत तो ऐसा ही होता है।"

"एक व्यक्ति ने चारों प्रहरियों को आहत कर दिया?"

"हाँ, कोई शक्तिशाली व्यक्ति है, दिखने में दस्यु प्रतीत नहीं होता क्योंकि उसने वस्त्र श्रेष्ठियों जैसे पहन रखे हैं।"

सुप्रभा ने खड्ग उठा लिया और नीचे के तल की तरफ बढ़ने लगी। दासी उसे रोकने का असफल प्रयत्न करती रही किन्तु वह आगे बढ़ गई। वह यह तय नहीं कर पा रही थी कि इस तरह का दु:साहस कौन कर सकता है। वह यह सोचते हुए खड्ग सँभालकर सावधानी से दूसरी मंजिल तक पहुँची ही थी कि सामने युवराज नाभाग को देखकर आश्चर्य से स्तम्भित हो गई। उसने अभी युवराज के वहाँ होने की कल्पना भी नहीं की थी। युवराज को इतने समय बाद अपने समक्ष देखने की प्रसन्नता और हड़बड़ाहट में वह क्या बोले उसे कुछ समझ ही नहीं आ रहा था।

"क्या बात है देवी सुप्रभा, पहली बार आपके गृह आया हूँ और आप मेरा स्वागत दीप के थाल के बदले खड्ग से कर रही हैं"—इन शब्दों को बोलते समय युवराज के चेहरे पर सर्वदा कायम रहनेवाली चिर परिचित मुस्कान एवं निश्चिंतता यथावत थी। लगता नहीं था कि अभी वह प्रहरियों से संघर्ष कर आए हैं। युवराज की बातें सुनकर सुप्रभा को अपनी भूल का आभास हुआ और उसने तत्क्षण अपने खड्ग को नीचे फेंक दिया।

"क्षमा करेंगे युवराज किन्तु दासी ने बताया कि किसी ने प्रहरियों को आहत कर दिया है तो मैं सुरक्षा हेतु खड्ग लेती चली आई थी"—सुप्रभा ने शर्माते हुए कहा।

"आपने उचित किया था, आपके खड्ग से तो मैं भी डरता हूँ"—पुनः हँसी अपने चेहरे पर बरकरार रखते हुए युवराज ने कहा।

"युवराज आपको जो डरा दे वैसा खड्ग इस पृथ्वी पर नहीं है। किन्तु आप बताइए यह सब क्या है, क्या हो रहा है, आप इस तरह यहाँ क्यों?"

"मैं आपको अपने साथ ले जाने आया हूँ देवी सुप्रभा, मैंने हर यत्न कर के देख लिया, हमारे सम्बन्ध को कोई स्वीकारने को तैयार नहीं अत: अब इसके सिवा कोई विकल्प नहीं। राजमहल में अब मेरे लिए कोई जगह नहीं है, मैं अभी इसी समय आपको अपने साथ ले जाने आया हूँ, आप मेरे साथ चलिए यहाँ से, इस वाणिज्यग्राम नगर से।"

"क्या और कोई विकल्प नहीं बचा युवराज?"

"नहीं देवी, अब कोई विकल्प नहीं बचा, राक्षस विधि से ही हमें एक होना होगा, किन्तु उसके लिए अभी इसी समय आपको मेरे साथ चलना होगा। आपके गृह प्रहरियों ने मुझे पहचाना नहीं और उन्होंने मुझे रोकने का प्रयत्न किया तो मुझे आत्मरक्षा में उन पर खड्ग चलाना पड़ा, यह बात अब तक फैल गई होगी, कोई और विघ्न खड़ा हो उससे पहले हमें वाणिज्यग्राम की सीमा से बाहर निकल जाना होगा।"

"यह ठीक तो होगा न युवराज?"

"आपको मुझ पर विश्वास तो है न देवी?"

"अटूट विश्वास है युवराज।"

"फिर आप अभी इसी अवस्था में मेरे साथ चलिए, बाहर मेरा अश्व खड़ा है।"

सुप्रभा को युवराज ने अपने घोड़े पर अपने पीछे बैठाया ताकि नगर के मुख्य द्वार या अन्य जगहों पर सामने से देखनेवाले प्रहरियों की दृष्टि सुप्रभा पर नहीं पड़े। सुप्रभा ने अपना चेहरा पूरी तरह ढक रखा था। नगर के मुख्य द्वार के बन्द होने का समय होता उससे पहले ही नाभाग सुप्रभा को लेकर बाहर निकल गया। और रात होने के पहले वे दोनों नगर सीमा से बाहर थे।

तेज गति से उत्तर पूर्व दिशा में चलते हुए नाभाग ने जब काफी दूरी तय कर ली तब सुप्रभा ने गंतव्य के बारे में पूछा तो उसने बताया कि वह विशाल नदी के किनारे आचार्य ब्रह्मदत्त के निवास स्थान की तरफ जा रहा है। सुप्रभा ने राजऋषि निपा के यहाँ आचार्य ब्रह्मदत्त के बारे में सुना था, वहाँ उनके सम्बन्ध में कई तरह की चर्चाएँ थीं विशेषकर अस्पृश्यों के साथ उनकी नजदीकी को लेकर किन्तु उस समय उसने इस सम्बन्ध में कुछ भी कहना उचित नहीं समझा। मार्ग पर अँधेरा घिरने लगा था और नाभाग जल्दी पहुँचने के लिए काफी तेज गति से घोड़े को दौड़ाये जा रहा था। कई जगह उसे मार्ग को लेकर दुविधा भी हुई जहाँ वह राहगीरों से पूछते हुए आगे बढ़ता रहा। राहगीर से पूछते समय वह अपना घोड़ा थोड़ी दूरी पर रखता था ताकि उनकी दृष्टि से सुप्रभा ओझल रहे।

इन रास्तों से सुप्रभा भी अपरिचित थी, राज ऋषि निपा का हिमवंत आश्रम वाणिज्य ग्राम से कई योजन की दूरी पर पश्चिम उत्तर में था जिसके मार्ग से वह परिचित थी। वाणिज्यग्राम से उत्तर पूर्व अपने गाँव मन्तरनाग्राम तक तो वह आ चुकी थी किन्तु उसके आगे कभी नहीं आई थी। युवराज मन्तरनाग्राम गाँव के अत्यन्त पास से गुजरे थे, कोई और समय होता तो वह अवश्य अपने गाँव चलने को कहती या कम से उसके बारे में बताती किन्तु इस समय तो यह सम्भव नहीं था। मन्तरनाग्राम से आगे का मार्ग कई छोटे जंगलों और सुनसान जगहों से होकर गुजर रहा था। उन्हें बहुत कम गाँव दिखे और जो दिखे भी वे मार्ग से दूर थे। इन मार्ग के अपरिचित होने से अधिक सुप्रभा को जीवन के इस अनजान रास्ते पर चलना उद्वेलित किए हुए था। अपने भविष्य की जिन भी सम्भावनाओं के बारे में उसने अब तक सोचा था यह उससे एकदम भिन्न था।

सुप्रभा ने आरम्भ में गाँव का जीवन देखा था, फिर उसने नगर का जीवन देखा था किन्तु उसके जीवन को सबसे अधिक प्रभावित हिमवंत आश्रम ने किया था। वह वहाँ गई थी तो वेद, व्याकरण आदि की शिक्षा लेने किन्तु उसका मन इनसे अधिक आरोग्य विज्ञान और शस्त्र प्रशिक्षण में रमा। अन्य युवतियों से अलग उसका अधिकतर समय इन्हीं दो कार्य में लगता था। यहीं उसे सन्तुष्टि मिलती थी। यही कारण था कि वह शीघ्र ही न केवल खड्ग, कृपाण, धनुष व अश्वारोहण में निपुण

हो गई बल्कि विभिन्न जड़ीबूटियों की परख, और उनके प्रयोग में भी पारंगत हो गई। संयोग से आश्रम में इन चीजों में निपुणता प्राप्त करनेवाली वह इकलौती युवती थी। स्वाभाविक रूप से हिमवंत आश्रम में उसकी पहचान पृथक रूप से कायम हुई, राजऋषि निपा इसी कारण उससे विशेष स्नेह रखते थे और उसके जीवन की दिशा को भिन्न मानते थे। वे बार-बार कहते थे कि 'सुप्रभा तुम्हें कुछ भिन्न प्राप्त करना है, तुम्हारा जीवन भी इस युग की स्त्रियों से भिन्न होगा, तुम्हारे लक्ष्य और मार्ग भी भिन्न होंगे।' तो क्या ऋषि निपा की बातें सच हो रही है, क्या उन्हें उसके इस भिन्न मार्ग और जीवन के बारे में पूर्वाभास था? इन बातों ने सुप्रभा के मनमस्तिष्क को उद्विग्न कर रखा था किन्तु इस उद्विग्नता के बीच भी युवराज नाभाग की उपस्थिति उसे एक सीमा तक निश्चिंतता का अनुभव भी प्रदान कर रही थी।

बहुत ही अजीब मनोदशा थी सुप्रभा की, अनदेखा मार्ग और अनजाना भविष्य एक तरफ व्यग्र कर रहा था तो दूसरी तरफ नाभाग के पीछे बैठा होना निश्चिंत भी कर रहा था। नाभाग के रहते सबकुछ ठीक होगा, न्यायपूर्ण होगा, शुभ होगा यह भाव मन में आते ही उसे एक खुशी भरी निश्चिंतता का अनुभव हो रहा था और इस अनुभव के साथ उसे यह मार्ग, यह यात्रा अच्छी लगने लगी।

आचार्य ब्रह्मदत्त के निवास स्थान तक पहुँचते-पहुँचते अँधेरा घिर चुका था। विशाल नदी के पास की वह जगह कहीं किसी घेरे से बन्द नहीं की गई थी जहाँ आचार्य ब्रह्मदत्त अस्पृश्यों के बच्चों को रखते थे और शिक्षित करते थे। वहाँ बहुत सारी कुटिया आसपास में बनी थीं जहाँ ये बच्चे रहते थे जिसके मध्य में आचार्य ब्रह्मदत्त की कुटिया थी। सुप्रभा और नाभाग को एक बच्चे ने देखा और उसी ने आचार्य ब्रह्मदत्त के पास उन्हें पहुँचाया। सुप्रभा और नाभाग ने उन्हें नमन किया। आचार्य ब्रह्मदत्त ने महाराज नाभानेदिष्ट की छवि लिए नाभाग को देखते ही पहचान लिया और अपनी कुटिया में बिठाया।

"मैं आपको तो पहचान गया युवराज नाभाग, मेरी कुटिया में आप दोनों का स्वागत है किन्तु मैंने इस युवती को नहीं पहचाना, इनका परिचय जानना चाहूँगा।"

"मैं वाणिज्यग्राम के वैश्य सुदेव की पुत्री सुप्रभा हूँ आचार्य।"

"आप दोनों इस समय यहाँ, क्या कोई विशेष प्रयोजन है युवराज नाभाग।"

"आचार्य, हमें आपका आश्रय चाहिए।"

"क्या बात है युवराज नाभाग, हम वज्जि राज्य की प्रजा तो आपके आश्रय में हैं आपको हम किस तरह आश्रय दे सकते हैं?"

"आचार्य, मैं महाराज नाभानेदिष्ट का पुत्र अवश्य हूँ किन्तु अब मैं युवराज नहीं हूँ, ना ही अब मैं क्षत्रिय हूँ, मैंने इन दोनों जन्मगत पहचान को सदा के लिए त्याग दिया है। मैं देवी सुप्रभा से प्रेम करता हूँ और इनसे पाणिग्रहण का इच्छुक था। मैंने सर्वप्रथम देवी सुप्रभा के पिताश्री सुदेव से आशीर्वाद माँगा किन्तु उन्होंने न केवल

इससे इनकार कर दिया अपितु वे मेरे विरुद्ध महाराज के पास चले गए। इस हेतु मैंने महाराज एवं भार्गव ऋषि से भी अनुमति माँगी किन्तु मुझे अनुमति नहीं मिली, उनका कहना था कि धर्म के अनुसार एक क्षत्रिय का वैश्य कन्या से पाणिग्रहण सम्भव नहीं और राज परम्परा इस बात की अनुमति नहीं देती कि क्षत्राणी की जगह एक वैश्य कन्या युवराज की अर्धांगिनी बने। उन्होंने एक विकल्प यह दिया कि मैं पहले किसी क्षत्राणी से पाणिग्रहण करूँ फिर मैं देवी सुप्रभा के साथ अपना जीवन साझा कर सकता हूँ जो कि मुझे स्वीकार्य नहीं हुआ। इसलिए मैंने क्षत्रिय पहचान को त्याग कर वैश्य होना स्वीकार लिया है अत: अब मैं युवराज भी नहीं हूँ।"

"मुझे यह जानकर दुख हुआ वत्स नाभाग, कुछ वर्गों की सामाजिक, राजनीतिक व आर्थिक सत्ता हेतु धर्म की एकपक्षीय दोषपूर्ण व्याख्या इस तरह का अन्याय उत्पन्न करती हैं। मेरे पास आपको देने के लिए बहुत कुछ नहीं है किन्तु जो भी है वह सब समर्पित है, बताइए मैं क्या कर सकता हूँ।"

"आचार्य, परिस्थितियाँ मेरे विरुद्ध थीं इसलिए मुझे वह सब करना पड़ रहा है जो सामान्य स्थिति में मैं कभी नहीं करता। मैं आज देवी सुप्रभा के पिताश्री की इच्छा के विरुद्ध इनके गृह गया जहाँ प्रहरियों के प्रतिकार करने पर मुझे बल प्रयोग करना पड़ा। फिर मैंने देवी सुप्रभा का इस तरह हरण किया। अब मेरे पास विकल्प भी सीमित है। मैं अभी इसी समय देवी सुप्रभा से विवाह करना चाहता हूँ, क्योंकि इनके पिताश्री सुदेव अभी तक महाराज नाभानेदिष्ट के पास पहुँच गए होंगे। मैं अब कोई व्यवधान नहीं चाहता।"

"वत्स नाभाग, आप सुप्रभा को इनके पिता की इच्छा के विरुद्ध यहाँ लाए हैं, इनका हरण किया है। आपको देवी सुप्रभा के गृह पर बल प्रयोग भी करना पड़ा है अत: आप दोनों का विवाह अब राक्षस विधि की श्रेणी में माना जाएगा।"

"आप आचार्य हैं, आपके समक्ष देवी सुप्रभा को अपनी अर्धांगिनी के रूप में स्वीकार करना मेरे लिए सौभाग्य होगा, अब इसे राक्षस विधि कहा जाए या कुछ और, मेरे लिए यह महत्त्वपूर्ण नहीं है। आप हमें अपना आशीर्वाद दें।"

आचार्य ब्रह्मदत्त ने उसी समय अपनी कुटिया के प्रांगण में विवाह सम्पन्न कराया। इस विवाह के साक्षी वहाँ उपस्थित अस्पृश्य बच्चे थे। हर तरफ अँधेरा था, केवल उस वेदी से उत्पन्न ज्वाला से मिल रहे प्रकाश को छोड़कर जिसमें सुप्रभा और नाभाग का चेहरा दमक रहा था। उनके चेहरे पर प्रसन्नता थी, धैर्य था, आशाएँ थीं, प्रतिज्ञा थी। वे एक असामान्य स्थिति में उस बंधन में बंध रहे थे किन्तु ताउम्र उन्हें सामान्य जीवन जीना था। यह एक नये जीवन का उत्कर्ष था जो पुराने जीवन की कीमत पर प्राप्त हुआ था। यह जीत होकर भी हार थी और हार होकर भी जीत थी या इकट्ठे हार-जीत मिश्रित कुछ थी जिसके अनुपात का अन्दाजा उन्हें अभी नहीं था। उस समय वह बस था और उसे ही जीना था।

आचार्य ब्रह्मदत्त ने उन्हें वहीं एक कुटिया उपलब्ध कराई और विश्राम करने के लिए कहा। उन्होंने कहा कि प्रातः काल वे अन्य विषयों पर विस्तार से बात करेंगे।

उधर वाणिज्यग्राम में युवराज नाभाग द्वारा सुप्रभा के अपहरण की बात आग की तरह फैल गई। सुदेव के प्रहरी, दास और दासी ने जो बताया उससे सभी ने यही समझा। युवराज नाभाग के बारे में इस तरह की कल्पना किसी ने नहीं की थी। नगर के हाट किसी अनहोनी की आशंका में स्वतः बन्द हो गए। पूरा नगर दो गुटों में बँट गया था। कुछ लोग वैसे थे जिन्हें अब भी युवराज नाभाग पर विश्वास था और वे पूरी सच्चाई जानना चाह रहे थे तो कुछ लोग वैसे थे जिन्हें युवराज का यह कृत्य गलत लग रहा था।

सुदेव उसी समय महाराज के समक्ष पहुँचा और कहा, "महाराज, क्षमा चाहता हूँ किन्तु यह कहने दें कि आज मुझे इस राज्य का नागरिक होने का पछतावा है। जो राज्य एक पुत्री की रक्षा न कर सके, जहाँ महाराज के दिए आश्वासन के बाद भी एक पिता से उसकी पुत्री छीन ली जाती हो वह भी युवराज के द्वारा वहाँ नागरिक होना ही अपराध है। मैंने आपके कथन पर विश्वास किया था महाराज किन्तु आज मेरी पुत्री का अपहरण हुआ है, मुझे न्याय चाहिए और तुरन्त चाहिए, मुझे नहीं पता कि मेरी पुत्री इस समय किस स्थिति में और कहाँ है। न ही मैं पता कर पाने में सक्षम हूँ। आप न्याय करें महाराज।"

"मैं जानता हूँ सुदेव, तुम्हारे साथ गलत हुआ है। मैं वैवस्वतमनु का वंशज हूँ, इस राज्य में मेरे होते किसी के साथ अन्याय नहीं हो सकता। यदि तुम्हारी पुत्री का उसकी इच्छा के विरुद्ध अपहरण हुआ है तो मैं तुम्हें वचन देता हूँ दोषी चाहे मेरा पुत्र ही क्यों न हो उसे वही दंड मिलेगा जो इस तरह के अपराध में एक आम नागरिक को मिलता है"—ऐसा कहकर महाराज नाभानेदिष्ट ने सेनापति प्रसेनजीत को बुलवाया। प्रसेनजीत के आने पर उन्होंने पूछा, "सेनापति, युवराज नाभाग, नहीं, नहीं, मेरे पुत्र नाभाग के सम्बन्ध में अब तक क्या सूचना मिली है मुझे बताई जाए।"

"महाराज, क्या इस प्रश्न का उत्तर देना अभी उचित होगा"—सुदेव को देखते हुए प्रसेनजीत ने पूछा।

"हाँ उचित होगा, यहाँ हमारे अमात्यों के सिवा केवल सुदेव है जिसकी पुत्री के अपहरण का विषय मेरे समक्ष आया है तो जो जानकारी है अभी ही बताई जाए"—महाराज नाभानेदिष्ट ने कहा।

"महाराज, यह सत्य है कि युवराज नाभाग वैश्य सुदेव की पुत्री को अपने साथ लेकर गए हैं किन्तु अभी यह कहना कठिन है कि इसमें उनकी सहमति थी या नहीं"—अभी प्रसेनजीत ने इतना ही कहा था कि सुदेव उत्तेजित होकर बोल पड़ा—"महाराज, सेनापति प्रसेनजीत भ्रम पैदा करने का प्रयत्न कर रहे हैं। मेरे निजी प्रहरियों को आहत कर मेरी पुत्री का अपहरण हुआ है, यदि मेरी पुत्री की इसमें

सहमति होती तो वह स्वेच्छा से स्वयं चली जाती, संघर्ष की स्थिति ही क्यों उत्पन्न होती? संघर्ष हुआ है जिसका प्रमाण मेरे आहत प्रहरी हैं, और जब संघर्ष हुआ है तो फिर मेरी पुत्री की सहमति का प्रश्न ही कहाँ उठता है?"

"महाराज, वैश्य सुदेव सारे घटनाक्रम की अपने ऐच्छिक अर्थ में व्याख्या कर रहे हैं। और मैंने अभी किसी भी बात को अन्तिम रूप में नहीं कहा है, मैंने केवल यह कहा है कि अभी निश्चित रूप से कुछ भी कहना कठिन है। जब तक युवराज और वैश्य सुदेव की पुत्री मिल नहीं जाते तब तक कुछ नहीं कहा जा सकता" —प्रसेनजीत ने अपनी बात स्पष्ट करते हुए कहा।

"क्या इन दोनों के सम्बन्ध में कोई सूचना प्राप्त हुई है कि वे कहाँ गए हैं" —महाराज ने पूछा।

"नहीं महाराज, अभी तक इस सम्बन्ध में कोई पक्की जानकारी नहीं है, किन्तु एक दिवस में पूरी जानकारी प्राप्त हो जाएगी।"

"सेनापति प्रसेनजीत, आप यथाशीघ्र पता लगाइए, ऐसा न हो कि वे हमारी राज्य की सीमाओं से बाहर निकल जाएँ। यदि ऐसी स्थिति होती है तो मगध, विदेह के अपने गुप्तचरों को सतर्क करिए। यदि उन राज्यों में होने की जानकारी मिलती है तो वहाँ के सेनापति को मेरी इच्छा के बारे में बताइए, आवश्यक हो तो वहाँ के महाराज को मेरी तरफ से संदेश भिजवाइए। नाभाग जहाँ भी मिलें उन्हें बन्दी बनाकर मेरे समक्ष उपस्थित किया जाए। इसमें विलम्ब न हो"—महाराज नाभानेदिष्ट ने आदेश दिया।

महाराज नाभानेदिष्ट के इस आदेश को सुनकर वहाँ उपस्थित आमात्य चकित हो गए, उन्होंने युवराज नाभाग को बन्दी बनाने के आदेश में संशोधन करने का अनुरोध किया किन्तु महाराज ने किसी संशोधन से इनकार कर दिया।

महाराज के आदेश की सूचना जैसे वसुरथ को प्राप्त हुई वह राजपुरोहित कौशिक से मिलने उनके आवास पर पहुँच गया और सारी जानकारी दी।

"युवराज वसुरथ, अब तुम्हारे सारे विघ्न स्वतः ही दूर होते जा रहे हैं। सबकुछ योजना के अनुसार हो रहा है, अब तो तुम्हारा सम्राट बनना केवल समय की बात रह गई है"—राजपुरोहित कौशिक ने हर्षित होते हुए कहा।

"सब आप की कृपा और आशीर्वाद का फल है गुरुदेव"—वसुरथ ने उत्तर दिया।

"सब देवों के देव इंद्र का आशीर्वाद है वत्स।"

"किन्तु मेरे मन में अभी भी शंका है प्रभु, सबकुछ इस बात पर निर्भर है कि नाभाग अपने हठ पर कब तक अड़ा रहता है, यदि नाभाग ने हठ छोड़ दिया तब यह पूरी स्थिति बदल जाएगी।"

"युवराज वसुरथ, तुम निश्चिंत रहो, नाभाग के चरित्र और व्यक्तित्व को मैंने अभी तक जितना परखा है उस आधार पर मैं तुम्हें कह सकता हूँ वह अपना निर्णय

किसी के लिए नहीं बदलेगा, कभी नहीं बदलेगा। वह अपने प्रण का पक्का है। जिसने एक क्षण में इस राज्य के सम्राट का पद, अपना क्षत्रियत्व छोड़ दिया हो और वैश्य जीवन स्वीकार लिया हो उस पर शंका करने की आवश्यकता ही नहीं।"

"क्या वास्तव में महाराज नाभाग को बन्दी बनाएँगे गुरुदेव, नाभाग का बन्दी बनना और कारागृह में रहना मेरे हित में नहीं होगा। इस तरह उसके प्रति आम जन की सहानुभूति बढ़ती चली जाएगी, अभी जो जन भी उसके कृत्य से उससे अप्रसन्न हैं वे उससे पुनः स्नेह करने लगेंगे।"

"यह सब तो परिस्थितियों पर निर्भर करेगा, किन्तु यदि महाराज मुझसे मंत्रणा करेंगे तो मैं अवश्य महाराज को रोकूँगा।"

"अभी मुझे क्या करना चाहिए गुरुदेव, हमारी रणनीति क्या होनी चाहिए?"

"अभी कुछ नहीं करना ही सबसे उत्तम रणनीति है युवराज वसुरथ, हमें बाज की तरह शिकार पर केवल दृष्टि रखनी है, एकदम दूर से, किसी भी पक्ष में स्वयं को नहीं दिखाना है, तटस्थ रहना ही सबसे बेहतर है इस समय।"

"किन्तु कब तक गुरुदेव?"

"जब तक कि जीत हमारी मुट्ठी में न हो, और तुम्हें अपनी महत्त्वकांक्षा को भूल से भी स्पष्ट नहीं करना है वत्स, उचित समय पर मैं स्वयं तुम्हारा नाम महाराज के समक्ष रखूँगा।"

"जैसी आपकी आज्ञा गुरुदेव।"

"अब बहुत जल्दी तुम्हारी आज्ञा का पालन पूरा वज्जि राज्य करेगा युवराज वसुरथ, वह समय सामने खड़ा है।"

वसुरथ उत्साह के साथ अपने महल की तरफ प्रस्थान कर गया। महाराज नाभानेदिष्ट अपने अमात्यों के साथ अभी भी मंत्रणा कर रहे थे। उनके राज्य के भविष्य और व्यक्तिगत जीवन पर अभूतपूर्व संकट जो मंडरा रहा था। सुदेव अपमान की अग्नि में जल रहा था और वाणिज्यग्राम नगर के हर घर में रतजगा हो रहा था, आनेवाले कल के लिए सभी सशंकित थे। इस एक दिन ने वज्जि राज्य की तस्वीर हमेशा के लिए बदल देने की सारी बिसात बिछा दी थी, काल अपने अगले पग की प्रतीक्षा में था।

विशाल नदी के पास उसकी कलकल ध्वनि सुनते हुए एक कुटिया में धरती पर बिछे बिछावन पर सुप्रभा और नाभाग दाम्पत्य जीवन की पहली रात बिता रहे थे।

दोनों एक दूसरे को निहारते हुए उन तमाम प्रश्नों, सम्भावनाओं को टटोल रहे थे जिसके सम्बन्ध में उन्हें अब तक बात करने का मौका ही नहीं मिल पाया था। हिमवंत आश्रम में इन्होंने अपने भविष्य की जिन भी सम्भावनाओं की कल्पना की थी इस समय वे उससे बिलकुल अलग स्थिति में थे। प्रश्न कोई करता उत्तर दोनों ही ढूँढ़ते, उत्तर कोई देता, पूछा गया प्रश्न दोनों के जेहन में होता। वह इस वार्तालाप के माध्यम से वस्तुत: संग जिये जानेवाले जीवन के मार्ग को तलाश रहे थे जिस पर अब तक के जीवन की परछाई दूर तक पहुँच रही थी—

"देवी सुप्रभा, मुझे क्षमा करना, मैं आपका अपने जीवन में उस तरह का स्वागत नहीं कर पाया जिस तरह की अपेक्षा आपने मुझसे की होगी।"

"यह कहकर मुझे अपनी दृष्टि में लघुता का अनुभव मत कराइये युवराज, आज मेरे कारण आपको इतना कष्ट उठाना पड़ रहा है, आज मेरे कारण ही आप इस स्थिति में हैं, जिस राज्य के आप सम्राट होनेवाले थे उसी राज्य की एक कुटिया में आपको शरण लेनी पड़ रही है।"

"देवी सुप्रभा, आपसे एक अनुरोध है, अब मैं युवराज नहीं रहा, इसलिए मुझे इस नाम से अब मत पुकारिये और आपने यह कैसे सोच लिया कि यह जो कुछ भी हो रहा है उसका कारण आप हैं, बिलकुल नहीं। हमने तो केवल एक दूसरे से प्रेम किया है, एक दूसरे के जीवन साथी बने हैं, आज हम इस स्थिति में इसलिए हैं क्योंकि यह युग धर्म और परम्परा के नाम पर मानवता की बलि लेने के लिए तैयार बैठा है। यह आज की परिस्थिति में हमारे ऊपर बीत रहा है किन्तु यह तो अनेक लोगों के साथ इससे पहले भी होता रहा होगा और यदि इसे रोका नहीं गया तो आनेवाले कल में न जाने कितनों के साथ यह होता रहेगा। इसलिए इन परिस्थितियों के लिए स्वयं को उत्तरदायी ठहराने की बात आप अपने मन मस्तिष्क में बिलकुल न लाएँ देवी सुप्रभा।"

"मैंने आपको युवराज के रूप में अब तक पुकारा है और आगे भी मैं इसी तरह पुकारूँगी, बाकी संसार को आप भले रोक दें किन्तु मुझे इसके लिए विवश न करें। मैं तो आपको युवराज के अलावा केवल महाराज कहकर पुकार सकती हूँ और पुकारूँगी जब आप इस राज्य के सम्राट बनेंगे।"

"नहीं देवी सुप्रभा, मैंने प्रण किया है, मैं अब इस जीवन में न क्षत्रिय जीवन जीयूँगा और न ही कभी सम्राट बनूँगा, मैंने वैश्य जीवन जीने का निर्णय कर लिया है। हाँ आप चाहे मुझे जिस नाम से पुकारें यह आपका अधिकार है, मैं आपको रोकूँगा नहीं।"

"मुझे यह अधिकार देने के लिए आपका हृदय से आभार युवराज। किन्तु आपने जो यह वैश्य जीवन जीने का निर्णय किया है क्या इसमें कोई बदलाव सम्भव नहीं, माना कि अभी आप सम्राट बनने को तैयार नहीं किन्तु वैश्य का जीवन जीना क्यों जरूरी है?"

"देवी सुप्रभा, यह भी मेरे प्रण का अंश है इसलिए मुझे यही जीवन जीना है।"

"युवराज, आप राजमहलों में रहे हैं, आपने वह जीवन जीया है, एक वैश्य का जीवन बहुत कठिन होता है, वाणिज्यग्राम नगर में तो अब आप रहेंगे नहीं अत: कोई व्यवसाय तो आप कर नहीं सकते। अन्तत: विकल्प केवल कृषक के जीवन का है, और इस धरती पर कृषक से कठिन जीवन किसी का नहीं है।"

"आपके रहते अब कोई कठिनाई मुझे कठिनाई प्रतीत ही नहीं होगी देवी सुप्रभा। आप साथ हैं तो हर कठिनाइयों का सामना मैं हँसते-हँसते कर लूँगा।"

"मैं तो जीवन पर्यन्त आपके साथ रहूँगी युवराज। क्या आपको ज्ञात है कि हमारे विरुद्ध किस तरह का षड्यंत्र रचा गया है?"

"षड्यंत्र, कैसा षड्यंत्र देवी?"

"षड्यंत्र के छोर तो मुझे अभी ज्ञात नहीं किन्तु कुछ बातें हैं जो आपको जाननी चाहिए।"

"क्या बात है देवी सुप्रभा, मुझे बताइए?"

"आपने जब मेरे पिताश्री से मेरे सम्बन्ध में बात की थी उसके ठीक पहले की रात नगर का एक श्रेष्ठी राधगुप्त मेरे पिताश्री से मिला था और उसने आपके द्वारा दिए जानेवाले प्रस्ताव की बात पहले ही बता दी थी। और बहुत सारी अनर्गल बातें कहकर मेरे पिताश्री को हमारे सम्बन्ध के विरुद्ध भड़का दिया था, यही कारण है कि उन्हें यह रिश्ता स्वीकार नहीं है।"

"किन्तु श्रेष्ठी राधगुप्त को इस बात की जानकारी कैसे हुई? इस सम्बन्ध में तो मेरे अलावा केवल वसुरथ को ज्ञात था।"

"तब तो उन्होंने ही श्रेष्ठी को भेजा होगा।"

"किन्तु वसुरथ ऐसा क्यों करेगा देवी सुप्रभा?"

"यह तो मैं नहीं जानती। मुझे बताइए आपके अस्वीकार करने के बाद महाराज के पास वज्जि साम्राज्य के सम्राट हेतु विकल्प क्या है, किसे यह पद प्राप्त होगा?"

"स्वाभाविक रूप से इस स्थिति में यह केवल वसुरथ को प्राप्त होगा, अर्थात देवी आपको लगता है कि यह सब वसुरथ ने किया है?"

"मुझे ऐसा प्रतीत ही नहीं होता बल्कि यही सत्य भी है, इस षड्यंत्र के सूत्रधार वही हैं, उन्होंने अपने स्वार्थ में आपके साथ इतना बड़ा विश्वासघात किया है।"

"मुझे अब भी विश्वास नहीं देवी, किन्तु यदि उसने ऐसा किया भी हो तो भी मैं उसे क्षमा करता हूँ। मेरे मन में उसके लिए कोई कटुता नहीं।"

"युवराज आप किस मिट्टी के बने हैं? जिनके कारण आप आज इस स्थिति में हैं, जिन्होंने ऐसा षड्यंत्र रचा उसे आप इतनी आसानी से क्षमा कर रहे हैं?"

"देवी सुप्रभा, मैं इस स्थिति को अपना नियति मानता हूँ और इसे सहर्ष स्वीकार करता हूँ इसलिए मैं किसी के प्रति दुर्भावना नहीं रख सकता। हमारे बस में हमारा

कर्म है, जय-पराजय, लाभ-हानि तो तय है, कोई इसका माध्यम भर बन सकता है, वह यह निर्धारित नहीं कर सकता। इसलिए मेरे मन में किसी के लिए कोई द्वेष नहीं।"

सुप्रभा अब तक योद्धा युवराज, प्रेमी युवराज को जानती थी, उसके इन बातों को सुनकर उसे पहली बार प्रतीत हुआ कि नाभाग वस्तुतः एक संत हैं और इस बात से उसके हृदय में नाभाग के लिए बसा प्यार छलकने लगा, उमड़ पड़ा।

सुबह विशाल नदी के तट पर एक वट वृक्ष के नीचे बैठकर आचार्य ब्रह्मदत्त ने सुप्रभा और नाभाग से वर्तमान परिस्थिति और भविष्य की योजनाओं को लेकर विस्तृत विमर्श किया। किन्तु सबसे पहले उन्होंने रेहसायागढ़ी ही आने के कारण को पूछते हुए कहा, "वत्स नाभाग, मुझे हर्ष है कि आप दोनों ने आपने रात्रि प्रवास के लिए इस जगह को चुना और मुझे यह मौका दिया कि मैं आप दोनों के विवाह बंधन में बँधने का साक्षी बन सका। किन्तु आपके समक्ष तो पूरा वज्जि राज्य था, विकसित ग्राम, सुविधाओं से पूर्ण आश्रम थे आपने इस स्थान का चयन ही क्यों किया? संयोग से जहाँ तक मुझे स्मरण है मैं तो इससे पूर्व आपसे कभी मिला भी नहीं था, महाराज की मेरे पिताश्री और मुझ पर सदैव विशेष कृपा रही है, उनसे मिलते मैं राजमहल जाता रहा हूँ किन्तु कभी आपसे मिलने का सौभाग्य प्राप्त नहीं हुआ।"

"आचार्य, आपके सम्बन्ध में मुझे सबसे पहले जानकारी तब हुई थी जब शिक्षा सम्पन्न होने के पश्चात् मैं काशी से लौटते समय कुछ अवधि के लिए सिद्धाश्रम रुका था। वहाँ मेरी मुलाकात आपके एक शिष्य सत्यरथ से हुई थी। सत्यरथ ने ही मुझे बताया था कि आप उसके जैसे अन्य चांडालों एवं अस्पृश्यों को शिक्षित कर रहे हैं। आपने यह सत्य कहा आचार्य कि मेरे समक्ष पूरा वज्जि राज्य था किन्तु मैंने सोच समझकर ही आपके पास आने का निर्णय किया। आज मैं जिस अवस्था से गुजर रहा हूँ उसका प्रमुख कारण मनुष्य को विभिन्न खांचों में बाँटकर देखने की कुप्रथा या विधान है। किन्तु इस दोषपूर्ण दृष्टि को राजऋषि निपा जैसे ज्ञानी पुरुष भी व्यवस्था स्थापित रखने का साधन मानते हैं। मैं उनकी इस बात से सहमत नहीं हूँ और आज उसी विधान का भुक्तभोगी हूँ जिसे तथाकथित व्यवस्था स्थापित करने के लिए अनिवार्य कहा जाता है। इस वज्जि राज्य में अकेले आप हैं जो इस विधान से न केवल असहमत हैं बल्कि इसे चुनौती दे रहे हैं तो स्वाभाविक है मेरे मन में सर्वप्रथम आपके पास ही आने का विकल्प दिखा।"

"आपका कथन सत्य है वत्स नाभाग, यह विधान न केवल अमानवीय है बल्कि वह दंश है जो भारत को कभी भी अपनी पूर्ण क्षमता का उपयोग नहीं करने देगा, भारत समृद्ध है और आगे भी होगा किन्तु वह अपने उस चरम समृद्धि के स्तर को कभी प्राप्त नहीं कर पाएगा जिसे वह इस जातीय शोषण के न होने पर एक समग्र समाज की क्षमता के बल पर कर पाता। भारत का विभिन्न राज्यों में विभक्त होना तो फिर भी कुछ समय के लिए व्यवस्था स्थापित करने के साधन

के रूप में स्वीकार किया जा सकता है किन्तु ईश्वर द्वारा एक समान बनाए गए इनसान को केवल एक वर्ग की शक्ति, सत्ता व शोषण का अधिकार देने के लिए विभिन्न जातियों में बाँट देना घोर अन्याय है। और यह अन्याय तब अधिक घृणित हो जाता है जब इस अन्याय को सही साबित करने के लिए धर्म का सहारा लिया जाता है और इस तरह के तमाम पाप को किसी छंद, सूत्र का आवरण देकर पुण्य बता दिया जाता है।"

यह कहकर आचार्य ब्रह्मदत्त कुछ क्षण के लिए मौन हो गए। उनकी नजरें विशाल नदी की अविरल धारा को निहार रही थीं। कुछ पल ठहरकर एक गहरी साँस लेकर उन्होंने कहा, "जातीय शोषण को वैधानिक सिद्ध करने के लिए ऋग्वेद के जिस पुरुषसूक्त का प्रयोग किया जाता है उसकी पूरी व्याख्या ही मिथ्या पर आधारित है।

पुरुष सूक्त जातीय व्यवस्था का नहीं अपितु वर्ण व्यस्था की आधारभूत बात कहता है जिसमें ब्राह्मण, क्षत्रिय, वैश्य और शूद्र को शरीर के मुख, भुजा, मध्य भाग और पैरों से उपमा दी गई है। इस उपमा से यह सिद्ध होता है कि जिस प्रकार शरीर के यह चारों अंग मिलकर एक शरीर बनाते है, उसी प्रकार चारों वर्ण मिलकर एक समाज बनाते है। जिस प्रकार शरीर के ये चारों अंग एक दूसरे के हर्ष-पीड़ा में अपना सुख-दुख अनुभव करते हैं, उसी प्रकार समाज के चारों वर्णों को अपना सुख-दुख साझा करना चाहिए। सभी वर्णों में परस्पर सहानुभूति, सहयोग और प्रेम की भावना होनी चाहिए। इस सूक्त में शूद्रों के प्रति कहीं भी भेदभाव की बात कही नहीं गई है जैसा कि इसकी गलत व्याख्या करनेवाले लोग अर्थ स्थापित करते हैं। जान-बूझकर पुरुषसूक्त का मनमाना अर्थ स्थापित किया जाता है कि ब्राह्मण चूँकि शीश है इसलिए सबसे ऊँचे हैं अर्थात श्रेष्ठ हैं एवं शूद्र चूँकि पैर है इसलिए सबसे नीचे अर्थात निकृष्ट व तिरस्कार योग्य है। यह वास्तव में अर्थ नहीं अनर्थ हैं क्योंकि पुरुषसूक्त कर्म के आधार पर समाज का विभाजन है यह जन्म के आधार पर श्रेष्ठता या निम्नता का विभाजन है ही नहीं। इस सूक्त को इस तरह भी तो निरुपित किया जा सकता है कि जब कोई मनुष्य समाज में ज्ञान के सन्देश को प्रचार प्रसार करने में योगदान दे तो वह ब्राह्मण बुद्धि का प्रतीक अर्थात समाज का शीश है, यदि कोई व्यक्ति समाज की रक्षा अथवा नेतृत्व करे तो वो क्षत्रिय शक्ति का प्रतीक अर्थात समाज की भुजाएँ हैं, यदि कोई व्यक्ति देश को अन्न, व्यापार, धन आदि से समृद्ध करे तो वो वैश्य समग्र सामर्थ्य का प्रतीक अर्थात समाज की जंघा है और यदि कोई व्यक्ति उपरोक्त गुणों से रहित हैं अर्थात शूद्र है तो वो इन तीनों वर्णों को अपने अपने कार्य करने में सहायता करे अर्थात पैर की तरह इन तीनों की नींव बने, मजबूत आधार बने। क्या पैर विहीन मनुष्य को पूर्ण माना जा सकता है या उपरोक्त चारों अंगों में किसी अंग से विहीन मनुष्य को पूर्ण माना जा

सकता है, मनुष्य की सम्पूर्ण क्षमता, ऊर्जा का उपयोग करने के लिए ये सारे अंग एक समान रूप से महत्त्वपूर्ण है, कोई किसी से कमतर नहीं।"

यह सुनकर नाभाग ने पूछा, "आचार्य, जब सबकुछ इतना स्पष्ट है फिर तमाम गलत व्याख्याएँ क्यों की जा रही है? इस विकृति की आवश्यकता क्या है?"

आचार्य ब्रह्मदत्त ने उत्तर दिया, "वस्तुतः यह बड़ा षड्यंत्र है। वेद एवं धर्म की गलत व्याख्या कर आज समाज के एक बड़े वर्ग का अमानवीय शोषण किया जा रहा है। सत्यरथ जैसे असंख्य हैं जिन्हें पता ही नहीं होता कि उनका अपराध क्या है और वे ताउम्र सभ्य कहे जानेवाले इस समाज का तिरस्कार, घृणा और शोषण सहने के लिए विवश होते हैं। न तो अस्पृश्यों की समस्या धार्मिक है और न ही दासों की समस्या आर्थिक है, यह केवल और केवल चन्द अल्पसंख्यक जातियों के द्वारा भारत के बहुसंख्यक लोगों के शोषण के बल पर स्वयं को शक्तिशाली, विकसित बनाए रखने के लिए निरन्तर कायम रखे जानेवालातंत्र है। इसे कठोरता से लागू केवल इसलिए किया जाता है क्योंकि इस शोषक छोटी जनसंख्या को इस बड़ी शोषित जनसंख्या के जागृत हो जाने का भय सताता रहता है, और इसीलिए इनके शिक्षित और सक्षम होने की हर सम्भावना को जड़ से समाप्त कर दिया जाता है। किन्तु चूँकि यह अनर्थ प्राकृतिक नहीं है, पूर्णतः कृत्रिम है, इसलिए यह समाज में अन्दर ही अन्दर प्रतिरोध की ज्वाला को भड़का रहा है जिसकी परिणति एक समय इस भूमि के लिए विनाशकारी हो सकती है। राजऋषि निपा के लिए मेरे मन में श्रद्धा का भाव है, वे ऐसा बहुत कुछ कर रहे हैं जिससे समाज और इस धरती को दीर्घकालीन लाभ मिलेगा। उनके द्वारा दिए जानेवाले सैन्य प्रशिक्षण से भी मैं असहमत नहीं हूँ किन्तु यदि जातीय शोषण इसी तरह समाज के बहुसंख्यक वर्ग का शोषण, दोहन जैसा अन्याय करता रहा तो क्या अन्दर से टूटा, बिखरा हुआ समाज और भारत केवल इस सैन्य शक्ति के बल पर स्वयं की रक्षा कर लेगा? जिस धर्म की आड़ में यह सब हो रहा है यदि इस अन्याय को नहीं रोका गया तो एक समय आएगा जब कोई अन्य विकल्प मिलने पर जिसमें इस तरह के शोषण की सम्भावना नहीं हो यही शोषित वर्ग धर्म से विमुख हो जाएगा। तब इस महान धर्म को, समाज को कितनी बड़ी क्षति पहुँचेगी? यह न हो इसलिए मैं अपनी सीमित शक्ति और संसाधन के बल पर इन शोषितों को आश्रय देने, उनके घाव को भरने का प्रयत्न करता रहता हूँ जिसे आज का समाज समझ नहीं पा रहा और इस समाज ने इसीलिए मुझे भी बहिष्कृत कर रखा है। किन्तु मुझे इसकी परवाह नहीं है, मनुष्य को अपने कर्म और वचन की शुद्धता परखते रहना चाहिए, यह उसका वास्तविक प्राप्त है, धारणाएँ अस्थायी होती हैं।"

"आपकी बात अक्षरशः सत्य है आचार्य, और आपके साथ हो रहे व्यवहार को सुनकर मुझे पीड़ा हुई किन्तु आप जिस पुनीत कार्य को कर रहें हैं इसका

महत्त्व आनेवाली पीढ़ी को आज न कल अवश्य समझ में आएगा। आपके पास आने के अपने निर्णय पर मुझे गहरा सन्तोष व हर्ष है। किन्तु मेरे मन में अभी दो प्रमुख चिन्ताएँ हैं आचार्य, इनका निराकरण करने में कृपया मेरी सहायता करें। मेरी पहली चिन्ता तो पिताश्री द्वारा मेरे विरुद्ध होनेवाली कार्यवाही को लेकर है। यह तो निश्चित है कि देवी सुप्रभा के पिता महाराज के समक्ष मेरा उलाहना लेकर गए होंगे और महाराज मेरे विरुद्ध ही आदेश देंगे। इस स्थिति में मुझे स्वयं और देवी सुप्रभा की रक्षा के लिए क्या करना चाहिए? मेरी दूसरी चिन्ता जीविकोपार्जन को लेकर है। मैंने वैश्य जीवन जीने का संकल्प किया है और मेरे समक्ष कृषक बनने का ही विकल्प है किन्तु मेरे पास इस हेतु भूमि नहीं है और न ही भू अर्जन करने की क्रय शक्ति है, आप ही बताइए इस स्थिति में मुझे क्या करना चाहिए आचार्य?"

"वत्स नाभाग, पहले आपकी पहली चिन्ता की बात। आपका कहना सत्य है, महाराज अवश्य आपके विरुद्ध आदेश देंगे। किन्तु राज्य की शक्ति का उत्तर जन शक्ति से ही देना सम्भव है, रेहसायागढ़ी वैश्य बहुल ग्राम है, कुछ क्षत्रिय, ब्राह्मण हैं किन्तु उनकी संख्या सीमित है। सारे घटनाक्रम की सत्यता को जानने पर पुत्री सुप्रभा के प्रति वैश्यों में स्वाभाविक सहानुभूति उत्पन्न होगी और जब वे जानेंगे कि आपने भी वैश्य जीवन जीने का प्रण किया है तों उनकी यह सहानुभूति उन्हें आपके पक्ष में खड़ा कर देगी। मैं उचित माध्यम से उन तक यह बात पहुँचाने का तरीका ढूँढ़ता हूँ, चूँकि उन्होंने मुझे बहिष्कृत कर रखा है इसलिए यहाँ कुछ जन ही हैं जिनके सम्पर्क में मैं हूँ, उन्हीं के द्वारा यह कार्य करवाऊँगा। अब आपकी दूसरी चिन्ता की बात करते हैं। वत्स, जब ईश्वर एक मार्ग बन्द करते हैं तो उसी समय कई मार्ग खोल भी देते हैं बस उन्हें देखने की दृष्टि और इच्छाशक्ति होनी चाहिए और यह दोनों आप को प्राप्त है। यहाँ के लोगों ने मुझे बहिष्कृत करने के कारण मेरी खेतिहर भूमि जहाँ भी है उससे सटी अपनी भूमि में खेती करना बन्द कर दिया है। इस तरह की भूमि अब बंजर पड़ी है आप इस भूमि का उपयोग करेंगे तो किसी को आपत्ति नहीं होगी, इसके अलावा मेरे पास भी अपनी बहुत सारी भूमि ऐसी है जिसमें मैं अपने सीमित संसाधनों के कारण खेती नहीं कर पाता, आप इनका भी उपयोग करें, यह धरती माँ की सेवा भी होगी।"

नाभाग कुछ बोलता इसके पूर्व ही सुप्रभा ने कहा, "आचार्य, आपने ऐसे समय में सहायता कर हमारी जीवन रक्षा की है इस हेतु हम सदा आपके ऋणी रहेंगे। आपके साथ हो रहे व्यवहार को जानकर भी बहुत पीड़ा हुई। इस समाज को जागृत करने की बहुत आवश्यकता है। आपने तो हमारी सारी समस्याओं का हल ढूँढ़ लिया है किन्तु आपसे एक अनुरोध और करना चाहती हूँ। राजऋषि निपा के यहाँ मैंने आरोग्य सेवा व चिकित्सा हेतु प्रशिक्षण लिया था। हिमवंत आश्रम से आने के

पश्चात से ही मेरे मन में आरोग्यशाला स्थापित कर जरूरतमंदों की सेवा करने की इच्छा रही है। क्या इस हेतु मुझे भूमि प्राप्त हो सकती है?"

"पुत्री सुप्रभा, आपकी रक्षा करनेवाले तो ईश्वर हैं, मैं तो निमित्त मात्र हूँ, ऋण तो केवल ईश्वर का हो सकता है, मुझ जैसे तुच्छ प्राणी का नहीं। सारी समस्याओं का निदान ईश्वर इच्छा से ही उपलब्ध हो रहा है। आपने आरोग्यशाला की जो इच्छा जताई है वह वास्तव में बहुत ही पुनीत कार्य होगा। आसपास कई कोसों में ऐसी कोई सुविधा उपलब्ध नहीं है, इस हेतु आपको मेरी सम्पत्ति में से जो भी चाहिए आप उनका स्वेच्छा से उपयोग करिए, सब आपका ही है।"

शाम होते-होते रेहसायागढ़ी के लोगों की एक बड़ी भीड़ आचार्य ब्रह्मदत्त के निवास क्षेत्र से कुछ दूर विशाल नदी के तट पर इकट्ठा हो गई। उस भीड़ में बच्चे थे, बूढ़े थे, स्त्री-पुरुष थे और यह भीड़ बढ़ती ही जा रही थी। ये लोग आचार्य ब्रह्मदत्त की कुटिया तक जाना नहीं चाहते थे इसीलिए दूर खड़े थे। उनके बीच से बार-बार 'युवराज नाभाग की जय, देवी सुप्रभा की जय' का उद्घोष सुनकर आचार्य ब्रह्मदत्त, सुप्रभा और नाभाग कुटिया से बाहर निकले। वस्तुत: आचार्य ब्रह्मदत्त ने उनके सम्पर्क में रहनेवाले कुछ लोगों के द्वारा रेहसायागढ़ी के प्रमुख लोगों के पास सुप्रभा और नाभाग के साथ हुई घटनाओं और उनकी रेहसायागढ़ी की उपस्थिति के सम्बन्ध में विस्तृत जानकारी पहुँचा दी थी। आचार्य ब्रह्मदत्त ने नाभाग, सुप्रभा को यह जानकारी देते हुए वहाँ इकट्ठी भीड़ से जाकर मिलने के लिए कहा। उनकी बात सुनकर उनसे नाभाग ने पूछा, "किन्तु आचार्य वे यहाँ क्यों नहीं आ रहे हैं, क्या यहाँ आने भर से इनका धर्म भ्रष्ट हो जाएगा!"

"वत्स नाभाग, जब वे मेरी भूमि के पास अन्न उपजाना नहीं चाहते तो फिर वे यहाँ भला कैसे आ सकते हैं, यहाँ तो अस्पृश्यों के बच्चे उपस्थित हैं। उनका यहाँ आना असम्भव है, आप दोनों को ही उनके पास जाना होगा।"

"मुझे वहाँ जाने में कोई आपत्ति नहीं आचार्य, किन्तु आपके साथ इस तरह का व्यवहार निंदनीय है, मैं अभी उन लोगों से इस सम्बन्ध में भी बात करुँगा।"

"नहीं वत्स, यह समय अभी इन बातों में उलझने का नहीं है। आपको अभी रक्षा हेतु जन समर्थन की आवश्यकता है, अभी यदि आप इन बातों को सामने रखेंगे तो यह जन आपसे दूर हो जाएँगे। और फिर इनके व्यवहार में इनका कोई दोष नहीं है, इनके मन में अशुद्ध होने, धर्म नष्ट हो जाने और इससे अगले कई जन्मों तक मिलनेवाले दंड जैसी बातें डर के रूप में इस तरह बैठा दी गईं हैं कि वे आत्मरक्षा में ही इस तरह का व्यवहार कर रहे हैं। यह अज्ञानता है जो कि समाज में जान-बूझकर स्थापित की गई है जिसे दूर करने के लिए लम्बे प्रयास की आवश्यकता है, अत: अभी इसे अनदेखा करिए।"

सुप्रभा और नाभाग जब भीड़ की तरफ बढ़ने लगे तो उन्हें अपनी तरफ आता देख भीड़ और अधिक उत्साहित हो गई। जब वे दोनों उनके समक्ष जाकर खड़े हो गए तो 'युवराज नाभाग की जय, देवी सुप्रभा की जय' का उद्घोष तीव्र हो गया। कई बार नाभाग ने जब संकेतों में अनुरोध किया तब जाकर वे शान्त हुए। तब उनके बीच से एक वृद्ध सामने आकर बोला—"युवराज नाभाग और देवी सुप्रभा, यह हमारा सौभाग्य है कि आप हमारे ग्राम में पधारे हैं। आपके आगमन से हमारा सम्मान बढ़ गया है। हम सभी आपके स्वागत के लिए आए हैं।"

"आप लोगों का बहुत आभार, यह मेरे लिए भी हर्ष का विषय है कि मैं आप लोगों के बीच हूँ किन्तु मेरी एक विनती है। मैं न अब क्षत्रिय हूँ और न ही युवराज हूँ इसलिए कृपया आप सभी मुझे इस नाम से न पुकारें। मैं अब केवल नाभाग हूँ।"

नाभाग के इतना कहते ही भीड़ एक बार पुनः उत्तेजित हो गई और वहाँ 'नहीं, नहीं' का स्वर गूँजने लगा। तब उस वृद्ध ने लोगों को शान्त कर नाभाग से कहा, "युवराज, आपके साथ हुआ अन्याय हमें ज्ञात है और हम सभी इस अन्याय को स्वीकारने से इनकार करते हैं, आप ही हमारे युवराज हैं और महाराज के पश्चात आप ही हमारे सम्राट बनेंगे। आपके त्याग देने से हम आपको दूसरी दृष्टि से नहीं देख सकते।"

"आपके इस स्नेह से मैं अभिभूत हूँ किन्तु मैं अपने प्रण पर अडिग रहूँगा, मैं न तो अब युवराज हूँ और न ही कभी सम्राट बनूँगा, मेरा अनुरोध है कि आप इस बात को स्वीकार लीजिए"—नाभाग के इतना कहते ही पुनः 'नहीं, नहीं' का स्वर तेज हो गया। हर तरफ वही कोलाहल था।

जन सैलाब कुछ भी सुनने, समझने को तैयार नहीं था। तब सुप्रभा ने पहले संकेत से सभी को शान्त किया फिर उन्हें सम्बोधित करते हुए बोली—"आप लोगों के इस असीम स्नेह, अपनत्व से मेरा मन हर्ष से भर गया है। मैं जानती हूँ आप सभी युवराज का बहुत आदर करते हैं, आपने इन्हें अपने भावी सम्राट के रूप में अब तक देखा है इसलिए इनकी बात अभी आपको स्वीकार करने में दिक्कत हो रही है। अभी आपकी जैसी इच्छा हो उसी तरह इन्हें पुकारें किन्तु मैं अनुरोध करूँगी कि आप इनकी बातों पर विचार अवश्य करें और गौर करें कि आपके युवराज को वास्तविक प्रसन्नता आपके किस सम्बोधन से मिलती है।"

अभी सुप्रभा का कथन पूरा भी नहीं हुआ था कि वहाँ सेनापति प्रसेनजीत लगभग दो दर्जन घुड़सवार सैनिकों की टुकड़ी के साथ आ पहुँचे। भीड़ को सैनिकों के आने का कारण समझ नहीं आया। वे सभी आपस में बात करने लगे और कारण जानने का प्रयत्न करने लगे। इस बीच भीड़ के मध्य से जगह बनाते हुए सेनापति प्रसेनजीत अपने सैनिकों के साथ सुप्रभा और नाभाग के समक्ष आकर खड़े हो गए।

"क्या बात है सेनापति प्रसेनजीत, आप इस समय यहाँ क्यों उपस्थित हुए हैं, वाणिज्यग्राम में सब ठीक तो है, पिताश्री तो ठीक हैं"—नाभाग ने पूछा।

"क्षमा करेंगे युवराज, किन्तु मुझे महाराज के आदेश पर यहाँ आना पड़ा है और उनका आदेश आपको बन्दी बनाकर उनके समक्ष ले जाने का है"—प्रसेनजीत के इतना बोलते ही वहाँ उपस्थित भीड़ उत्तेजित हो गई और आक्रोश व्यक्त करने लगी।

नाभाग ने पहले भीड़ को शान्त किया और तब उसने प्रसेनजीत से कहा, "सेनापति आप अपना कर्तव्य कर रहे हैं अत: आपकी कोई गलती नहीं। इसलिए आपको क्षमा माँगने की भी आवश्यकता नहीं। किन्तु क्या मैं जान सकता हूँ कि किस अपराध में बिना मेरा पक्ष जाने मुझे यह दंड दिया गया है।"

"युवराज, श्रेष्ठी सुदेव ने आप पर यह आरोप लगाया है कि आपने उनकी पुत्री देवी सुप्रभा का अपहरण किया है।"

"यह मिथ्या आरोप है, युवराज ने मेरा अपहरण नहीं किया है अपितु मैं स्वयं अपनी इच्छा से इनके साथ आई हूँ, इसलिए इस मिथ्या आरोप के आधार पर युवराज को बन्दी बनाना स्वयं में एक अपराध होगा"—सुप्रभा ने उत्तेजित होते हुए ऊँचे स्वर में प्रसेनजीत से कहा।

"युवराज नाभाग और देवी सुप्रभा, सत्य का निर्धारण महाराज के धर्मस्थान में होगा, अभी तो आपको इसी समय मेरे साथ चलना होगा"—प्रसेनजीत ने उत्तर दिया।

"और यदि हम आपके साथ जाने से इनकार कर दें तो, उस स्थिति में क्या होगा सेनापति? और स्वाभाविक है कि हम इस तरह आपके साथ जाने से इनकार कर रहे हैं"—सुप्रभा ने उत्तेजना में कहा।

"क्षमा करें देवी, किन्तु उस स्थिति में मुझे आप लोगों को बन्दी बनाकर ले जाना होगा"—प्रसेनजीत का इतना कहना ही था कि वहाँ का जन सैलाब आक्रोशित हो गया। प्रसेनजीत और उसके सैनिकों को पीछे करते हुए वे लोग पुन: युवराज व सुप्रभा को घेरकर खड़े हो गए और 'युवराज को बन्दी बनाने के पहले हमारे मृत शरीर से होकर गुजरना होगा' जैसे नारे लगाने लगे। जितना विलम्ब हो रहा था लोगों का आक्रोश उतना ही बढ़ता जा रहा था और अन्त में इससे विचलित होकर सेनापति प्रसेनजीत को वापस लौटना पड़ा। यह देख खुशी मनाते हुए भीड़ पुन: सुप्रभा-नाभाग का जयघोष करने लगी।

सेनापति प्रसेनजीत के जाने के पश्चात वृद्ध ने नाभाग से कहा, "युवराज आपकी रक्षा के लिए हम रेहसायागढ़ी वासी अपने जीवन की भी परवाह नहीं करेंगे, यहाँ आपको कोई क्षति नहीं पहुँचा सकता। किन्तु हम लोगों का एक अनुरोध आप कृपया स्वीकार कर लीजिए। आप यहाँ निवास मत करिए, ब्रह्मदत्त जैसे अधर्मी के साथ आपका ठहरना उचित नहीं, आपको जब तक इस ग्राम में रहना है आप हमारे यहाँ ठहरिए।"

आचार्य ब्रह्मदत्त के सम्बन्ध में इस तरह की बात सुनकर नाभाग को पीड़ा हुई किन्तु परिस्थिति और आचार्य ब्रह्मदत्त के सुझाव को मानते हुए उसने इस बात को अनदेखा कर दिया और कहा, "आप लोगों के रहते सच में मुझे अपनी या देवी सुप्रभा की रक्षा हेतु चिन्तित होने की आवश्यकता नहीं है। आपके इस प्रेम ने हमें वाकई अभिभूत कर दिया है। आचार्य के यहाँ ठहरने का कारण यह है कि इनके पिता और इनसे मेरे पिताश्री की घनिष्ठता पुरानी है, इस नाते ही मैं अभी यहाँ ठहरा हूँ। कृपया इस बात को आप लोग अन्यथा न लें। अब रात्रि होने को है आप लोग अभी प्रस्थान करिए, बहुत जल्द ही मैं आप लोगों से पुन: मिलूँगा।"

सुप्रभा और नाभाग ने लौटकर आचार्य ब्रह्मदत्त को पूरी बात बताई। आचार्य ब्रह्मदत्त चिन्तन करते रहे। इसी बीच नाभाग ने कहा, "आचार्य, मुझे ऐसा प्रतीत होता है कि संकट अब अधिक बढ़ गया है। पिताश्री प्रसेनजीत के लौटने के पश्चात पहले से अधिक कुपित हो जाएँगे और सम्भव है इस बार हम पर बड़ी कार्यवाही हो।"

"आपका कहना सत्य है वत्स, वे इस राज्य के सम्राट हैं और धर्मस्थ के आसन पर हैं। इस काल में सम्राट द्वारा होनेवाले ऐसे निर्णय का आधार प्राकृतिक न्याय नहीं है बल्कि प्रचलित परम्पराओं और ब्राह्मणों द्वारा स्थापित व्याख्याओं पर आधारित न्याय है। स्वाभाविक है कि इन परम्पराओं में जितना दोष है उतना ही कपट, स्वार्थ व छल ब्राह्मणों द्वारा स्थापित व्याख्याओं में है। महाराज भी इन्ही से बँधे हुए हैं तो उन पर आरोपित इस दृष्टि दोष के रहते उनसे आज की परिस्थिति में कुछ बेहतर की उम्मीद नहीं की जा सकती। मेरा व्यक्तिगत अनुभव कह रहा है कि महाराज सेना भेजेंगे और यह भी सम्भव है कि सेनापति प्रसेनजीत के वापस लौट जाने के कारण इस सेना का नेतृत्व वे स्वयं करेंगे।"

"उस स्थिति में मेरे लिए क्या उचित होगा आचार्य?"

"वही जो एक मनुष्य को अपने और अपनी अर्धांगिनी के सम्मान और जीवन की रक्षा के लिए करना चाहिए।"

"किन्तु वे मेरे पिताश्री हैं आचार्य, मैं उन पर अस्त्र कैसे उठा सकता हूँ?"

"तो क्या आप अपनी अर्धांगिनी देवी सुप्रभा से किए गए वचनों के साथ समझौता कर सकते हैं?"

"नहीं, कदापि नहीं।"

"तो फिर वत्स, परिस्थिति के अनुरूप आपको आचरण करना पड़ेगा। यदि युद्ध की स्थिति हुई तो महाराज के लिए यह पीड़ादायक स्थिति होगी, आपसे कहीं अधिक पीड़ादायक स्थिति। उन्हें अपने पुत्र पर अस्त्र उठाना होगा, किन्तु वे यह करेंगे क्योंकि उनका न्याय उनसे यह कहेगा। उसी तरह आपको भी अस्त्र उठाना होगा क्योंकि आपका आदर्श और न्याय उसी कसौटी को परखेगा। हालाँकि यदि युद्ध की स्थिति पक्के तौर पर बन ही जाती है तो मैं एक अन्तिम प्रयास अवश्य करूँगा

इसे टालने का, किन्तु यह तो अभी भविष्य के गर्भ में है कि मेरे प्रयास का परिणाम क्या निकलेगा। इस समय आपको युद्ध की स्थिति के लिए तैयार रहना चाहिए।"

आचार्य ब्रह्मदत्त के इस कथन को सुनकर नाभाग और अधिक निराश दिखने लगा। उसे इस तरह देखकर सुप्रभा ने कहा, "आचार्य सही कह रहे हैं युवराज, अब परिस्थितियों पर हमारा नियंत्रण सम्भव नहीं है, अब हमें परिस्थितियों के अनुरूप स्वयं को तैयार करना चाहिए, हमें अपने तरफ से तैयार रहना चाहिए।"

"मैं सहमत हूँ सुप्रभा आपकी और आचार्य की बात से। मैं समझ रहा हूँ, अब कोई और विकल्प बचा नहीं है, हमें युद्ध की तैयारी करनी होगी। समय कम बचा है"—नाभाग ने कहा।

आचार्य ब्रह्मदत्त ने कहा, "वत्स नाभाग, यदि युद्ध की तैयारी करनी है तो यह जानना आवश्यक है कि हमारे पास समय कितना है।"

"आप सत्य बोल रहे हैं आचार्य, समय का आकलन तो हो सकता है। पिताश्री को पता है कि मैंने यह सब अकस्मात किया है तो अभी मेरे पास कोई भी सैन्य तैयारी नहीं है। इसलिए वे छोटी टुकड़ी ही तैयार करेंगे। एक सहस्त्र या अधिकतम दो सहस्त्र। यदि दो सहस्त्र की टुकड़ी ही मानकर चलें तो इसमें एक सहस्त्र पैदल सैनिक, और एक सहस्त्र में अश्व, रथ व हाथी की लगभग बराबर-बराबर संख्या होगी। इसके अलावा सैकड़ा की संख्या में महाराज के निजी सुरक्षा वाले सैनिक होंगे। मैं समझता हूँ प्रसेनजीत को यह टुकड़ी तैयार करने में तीन दिवस तो लग ही जाएँगे क्योंकि दशकों से राज्य को युद्ध की स्थिति का सामना करना नहीं पड़ा है तो अभी सबकुछ लगभग नये सिरे से ही करना होगा। इस तरह हम लोगों को अभी से चार दिवस पश्चात युद्ध मैदान में जाना होगा अर्थात हमारे पास अधिकतम चार दिवस है"—नाभाग ने कहा।

"यह तो अत्यधिक कम समय है युवराज, सेनापति प्रसेनजीत के पास राज्य की शक्ति है, उनके पास हर तरह के संसाधन हैं। लगभग उनके जितना ही समय हमें मिल रहा है जबकि हमें अभी सबकुछ करना है, यह आसान नहीं होगा, हमें अभी इसी समय से तैयारी प्रारम्भ कर देनी होगी"—सुप्रभा ने कहा।

सुप्रभा की बातें सुनकर आचार्य ब्रह्मदत ने कहा, "पुत्री सुप्रभा के मंतव्य से मैं सहमत हूँ, वत्स नाभाग हर गुजरता क्षण कीमती है इसलिए अभी इसी समय से तैयारी प्रारम्भ होनी चाहिए। यह बात सत्य है कि प्रसेनजीत के पास राज्य शक्ति का बल है किन्तु आपके पास जनशक्ति का बल है। यह युद्ध किसी अन्य आक्रमणकारी राज्य के विरुद्ध नहीं है इसलिए उनके सैनिकों में वह उत्साह नहीं होगा जो युद्ध जीतने के लिए आवश्यक होता है। आपके पास जो भी सेना होगी वे स्वेच्छा और आत्मबल के साथ आपसे जुड़ी होगी तो इनका उत्साह चरम पर होगा। सबसे पहले कल प्रात: काल आपको आसपास के ग्राम का भ्रमण कर आपके पक्ष में जो जन

हैं उन्हें आपकी सेना में शामिल होने के लिए प्रेरित करना होगा। इसके अलावा इतने कम समय में संसाधन कैसे उपलब्ध हों इस पर विचार करना होगा। आज की रात्रि आप पूरी योजना तैयार कर लें जिसे आप कल से क्रियान्वित कर सकें।"

"आपने जैसा कहा मैं वैसा ही करूँगा आचार्य"—नाभाग ने उत्तर दिया।

उसी समय विशाल नदी के तट की तरफ से सत्यरथ आता हुआ दिखा। उसे देखकर नाभाग को याद आया कि उसने आज प्रात: ही आचार्य के समक्ष सत्यरथ से मिलने की इच्छा व्यक्त की थी। सत्यरथ के आने पर आचार्य ब्रह्मदत्त सन्ध्या कालीन पूजन हेतु अपनी कुटिया में चले गए। नाभाग ने सुप्रभा का परिचय सत्यरथ से करवाया। कुशलक्षेम पूछने के पश्चात नाभाग ने जब बीते कुछ दिनों का सारा घटनाक्रम सत्यरथ को बताना चाहा तो उसने कहा, "युवराज, आपकी और देवी सुप्रभा की कथा अब वज्जि राज्य के हर व्यक्ति तक पहुँच चुकी है इसलिए आप पुन: बताने का कष्ट न करें। सेनापति प्रसेनजीत के वापस लौट जाने के सम्बन्ध में भी मुझे ज्ञात है।"

"तुम्हारा सूचना तंत्र तो बहुत मजबूत है सत्यरथ। किन्तु एक तरफ सारी बातें जानने का दावा भी करते हो और दूसरी तरफ मुझे अब भी युवराज कहकर पुकार रहे हो, तुम्हें तो ज्ञात ही होगा कि मैं अब न तो क्षत्रिय हूँ और न ही युवराज हूँ।"

"सब ज्ञात है किन्तु आप मेरे लिए तो सदैव युवराज ही रहेंगे। मैं तो आपको सदैव उसी दृष्टि से देखूँगा।"

"अजीब स्थिति है सत्यरथ, मैं जिससे भी मुझे युवराज न कहने का आग्रह कर रहा हूँ लगभग सब के सब मुझे यह उत्तर दे रहे हैं। इस तरह तो मेरी यह पहचान मिटेगी ही नहीं।"

"यह पहचान तो आपके जन्म से जुड़ी है युवराज, आज तक लोगों ने आपको इसी रूप में देखा है, जाना है। अब आप वैश्य कृषक बनना चाहते हैं किन्तु यह तो भविष्य की बात है। जब आम जन आपको उस रूप में देखेंगे तो सम्भव है तब जाकर उस पहचान को स्वीकार पाएँ। उसके पश्चात वे किसी और नाम से आपको पुकार सकते हैं।"

तभी सुप्रभा ने कहा, "सत्यरथ का कथन सही है युवराज, यह सब समय के साथ बदलेगा, आप इसे बदलने का प्रयत्न न करें, यह सब समय पर छोड़ दें। सत्यरथ, तुम्हारे सम्बन्ध में युवराज ने पहले भी चर्चा की है, मैं तुम्हारी आभारी हूँ जो तुमने इनके जीवन की रक्षा की थी। मैं तुमसे मिलना भी चाहती थी और आज संयोग से तुम उस समय आए हो जब हमें तुम्हारी वास्तव में आवश्यकता है।"

"देवी, सत्य तो यह है कि मेरे कारण ही युवराज उस समय संकट में पड़ गए थे तो वस्तुत: मैंने तब अपनी भूल को सुधारने का प्रयत्न किया था इसलिए उस हेतु आप मेरे प्रति आभार प्रकट न करें। मैं तो युवराज का ऋणी हूँ जो इन्होंने मेरे

जघन्य अपराध को जानकर भी मुझे क्षमा दान दिया। यह मेरा सौभाग्य होगा यदि मैं किसी भी तरह से आप लोगों के काम आ सकूँ।"

सत्यरथ की बात सुनकर नाभाग ने कहा, "सत्यरथ, देवी सुप्रभा ने सत्य कहा है, आज हमें तुम्हारी सहायता की आवश्यकता है। वज्जि राज्य की सेना चार दिवस पश्चात युद्ध हेतु हमारे समक्ष होगी, और आत्मरक्षा हेतु मुझे इन्हीं चार दिवस में दो सहस्त्र सैनिकों का सामना करने हेतु सेना तैयार करनी है। मुझे जन शक्ति के साथ-साथ अश्व, रथ और हाथी की आवश्यकता तो होगी ही इसके साथ ही अस्त्रों की भी आवश्यकता होगी। तुम इस कार्य में मेरी किस तरह सहायता कर सकते हो?"

"आप जिस तरह कहें मैं सहयोग करने को तैयार हूँ। मैं आधे सहस्त्र की संख्या में युद्ध हेतु उपयुक्त सैनिक ला सकता हूँ किन्तु यह आपके लिए लाभदायक नहीं होगा क्योंकि अस्पृश्यों को देखकर आपके साथ के अन्य जन अलग हो जाएँगे। इसलिए मैं अस्त्र, रथ और अश्व के इन्तजाम का उत्तरदायित्व लेता हूँ आपको बस यह बात किसी से बतानी नहीं होगी कि यह सब मैं कर रहा हूँ नहीं तो मेरे द्वारा लाई गई किसी भी चीज को वे हाथ नहीं लगाएँगे।"

"मैं जानता हूँ, ये लोग ठीक इसी तरह व्यवहार करेंगे। किन्तु अस्त्र, अश्व व रथ का उत्तरदायित्व लेकर तुमने मेरा बहुत सारा भार अपने ऊपर ले लिया है। तुम अपनी तरफ से अधिक से अधिक इन चीजों के इन्तजाम में लग जाओ। मेरे पास इनके लिए आवश्यक राशि तो नहीं है किन्तु मेरे अंग पर कुछ कीमती स्वर्णाभूषण व रत्न हैं जिनसे मैं ये खर्च वहन कर सकता हूँ। तुम धन की चिन्ता मत करना, तुम बस अधिक से अधिक और जल्दी से जल्दी इन चीजों की व्यवस्था करो।"

"युवराज, मैं निर्धन अवश्य हूँ किन्तु मेरे पास इतना साहस है कि सत्य का साथ देने के लिए त्याग कर सकूँ। मैं सारी व्यवस्था स्वयं कर लूँगा।"

"तुम कहाँ से कर लोगे सत्यरथ, तुम स्वयं आभाव में हो, यह मुझे ही करने दो।"

"युवराज आप चिन्तित न हों, आवश्यकता होगी तो मैं आपसे स्वयं माँग लूँगा। यह सब मुझ पर छोड़ दीजिए। समस्या धन से अधिक समय की है। इतने कम समय में यदि एक सहस्त्र सैनिक हेतु भी हमने इन्तजाम कर लिए तो यह अपने आप में एक उपलब्धि होगी।"

"किन्तु सत्यरथ हमें दो सहस्त्र सैनिक तैयार करने हैं, इससे कम की संख्या पिताश्री के सैन्य बल के समक्ष कमजोर दिखेगी जिसका प्रभाव मनोबल पर पड़ेगा। मैं जानता हूँ यह कठिन है किन्तु सारी तैयारी दो सहस्त्र सैनिकों की करो।"

"मैं पूरा यत्न करूँगा युवराज, किन्तु एक समस्या है। रथ निर्माण करनेवाले मेरे पास पर्याप्त संख्या में हैं, उस हेतु आवश्यक वस्तुओं का भी मैं प्रबन्ध कर लूँगा किन्तु मेरा ग्राम नदी के उस पार है, आवश्यक चीजों को वहाँ एकत्रित करना

तत्पश्चात उनसे साधन एवं अस्त्र निर्मित करना और पुन: उन्हें यहाँ लाने में ऊर्जा एवं समय की हानि होगी। यदि हम यह सारा कार्य नदी के इस पार ही करें तो अधिक उचित होता किन्तु इसमें समस्या यह है कि यहाँ लोगों द्वारा देखे जाने की सम्भावना रहेगी और यदि लोगों ने देखा तो वे कभी हमारे द्वारा बनी वस्तुओं को स्पर्श नहीं करेंगे।"

"इस स्थिति में हमारे समक्ष विकल्प क्या है सत्यरथ?"

नाभाग के इस प्रश्न का उत्तर सुप्रभा ने दिया, "युवराज, इस स्थिति में एक ही विकल्प है कि इसका निर्माण नदी के इस पार ही किया जाए किन्तु ऐसी जगह पर जहाँ या तो लोग जाते नहीं हो या फिर जहाँ लोगों का जाना निषिद्ध कर दिया जाए। क्या कोई ऐसी जगह तुम्हारी दृष्टि में है सत्यरथ?"

"हाँ देवी, इस तरह की जगह तो यहीं उपस्थित है। नदी के पास ही कुछ दूरी पर आचार्य का एक वृहत क्षेत्र में फैला आम्रवन है जहाँ कोई ग्रामवासी नहीं जाता, जिस तरह वे आचार्य के बाकी खेतों से दूर रहते हैं उसी तरह ये लोग इस आम्रवन से भी दूर रहते हैं। चूँकि आचार्य ब्राह्मण हैं इसलिए इन्हें राजस्व भी देना नहीं पड़ता और राज्य द्वारा नियुक्त कोई बलिसाधक भी वहाँ नहीं जाता। वह जगह पूरी तरह सुरक्षित है"—सत्यरथ ने उत्तर दिया।

"सत्यरथ, फिर तो इस समस्या का समाधान हो गया, तुम यथाशीघ्र कार्य प्रारम्भ कर दो, किसी भी सहायता की आवश्यकता हो तो मुझे बताओ, जितने लोग भी इस कार्य में लगेंगे उनके भोजन और उनके श्रम के मूल्य का प्रबन्ध मैं करूँगा। तुम्हारे प्रभाव या मुझसे स्नेह के कारण वे यह कार्य स्वेच्छा से करेंगे मुझे पता है किन्तु ये सभी निर्धन हैं, यह कार्य कब तक चलता रहेगा अभी इस सम्बन्ध में भी निश्चित रूप से कुछ नहीं कहा जा सकता क्योंकि यह सबकुछ युद्ध में लगनेवाले दिवस और स्थिति पर निर्भर होगा। इस अवधि में इनके प्रियजनों के समक्ष भोजन आदि की समस्या उत्पन्न हो सकती है इसलिए इन्हें इनके श्रम का मूल्य दम्म, कार्षापण या अन्न के रूप में मैं अवश्य दूँगा। इन्हें यह निश्चित रूप से प्राप्त हो यह भी तुम्हारा ही उत्तरदायित्व होगा। सत्यरथ, तुम्हारे ऊपर बहुत ही महत्त्वपूर्ण उत्तरदायित्व है, मुझे तुम पर पूर्ण विश्वास है, तुम अवश्य सफल होगे।"

"युवराज, आपका मुझ पर यह विश्वास ही मेरा संबल है। मैं आपको निराश नहीं करूँगा, आपने जो भी उत्तरदायित्व मुझे सौंपा है उस तरफ से आप निश्चिंत हो जाइए आप अन्य कार्यों पर ध्यान दीजिए, मैं समय-समय पर आपको कार्यप्रगति के सम्बन्ध में सूचना देते रहूँगा"—यह कहकर सत्यरथ ने अब जाने की अनुमति माँगी और अपने गाँव विष्णुपद के लिए प्रस्थान कर गया।

सत्यरथ के चले जाने के पश्चात सुप्रभा ने नाभाग से कहा, "युवराज, युद्ध की तैयारी में और युद्ध की स्थिति में हमें धन की आवश्यकता होगी जो कि हमारे पास

अभी पर्याप्त नहीं है। यह किस तरह हो सकेगा, क्या कोई योजना है आपके पास? मेरे अंग पर जो भी स्वर्णाभूषण हैं यह सभी मैं इस हेतु प्रस्तुत करती हूँ किन्तु क्या आपके और हमारे स्वर्णाभूषणों से ही यह सब हो जाएगा?"

"देवी सुप्रभा, मैं जानता हूँ यह पर्याप्त नहीं होंगे विशेषकर तब जब युद्ध कुछ दिनों तक जारी रहें तो, उस स्थिति में कठिनाइयाँ और बढ़ जाएँगी। बहुत कुछ इस बात पर भी निर्भर करेगा कि कल जब हम भ्रमण करेंगे तो आमजन किस तरह इस युद्ध के लिए प्रस्तुत होते हैं। जो इस हेतु आयु और स्वास्थ्य के आधार पर उपयुक्त होंगे उनमें से कितनों की स्वेच्छा होगी यह देखना होगा। एक समस्या यह भी उत्पन्न होगी कि इनमें से लगभग सभी सैन्य व युद्ध कौशल से अनभिज्ञ होंगे। हमारे राज्य ने लम्बे समय से कोई युद्ध देखा ही नहीं है अत: न सैन्य भर्ती हुई हैं और न ही सैन्य प्रशिक्षण। यही कारण है कि राजऋषि निपा सैन्य प्रशिक्षण को इतना महत्त्व देते हैं। हमें हमारे लिए प्रस्तुत जन बल को इसी अवधि में प्रशिक्षित भी करना होगा।"

"युवराज, क्या हम राजऋषि निपा से इस समय सहायता माँग सकते हैं?"

"देवी सुप्रभा, राजऋषि निपा राजनीतिक उद्देश्य से, राजनीतिक लक्ष्यों हेतु या फिर राज्य पर उपस्थित संकट की स्थिति के लिए सैन्य प्रशिक्षण देते हैं और यह सर्वथा उचित भी है। आप उनकी प्रिय शिष्या रही हो, आपके द्वारा सहायता माँगने पर उनका इनकार करना कठिन होगा किन्तु वे एक धर्मसंकट की स्थिति में भी पड़ जाएँगे। हमारा युद्ध किसी राजनीतिक कारण से नहीं हो रहा है, यह शुद्ध रूप से व्यक्तिगत कारणों से हो रहा है जिसमें एक पिता स्थापित परम्पराओं और स्वघोषित धर्म रक्षकों द्वारा प्रायोजित न्याय की परिभाषा के अनुसार अपने पुत्र को दोषी मानकर दंडित करना चाह रहे हैं। चूँकि ये पिता राज्य के प्रमुख हैं इसलिए उनका साधन राज्य का साधन है और चूँकि हमें अपनी रक्षा के लिए राज्य की शक्ति का सामना करना है इसलिए युद्ध की स्थिति उत्पन्न है। इस अनोखी स्थिति में राजऋषि निपा के लिए किसी एक पक्ष में होना उनके लिए धर्मसंकट उत्पन्न करेगा, अत: हमें उनसे सहायता नहीं माँगनी चाहिए।"

इधर सुप्रभा और नाभाग युद्ध हेतु योजना बनाने में विमर्श कर रहे थे और उधर सेनापति प्रसेनजीत महाराज नाभानेदिष्ट के समक्ष उपस्थित था। महाराज नाभानेदिष्ट के कक्ष में उस समय राजपुरोहित कौशिक के अलावा प्रमुख अमात्य भी मौजूद थे। आज्ञा मिलने पर सेनापति प्रसेनजीत ने घटनाक्रम का वर्णन करते हुए कहा, "मैं क्षमा प्रार्थी हूँ महाराज, मैं युवराज को बन्दी बनाकर आपके समक्ष उपस्थित करने में असफल रहा।"

"यह तो आपका निराश, पराजित मुख देखकर स्वत: ही प्रतीत हो रहा है सेनापति प्रसेनजीत। किन्तु मैं इस अनर्थ का कारण जानना चाहता हूँ, क्या वज्जि

राज्य के सेनापति और सेना इतनी अक्षम हो गई कि एक विद्रोही युवराज का सामना नहीं कर सकी? क्या हमने युद्ध कला को, शासन बल को अपने मस्तिष्क से पूर्णतः विलोपित कर दिया है? क्या अब इस आयु में जब मैं राज्य सुयोग्य उत्तराधिकारी को सौंपकर वनप्रस्थान की तैयारी में हूँ, जब मैं यह समझ रहा था कि मेरे राज्य की सीमाएँ सुरक्षित हैं, शासन बल सक्षम है आप मुझे इस तरह की सूचना देकर मुझे व्यथित कर रहे हैं! मैं जानना चाहता हूँ कि आपकी इस पराजय का कारण क्या है?"

"महाराज, जनशक्ति, रेहसायागढ़ी की लगभग पूरी प्रजा युवराज का रक्षा कवच बनकर हमारे समक्ष खड़ी हो गई थी, हम शक्ति का प्रयोग नहीं कर सकते थे क्योंकि हमारी संख्या कम थी।"

"आपने उन्हें युवराज के अपराध और मेरे आदेश की जानकारी दी थी सेनापति?"

"हाँ महाराज, मैंने वहाँ इकट्ठी प्रजा को पूरी जानकारी दी थी, मैंने बताया था कि युवराज ने देवी सुप्रभा का अपहरण किया है और वैश्य सुदेव की उलाहना पर महाराज ने युवराज को बन्दी बनाने का आदेश दिया है। किन्तु वहाँ स्वयं उपस्थित देवी सुप्रभा ने इसे मिथ्या बताया और कहा कि वे स्वेच्छा से युवराज के साथ गई हैं, उनका कोई अपहरण नहीं हुआ है। महाराज सुप्रभा के यह कहने से प्रजा हमारे विरुद्ध और उत्तेजित हो गई। युवराज ने देवी सुप्रभा से राक्षस विवाह किया है यह भी प्रजा को ज्ञात है। प्रजा के आक्रोश के समक्ष हमें विवश होना पड़ा, मैं क्षमा प्रार्थी हूँ महाराज।"

महाराज नाभानेदिष्ट कुछ बोलते इससे पूर्व ही राजपुरोहित कौशिक ने कहा, "जब देवी सुप्रभा कह रही हैं कि वे स्वेच्छा से युवराज के साथ गई हैं फिर तो कोई अपराध ही शेष नहीं बचता है। फिर महाराज, युवराज को बन्दी बनाने की आवश्यकता क्या है?"

"अपराध तो बिल्कुल है राजपुरोहित, पहली बात कि हमारे समक्ष सुदेव का उलाहना है, हम उस उलाहने पर कार्यवाही कर रहे हैं, यह तो इस धर्मस्थान में सिद्ध होगा कि युवराज ने अपराध किया है या नहीं। दूसरी बात, युवराज ने हमारे आदेश का पालन नहीं कर, बन्दी बनने से इनकार कर दूसरा अपराध किया है, प्रजा को राज्य के विरुद्ध उकसाकर इस अपराध को और जघन्य बनाते हुए विद्रोह की श्रेणी में ला दिया है अतः युवराज को दंडित करना आवश्यक है। सेनापति आप मुझे यह बताएँ कि युवराज को बन्दी बनाने के लिए यदि आप बड़ा सैन्य बल लेकर जाते हैं तो क्या प्रजा वश में आ जाएगी?"

"नहीं महाराज, हमारे सैन्य बल ले जाने पर वहाँ युद्ध की स्थिति उत्पन्न हो जाएगी। प्रजा युवराज के लिए कुछ भी करने को तैयार है"—सेनापति प्रसेनजीत ने उत्तर दिया।

"यदि युद्ध ही एकमात्र विकल्प है तो मुझे बताइए कि कितनी बड़ी सेना की आपको आवश्यकता होगी?"

यह सुनते ही राजपुरोहित और अमात्य गण महाराज को युद्ध से बचने का सुझाव देने लगे। उनका कहना था कि अपने ही युवराज से युद्ध करना उचित नहीं। इससे भारत भर में गलत संदेश जाएगा। उनका यह भी कहना था कि अब जब युवराज ने सुप्रभा से विवाह कर ही लिया है तो इस विषय को यहीं समाप्त कर देना उचित होगा। सबकी बातें सुनकर महाराज नाभानेदिष्ट ने कहा, "आप सभी की बातों से मैं पूरी तरह असहमत नहीं हूँ, आपकी बातों में भी सत्यता है किन्तु इसका एक दूसरा पक्ष भी है और जो अधिक प्रभावी है। कोई भी राज्य, प्रदत्त विधान व राज्य शक्ति के प्रति प्रजा के आदर और न्याय व्यवस्था का कठोरता से अनुपालन के बल पर ही कायम रह सकता है। आज यदि सुदेव के उलाहने को तार्किक अन्त तक नहीं पहुँचाया जाए, न्याय व्यवस्था की अनदेखी कर दी जाए और युवराज के हर अपराध को इसलिए माफ कर दिया जाए कि वे मेरे पुत्र हैं तो यह उदाहरण भविष्य में राज्य के समक्ष भयंकर अराजकता उत्पन्न करने का आधार बन सकता है। मैं कोई भी निर्णय आप लोगों की सहमति से ही लूँगा किन्तु क्या आप लोग भविष्य में ऐसी अराजकता के जन्म लेने की सम्भावना को बने रहने देंगे? क्या यह राज्य के दीर्घकालीन हित में होगा?"

महाराज नाभानेदिष्ट की इन बातों का किसी के पास कोई उत्तर नहीं था और सभी मौन हो गए। उनके मौन को अपनी बातों का अनुमोदन मानते हुए महाराज नाभानेदिष्ट ने सेनापति प्रसेनजीत से पुनः कहा, "आप बताइए सेनापति, यदि युद्ध ही एकमात्र विकल्प है तो कितनी बड़ी सेना की आपको आवश्यकता होगी?"

सेनापति प्रसेनजीत ने उत्तर दिया, "महाराज कम-से-कम एक सहस्त्र सैन्य बल की।"

"आप दो सहस्त्र सैन्य बल को तैयार करिए सेनापति प्रसेनजीत, इसे तैयार करने में आपको कितने दिवस की आवश्यकता होगी"—महाराज नाभानेदिष्ट ने कहा।

"तीन दिवस तो लगेंगे महाराज।"

"तो क्या तीन दिवस पश्चात सेना प्रस्थान कर जाएगी और पाँचवे दिवस युद्ध हो सकता है सेनापति?"

"जी महाराज।"

"तो फिर ठीक है तीन दिवस पश्चात प्रातः काल हमारी सेना रेहसायागढ़ी की दिशा में प्रस्थान करेगी जिसका नेतृत्व मैं स्वयं करूँगा"—महाराज नाभानेदिष्ट के यह कहते ही पुनः अमात्यों में विमर्श होने लगा। वे महाराज को स्वयं जाने से मना करने लगे। अमात्य प्रमुख विश्रुतवंत को इस पर विशेष आपत्ति थी। तब महाराज नाभानेदिष्ट ने उनसे कहा, "अमात्य प्रमुख विश्रुतवंत, एक बार सेनापति प्रसेनजीत

वहाँ से पराजित होकर वापस लौट चुके हैं, यदि अब यह अनहोनी हुई तो राज्य की प्रतिष्ठा धूमिल हो जाएगी, ध्वज का मान समाप्त हो जाएगा। चूँकि यह युद्ध युवराज के विरुद्ध है इसलिए सम्भव है हमारे सैनिक युवराज के प्रति अपने पूर्व के आदर के कारण उत्साहहीन हो जाएँ, मेरी उपस्थिति यह स्थिति नहीं आने देगी। इसलिए मेरा वहाँ रहना आवश्यक है।"

राजपुरोहित कौशिक के लिए यह सबसे उत्तम स्थिति थी जब वे अपनी योजना को आगे बढ़ाए। उन्होंने महाराज से कहा, "महाराज, आपका कहना सत्य है, सेना के मनोबल हेतु आपका वहाँ स्वयं उपस्थित रहना आवश्यक है किन्तु इसमें एक समस्या है। युद्ध की प्रकृति और विस्तार के सम्बन्ध में अभी कुछ भी नहीं कहा जा सकता। हम यह भी नहीं जानते कि युद्ध की अवधि क्या होगी। चूँकि यह युद्ध हमारे राज्य की सीमा के अधीन होगा इसलिए राज्य में अव्यवस्था फैलने का भी भय रहेगा। इस परिस्थिति में राज्य शासन व्यवस्था को अनाथ तो नहीं छोड़ा जा सकता? कोई तो चाहिए जो आपकी अनुपस्थिति में इन्हें संचालित करे।"

"आपका कहना सत्य है राजपुरोहित, इस हेतु किसी की नियुक्ति अवश्य होनी चाहिए। आपका क्या विचार है, यह उत्तरदायित्व किसे दिया जाए"—महाराज नाभानेदिष्ट ने कहा।

"महाराज, हमारे लिए तो यह विकट स्थिति है। यदि युवराज नाभाग होते तो इस समय उनसे उपयुक्त इस हेतु भला कौन होता। किन्तु यह तो अभी सम्भव नहीं है। क्या हम राज वंश के एक अन्य सदस्य वसुरथ को यह उत्तरदायित्व दे सकते हैं महाराज?"

"यह उत्तम विचार है राजपुरोहित, वसुरथ इस हेतु पूर्णत: योग्य है। आप लोगों का क्या मत है अमात्य गण?"

और जब सभी अमात्य ने अपनी सहमति जताई तब महाराज ने कहा, "अमात्य प्रमुख विश्रुतवंत आप आज ही आदेश निर्गत करें कि मेरी अनुपस्थिति में प्रशासन का पूरा उत्तरदायित्व वसुरथ निभाएँगे। आप सभी इस स्थिति में उनके निर्देशों का अनुपालन करेंगे।"

महाराज नाभानेदिष्ट के इस आदेश के साथ ही यह मंत्रणा समाप्त हो गई और सेनापति प्रसेनजीत, अमात्य प्रमुख विश्रुतवंत उनके आदेश के अनुपालन हेतु प्रस्थान कर गए। महाराज नाभानेदिष्ट स्वयं हताश दिख रहे थे और वे आराम करने अपने शयनकक्ष में चले गए। आज पितृधर्म और राजधर्म के विपरीत मापदंडों के बीच उनकी अन्तरात्मा बुरी तरह प्रताड़ित थी। उनके पास अब ऐसा कोई विकल्प शेष नहीं था जो उन्हें इस यातना से बाहर निकाल सके।

महाराज नाभानेदिष्ट के साथ मंत्रणा समाप्त होने के कुछ समय पश्चात राजपुरोहित कौशिक वसुरथ के महल में थे। वसुरथ और उसकी पत्नी पौलोमी उनके

साथ उस खुशी का अनुभव करने में तल्लीन थे जिसकी प्रतीक्षा वे न जाने कब से कर रहे थे। उन्हें अब वज्जि राज्य का राजसिंहासन अत्यन्त समीप दिख रहा था।

सुप्रभा और नाभाग प्रातः काल ही रेहसायागढ़ी और उसके आसपास के गाँवों के भ्रमण पर निकल गए थे। उन्हें अपने बीच देखकर गाँववाले उत्साह से भर गए। वे जिसके निवास पर पहुँचते वह उनके साथ हो लेता। क्या स्त्री क्या पुरुष, क्या वृद्ध क्या बच्चे, एक भीड़ उनके साथ चल पड़ती थी। वे जिसके निवास पर जाते उनसे एक युवा सदस्य की माँग करते जो युद्ध में उनका साथ दे, किन्तु वहाँ उपस्थित सभी युवा इस हेतु तुरन्त तैयार हो जाते, वे जिसे उसके स्वास्थ्य या अन्य कारणों से मना करते वह उदास हो जाता। हर कोई उनकी सेना में शामिल होना चाहता था। जो धनी थे वे बिना माँगे स्वर्णाभूषण आदि दान देते, इसे तो वे स्वीकार लेते किन्तु समस्या तब होती जब कोई निर्धन भी दम्म, कार्षापण देने का प्रयत्न करता, उन्हें रोकना उनके लिए मुश्किल हो जाता। दिन के तीसरा पहर होते-होते दो हजार से अधिक युवाओं को उन्होंने अपनी सेना के लिए एकत्रित कर लिया था और पर्याप्त धन भी संचित हो चुका था। इतने बड़े जन समर्थन की उन्हें अपेक्षा नहीं थी। इसी क्रम में सुप्रभा ने लगभग सौ से अधिक युवतियों का चयन भी कर लिया था। सुप्रभा की योजना इन्हें दो कार्यों में लगाने की थी। इनमें से कुछ युवतियों को वह सैनिकों के भोजन प्रबन्धन में लगानेवाली थी तो कुछ को युद्ध क्षेत्र के पास ही बननेवाले अस्थायी आरोग्यशाला में। सुप्रभा की यह योजना नाभाग को भी पसन्द आई थी। अभी तक की प्रगति से दोनों बहुत खुश थे। किन्तु एक बात थी जिससे नाभाग खुश नहीं था। नाभाग को मिला समर्थन तो बाह्य तौर पर व्यापक था किन्तु आन्तरिक विश्लेषण करने पर इसमें जातीय विभेद की रेखाएँ साफ तौर पर परिलक्षित हो रही थीं। इस अपार समर्थन के बीच भी वहाँ के ब्राह्मणों ने सुप्रभा-नाभाग का बहिष्कार किया था। उनकी संख्या कम थी किन्तु उनके घर जाने पर भी वे मिलने को तैयार नहीं हुए। इसी तरह क्षत्रियों के यहाँ स्वागत में तो कोई कमी नहीं हुई किन्तु सहयोग, समर्थन उस तरह नहीं मिला जिस तरह वैश्यों के यहाँ मिला। दो हजार सैनिकों में क्षत्रिय युवाओं की संख्या सीमित थी। नाभाग समझ गया कि ब्राह्मण समाज ने उसके और सुप्रभा के विवाह को स्वीकृति नहीं दी है, यह उन्हें धर्म विरुद्ध प्रतीत हो रहा है। क्षत्रिय भी इससे बहुत खुश नहीं हैं या फिर उन्हें यह लग रहा है कि यदि नाभाग ने महाराज

की सेना की हरा दिया तो कहीं राजा भी वही न बन जाए और उस स्थिति में रानी की प्रतिष्ठा वैश्य कन्या को प्राप्त हो जाएगी जिसे वह केवल किसी क्षत्राणी का अधिकार समझते हैं। नाभाग इस स्थिति से निराश था, सत्य-असत्य को देखने, न्याय-अन्याय को निर्धारित के लिए उपयोग में लाई जानेवाली इस जातीय दृष्टि को वह बदलना चाहता था। किन्तु अभी उसके लिए समय नहीं था अभी तो युद्ध के सिवा कुछ भी नहीं सोचा जा सकता था।

शाम तक जब दोनों आचार्य ब्रह्मदत्त के निवास स्थान पर लौटे तो उन्होंने अभी तक की प्रगति से उन्हें अवगत कराया। आचार्य ब्रह्मदत ने कहा, "आपने एक बाधा पार कर ली है, अब आपके पास वह जनशक्ति है जिसके बल पर आप राज्यशक्ति के समक्ष खड़े हो सकते हैं। किन्तु अब सबसे बड़ा प्रश्न इनके प्रशिक्षण का है। प्रशिक्षण के लिए अत्यन्त कम समय शेष है, यदि मैं गलत नहीं हूँ तो केवल तीन दिन ही हैं जिसमें सबकी क्षमता के अनुसार उन्हें प्रशिक्षित करना है। प्रशिक्षक भी आप दोनों ही हैं। आपने प्रशिक्षण हेतु किस स्थान का चयन किया है?"

"आचार्य, स्थान को लेकर दुविधा है, समय कम है अतः अधिक बेहतर यह होता कि जहाँ युद्ध होने की सम्भावना है हम प्रशिक्षण भी वहीं करें, इससे संसाधन और ऊर्जा की बचत होगी। किन्तु इसके लिए उस स्थान को निश्चित करना आवश्यक है और वहाँ प्रातः काल तक पहुँच जाना होगा"—नाभाग ने उत्तर दिया।

"आपका कहना सत्य है वत्स नाभाग, इससे सुविधा होगी। मेरी समझ से राज्य की सेना जिस मार्ग से आएगी उस मार्ग में एक ही जगह है जहाँ युद्ध सम्भव है। वह जगह है प्रतापगढ़ ग्राम से पहले का वृहत बंजर मैदानी क्षेत्र। उस स्थान के सम्बन्ध में प्रचारित है कि वहाँ किसी ब्राह्मण की हत्या हुई थी जिसके पश्चात लोगों ने उस पूरे क्षेत्र को शापित मानते हुए वहाँ जाना छोड़ दिया। परिणामतः बहुत बड़ी करिसा खिल्य अर्थात उपजाऊ भूमि आज बंजर अवस्था में है। यह जगह रेहसायागढ़ी के बाह्य सीमा के पास ही है। वहाँ पहले से स्थापित जल स्रोत भी हैं अतः किसी तरह की असुविधा नहीं होगी। आप उसी स्थान पर शिविर लगाएँ और सारी तैयारियाँ करें, युद्ध या प्रशिक्षण के लिए उससे उपयुक्त स्थान कोई नहीं होगा"—आचार्य ब्रह्मदत्त ने कहा।

नाभाग ने इस परामर्श को स्वीकार लिया और अगले दिन ब्रह्म मुहूर्त में प्रस्थान करने की बात कही।

सुप्रभा ने भी इस योजना को उत्तम बताते हुए कहा कि "सैनिकों को युद्ध होने तक वहीं रखना ठीक होगा, वे युद्ध समाप्ति के पूर्व अपने गृह की तरफ लौटकर नहीं आएँ। इससे सेना न केवल एकत्रित रहेगी बल्कि इनके बीच सामंजस्य भी बन पाएगा। किन्तु अभी एक समस्या का समाधान और होना बाकी है, हमें वाणिज्यग्राम तक एक गुप्तचर तंत्र तत्काल स्थापित करना होगा ताकि हमें सेनापति प्रसेनजीत

की तरफ से होनेवाली कार्यवाही की जानकारी मिलती रहे और उसके अनुसार हम अपनी तैयारी कर सकें, सूचना प्राप्त न होने पर हम अन्धकार में रहेंगे"

"आपका कहना तो सत्य है किन्तु इस हेतु हमें ऐसे विश्वस्त और इस काम में दक्ष लोगों की आवश्यकता होगी जिन पर हम पूरी तरह निर्भर रह सकें क्योंकि कोई गलत या अपूर्ण सूचना हमारे लिए अत्यन्त घातक सिद्ध हो सकती है। इस समय ऐसे दक्ष जन हमें कहाँ मिलेंगे"—नाभाग ने कहा।

"यह कार्य आप लोग मुझ पर छोड़ दीजिए, मेरे सम्पर्क में वाणिज्यग्राम और मार्ग में ऐसे जन हैं जो यह कार्य निपुणता से कर लेंगे। आप कल के प्रस्थान की तैयारी करिए"—आचार्य ब्रह्मदत्त ने कहा।

रात के दूसरे पहर सत्यरथ आया और उसने आचार्य ब्रह्म दत्त के आम्रवन में उनके लोगों के पहुँच जाने और कार्य आरम्भ हो जाने की जानकारी दी। नाभाग ने उससे कहा, "सत्यरथ, कल हम लोग प्रात:काल में प्रतापगढ़ के पास के उस बंजर स्थल पर पहुँच जाएँगे जहाँ सैन्य प्रशिक्षण होगा और जहाँ युद्ध होने की सम्भावना है। आज रात्रि काल में ही वहाँ कुछ शिविर लगा देना उचित होगा। इसके साथ ही कुछ अस्त्र, अश्व, हाथी और रथ की भी आवश्यकता होगी जिससे कि प्रशिक्षण कार्य सम्पन्न हो सके।"

"यह काम आज रात्रि में हो जाएगा युवराज। मैंने लगभग दो सहस्त्र सैनिकों के अस्त्र के संग्रह और निर्माण की व्यवस्था कर ली है जिसमें से एक सहस्त्र के पास अश्व, हाथी या रथ होंगे। किन्तु यह युद्ध स्थल पर शनैः शनैः अगले तीन दिवस में संग्रह और निर्माण की प्रगति के अनुसार पहुँचेंगे। इन्हें पहुँचाने का कार्य भी रात्रि में ही होगा जिससे कि आपके सैनिकों के समक्ष हमारी पहचान स्पष्ट नहीं हो"—सत्यरथ ने कहा।

"अति उत्तम सत्यरथ, तुमने तो सबसे प्रमुख चिन्ता से मुझे मुक्त कर दिया। युद्ध में साधन का महत्त्व सबसे अधिक होता है, तुमने सारे साधन उपलब्ध करा दिए"—नाभाग ने कहा।

तभी सुप्रभा ने सत्यरथ से कहा, "सत्यरथ, तुम आज एक मित्र, भ्राता की तरह हमारी सहायता कर रहे हो, तुम्हारी उपस्थिति ने इस महती कार्य को सरल कर दिया है। तुम्हारे ऊपर पहले से ही बहुत उत्तरदायित्व हैं किन्तु मैं तुम्हें एक उत्तरदायित्व और देना चाहती हूँ, मुझे पूर्ण विश्वास है तुम इसे भी स्वीकार करोगे।"

"देवी, हम तो युवराज के नागरिक हैं, इनके ऋणी भी हैं, मैं तो केवल अपना कर्तव्य कर रहा हूँ। मुझ जैसे अस्पृश्य चांडाल को जिसकी छाया से भी विश्व दूर भागता हो उसे जो सम्मान युवराज और आपके द्वारा मिल रहा है वह हमारे समाज के लिए अकल्पनीय है, मित्र और भ्राता जैसे बड़े सम्मान हेतु मैं उपयुक्त नहीं हूँ। आप जो भी उत्तरदायित्व देंगी मैं उसे सहर्ष स्वीकार करूँगा"—सत्यरथ ने उत्तर दिया।

"तुम इस हेतु उपयुक्त हो तभी मैं यह तुमसे कह रही हूँ सत्यरथ, तुम्हारे जैसे गुण कई ब्राह्मणों, क्षत्रियों या वैश्यों में नहीं होते। मैं इस स्वार्थी, निरंकुश समाज द्वारा थोपे गए अमानवीय विधानों को नहीं मानती। मैं तुम्हें एक उत्तरदायित्व और यह देना चाहती हूँ कि जब राज्य की सेना युद्ध के लिए हमारे समक्ष आ जाएगी उस समय से युद्ध समाप्त होने तक तुम छाया की तरह हर समय युवराज के साथ रहोगे, इनके आसपास रहोगे। तुम्हारे साथ रहने से मैं युवराज की सुरक्षा को लेकर थोड़ी निश्चिंत रह पाऊँगी"—सुप्रभा ने कहा।

"देवी, यह मेरा सौभाग्य होगा। युवराज की रक्षा हेतु मुझे अपने प्राण भी त्यागने पड़े तो मैं एक क्षण की देरी नहीं करूँगा किन्तु इसमें एक समस्या है। यदि मेरी पहचान किसी भी तरह ज्ञात हो गई तो सैनिकों में गहरा असन्तोष फैल जाएगा और यह युद्ध की स्थिति में हितकारी नहीं होगा।"

"तुम्हारी पहचान किसी को ज्ञात नहीं होगी सत्यरथ, तुम निश्चिंत रहो। तुम्हें यदि फिर भी शंका हो तो तुम किसी वस्त्र से अपने मुख को ढककर रख सकते हो।"

"जैसी आपकी आज्ञा देवी। आप निश्चिंत रहें, युद्ध काल में मैं एक क्षण के लिए भी युवराज से अलग नहीं होऊँगा। मेरे मन में एक दुविधा और है, इसका निराकरण आवश्यक है। सैनिकों के वस्त्र और ध्वज के सम्बन्ध में कोई निर्णय करना होगा। अभी जो रथ बन रहे हैं उस पर कोई ध्वज नहीं है।"

सत्यरथ की बातों को सुनकर नाभाग ने कहा, "सत्यरथ, हम सभी वज्जि राज्य के नागरिक हैं और वज्जि का ध्वज ही हमारा ध्वज है। हमारा युद्ध सत्ता के लिए नहीं है, सत्य के लिए है और यह हम पर थोपा गया है। हम युद्ध जरूर करेंगे किन्तु यह राज्य के विरुद्ध नहीं होगा इसलिए हम किसी ध्वज का प्रयोग नहीं करेंगे। इसी तरह निश्चित वस्त्र की भी आवश्यकता नहीं है, हमारे पास उतना समय भी नहीं कि दो सहस्त्र सैनिकों के लिए यह इन्तजाम हो सके, सैनिकों की पहचान में समस्या नहीं होगी क्योंकि राज्य सेना के सभी सैनिक निश्चित रंगों वाले पूर्वनिर्धारित परिधान में होंगे।"

सत्यरथ के जाने के पश्चात नाभाग ने रेहसायागढ़ी और आसपास के सभी ग्रामों में सूचित कर दिया कि अगले दिन ब्रह्म मुहूर्त में प्रस्थान करना है। यह सूचना प्राप्त होते ही जिन्होंने भी सेना में शामिल होने की सहमति दी थी वे सभी तैयारी में लग गए। उन्हें उनके माता-पिता इस हेतु सहयोग कर रहे थे। उत्साह का वातावरण ऐसा था कि प्रतीत ही नहीं हो रहा था कि सभी युद्ध के मैदान में जाने को तैयार हो रहे हैं, ऐसा लग रहा था जैसे किसी उत्सव में सम्मिलित होने की तैयारी हो रही हो।

ब्रह्म मुहूर्त में निकलने के पूर्व स्नान कर नाभाग ने अपने सारे राजसी वस्त्र उतार दिए। उसने अपने महँगे आभूषण, कौशेय के अधीवास और नीबी की जगह आम वैश्यों की तरह क्षौम के वस्त्र धारण कर लिये। सुप्रभा ने भी कौशेय के कूचुक,

अन्तरवासक और उत्तरीय की जगह क्षौम के वस्त्र धारण कर लिये। सुप्रभा ने भी अपने सारे आभूषण उतार दिए। वे दोनों जब रेहसायागढ़ी के लोगों के समक्ष इस रूप में आए तो सभी उन्हें कौतुहल से इन वस्त्रों में निहारने लगे क्योंकि वे अब उनके बीच के किसी आम नागरिक की तरह ही दिख रहे थे। सुप्रभा-नाभाग के नेतृत्व में सभी युवक, युवतियों ने प्रस्थान किया और उनके साथ उनके माता-पिता भी थे। वे सभी उस स्थल तक गए जहाँ प्रशिक्षण होना था।

वे लोग उस विशाल मैदान के पूर्वी छोर पर पहुँचे थे। वह मैदान इतना विशाल था कि पूर्वी छोर से पश्चिमी छोर का सिरा दिख नहीं रहा था। यह मैदान प्रतापगढ़ और रेहसायागढ़ी के मध्य था, जब इस भूमि पर अन्न उपजाया जाता था तब इस भूमि के लगभग आधे-आधे भाग पर दोनों ग्रामवासियों का प्रभुत्व था किन्तु अब इस तरफ कोई आता भी नहीं था। दूर तक किसी घर का नामोनिशान नहीं था, ब्रह्म हत्या के पाप से इस भूमि को शापित घोषित करने वालों ने वास्तव में इसे निर्जन कर शापित ही बना दिया था। यह भूमि राज्य मार्ग के पास ही थी फिर भी इसे इस तरह बंजर, निर्जन देखकर नाभाग ने सोचा कि सामाजिक तिरस्कार व्यक्ति ही नहीं, भूमि को भी शापित होने का अनुभव करा देता है।

नाभाग के निर्देशानुसार सत्यरथ ने मैदान के पूर्वी भाग में सैनिकों के प्रवास के लिए सैकड़ों शिविर बनवा दिए थे जिसके मध्य में युवतियों और सुप्रभा-नाभाग का शिविर था। शिविर के उत्तरी तरफ भोजन बनाने की व्यवस्था की गई थी और अन्न का भंडारण किया गया था। शिविर के दक्षिण तरफ अनेक रथ, अश्व और हाथी खड़े थे जहाँ एक अस्थायी शस्त्रागार भी बनाया गया था जिसमें सैनिकों के लिए तमाम शस्त्र रखे गए थे। विभिन्न शस्त्रों को समूह के तौर पर रखा गया था, खड्ग, कृपाण, भाला सभी अलग-अलग रखे गए थे। वहीं पास में एक बड़ा शिविर खाली रखा गया था जिसे सुप्रभा अस्थायी आरोग्यशाला के रूप में इस्तेमाल करनेवाली थी। इतनी जल्दी सत्यरथ द्वारा इतना सबकुछ व्यवस्थित कर देना सुप्रभा और नाभाग को अचंभित किए हुए था।

नाभाग ने सैन्य प्रशिक्षण लेनेवाले युवाओं और सुप्रभा द्वारा चयनित युवतियों के साथ आए उनके माता-पिता से अपने गाँव वापस लौटने का अनुरोध किया ताकि प्रशिक्षण कार्य प्रारम्भ किया जा सके। सभी के जाने के बाद सुप्रभा ने युवतियों को भोजन के इन्तजाम में लगने को कहा और वह स्वयं नाभाग के साथ मैदान के मध्य चली आई जहाँ सभी युवा सैन्य प्रशिक्षण हेतु इकट्ठे खड़े थे।

नाभाग ने सबसे पहले उन लोगों को अलग-अलग समूह बनाने के लिए कहा जिन्हें अश्व, हाथी या रथ चलाने का अनुभव पूर्व से था। नाभाग के निर्देशानुसार सभी समूह बनाने लगे। घुड़सवारी कर सकने वाले पाँच सौ से अधिक युवा मिले, सौ की संख्या में हाथी की सवारी का अनुभव रखनेवाले युवा मिले जबकि लगभग

इतने ही रथ चलाने के अनुभवी भी मिले। बाकी बचे युवाओं को पैदल सेना मान लिया गया जिसमें से कुछ को आहत सैनिकों को अस्थायी आरोग्यशाला तक पहुँचाने का उत्तरदायित्व दिया गया और कुछ को रथ संचालन सीखने के लिए कहा गया।

इसके पश्चात अलग-अलग समूह बनाकर शस्त्र प्रशिक्षण प्रारम्भ हुआ। प्रशिक्षण देने का कार्य सुप्रभा और नाभाग कर रहे थे। सन्ध्या होते-होते सेना की एक बाह्य रूपरेखा तैयार हो चुकी थी। युवा प्रतिभाशाली थे और नाभाग की अपेक्षा से अधिक तीव्रता से प्रशिक्षित हो रहे थे। नाभाग ने यह पाया कि क्षत्रिय युवाओं में लगभग सभी पूर्व से ही सैनिक के रूप में प्रशिक्षित हैं, वे न केवल सभी अस्त्र चलाना अच्छी तरह जानते थे बल्कि उन्हें अश्व, हाथी और रथ संचालन का भी बेहतर अनुभव था। इनके पूर्व से प्रशिक्षित होने का लाभ यह मिला कि सुप्रभा-नाभाग के कुछ निर्देशों के अनुसार ये अन्य युवाओं के प्रशिक्षण में सहयोग करने लगे। नाभाग क्षत्रियों के पूर्व प्रशिक्षित होने के पीछे की सामाजिक पृष्ठभूमि को समझ रहा था, इसके साथ ही वह जान रहा था कि कृषक कार्य में लिप्त रहनेवाले वैश्यों के यहाँ जन्मे युवाओं के लिए सैन्य जरूरतों से स्वतः पूर्ण होना कठिन है। जातीय घेरा और निषेध के परिणामस्वरूप उपस्थित इस तरह के सामाजिक प्रभाव को प्रत्यक्ष देखने का यह नाभाग का पहला अनुभव था। एक गाँव में रहनेवाले, एक साथ पले-बढ़े युवाओं में इस अन्तर का आधार प्रतिभा या रुचि नहीं था बल्कि यह जन्मगत था जिसकी डोर जातीय सीमाओं से बँधी थी।

संध्या में सुप्रभा और नाभाग जब अपने शिविर में लौटे तो वे दिन भर की प्रगति से अत्यधिक सन्तुष्ट थे। युवाओं की लगन को देखकर उन्हें विश्वास हो गया था कि उनकी सेना तय समय सीमा में राज्य सेना की सामना हेतु तैयार हो जाएगी। सोने के पूर्व सभी शिविर एवं युवाओं का निरीक्षण कर जब सुप्रभा-नाभाग अपने शिविर में लौटे तो वहाँ सत्यरथ पहले से ही उनकी प्रतीक्षा कर रहा था। उसने पहचान छिपाने के लिए अपने मुख को वस्त्र से ढक रखा था जिसे उसने सुप्रभा-नाभाग के समक्ष हटा लिया।

"क्या प्रगति है सत्यरथ, सब कुशल-मंगल तो है"—नाभाग ने पूछा।

"हाँ युवराज सब ठीक है, सारे रथ, अश्व, हाथी और अस्त्र कल रात्रि और उसकी अगली रात्रि में यहाँ पहुँच जाएँगे।"

"अति उत्तम सत्यरथ, इसका अर्थ यह है कि दो दिनों में हमारी तैयारी पूर्ण हो जाएगी।"

"हाँ युवराज ऐसा ही होगा। युवराज, आचार्य ने आपके लिए एक सूचना भेजी है।"

"क्या सूचना है सत्यरथ, जल्दी बताओ।"

"युवराज, तीन दिवस पश्चात वाणिज्यग्राम से राज्य सेना प्रस्थान करनेवाली है।"

"तीन दिवस पश्चात अर्थात चौथे दिवस राज्य सेना यहाँ आ जाएगी। सेना की संख्या के सम्बन्ध में कोई सूचना सत्यरथ?"

"हाँ युवराज, दो सहस्त्र सेना जिसमें से एक सहस्त्र सैनिक पैदल होंगे और बाकी एक सहस्त्र हाथी, रथ व अश्व वाले होंगे।"

"मेरा आकलन सही था। हमने भी लगभग इतनी ही सेना रखी है। क्या पिताश्री के सम्बन्ध में कोई सूचना सत्यरथ?"

"युवराज, आचार्य ने बताया है कि सेना का नेतृत्व महाराज स्वयं करेंगे, सेनापति प्रसेनजीत तो रहेंगे किन्तु युद्ध की बागडोर महाराज स्वयं सँभालेंगे।"

यह सुनकर नाभाग मौन हो गया, उसके चेहरे पर निराशा का भाव साफ दिख रहा था। सुप्रभा जानती थी कि नाभाग अपने पिताश्री से युद्ध करने को लेकर असहज है। नाभाग को सहज करने के उद्देश्य से सुप्रभा ने कहा, "यह भी तो हमारी अपेक्षा के अनुरूप ही है युवराज, हम तो जानते ही थे कि इस बार महाराज भी आएँगे।"

नाभाग ने सुप्रभा के मुख की तरफ दृष्टि डाली, वह जान गया कि सुप्रभा उसकी मनः स्थिति समझ रही है और उसे शान्त रखने का प्रयत्न कर रही है। सुप्रभा के व्यक्तित्व के ये गुण नाभाग के मन को उसके प्रति प्रेम की लहरों से भर देते थे। नाभाग सुप्रभा को देखकर केवल मुस्कुराया, उसने कहा कुछ नहीं।

अगले दो दिन प्रशिक्षण का कार्य चलता रहा। इन दो दिनों में सुप्रभा ने युवतियों को अस्थायी आरोग्यशाला में सैनिकों की चिकित्सा, उपचार हेतु भी प्रशिक्षित किया। तीन दिनों में युवाओं ने इतनी मेहनत की और गम्भीरतापूर्वक प्रशिक्षण लिया कि सुप्रभा-नाभाग के समक्ष एक पूर्ण सेना तैयार हो गई थी। वे दोनों इस बात से सन्तोष का अनुभव कर रहे थे। इस प्रशिक्षण के दौरान इन्हें कुछ ऐसे प्रतिभाशाली और शालीन युवा भी मिले जिनसे प्रभावित हुए बिना वे नहीं रह सके। युवकों में वैश्य सागत, मिनांदर, क्षत्रिय नन्दिवर्धन और युवतियों में वैश्य इला व क्षत्रिय लोपामुद्रा ने न केवल इन्हें प्रभावित किया बल्कि वे करीबी सहचर भी हो गए। सुप्रभा-नाभाग अब बहुत सारी अन्य जिम्मेवारियाँ भी इन्हें देने लगे जिसका निर्वहन ये अच्छी तरह कर रहे थे। इनके होने से सुप्रभा-नाभाग का काम आसान हो गया। इस बीच सत्यरथ तमाम शस्त्र, हाथी, अश्व व रथ भी पहुँचा गया। अब सुप्रभा-नाभाग की सेना पूरी तरह तैयार थी।

अपनी तैयारियों को परखने के लिए नाभाग ने राज्य सेना के आने के एक दिन पहले अपनी सेना को युद्ध की तरह अस्त्र-शस्त्र के साथ वास्तविक स्वरूप में मैदान में व्यूह रचना बनाने के लिए कहा। सभी पूरी तरह तैयार होकर मैदान में उपस्थित हो गए। सबसे आगे पैदल सेना खड़ी हुई, उसके बाद अश्वरोही फिर हाथी पर सवार सैनिक और अन्त में रथ पर सवार सैनिक। सम्पूर्ण सैन्य व्यूह रचना

के पश्चात न केवल सुप्रभा-नाभाग ने बल्कि युवाओं ने भी अपनी सैन्य शक्ति का अनुभव किया। वे सभी अपनी तैयारियों से सन्तुष्ट थे, उत्साहित थे।

अगले दिन सुबह सत्यरथ ने आकर सुप्रभा-नाभाग को बताया कि महाराज अपनी सेना के साथ वाणिज्यग्राम से प्रस्थान कर चुके हैं। दिन के तीसरे पहर तक उनके पहुँच जाने की सम्भावना है। यह सूचना मिलने के पश्चात उन्होंने कमजोरियों को दूर करने हेतु सघन सैन्य प्रशिक्षण को आरम्भ करवाया और यह तब तक चलता रहा जब तक कि राज्य सेना की टुकड़ियाँ उस मैदान के समीप आते हुए दिख नहीं गईं। जब महाराज नाभानेदिष्ट अपनी सेना के साथ उस मैदान के पश्चिमी छोर पर पहुँच गए तो सन्ध्या काल में नाभाग ने सभी युवाओं व युवतियों को एक जगह एकत्रित होने को कहा। जब सभी एकत्रित हो गए तो नाभाग ने उन्हें सम्बोधित करते हुए कहा, "आज वज्जि राज्य के समक्ष जो संकट की यह घड़ी आप देख रहे हैं उसे टालने हेतु मैंने अपनी तरफ से हर यत्न किया था। मैंने देवी सुप्रभा के साथ के अपने सम्बन्ध को स्वीकृत करने के लिए हर उस व्यक्ति से अनुरोध किया था जिनके पास इसे स्वीकृति देने का अधिकार था किन्तु दुर्भाग्य से मैं असफल रहा। जीवन को जातीय विद्वेष, विभाजन की दृष्टि से देखने की प्रथा और विधान ने हमारे कोमल भावनाओं का न केवल अनादर किया बल्कि उसे कुचलने का भी प्रयास किया और इसी प्रयास का एक रूप आपके समक्ष सामने दिख रही राज्य सेना है। यह बात सत्य है कि मैं अपनी और सुप्रभा के सम्बन्ध की, जीवन की सुरक्षा चाहता हूँ, किन्तु यह काम मैं वज्जि साम्राज्य की सीमा से बाहर निकलकर अधिक आसानी से कर सकता था। मैं काशी चला जाता, श्रावस्ती चला जाता या फिर सुदूर दक्षिण जहाँ तक न वज्जि राज्य की सेना पहुँच पाती न इनका विधान पहुँच पाता। किन्तु मैंने ऐसा दो कारणों से नहीं किया, पहला कारण यह कि मुझे अपनी मातृभूमि से बहुत प्रेम है और इससे सदा के लिए दूर होने के बारे में सोच भी नहीं सकता, किन्तु दूसरा कारण इससे भी महत्त्वपूर्ण है। प्रेम जैसी भावना इस संसार की सबसे पवित्र चीजों में से एक है जिस पर इस पूरी मनुष्य जाति का अस्तित्व टिका है, यह भावना समाप्त हो जाए तो इस संसार के अस्तित्व को, मानव जाति को अधिक अवधि तक बचाकर नहीं रखा जा सकता। प्रेम के बिना किसी सभ्य समाज की कल्पना नहीं की जा सकती, हमारे विकास के साथ हमारे अन्दर आती जा रही कृत्रिमता के विकार दोष को हम सभी के अन्दर बसी यह निश्छल भावना ही दूर करेगी, कम करेगी। तो जब आज एक राज्य का युवराज अपनी इस भावना को सुरक्षित बचा पाने में अक्षम सिद्ध हो जाएगा फिर तो आमजन के लिए इस सम्बन्ध में सोच पाना भी असम्भव हो जाएगा। यदि मैं महाराज नाभानेदिष्ट का पुत्र नाभाग देवी सुप्रभा के साथ के अपने प्रेम सम्बन्ध को जातीय विद्वेषपूर्ण विभाजन के कारण और इस विभाजन को कायम रखने के

लिए बनाई गई दुर्गम सीमाओं के कारण बचाने में असफल रह गया फिर तो आप जैसे युवा और आनेवाली पीढ़ियाँ इस बारे में सोच भी नहीं पाएँगी। अतः यह युद्ध मैं केवल स्वयं के लिए नहीं आरम्भ रहा हूँ, यह युद्ध केवल मेरा नहीं है, यह युद्ध मानव जाति के अस्तित्व को कायम रखने के लिए है। यह युद्ध इस राज्य की अस्मिता, इस राज्य के भविष्य को बचाने के लिए है, इस राज्य की कठोर सामाजिक गाँठों जिसके अन्दर न जाने कितनों का दम अब तक घुट चुका होगा और भविष्य में घुटता रहेगा, उसे खोलने के लिए है। स्मरण रहे यह युद्ध राज्य के विरुद्ध नहीं है, यह युद्ध राज्य के लिए है। एक बात और स्मरण रहे कि पीले पताके पर सिंह मुख लिए दमकता, लहराता वज्जि राज्य का राज्य सेना की शिविर में दिख रहा ध्वज ही हमारा ध्वज है, इस ध्वज का अपमान न हो। हम सभी जरूर जीतेंगे, विजय केवल हमारी होगी।"

नाभाग के इन शब्दों को सुनते ही वहाँ उपस्थित समुदाय 'हम जरूर जीतेंगे, विजय केवल हमारी होगी' और 'युवराज नाभाग की जय' का उद्घोष करने लगे।

उन्हें संकेतों से शान्त करते हुए सुप्रभा ने उनसे कहा, "जब मैं युवराज के साथ वाणिज्यग्राम से चली थी तब मैं इस जगह तक के बारे में अधिक नहीं जानती थी, तब वह यात्रा अनजान रास्तों पर चलकर अनजान जगह तक जाने की यात्रा थी। किन्तु पिछले चन्द दिवस में आप लोगों ने जिस तरह का स्नेह, प्रेम हमें दिया है उससे हम दोनों अभिभूत हैं। मुझे तो ऐसा प्रतीत होता है जैसे मैं इसी मिट्टी की हूँ, आप ही के बीच की हूँ। आप लोगों ने सदा के लिए हमें अपना ऋणी बना दिया है। मैं राजऋषि निपा की शिष्या हूँ, मैंने कई वर्ष हिमवंत आश्रम में बिताए हैं, मैं वहाँ होनेवाले सैन्य प्रशिक्षण में सम्मिलित रही हूँ, मैं अपने अनुभव के आधार पर कह सकती हूँ जिस प्रशिक्षण में वहाँ युवा कई मास लगा देते हैं वह आपने लगन, अथक मेहनत से चन्द दिवस में प्राप्त कर लिया है। इसी तरह युवतियों ने भी अति शीघ्रता से आरोग्यशाला के कार्य में निपुणता प्राप्त की है। यह अद्भुत है। आप लोगों के रहते कोई भी युद्ध जीता जा सकता है। एक अनुरोध उन युवक, युवतियों से है जिन्हें आरोग्यशाला के कार्य हेतु नियुक्त किया गया है, युद्ध के समय आपको हमारे सैनिकों के जीवन की रक्षा हेतु तो यत्न करना ही है यदि राज्य की सेना का भी कोई सैनिक आहत अवस्था में दिखाई देते हैं तो उन्हें भी उसी सक्रियता से आरोग्यशाला में लाकर उनका उपचार करना है, उनके जीवन की रक्षा भी करनी है। मुझे भी युवराज की तरह आप लोगों की निष्ठा, उत्साह और क्षमता को देखकर पूर्ण विश्वास है कि जीत हमारी ही होगी, हम ही जीतेंगे।"

सुप्रभा के इन शब्दों के समाप्त होते-होते पूरा वातावरण 'युवराज नाभाग-देवी सुप्रभा की जय' के उद्घोष से गूँजने लगा। इसके बाद नाभाग के कहने पर सभी विश्राम के लिए शिविर चले आए।

रात में सोने के समय नाभाग को असहज देखकर सुप्रभा ने पूछा, "क्या बात है युवराज, आप चिन्तित दिख रहे हैं, क्या कोई अशुभ सूचना प्राप्त हुई है?"

"नहीं सुप्रभा, कोई अशुभ सूचना प्राप्त नहीं हुई है। मन थोड़ा व्यग्र है। जब मैं अपने शिक्षण हेतु काशी में था तब सदैव सोचता था कि कब पिताश्री से मिलने का मौका मिलेगा, कब उनके पास जाऊँगा। तब मैं वाणिज्यग्राम से दूर था किन्तु आज एक ही स्थान पर होकर हमारे बीच इतनी दूरी आ गई है कि हम उनसे अभी मिल भी नहीं सकते। यह कैसी विडम्बना है?"

"युवराज, आपके और महाराज के बीच आज भी कोई दूरी नहीं है। आप दोनों आज भी एक दूसरे के पहले जितना ही निकट हैं। चूँकि आप दोनों सामान्य पिता-पुत्र नहीं हैं अपितु वज्जि राज्य के महाराज और युवराज हैं इसलिए आप दोनों को व्यक्तिगत भावनाओं के इतर राज परम्परा, ब्राह्मणों द्वारा स्थापित कठोर विधान का शिकार होना पड़ रहा है। यदि दूरी आई होती तो इस समय आप अपने पिताश्री के लिए इस तरह भाव विह्वल नहीं होते और मुझ पर विश्वास कीजिए आप ही जैसी मनोस्थिति में महाराज भी होंगे। अत: इस बात के लिए स्वयं को पीड़ा मत दीजिए युवराज।"

"सुप्रभा, क्या ऐसा कोई विकल्प नहीं बचा जिससे कि मुझे पिताश्री पर शस्त्र उठाना नहीं पड़े, क्या सारे रास्ते बन्द हो चुके हैं, अब कुछ नहीं हो सकता?"

"युवराज, एक विकल्प अभी बचा है, आपको स्मरण होगा कि आचार्य ब्रह्मदत्त ने कहा था कि वे युद्ध के ठीक पहले एक बार युद्ध टालने हेतु अन्तिम प्रयास करेंगे। अर्थात वे कल प्रात:काल महाराज से इस सम्बन्ध में बात करेंगे। यही एक अन्तिम विकल्प बचा है, यदि कल आचार्य सफल रहे तो युद्ध टल जाएगा, सबकुछ कल के आचार्य-महाराज के वार्तालाप पर निर्भर करता है।"

"किन्तु मेरी समझ में एक बात नहीं आई सुप्रभा कि आचार्य यह प्रयास अन्तिम क्षणों में ही क्यों करना चाहते थे, पिताश्री उनसे स्नेह रखते हैं, उनका आदर करते हैं, फिर वे यह कार्य तो पहले भी कर सकते थे, पहले करते और यदि निदान होना है तो यह पहले ही हो गया रहता। युद्ध की स्थिति तक पहुँचने की नौबत ही नहीं आती।"

"युवराज, कुछ प्रयासों की सफलता या असफलता पर परिस्थितियों की निर्भरता अत्यधिक होती है। एक बात एक स्थिति में प्रभावहीन हो सकती है तो वही बात दूसरी भिन्न स्थिति में प्रभावशाली बन सकती है। यदि आचार्य पहले जाकर महाराज से बात करते तो सम्भव है महाराज को उनके परामर्शदाता राजपुरोहित और अमात्य यह समझाते कि आप राज्य शक्ति से भयवश समझौता करना चाह रहे हैं। तब शायद आचार्य का प्रयास असफल हो जाता। अब जब आचार्य महाराज से बात करेंगे तो कोई उन्हें यह परामर्श नहीं दे सकता क्योंकि आपकी युद्ध की तैयारी स्पष्ट दिख रही है। युवराज, निर्बलता स्वयं में एक पराजय है, दुर्बलता बोध भी

पराजय को जन्म देता है इसलिए सबल होना और दिखना आवश्यक है। सबल शक्तियों के बीच जल्दी युद्ध की स्थिति नहीं आती, निर्बल या तो समर्पण कर देते हैं या कुचले जाते हैं। आचार्य का निर्णय सही है युवराज, उनका महाराज से कल प्रात: बात करना ही उचित है।"

"सहमत हूँ सुप्रभा। यही उचित प्रतीत होता है।"

रात काफी हो चुकी थी। आनेवाले कल की चिन्ता नाभाग और सुप्रभा, दोनों को जगाए हुए थी किन्तु थकान ने अन्तत: दोनों को नींद की गोद में डाल दिया।

प्रात: काल आचार्य ब्रह्मदत्त सत्यरथ के साथ सुप्रभा-नाभाग की शिविर में थे। आचार्य ब्रह्मदत्त ने नाभाग से कहा, "वत्स नाभाग, मैं अभी महाराज के पास शान्ति प्रयास हेतु जा रहा हूँ किन्तु उससे पूर्व मुझे आपसे कुछ बातें जाननी है। आप पहले यह बताएँ कि युद्ध की तैयारी से क्या आप सन्तुष्ट हैं, युद्ध की स्थिति में आपको अपनी विजय का विश्वास है?"

"हाँ आचार्य, मैं अपनी तैयारियों से पूरी तरह सन्तुष्ट हूँ। आपको सच कहूँ तो रेहसायागढ़ी के लोगों ने इतने कम समय में जिस तरह स्वयं को युद्ध हेतु तैयार किया है इसकी मुझे अपेक्षा नहीं थी। मेरे कार्य को सत्यरथ ने भी आसान कर दिया। इस समय हम राज्य सेना से युद्ध करने और उन्हें पराजित करने हेतु पूरी तरह सक्षम हैं।"

"जानकर प्रसन्नता हुई वत्स नाभाग। मुझे बताइए यदि महाराज समझौता के लिए मान जाते हैं तो आपकी शर्तें क्या होंगी?"

"आचार्य, यह युद्ध, यह स्थिति मुझ पर थोपी गई है, मैंने यह कभी नहीं चाहा था क्योंकि देवी सुप्रभा से पाणिग्रहण के अलावा मेरी अन्य कोई इच्छा ही नहीं थी। आज जब यह मेरी अर्धांगिनी बन चुकी हैं तो अब मेरे पास किसी से माँगने को कुछ भी शेष नहीं है। जब कोई अन्य महत्त्वाकांक्षा ही नहीं तो किसी शर्त का प्रश्न भी नहीं, हमें बस शान्ति से जीने की अनुमति मिले, इसके अलावा हम कुछ नहीं चाहते।"

"वत्स नाभाग, आपकी कोई शर्त नहीं किन्तु यदि समझौते हेतु महाराज की कोई शर्त हो तो, आप उनकी किन शर्तों को मान सकते हैं?"

"आचार्य, मुझे नहीं पता कि इस हेतु उनकी क्या शर्तें होंगी, किन्तु मुझे उनकी कोई भी शर्त मानने में असुविधा नहीं है। उनके किसी भी शर्त को मान लेने से यदि युद्ध टल जाता है तो मैं वह मान लूँगा सिवाय दो बातों के, पहला कि चूँकि हमने कोई ऐसा अपराध नहीं किया है कि हमारे साथ जघन्य अपराधियों की तरह व्यवहार

किया जाए इसलिए हमें न बन्दी बनाया जाए न ही कारागृह में डाला जाए, इसके अलावा यदि राजकाज की मजबूरी के कारण मुझे कोई अन्य दंड देना चाहें तो दे सकते हैं। दूसरा कि मैंने भार्गव ऋषि व पिताश्री की उपस्थिति में वैश्य जीवन जीने का प्रण किया है अत: अब मैं वैश्य जीवन ही जीयूँगा, मुझे अब क्षत्रिय न समझा जाए, मुझसे पुन: क्षत्रिय जीवन जीने के लिए नहीं कहा जाए। आचार्य, इन दो बातों के अलावा पिताश्री मुझे जो आज्ञा देंगे उसका मैं सहर्ष पालन करूँगा।"

नाभाग की बातों को सुन-समझकर आचार्य ब्रह्मदत्त अपने जीवन के एक सबसे कठिन कार्य को करने के लिए महाराज नाभानेदिष्ट के शिविर की दिशा में प्रस्थान कर गए। सुप्रभा की इच्छानुसार सत्यरथ नाभाग के साथ ही था, उसने अपने मुख को काले वस्त्र से इस तरह ढक रखा था कि उसे पहचाना न जाए।

महाराज नाभानेदिष्ट के शिविर में सेनापति प्रसेनजीत और राजपुरोहित कौशिक उपस्थित थे। आचार्य ब्रह्मदत्त के बैठने के बाद महाराज नाभानेदिष्ट ने उनसे कहा, "आचार्य ब्रह्मदत्त आपके पिता पंडित माणिक्य की मुझ पर आजीवन कृपा बनी रही। उनके जाने के बाद मैंने आपके सम्मान में भी कभी कोई कमी नहीं की किन्तु मुझसे ऐसा क्या अपराध हो गया कि आप मुझसे रुष्ट हो गए? मुझे मेरा अपराध बताइए आचार्य।"

"महाराज, किसने कहा कि मैं आपसे रुष्ट हूँ? आज जब पूरे ब्राह्मण समाज ने मुझे बहिष्कृत कर रखा है, क्षत्रिय, वैश्य भी मुझसे दूर रहते हैं, इस स्थिति में केवल आपके सहयोग से मैं इस राज्य की सुविधाओं का उपभोग कर पा रहा हूँ। अन्य ब्राह्मणों की तरह मैं भी तमाम करों से मुक्त हूँ। मुझे मिलनेवाली ये सारी सुविधाएँ, केवल आपके आदेश से ही तो सम्भव हो पा रहा है, अत: आपसे रुष्ट होने की बात मैं स्वप्न में भी नहीं सोच सकता।"

"यदि आप मुझसे रुष्ट नहीं हैं आचार्य तो मेरा पुत्र नाभाग जब आपकी शरण में है फिर आप उन्हें उनकी गलतियों के लिए क्यों नहीं रोक रहे हैं? वे एक के बाद दूसरा अपराध करते जा रहे हैं, आपके होते यह कैसे हो रहा है?"

"महाराज, मुझे लगता है आपको मेरे सम्बन्ध ने कुछ असत्य सूचना दी गई है"—आचार्य ब्रह्मदत्त ने राजपुरोहित कौशिक की तरफ देखते हुए कहा। राजपुरोहित उन्हें पसन्द नहीं करते यह उन्हें ज्ञात था, वे समझ गए कि महाराज को उनके विरुद्ध राजपुरोहित कौशिक ने ही गलत जानकारी दी है।

"क्या यह गलत सूचना है आचार्य कि वाणिज्यग्राम से निकलकर युवराज सीधे आपके पास पहुँचे थे और आपने ही सुप्रभा के साथ उनके विवाह को सम्पन्न कराया"—महाराज नाभानेदिष्ट ने पूछा।

"हाँ यह सब सत्य है महाराज, किन्तु इसका एक दूसरा पक्ष है। यह सत्य है कि युवराज मेरे पास देवी सुप्रभा के साथ कुछ दिवस पूर्व सन्ध्या काल में आए

थे किन्तु यह भी सत्य है कि मेरा उससे पूर्व उनसे कोई परिचय नहीं था। उन्हें मेरे सम्बन्ध में पूर्व से कुछ बातें ज्ञात थी अत: वे मेरे पास आए थे। वे मुझसे शरण माँग रहे थे और एक स्त्री देवी सुप्रभा के साथ थे तो उन्हें शरण देना मेरा धर्म था। वे देवी सुप्रभा के साथ विवाह के आकांक्षी थे। एक शरणागत के रूप में ही उन्होंने इस हेतु मुझसे अनुरोध किया जिसे मैं अस्वीकृत नहीं कर सकता था।"

महाराज नाभानेदिष्ट कुछ बोलते उसके पूर्व ही राजपुरोहित कौशिक बोल पड़े—"क्यों अस्वीकृत नहीं कर सकते थे ब्रह्मदत्त, क्या तुम्हें ज्ञात नहीं था कि युवराज एक वैश्य कन्या से विवाह करना चाह रहे थे, या तुम्हें यह ज्ञात नहीं था कि एक क्षत्रिय का वैश्य से विवाह कितना बड़ा अधर्म है? या फिर तुमने स्वयं जिस तरह अस्पृश्यों के साथ रहकर जिनकी छाया भी अपवित्र होती है, जिन्हें देखने भर से धर्म भ्रष्ट हो जाता है, स्वयं का नाश किया है उसी तरह युवराज का भी अहित चाहते हो? तुम्हारी मंशा पर मुझे संदेह होता है?"

"राजपुरोहित, मुझे नहीं पता कि धर्म की क्या परिभाषा आपके मन में है और न ही मैं आपके आक्रोशित होने के कारण को समझ पा रहा हूँ किन्तु मैं इतना अवश्य समझता हूँ कि धर्म कभी भी व्यक्ति की स्वतंत्रता, उसकी प्रतिष्ठा के साथ खिलवाड़ नहीं कर सकता। यह कौन-सा धर्म है जो मानव को मानव से घृणा, द्वेष का पाठ पढ़ाता है, यह कौन-सा धर्म है जो एक तरह के इनसानों के बीच विभाजन की बड़ी-बड़ी रेखाएँ खींच देता है, यह कौन-सा धर्म है जो अपने जैसे इनसान की छाया भर से नष्ट, भ्रष्ट हो जाता है? और ये इनसान जिनसे आप इतनी घृणा करते हैं क्या उनका जन्म स्वत: हो गया है? या उनका जन्म उनके वश में है? स्पष्टत: इन सारी नीतियों को अपनी अन्यायपूर्ण राजनीतिक, आर्थिक व सामाजिक सत्ता को अक्षुण्ण रखने के लिए स्थापित किया गया है। आप लोग चाहते हैं कि समाज का एक बड़ा वर्ग जो संख्या में आपसे बहुत अधिक है आपकी उन्नति, आपकी सुख-सुविधा के लिए युगों, युगों तक अपनी आहुति देता रहे और उनके इस त्याग, आहुति से प्राप्त शक्ति के बल पर आप उन्हें शोषित रखें, प्रताड़ित रखें। यह आप लोगों का षड्यंत्र है इस बहुसंख्यक वर्ग को दमित रखकर उनके श्रम और जीवन के बल पर अपनी समृद्धि प्राप्त करने का, कायम रखने का। इस षड्यंत्र को सफल बनाने के लिए आप धर्म का सहारा लेते हैं, इसके लिए अपनी शिक्षा, शक्ति का दुरूपयोग करते हैं। आप जानते हैं कि जिस दिन इनकी दृष्टि खुल गई, जिस दिन इन्हें अपने साथ हो रहे निरन्तर अन्याय का वास्तविक अनुभव हो गया उस दिन आपके इस सारे प्रपंच और निरंकुश सत्ता का सर्वनाश हो जाएगा। धर्म को आप लोगों ने दूषित कर रखा है, उसे बन्दी बना रखा है और इसका उपयोग अपनी संपत्ति की तरह कर रहे हैं। आप लोगों ने इसी उद्‌देश्य से न केवल विभिन्न जातियों को जन्म से जोड़ दिया है, जबकि यह या तो कर्म आधारित होना चाहिए या नहीं होना

चाहिए। आप केवल अस्पृश्यों को प्रताड़ित कर के सन्तुष्ट नहीं है बल्कि आपकी गाँठ कहीं से भी ढीली न हो जाए इसलिए आपने क्षत्रिय, वैश्यों को भी तमाम तरह के अमानवीय विधानों से बाँध रखा है। इस अधर्म, इस पाप का मैं भागीदार नहीं बन सकता, जब तक जीवन है मैं इसका विरोध करता रहूँगा। मैं किसी भी धार्मिक दृष्टि से, प्राकृतिक दृष्टि से या मानवीय दृष्टि से युवराज नाभाग और देवी सुप्रभा के विवाह को अनुचित नहीं मानता हूँ। आज यदि आप लोगों ने धर्म की इस गलत व्याख्या को महाराज पर थोपा नहीं होता तो इस समय युवराज नाभाग और देवी सुप्रभा राजमहल में होते, आज यह संकट की स्थिति न होती बल्कि उत्सव का अवसर होता"—आचार्य ब्रह्मदत्त ने उत्तर दिया।

आचार्य ब्रह्मदत्त की इन बातों से राजपुरोहित कौशिक बुरी तरह विचलित हो गए। उन्होंने महाराज नाभानेदिष्ट से कहा, "अपमान, घोर अपमान! महाराज, ब्रह्मदत्त केवल मेरा या ब्राह्मण समाज का अपमान नहीं कर रहा है बल्कि यह तो आपके निर्णय पर प्रश्न उठाकर आपका भी अपमान कर रहा है।"

"मैंने किसी का कोई अपमान नहीं किया राजपुरोहित, सत्य आप सुन नहीं पा रहे और मेरी बातों को गलत साबित आप कर नहीं सकते इसलिए आप इसे अपमान बताकर महाराज को बरगला रहे हैं। महाराज, मैंने वही कहा जो मुझे सत्य प्रतीत होता है, युवराज नाभाग और देवी सुप्रभा के विवाह को धर्म की दृष्टि से अनुचित नहीं ठहराया जा सकता।"

"किन्तु राज परम्परा, राज परम्परा भी तो कोई चीज है आचार्य ब्रह्मदत्त। भार्गव ऋषि ने युवराज को पहले किसी क्षत्राणी से पाणिग्रहण का विकल्प दिया था, यदि युवराज इस बात को मान लेते तो आज यह स्थिति नहीं आती"—महाराज नाभानेदिष्ट ने कहा।

"महाराज, आप बहुत सौभाग्यशाली हैं कि आपके पुत्र इतने चरित्रवान है जिन्होंने प्रेम को इतना महत्त्व दिया और भार्गव ऋषि के प्रस्ताव को अस्वीकृत कर दिया। युवराज ने वही किया जो किसी भी चरित्रवान मनुष्य को करना चाहिए। आज भी वे इस युद्ध को टालना चाहते हैं, वे केवल अपने विवाह की स्वीकृति चाहते हैं, इसलिए मैं अभी आपके समक्ष उपस्थित हुआ हूँ।"

"आचार्य, वे अपने अपराध को बढ़ाते जा रहे हैं, पहले उन्होंने मेरा आदेश मानने से इनकार कर सेनापति प्रसेनजीत को वापस भेज दिया और अब उन्होंने नागरिकों को मेरे विरुद्ध खड़ा कर दिया है।"

"महाराज, यदि वे नागरिकों को आपके विरुद्ध खड़ा कर देते तो अभी आपसे केवल युद्ध को इच्छुक होते, उन्होंने जो कुछ किया है आत्मरक्षा में किया है। बिना देवी सुप्रभा की बात सुने युवराज को अपहरणकर्ता मान लिया गया। यह भी तो न्याय नहीं हुआ महाराज।"

"मेरे पास कन्या के पिता सुदेव का उलाहना है, तो न्याय का निर्णय धर्मस्थान में होगा और उसके लिए युवराज को वहाँ आना ही होगा। उन्होंने आने से इनकार कर दिया है इसलिए आज मुझे आना पड़ा और युद्ध की स्थिति है।"

"महाराज, यदि युवराज नाभाग आपके न्यायालय में उपस्थित हो जाएँ तो क्या यह युद्ध टल जाएगा?"

महाराज नाभानेदिष्ट ने कोई उत्तर नहीं दिया, ऐसा लग रहा था जैसे वे किंकर्तव्यविमूढ़ हैं और अनिर्णय की स्थिति में हैं। कुछ क्षण तक वहाँ सन्नाटा कायम रहा।

अन्तत: आचार्य ब्रह्मदत्त के राजपुरोहित कौशिक को सम्बोधित करने से सन्नाटा टूटा, "राजपुरोहित कौशिक, आपके अनुसार मुझे धर्म का ज्ञान नहीं है तो इस तरह मैं अज्ञानी हूँ और आप धर्म के ज्ञाता हैं, ज्ञानी हैं, तो क्या मेरी एक जिज्ञासा का समाधान करेंगे जो धर्म से ही सम्बन्धित है।"

"पहेलियाँ न बुझाओ ब्रह्मदत्त, प्रश्न क्या है बोलो,"—राजपुरोहित कौशिक ने कहा।

"मुझे बताइए राजपुरोहित कौशिक कि क्षत्रिय कौन है, और उसके गुण क्या हैं, धर्म इस सम्बन्ध में क्या कहता है?"

"क्षतात्च ते इति क्षत्रिय, अर्थात् जो वर्ग कमजोरों की सहायता करे और रक्षा करें वो क्षत्रिय है। क्षत्रियों के नियम है असहाय की रक्षा करना, देशद्रोहियों को दंड देना, इन्द्रियों पर नियंत्रण रखना, बूढ़ों और विद्वानों की सेवा करना, धैर्यवान होना, युद्ध से नहीं डरना। यज्ञ करना और दान देना भी क्षत्रियों के गुण है।"

"और क्षत्रिय की युद्ध नीति क्या है, क्या वह ब्राह्मण से युद्ध कर सकता है?"

"कैसी बात करते हो ब्रह्मदत्त, ब्राह्मण तो ब्रह्म का रूप है उससे कोई युद्ध नहीं कर सकता!"

"तो क्या क्षत्रिय शूद्र से युद्ध कर सकता है राजपुरोहित?"

"नहीं, शूद्र तो दया के पात्र हैं, न शूद्रों को यह अनुमति है और न ही क्षत्रिय यह कर्म करेंगे। क्षत्रिय केवल क्षत्रिय से युद्ध कर सकता है ब्रह्मदत्त, यही धर्म सम्मत है।"

"यदि क्षत्रिय केवल क्षत्रिय से युद्ध कर सकता है फिर क्षत्रियों के गौरव महाराज नाभानेदिष्ट एक वैश्य बन चुके नाभाग से युद्ध भला कैसे कर सकते हैं? यह तो आपके द्वारा अभी प्रतिपादित धर्म प्रदत्त विधान के विरुद्ध आचरण माना जाएगा। इस तरह तो महाराज नाभानेदिष्ट का धर्म भ्रष्ट होगा।"

आचार्य ब्रह्मदत्त की इस बात को सुनते ही सभी स्तब्ध रह गए, वहाँ एक सन्नाटा छा गया। इस बात का उत्तर देने की स्थिति में राजपुरोहित कौशिक भी नहीं

थे। कुछ क्षण जब सभी शान्त बैठे रहे तब आचार्य ब्रह्मदत्त ने कहा, "महाराज, राजपुरोहित कौशिक के अनुसार भी अब आपका वत्स नाभाग से युद्ध करना धर्म विरुद्ध है इस स्थिति में आपको यह युद्ध नहीं करनी चाहिए। आपकी इच्छा के अनुसार वत्स नाभाग कल आपके न्यायालय में उपस्थित हो जाएँगे, उन्हें बन्दी बनाने की आवश्यकता नहीं है, उनकी उपस्थिति का उत्तरदायित्व मैं लेता हूँ।"

महाराज नाभानेदिष्ट ने राजपुरोहित कौशिक और सेनापति प्रसेनजीत की तरफ देखा, सभी मौन थे अर्थात उनके पास भी इस प्रस्ताव से असहमत होने हेतु तर्क नहीं था। महाराज नाभानेदिष्ट ने प्रस्ताव स्वीकृत कर लिया और अगले दिन उनके धर्मस्थान में नाभाग के आने की सूचना राज्य में प्रसारित करने को कहा।

आचार्य ब्रह्मदत्त ने जब यह सूचना सुप्रभा और नाभाग को दी तो वे अत्यधिक प्रसन्न हुए। नाभाग ने कहा, "आचार्य, आज मैं और सुप्रभा आपके आजीवन ऋणी हो गए। आपने आज मुझे एक ऐसे धर्म संकट से बचा लिया जो मुझे गम्भीर पीड़ा में डाले हुए था, मैं सदैव आपका आभारी रहूँगा।"

आचार्य ब्रह्मदत्त ने कहा, "वत्स नाभाग, मैंने केवल अपने कर्तव्य का निर्वहन किया है, और यह केवल आपके लिए नहीं है, यह वज्जि राज्य के लिए है, इस युद्ध का प्रभाव पूरे राज्य और इसके भविष्य पर पड़ता। आप कल प्रात: यहाँ से प्रस्थान करें। कल दिन दूसरे पहर आपको और देवी सुप्रभा को महाराज के न्यायालय में उपस्थित होना है।"

नाभाग ने यह जानकारी सभी को दी एवं विस्तार से सारी बातें बताई और सभी को गाँव वापस लौट जाने के लिए कहा। जब युवक और युवतियों ने नाभाग के साथ वाणिज्यग्राम चलने की इच्छा व्यक्त की तो नाभाग ने यह कहकर मना किया कि इससे महाराज को गलत संदेश जाएगा। नाभाग ने केवल सागत, मिनांदर, नन्दिवर्धन, इला, लोपामुद्रा और सत्यरथ को साथ चलने के लिए कहा।

अगले दिन सुबह आचार्य ब्रह्मदत्त, नाभाग, सुप्रभा, सत्यरथ, सागत, मिनांदर, नन्दिवर्धन, इला और लोपामुद्रा वाणिज्यग्राम के लिए प्रस्थान कर गए। सुप्रभा और नाभाग एक ही रथ पर थे।

सुप्रभा और नाभाग कुछ दिन पहले जब वाणिज्यग्राम से चले थे तो वे अपने पीछे उस संसार को छोड़कर जा रहे थे जो संसार उनके अब तक के जीवन का अभिन्न अंग था। वे उन लोगों से दूर हो रहे थे जो उनके अपने थे, वे उस हवा से दूर हो

रहे थे जिसमें उनकी साँसें घुली थीं। वे उस प्रासाद, हाट, मार्ग, वीथी, वाटिका, पुष्करिणी से दूर हो रहे थे जो उन्हें पहचानते थे। नये जीवन की वह ऐसी शुरुआत थी जिसमें वह जितना प्राप्त कर रहे थे उतना ही गँवा भी रहे थे, वे खुशियाँ ढूँढ़ने जा रहे थे जिसकी कीमत अनचाही पीड़ा थी। वे जहाँ जा रहे थे वहाँ वे कभी नहीं गए थे, जिनके पास जा रहे थे उनसे कभी नहीं मिले थे। किन्तु केवल सात दिन में सबकुछ बदल गया था। अब वे पुन: उन्ही रास्तों पर चलकर वापस लौट रहे थे। किन्तु आचार्य ब्रह्मदत्त, सत्यरथ, सागत, मिनांदर, नन्दिवर्धन, इला और लोपामुद्रा के साथ वापस लौटते वक्त प्रतीत हो रहा था मानो वे ऐसी जगह जा रहे हैं जो अब उनका अपना नहीं रहा। अब उन्हें रेहसायागढ़ी ही अपना लग रहा था, वहाँ के लोग ही अपने लग रहे थे। ऐसा लग रहा था जैसे वे सर्वदा वहीं थे, उन्हीं लोगों के साथ थे।

वाणिज्यग्राम के नगरवासियों को सुप्रभा-नाभाग के आने की सूचना मिल चुकी थी। प्रात: से ही नगर में गहमागहमी थी, हर तरफ बस एक ही चर्चा थी। उस दिन नगर के सभी व्यावसायिक स्थल आपणं, विपणी अर्थात बाजार, हाट लोगों ने स्वत: ही बन्द कर रखा था। जिस राज मार्ग से सुप्रभा-नाभाग राज प्रसाद जानेवाले थे उस मार्ग के दोनों तरफ लोग इकट्ठा होने लगे थे। लोगों में जितना कौतुहल नाभाग को देखने का था उतना ही कौतुहल सुप्रभा को देखने का भी था। वे लोग उस स्त्री की एक झलक देखना चाह थे जिसके लिए उनके युवराज ने न केवल राज्य एवं ब्राह्मण समाज से शत्रुता मोल ली थी बल्कि जिसके लिए वे वैश्य बन गए थे और वज्जि राज्य के सम्राट का पद, गौरव तक त्याग दिया था।

नगर के प्रवेश द्वार पर जब नाभाग का रथ पहुँचा तो प्रहरी ने द्वार तो खोल दिया किन्तु इस बार उसका स्वागत उस तरह नहीं किया गया जिस तरह काशी से लौटने पर हुआ था। न तूर्य बजा न पुष्प वर्षा की गई। सुप्रभा-नाभाग का रथ सबसे आगे था, उसके पीछे घोड़े पर सत्यरथ था जिसने अपने मुख को काले वस्त्र से ढक रखा था। इसके बाद आचार्य ब्रह्मदत्त का रथ था जिसके पीछे के रथ पर इला और लोपामुद्रा थी। सबसे अन्त में तीन अलग-अलग घोड़ों पर सागत, मिनांदर और नन्दिवर्धन सवार थे।

सुप्रभा-नाभाग जैसे-जैसे आगे बढ़ रहे थे मार्ग के दोनों तरफ उपस्थित लोगों में उन्हें देखने की व्यग्रता बढ़ती जा रही थी। मार्ग पर सैनिक लोगों को नियंत्रित रखने का प्रयत्न कर रहे थे किन्तु भीड़ बार-बार अनियंत्रित हो रही थी। सुप्रभा-नाभाग को महँगे आभूषण, कौशेय के वस्त्रों की जगह आम वैश्यों की तरह क्षौम के वस्त्र में देखकर सभी अचंभित थे। ये वे लोग थे जो आज भी नाभाग को युवराज के रूप में ही देख रहे थे और उनका आदर, स्नेह अब भी कायम था। उनके लिए नाभाग को इस रूप में देखना कष्टप्रद था।

काशी से लौटने के समय की तुलना में एक और अन्तर आया था। तब लोग बार-बार 'युवराज नाभाग की जय' के नारे लगा रहे थे किन्तु आज ऐसा कोई उद्घोष नहीं हो रहा था। लोगों को पता था कि नाभाग आज महाराज के धर्मस्थान में प्रस्तुत होने जा रहे हैं और यह भी पता था कि वे अब न तो युवराज रहे और न ही भावी सम्राट। ऐसे में नाभाग के लिए स्नेह होते हुए भी वे मौन थे। जबकि कुछ लोग वैसे भी थे जो नाभाग के कृत्य को धर्म विरुद्ध मान रहे थे और अब उनकी दृष्टि में नाभाग के प्रति कोई सम्मान नहीं रह गया था।

राज प्रसाद पूरी तरह भरा हुआ था। सामने सिंहासन पर महाराज नाभानेदिष्ट बैठे थे तो उनके सिंहासन के थोड़ा नीचे दाएँ तरफ वसुरथ और बाएँ तरफ राजपुरोहित कौशिक बैठे थे। मध्य स्थान जहाँ सुप्रभा-नाभाग अपराधी की तरह खड़े थे उनके दोनों तरफ अमात्य प्रमुख विश्रुतवंत सहित अन्य अमात्य एवं सेनापति प्रसेनजीत बैठे थे। अमात्य के पीछे राजमहल के कर्मचारी गण खड़े थे जिनके साथ ही सत्यरथ, सागत, मिनांदर, नन्दिवर्धन, इला और लोपामुद्रा भी खड़े हो गए थे। आचार्य ब्रह्मदत्त को महाराज नाभानेदिष्ट ने राजपुरोहित कौशिक के पास ही आसन पर बैठाया था। वसुरथ के आसन के समीप सुप्रभा के पिता सुदेव भी बैठे थे।

सुप्रभा-नाभाग ने सबसे पहले महाराज नाभानेदिष्ट और सुदेव का अभिवादन किया। फिर उन्होंने राजपुरोहित कौशिक का अभिवादन किया। महाराज नाभानेदिष्ट ने अमात्य प्रमुख विश्रुतवंत से कार्यवाही शुरू करने के लिए कहा।

अमात्य प्रमुख विश्रुतवंत ने कहा, "महाराज, देवी सुप्रभा के पिता सुदेव का आरोप है कि युवराज नाभाग ने उनकी पुत्री का बलात् अपहरण किया है। इसके अलावा सेनापति प्रसेनजीत का आरोप है कि युवराज ने आपके आदेश को मानने से इनकार कर दिया था और इसके पश्चात रेहसायागढ़ी के निवासियों को लेकर इन्होंने राज्य के विरुद्ध युद्ध की तैयारी की।"

महाराज नाभानेदिष्ट ने कहा, "अमात्य प्रमुख विश्रुतवंत, आप सभी पक्षों को अपनी अपनी बातें प्रस्तुत करने के लिए कहिए।"

इसके बाद अमात्य प्रमुख ने सबसे पहले नाभाग से अपना पक्ष रखने के लिए कहा।

नाभाग ने कहा, "सबसे पहले मैं आप सभी को मेरे कारण जो भी असुविधा और पीड़ा हुई हो उसके लिए क्षमा माँगना चाहता हूँ। आप लोगों से एक अनुरोध यह भी है कि मुझे अब युवराज कहकर नहीं पुकारा जाए, मैं अब एक आम वैश्य हूँ और इसी पहचान से पहचाना जाना चाहता हूँ। युवराज या क्षत्रिय होना मेरा अतीत है, मेरा वर्तमान वैश्य होना है। आपके पहले आरोप के सम्बन्ध में मेरा केवल इतना कहना है कि यह पूर्णत: मिथ्या आरोप है। मैंने यहाँ उपस्थित देवी सुप्रभा के पिता से इस विवाह हेतु अनुमति माँगी थी। मैंने महाराज से भी अनुमति माँगी थी किन्तु

मेरे क्षत्रिय और युवराज होने के कारण यह अनुमति मुझे प्राप्त नहीं हुई। अतः मैंने सबसे पहले इन उपाधियों का त्याग किया। इसके पश्चात मैंने देवी सुप्रभा के साथ नगर छोड़ दिया, मैंने इनके साथ कोई जोर-जबरदस्ती नहीं की है।"

जब सुप्रभा की बारी आई तो उसने कहा, "मैंने अपनी इच्छा से अपना गृह छोड़ा है, मेरे साथ कोई जबरदस्ती नहीं हुई है। मैंने पिताश्री से इस विवाह हेतु अनुमति माँगी थी किन्तु इनके इनकार के बाद मेरे पास इसके सिवा कोई विकल्प नहीं बचा था। मैं आज जहाँ भी हूँ अत्यन्त प्रसन्न हूँ, मेरा निर्णय उचित था।"

अमात्य प्रमुख विश्रुतवंत ने कहा, "महाराज, देवी सुप्रभा का पक्ष सुनने के बाद तो बलात् अपहरण का आरोप सिद्ध नहीं होता।"

महाराज नाभानेदिष्ट ने सुदेव से पूछा कि क्या अब भी उन्हें कुछ कहना है तो सुदेव ने इनकार कर दिया और सुप्रभा के कथन को स्वीकार लिया।

पुनः अमात्य प्रमुख विश्रुतवंत ने कहा, "युवराज नाभाग, सेनापति प्रसेनजीत का आरोप है कि आपने महाराज का आदेश को मानने से इनकार कर दिया था।"

नाभाग ने उत्तर दिया, "महाराज, सेनापति प्रसेनजीत यहाँ उपस्थित हैं, इन्होंने मुझे केवल आपका आदेश नहीं बताया था कि मुझे आपके समक्ष उपस्थित होना है बल्कि इन्होंने रेहसायागढ़ी के निवासियों के सामने मुझसे कहा कि मैंने देवी सुप्रभा का बलात् अपहरण किया है। इनके ऐसा कहने पर वहीं उपस्थित देवी सुप्रभा ने अभी की तरह उसी समय स्पष्ट कर दिया कि मैंने यह अपराध किया ही नहीं है, तब भी सेनापति हमें बन्दी बनाकर आपके समक्ष लाने की बात करने लगे जिसे सुनकर वहाँ उपस्थित भीड़ उत्तेजित हो गई और सेनापति प्रसेनजीत को वापस लौटना पड़ा। महाराज, यह सारी स्थिति सेनापति प्रसेनजीत की अदूरदर्शिता और अनावश्यक जल्दबाजी की वजह से उत्पन्न हुई है। इन्हें रेहसायागढ़ी में उस वक्त की परिस्थितियों का आकलन कर ही कोई कदम उठाना चाहिए था। यदि सेनापति प्रसेनजीत ने थोड़े संयम और कूटनीति का सहारा लिया होता तो आज स्थिति कुछ और होती।"

अमात्य प्रमुख विश्रुतवंत के पूछने पर सेनापति प्रसेनजीत ने अपनी भूल स्वीकार कर ली और माना कि नाभाग का कथन सत्य है।

नाभाग के विरुद्ध अन्तिम अपराध का उल्लेख करते हुए अमात्य प्रमुख विश्रुतवंत ने कहा, "युवराज, रेहसायागढ़ी के निवासियों को साथ लेकर आपने राज्य के विरुद्ध युद्ध की तैयारी की?"

नाभाग ने इसके उत्तर में कहा, "महाराज, यह बात सत्य है कि मैंने रेहसायागढ़ी के युवाओं को संगठित किया है, यह बात भी सत्य है कि यदि सेनापति प्रसेनजीत मेरे बिना किसी अपराध के मुझे दंडित करने का प्रयास करते तो आत्मरक्षा में मुझे इनसे संघर्ष करना पड़ता। किन्तु आत्मरक्षा में किए गए संघर्ष की तैयारी को युद्ध

की तैयारी कहना उचित नहीं होगा। राज्य के विरुद्ध युद्ध करना मेरी प्राथमिकता होती तो मैं रेहसायागढ़ी के मैदान में राज्य की सेना की प्रतीक्षा नहीं कर रहा होता बल्कि वाणिज्यग्राम की तरफ बढ़ रहा होता। और न ही कोई युद्ध हुआ ही है। आचार्य ब्रह्मदत्त और आप स्वयं इस बात के साक्षी हैं कि मैं किसी तरह भी इस संघर्ष को टालना चाह रहा था, यदि ऐसा नहीं होता मैं आज इस धर्मस्थान में अपनी अर्धांगिनी सुप्रभा के साथ इस तरह खड़ा भी नहीं होता।"

नाभाग ने अपनी चतुराई और तर्क शक्ति से बिना कोई झूठ बोले अपने ऊपर लगे हर आरोप का जिस निपुणता से उत्तर दिया उससे पूरी सभा प्रभावित हुए बिना नहीं रह सकी। सभी नाभाग को निर्दोष मानने के लिए विवश थे।

राजपुरोहित कौशिक ने वसुरथ की तरफ देखा, दोनों ने आँखों की भाषा में कुछ संवाद किया और तब राजपुरोहित ने कहा, "महाराज, युवराज नाभाग की बातों और उनके द्वारा प्रस्तुत किए गए सबूतों के आधार पर ये पूरी तरह निर्दोष साबित होते हैं, इसलिए इन्हें कोई दंड देना उचित प्रतीत नहीं होता। आपके आदेश से युवराज को आरोपों से मुक्त किया जाना ही उचित है।"

अमात्य प्रमुख विश्रुतवंत और अन्य अमात्यों ने भी राजपुरोहित की बातों का समर्थन किया। अन्त में महाराज नाभानेदिष्ट ने कहा, "किसी भी राज्य का भविष्य नागरिकों के अनुशासन पर निर्भर करता है। स्थापित मर्यादाओं और ब्राह्मण देवताओं द्वारा स्थापित विधानों का भी अपना महत्त्व है। यह बात सत्य है कि नाभाग के विरुद्ध कोई आरोप या अपराध सिद्ध नहीं हुआ है किन्तु इनसे गलतियाँ तो हुई हैं, इन्होने आतुरता तो दिखाई है। इनके कारण पिछले सात दिवस से पूरे राज्य में अनिश्चितता और भय का वातावरण है। भले ही युद्ध की तैयारियों को इन्होंने आत्मरक्षा में किया गया कार्य बताया है किन्तु कोई भी राज्य इस स्थिति को स्वीकार नहीं सकती जिसमें उसकी अपनी सीमा के भीतर उसे अपने ही नागरिकों की अन्य सेना का सामना करना पड़े, युद्ध न होने भर से युद्ध हेतु उत्पन्न की गई स्थिति को अनदेखा नहीं किया जा सकता। इसलिए मैं इन्हें दंड का पात्र मानता हूँ और यह आदेश देता हूँ कि नाभाग तत्क्षण नगर से निष्कासित हो जाएँ और ये या इनकी अर्धांगिनी या इनकी होनेवाली सन्तान अगले बीस वर्षों तक नगर सीमा में प्रवेश न करें। यह प्रतिबंध अभी इसी क्षण से प्रारम्भ होता है।"

महाराज के इतने कठोर वचन की नाभाग या सुप्रभा ने अपेक्षा नहीं की थी। नाभाग ने एक बार अपने पिता की आँखों में झाँकने का प्रयत्न किया किन्तु वे शुष्क बने रहे। सुप्रभा-नाभाग तो पहले ही नगर छोड़ चुके थे किन्तु बीस साल के प्रतिबन्ध के आदेश ने इन्हें पीड़ा से भर दिया। जब वे राज प्रसाद से बाहर निकल रहे थे और फिर जब नगर से बाहर निकल रहे थे तो इस बार जाना सदा के लिए जाना प्रतीत हो रहा था। वे हर दीवार, हर घर, हर मार्ग, उन्हें देखने के लिए मार्ग

के दोनों तरफ उपस्थित हर व्यक्ति को इस तरह देख रहे थे जैसे वे इन सभी को अन्तिम बार देख रहे हों। महाराज द्वारा दिए गए दंड की सूचना पूरे नगर में फैल चुकी थी इसलिए नगरवासी भी भाव विह्वल हो रहे थे। जब सुप्रभा-नाभाग नगर में प्रवेश कर राज प्रसाद की तरफ जा रहे थे तब लोगों में उद्विग्नता थी, वे एक दूसरे से बातें कर रहे थे किन्तु इस समय जब ये लौट रहे थे हर तरफ सन्नाटा छाया हुआ था। लोगों की भीड़ तो थी किन्तु बिलकुल शान्त, वे बस नगर से बाहर जाते सुप्रभा-नाभाग को निहार रहे थे।

वाणिज्यग्राम आते समय सुप्रभा और नाभाग के मन में इच्छा थी कि धर्मस्थान की प्रक्रिया के पश्चात वे पिताश्री नाभानेदिष्ट व सुदेव से अवश्य मिलेंगे एवं उनके कारण उन्हें जो भी कष्ट हुआ हो उसके लिए क्षमा माँगेंगे, अपने आनेवाले जीवन के लिए आशीर्वाद माँगेंगे। किन्तु यह सम्भव नहीं हो सका। अथाह पीड़ा को सँभालने का यत्न करते-करते वे आचार्य ब्रह्मदत्त को छोड़कर रेहसायागढ़ी के अपने सभी साथियों के साथ वाणिज्यग्राम सीमा से बाहर निकल चुके थे।

आचार्य ब्रह्मदत्त से महाराज नाभानेदिष्ट ने एक दिवस राजमहल में रुककर वापस जाने अनुरोध किया था। रात में सोने के पहले आचार्य ब्रह्मदत्त महाराज नाभानेदिष्ट से मिले। उस समय महाराज नाभानेदिष्ट अपने कक्ष में अकेले बैठे थे। कक्ष में प्रज्वलित दो दीप को छोड़कर सारे दीप और दीपदंड बुझे हुए थे। पूरे राजमहल में केवल महाराज नाभानेदिष्ट के कक्ष में ही इतना कम प्रकाश था।

आसन ग्रहण करने के बाद आचार्य ब्रह्मदत्त ने महाराज नाभानेदिष्ट से कहा, "महाराज, इस अँधेरे का कारण क्या है, आप इस अँधेरे में क्यों बैठे हैं?"

महाराज नाभानेदिष्ट ने उत्तर देते हुए कहा, "आचार्य, जिस पिता का पुत्र निर्वासित हो गया हो, जिस पिता का क्षत्रिय पुत्र वैश्य बन गया हो, जिस पिता के जीवन भर की पूँजी, तपस्या का फल नष्ट हो गया हो उसके जीवन का अँधेरा इस कक्ष के अँधेरे से अधिक गहरा है, इस कक्ष का अँधेरा तो फिर भी समाप्त हो सकता है किन्तु इस पिता के जीवन का अँधेरा अब कभी समाप्त नहीं होगा। इस स्थिति में कक्ष का प्रकाश आँखों को चुभ रहा है आचार्य।"

"महाराज, आप केवल एक पिता नहीं हैं, आप इस राज्य के सम्राट हैं, इस राज्य के नागरिक आपके राजमहल के प्रकाश को देखकर ही सारी रात चैन की नींद सोते हैं, आपके कक्ष का प्रकाश उन्हें अपने जीवन के अँधेरों को भूलकर शान्ति से सोने का अवसर प्रदान करता है, आपका राजधर्म आपके व्यक्तिगत जीवन की जो भी परेशानियाँ हो आपको अँधेरे में रहने की अनुमति नहीं देता है।"

"इसी राजधर्म के कारण ही तो आज मैंने अपने पुत्र को निर्वासित कर दिया है आचार्य। जिस पुत्र के जन्म की मैंने और महारानी ने सालों प्रतीक्षा की, जिसके लिए न जाने कितनी बार पूजा, यज्ञ का आयोजन किया, हर ऋषि-मुनि

के शरण में गया उसी पुत्र को आज मैंने स्वयं अपने से दूर कर लिया। मैंने गलत किया आचार्य?"

"गलत-सही का निर्णय काल के हाथ में है महाराज। हमारे आज के कर्म कितने उचित और अनुचित हैं यह सिद्ध कालान्तर में ही होता है। धर्मस्थ के आसन पर बैठकर आपने जो भी निर्णय किया है उस पर मैं कोई आपत्ति नहीं करूँगा, एक राजसिंहासन पर बैठे सम्राट के आदेश पर प्रश्न किए जा सकते हैं किन्तु सम्पूर्ण न्याय प्रक्रिया को निष्पक्ष तरीके से अपनाने के पश्चात एक धर्मस्थ द्वारा किए गए निर्णय पर प्रश्न खड़े करना उचित नहीं।"

"आचार्य, मुझे पता है कि मेरा निर्णय कठोर है, विशेषकर तब जब धर्मस्थान में पुत्र नाभाग ने अपने विरुद्ध के सारे आरोपों को निर्मूल साबित कर दिया था। किन्तु आज यदि मैं यह निर्णय नहीं करता तो पिछले चन्द दिवस में जो कुछ भी हुआ उस बात को पूरी तरह जाने बिना या जान-बूझकर भी कुछ गण भविष्य में इसे नाभाग के प्रति पक्षपात बताकर राज्य में अव्यवस्था, विधानों की अवहेलना का आधार बनाते। और यह राज्य हित में नहीं होता इसलिए मैंने अपने पुत्रमोह को परे रखकर यह निर्णय किया। आचार्य, यह मेरे जीवन के अवसान का समय है, मैं तो पुत्र नाभाग को यह राजपाट सौंपकर वनप्रस्थान की तैयारी में था, केवल उसके पाणिग्रहण की ही प्रतीक्षा कर रहा था और इस हेतु भारत भर से आए प्रस्तावों पर विचार करने में व्यस्त था कि इसी बीच यह सब हो गया। जन्म के समय कई ऋषि-मुनियों ने भविष्यवाणी की थी कि यह पुत्र मेरे कुल का नाम ऊँचा करेगा और युगों-युगों तक लोगों के स्मरण में रहेगा। इस भविष्यवाणी को सुनकर मैंने और महारानी ने आशा की थी कि पुत्र नाभाग चक्रवर्ती सम्राट बनेगा, यह हमारी प्रतिष्ठा को चिर स्थायी कर देगा। महर्षि मलय ऋषभ ने भी नाभाग की शिक्षा सम्पन्न होने के पश्चात इसके उज्ज्वल भविष्य की बात कही थी। किन्तु मेरा यही पुत्र नाभाग यह क्या कर बैठा, एक ही झटके में सब समाप्त हो गया। नाभाग ने ऐसा क्यों किया आचार्य?"

"महाराज, पहले आप मेरे एक प्रश्न का उत्तर दीजिए। महारानी की मृत्यु के पश्चात जब सभी आपको पुनः विवाह के लिए प्रेरित कर रहे थे तब आपने उनका यह परामर्श क्यों नहीं स्वीकार किया? राजा के लिए तो यह परम्परा-सम्मत है!"

"आचार्य, मैंने अपने जीवन में केवल एक स्त्री से प्रेम किया, महारानी के सिवा मैंने अपने जीवन में किसी स्त्री की कल्पना नहीं की। आपका कथन सत्य है, महारानी की मृत्यु के उपरांत कई लोगों ने मुझे विवाह का परामर्श दिया किन्तु इस बात को मेरी अन्तरात्मा ने स्वीकार नहीं किया क्योंकि मैं महारानी के इस संसार से चले जाने के पश्चात भी उनके प्रति के अपनी भावनाओं से मुक्त नहीं हो सका।"

"महाराज, नाभाग आपका ही तो पुत्र है, आप फिर उस पुत्र से कैसे अपेक्षा करते हैं कि वह जिस स्त्री से प्रेम करता है उसे परम्परा या किसी अन्य कारण से

त्याग दे या उसमें किसी तरह की समझौता करे? महाराज आपको अपने पुत्र पर गर्व करना चाहिए कि उसने प्रेम जैसे ईश्वर प्रदत्त प्राकृतिक पवित्र मनोभाव के लिए वह किया जिसे यह संसार कभी भुला नहीं पाएगा। प्रेम के लिए एक राज्य का सत्ता सुख, क्षत्रिय जीवन को त्याग कर एक ग्राम में वैश्य जीवन जीने जैसा त्याग, क्या यह कोई कभी भूल पाएगा? यह सदैव लोगों को प्रेरित करता रहेगा इस बात के लिए कि वे सांसारिक कृत्रिम उपलब्धियों से अधिक प्राकृतिक भावनओं और मानवीय लक्ष्यों को अधिक महत्त्व दें। ऋषि, मुनियों की भविष्यवाणी के सम्बन्ध में मैं कुछ नहीं कह सकता हूँ किन्तु अभी तक मैंने जो अनुभव किया है, वत्स नाभाग के गुणों का जो परीक्षण किया है उस आधार पर मैं यह अवश्य कह सकता हूँ कि आपका यह पुत्र आपके कुल की प्रतिष्ठा को न केवल कायम रखेगा बल्कि इसे और बढ़ाएगा। भारत भर में अनेकों सम्राट अब तक हुए हैं और आगे भी होते रहेंगे, आनेवाला युग न जाने कितनों को स्मरण करेगा किन्तु आपके इस पुत्र को भुलाना आसान नहीं होगा। आप सौभाग्यशाली हैं महाराज जो आपको इस तरह के पुत्र रत्न की प्राप्ति हुई है। अपनी पीड़ा और व्यथा को समाप्त करिए महाराज, आपके पुत्र ने त्याग का अद्वितीय उदाहरण प्रस्तुत कर आपके गौरव को बढ़ाया है।"

"आचार्य, मेरी आपसे एक विनती है, अब मेरा पुत्र मुझसे दूर चला गया है, किन्तु ईश्वर की कृपा से आप उसके समीप हैं, मेरे पुत्र का ध्यान रखिएगा। यदि उसे किसी सहायता की आवश्यकता हो या उसे कोई समस्या हो तो जब तक मैं वन प्रस्थान नहीं करता हूँ तब तक मुझे आप अवश्य सूचित करें। मेरे बाद भी इस राजमहल से उसे हर सहायता मिलेगी।"

"वत्स नाभाग मेरा भी प्रिय है महाराज, आप चिन्तित न हों, यदि आवश्यक हुआ तो मैं आपको या इस राजमहल को जरूर सूचित करूँगा।"

आज महाराज नाभानिदेष्टि ने जो निर्णय किया था उसको लेकर पूरे नगर में शोक का वातावरण था, हर तरफ एक निराशा व्याप्त थी। सभी वज्जिवासियों के उनके अन्तःकरण में व्याप्त था। किन्तु वसुरथ के महल में उत्सव की स्थिति थी। राजपुरोहित कौशिक, वसुरथ और उसकी अर्धांगिनी पौलोमी हर्षोल्लास में डूबे थे। वे भविष्य की योजनाएँ बना रहे थे।

"गुरुदेव, आपकी कृपा से अब वह घड़ी आ गई है जब मैं अपने पितामह नृग के साथ हुए अन्याय की गाथा को समाप्त करूँ और राजसिंहासन पर बैठूँ" —वसुरथ ने कहा।

"नहीं युवराज वसुरथ, इतनी जल्दबाजी ठीक नहीं, अभी कुछ समय धैर्य रखने की आवश्यकता है"—राजपुरोहित कौशिक ने कहा।

"क्षमा करेंगे प्रभु, किन्तु अब तो कोई समस्या शेष नहीं है, महाराज ने स्वयं नाभाग को अगले बीस वर्षों के लिए नगर से निष्कासित कर दिया है, महाराज तो

पहले से वानप्रस्थ की योजना बना रहे हैं अत: यह मेरी समझ से उपयुक्त समय है"—पौलोमी ने कहा।

"आप लोग मेरी बात को ठीक से समझिए। राज सत्ता कायम रहने के लिए आवश्यक है कि नागरिकों का विश्वास कायम रहे। भले ही नाभाग को बन्दी नहीं बनाया गया है किन्तु जो कुछ भी उसके साथ हुआ है उसके प्रति अभी पूरे राज्य में सहानुभूति है। उसके निष्कासन ने इस सहानुभूति को और बढ़ा दिया है। नागरिक फिर भी आक्रोशित नहीं हैं तो इसलिए कि सिंहासन पर अभी भी महाराज ही बैठे हैं, यदि अभी तुरन्त इसमें बदलाव हुआ तो नागरिक शंका करने लगेंगे, इसलिए अभी शान्त बैठना ही ठीक है"—राजपुरोहित कौशिक ने कहा।

"तो क्या हमें अभी ऐसे ही बैठना होगा, इस तरह और कितना समय प्रतीक्षा करनी होगी गुरुदेव"—वसुरथ ने कहा।

"युवराज वसुरथ, राजनीति में धैर्य की बहुत आवश्यकता होती है, सही समय की प्रतीक्षा अनिवार्य है। अभी हमारे लिए महाराज का कम-से-कम तीन-चार साल तक सिंहासन पर बैठे रहना जरूरी है"—राजपुरोहित कौशिक ने कहा।

"अभी और तीन-चार साल प्रभु?"—वसुरथ की अधीरता प्रत्यक्ष हो उठी।

"आतुरता से नुकसान हो जाता है वत्स वसुरथ, तुम्हारी आयु लम्बी है, इसमें इन कुछ सालों का कोई महत्त्व नहीं, राजसिंहासन अब तुम्हारा ही है, उचित समय की प्रतीक्षा करो, मैं स्वयं समय आने पर तुम्हें सिंहासन तक ले जाऊँगा।"

वसुरथ और पौलोमी के समक्ष राजपुरोहित कौशिक की बातों को मानने के सिवा कोई विकल्प नहीं था।

वाणिज्यग्राम से लौटकर सुप्रभा-नाभाग ने सभी के साथ रात्रि विश्राम उसी शिविर में किया जिसे युद्ध की तैयारियों के दौरान बनवाया गया था। सत्यरथ, सागत, मिनांदर, नन्दिवर्धन, इला और लोपामुद्रा ने भी वहीं विश्राम किया। सुबह नाभाग ने सागत, मिनांदर, नन्दिवर्धन, इला और लोपामुद्रा को रेहसायागढ़ी और प्रतापगढ़ निवासियों को शिविर के सामने के मैदान में इकट्ठा करने के लिए कहा।

वैसे तो दोनों ही गाँव में ब्राह्मण, क्षत्रिय और वैश्य रहते थे किन्तु रेहसायागढ़ी वैश्य बहुल था जबकि प्रतापगढ़ क्षत्रिय बहुल। जातियों के हिसाब से बस्तियाँ बनी थी अर्थात एक जाति के लोग एक ही जगह समूह में घर बनाकर रहते थे। वैश्यों के अधिकतर घर कच्चे थे जबकि ब्राह्मण और क्षत्रियों के पक्के। दोनों गाँव की

बाहरी सीमा पर बाकी बस्ती से थोड़ा दूर हटकर शूद्रों के घर थे जिसमें से अधिकतर ब्राह्मणों और क्षत्रियों के यहाँ उनकी सेवा करने के लिए दास व दासियों के रूप में काम करते थे। कुछ दास वैश्यों के यहाँ भी थे। कुछ शूद्र या दास अन्य कार्य भी करते थे जैसे 'रजक दास' वस्त्र धोने का, 'पेशकर दास' वस्त्र बुनने का काम करते थे। यह दास के स्वामी पर भी निर्भर करता था कि वह उससे किस तरह का काम लेंगे। खाना बनाना, बर्तन धोना, कुँए या जलाशय से पानी लाना, अन्नागार की रखवाली करना, झाड़ू लगाना, घास काटना, पशु चराना, मल-मूत्र साफ करना जैसा कोई भी कार्य इनसे करवाया जाता था। आर्थिक विपन्नता होने पर कई बार वैश्य और यदा-कदा क्षत्रिय भी जीवन यापन के लिए दास बन जाते थे किन्तु यहाँ भी वर्णगत अर्थात जातीय शर्तों का कठोरता से पालन होता था। वैश्य किसी भी ब्राह्मण या क्षत्रिय का दास बन सकता था किन्तु क्षत्रिय केवल ब्राह्मण का दास बन सकता था जबकि ब्राह्मणों को दास बनने पर बिलकुल रोक थी, ब्राह्मण किसी ब्राह्मण का भी दास नहीं बन सकता था। रेहसायागढ़ी और प्रतापगढ़ के सारे दास शूद्र ही थे।

दिन के तीसरे पहर तक लगभग पूरा रेहसायागढ़ी और प्रतापगढ़ उस मैदान में इकट्ठा हो चुका था। ब्राह्मणों को छोड़कर तमाम क्षत्रिय और वैश्य वहाँ आ चुके थे। स्त्री-पुरुष, वृद्ध-बच्चे कोई भी अपने घर में नहीं बैठा था, सभी मैदान में थे। आसमान में बादल थे किन्तु बारिश की सम्भावना नहीं दिख रही थी, हल्की हवाएँ भी चल रही थीं इसलिए मौसम खुशगवार था।

सुप्रभा-नाभाग जब उनके सामने आए तो सभी 'युवराज नाभाग और देवी सुप्रभा की जय' का उद्घोष करने लगे। काफी प्रयास के बाद सुप्रभा-नाभाग के अनुरोध पर वे शान्त हुए। जब वे शान्त हो गए तब नाभाग ने उनसे कहा, "जब हम वाणिज्यग्राम से चले थे तो हम अकेले थे, हमने अपना गृह, अपने कुटुंब सबको छोड़ दिया था। किन्तु चन्द दिवस में आप लोगों ने जिस तरह हमें अपनाया इसकी हमने कल्पना भी नहीं की थी। आप लोगों ने जो स्नेह और आशीर्वाद हमें दिया है उससे मैं अभिभूत हूँ। अभी युद्ध की स्थिति में भी आपने तन, मन और धन से समर्थन देकर हमें सदा के लिए अपना ऋणी बना लिया है। इंद्र की कृपा से युद्ध टल गया इसलिए आप लोगों के स्वर्णाभूषण, दम्म, कार्षापण सुरक्षित हैं जिसे अभी आप वापस ले लें। मैं अभी सोचता हूँ कि वाणिज्यग्राम से निकलकर यदि मैं किसी अन्यत्र जगह पर गया होता तो क्या मुझे यही स्नेह और सहयोग मिलता, शायद नहीं! आप लोगों ने जो हमारे लिए किया है इसे हम इस जीवन में कभी भूल नहीं सकते और आप लोगों से जो सम्बन्ध बना है उससे कभी दूर नहीं हो सकते। अब आप लोगों से दूर जाना हमारे लिए सम्भव नहीं, इसलिए हमने निर्णय किया है कि हम अब आजीवन यहीं रहेंगे।"

नाभाग के इन वचनों को सुनते ही वहाँ सभी हर्षोल्लास में पुनः 'युवराज नाभाग और देवी सुप्रभा की जय' का उद्घोष करने लगे। उनके शान्त होने पर नाभाग ने पुनः कहना शुरू किया—"मैं जानता हूँ आप लोगों के रहते मुझे आवास या जीविकोपार्जन में कोई दिक्कत नहीं होगी किन्तु मैंने एक आम नागरिक की तरह जीवन व्यतीत करने का निर्णय किया है इसलिए मैं एक आम नागरिक के सुख और दुख दोनों जीना चाहता हूँ। अतः मुझे अपने आवास और जीविकोपार्जन की व्यवस्था भी स्वयं करनी है।"

तभी एक वृद्ध ने कहा, "नहीं युवराज, आपके साथ पहले ही बहुत अन्याय हो चुका है, आपको अब कोई कष्ट करने की आवश्यकता नहीं। यह तो हमारा सौभाग्य है कि आप हमारे बीच रहनेवाले हैं, सारी सुविधाएँ हम लोग उपलब्ध कराएँगे।"

नाभाग ने उत्तर देते हुए कहा, "मैं जानता हूँ कि आप लोग हमारे लिए कुछ भी करने को तत्पर हैं किन्तु इससे मेरा प्रण अधूरा रह जाएगा, मैं यहीं इसी स्थान पर जहाँ हमारा शिविर बना है वहीं अपना निवास स्थान बनाना चाहता हूँ, और यह जो भूमि बंजर पड़ी है इसका उपयोग कृषि कार्य के लिए करना चाहता हूँ। इसके अलावा जो भूमि आप लोगों ने आचार्य ब्रह्मदत्त की भूमि के समीप छोड़ दी है उस भूमि का उपयोग भी मैं इस हेतु करना चाहता हूँ, किन्तु चूँकि यह भूमि आपकी है इसलिए इस हेतु आपकी अनुमति आवश्यक है। कृपया मुझे यह अनुमति प्रदान कर पुनः अनुगृहित करें।"

नाभाग की बात सुनकर वहाँ उपस्थित लोग आश्चर्य से नाभाग को देखने लगे, सभी आपस में बातें भी करने लगे। कुछ क्षण तक जब वे इसी अवस्था में रहे तब नाभाग ने उनसे कहा, "क्या मुझसे कोई भूल हुई है, आप लोगों को कोई आपत्ति है, जो भी मन में है वह मुझे बताइए।"

इस पर एक वृद्ध ने कहा, "युवराज, हमारा सबकुछ आपका ही है, आपको अपना सर्वस्व देने में हमें प्रसन्नता होगी किन्तु आप उसी भूमि का चयन क्यों कर रहे हैं जो हमने सदा के लिए छोड़ दी है। जहाँ आप अभी हैं और जहाँ हम लोग अभी हैं यह पूरी भूमि शापित है। यहाँ एक ब्राह्मण देवता की हत्या हुई थी, उसके बाद भयंकर सूखा पड़ा था तब हम लोगों ने भगवान इंद्र की प्रार्थना करते हुए उनसे कहा था कि वे यह सूखा समाप्त करा दें, वर्षा होने लगे तो हम इस भूमि पर कभी अन्न नहीं उपजाएँगे। इस बात को बीते कई दशक हो गए किन्तु हमने यहाँ अन्न नहीं बोया और तब से सूखा भी नहीं पड़ा। इसी तरह आचार्य ब्रह्मदत्त जिस तरह अस्पृश्यों को अपने यहाँ रखते हैं, ये अस्पृश्य बच्चे उनकी भूमि में विचरण करते हैं, इससे उनका तो धर्मभ्रष्ट हो ही चुका है, हमारा नहीं हो इसलिए हमने उनके पास की भूमि को बंजर ही छोड़ दिया है। आपको हमारी अन्य जो भी भूमि पसन्द हो वह आप ले लीजिए किन्तु इन

शापित, अपवित्र भूमि का उपयोग मत करिए, यह आपके हित का, भाग्य का बाधक बनेगा।"

नाभाग ने कहा, "मैं अभी आपकी बातों को मिथ्या नहीं कह रहा, यह बात अलग है कि मैं इससे सहमत भी नहीं हूँ फिर भी इस सम्बन्ध में मैं अभी कुछ नहीं कहूँगा। किन्तु मैं एक दूसरी बात जरूर कहूँगा। हमारे धर्म में धरती को माता की संज्ञा दी गई है, हम लोग धरती को माता की तरह पूजते हैं। इस धरती पर अन्न उगाना इसी माता को सम्मान देना है। किन्तु इस तरह इस भूमि को बंजर छोड़कर क्या हम धरती माता का अपमान नहीं कर रहे हैं? सालों से यह भूमि बंजर है यह मुझे उचित प्रतीत नहीं होता। आप लोगों के मन में इसे लेकर जो धारणा है उसे अभी आप हटा नहीं सकते यह मैं जानता हूँ इसलिए मैं आपको इस भूमि पर अन्न उगाने के लिए नहीं कह रहा। किन्तु मैंने तो न इंद्र भगवान के समक्ष यहाँ पैदावार न करने का प्रण किया था और न ही मैं उस समय था ही, मैं इस ग्राम का मूल निवासी भी नहीं हूँ। इसलिए मुझे यदि आप अपनी भूमि देना चाहते हैं तो यही भूमि दें।"

नाभाग की बात सभी को स्वीकार करनी पड़ी। वहाँ से जाने के पूर्व रेहसायागढ़ी के कुछ लोग नाभाग के पास आए और उन्होंने कहा कि आप सबसे पहले हमारे ग्राम में आए थे, इसलिए आप कृषि चाहे जिस भूमि पर करें किन्तु अपना आवास हमारे ग्राम में ही रखें। नाभाग ने अपना शिविर दिखाते हुए उन्हें समझाया कि वे इसी शिविर की जगह अपना आवास बनाएँगे जो कि रेहसायागढ़ी के ही भाग में आता है। वह सर्वदा के लिए रेहसायागढ़ी के ही निवासी हो चुके हैं।

सभी के चले जाने के बाद सागत, मिनांदर, नन्दिवर्धन, इला और लोपामुद्रा की उपस्थिति में सुप्रभा-नाभाग ने शिविर स्थल पर एक स्थायी गृह और उससे कुछ दूरी पर एक आरोग्यशाला के निर्माण की रूपरेखा हेतु सत्यरथ से विमर्श किया। इस विमर्श में सभी ने अपने विचार दिए और अन्त में जाकर एक निश्चित निर्णय पर सुप्रभा-नाभाग पहुँच पाए। सत्यरथ ने बताया कि पूरा कार्य सम्पन्न होने में एक मास का समय लग सकता है। वह इस हेतु शिल्पकार और सामग्री अगले दिन ही ले आएगा।

अब तक सत्यरथ की पृष्ठभूमि के बारे में सागत, मिनांदर, नन्दिवर्धन, इला और लोपामुद्रा को पता चल चुका था। सत्यरथ के जाने के पश्चात नन्दिवर्धन ने नाभाग से कहा, "युवराज, क्षमा चाहता हूँ किन्तु मेरे मन में एक दुविधा है, इसका निराकरण करने की कृपा करें। सत्यरथ चांडाल है यह जानकर भी आप उसे अपने पास आने की अनुमति क्यों देते हैं?"

"नन्दिवर्धन, चांडाल किसे कहते हैं"—नाभाग ने पूछा।

"ब्राह्मण स्त्री और शूद्र पुरुष की सन्तान को"—नन्दिवर्धन ने उत्तर दिया।

"यदि सत्यरथ ब्राह्मण स्त्री और ब्राह्मण पुरुष या शूद्र स्त्री और शूद्र पुरुष का पुत्र होता तब तो वह चांडाल नहीं होता?"

"नहीं बिलकुल नहीं।"

"और क्या यह विधान ईश्वर ने बनाया है, क्या ईश्वर को किसी ने यह कहते सुना है कि ब्राह्मण स्त्री यदि शूद्र पुरुष से प्रेम करे तो उसे तो प्रताड़ित करो ही, उसकी सन्तान को भी आजीवन प्रताड़ित करो?"

"नहीं युवराज, किसी ने ईश्वर को यह कहते नहीं देखा।"

"क्या यह एक सन्तान के बस में है कि वह किस गर्भ से जन्म ले?"

"नहीं।"

"यदि सत्यरथ के बस में होता तो क्या वह चांडाल का जीवन चुनता?"

"नहीं बिलकुल नहीं।"

"तो फिर इस बात को समझो, जिस बात में सत्यरथ का कोई बस ही नहीं उसका दंड वह क्यों भुगत रहा है? यह कुछ पूर्वग्रही व्यक्तियों या अधिक स्पष्ट कहें तो जातियों ने मनगढ़ंत विधान तय कर दिए हैं जिसका दुष्परिणाम पीढ़ी दर पीढ़ी एक बड़ी जनसंख्या को भोगना पड़ रहा है। यह उसी तरह की समस्या का दूसरा रूप है जिसके शिकार आज मैं और देवी सुप्रभा हैं। जातीय विभाजन, शोषण इस युग की जघन्यतम बुराइयों में से एक है जिसे दूर किए बिना हम एक सभ्य समाज की कल्पना नहीं कर सकते।"

"युवराज, आपकी बात सत्य हो सकती है और हम सभी आपकी बात ही सत्य मानेंगे किन्तु यदि ग्रामवासियों को यह ज्ञात हो गया तो वे इसे इतनी सहजता से स्वीकार नहीं पाएँगे।"

"मैं इस बात को जानता हूँ नन्दिवर्धन, और यह विष इस हद तक लोगों के अन्त:करण में हावी है कि इसे निकालना अभी सम्भव भी नहीं, यह समय के साथ होगा और शनैः शनैः होगा जो कि बहुत कुछ परिस्थितियों पर निर्भर करेगा। यही कारण है कि मैं ग्रामवासियों के समक्ष सत्यरथ की पहचान छुपाने का प्रयत्न करता हूँ।"

"युवराज, मेरी एक विनती और है, यह वस्तुत: केवल मेरी नहीं बल्कि हम सभी की विनती है, मैं, सागत, मिनांदर, इला और लोपामुद्रा सभी अब यहीं आप ही के पास रहना चाहते हैं, हमें यह अनुमति प्रदान करें।"

"मुझे कोई समस्या नहीं किन्तु तुम सभी को सबसे पहले अपने माता-पिता की अनुमति लेनी होगी।"

"यह अनुमति तो हमने ले रखी है युवराज"—एक स्वर में सागत, मिनांदर, नन्दिवर्धन, इला और लोपामुद्रा ने कहा।

"अच्छा, इसका मतलब तुम लोगों ने पहले ही पूरी तैयारी कर रखी है। किन्तु यहाँ कभी भी कोई दास या दासी नहीं रहेंगे, यहाँ हम सभी को अपना कार्य स्वयं करना होगा, क्या यह कर पाओगे?"

पुनः सभी ने एक स्वर से हामी भरी और सभी का सुप्रभा-नाभाग के साथ रहना तय हो गया।

अगले दिन से गृह निर्माण का कार्य भी प्रारम्भ हो गया। शिल्पकार और आवश्यक सामग्री लाने का उत्तरदायित्व सत्यरथ ने उठा रखा था। सागत, मिनांदर, नन्दिवर्धन, इला और लोपामुद्रा भी इस कार्य में शामिल थे। आवश्यक होने पर सुप्रभा-नाभाग भी उनकी सहायता करते थे। समय-समय पर कुछ ग्रामवासी भी अपनी तरफ से सहयोग का प्रयत्न करते।

जिस घर को बनाने में सामान्य स्थिति में कम-से-कम छह महीने लगते वह सत्यरथ द्वारा लाए गए कुशल कारीगरों के कारण एक महीने दस दिन में बनकर तैयार हो गया था। आरोग्यशाला बनने में दस दिन और लगे।

आवास तैयार हो जाने के बाद सही मायने में सुप्रभा और नाभाग का वैवाहिक जीवन आरम्भ हो पाया। तमाम विवादों, उथल पुथल ने उन्हें अब तक एक क्षण के लिए भी शान्ति से साँस लेने नहीं दी थी। यह पूरा समय मानसिक यातना में ही बीत गया था। नये जीवन की शुरुआत तो हो चुकी थी किन्तु अब तक की अवधि उसे व्यवस्थित करने में ही बीत गई थी। आवास तैयार होते-होते स्वयं की मनोस्थिति और व्यवहारिक जीवन की संरचना सबकुछ लगभग व्यवस्थित हो गया था। वे उस आकाश को अब थाम चुके थे जिसमें विचरण की अभिलाषा ने उन्हें हर तरह के धार्मिक, सामाजिक पूर्वग्रहों से लड़ने का हौसला दिया था। अब बस उड़ान भरने की बारी थी, उड़ते जाने की बारी थी।

लगभग उस पूरे संसार से लड़कर जिनसे उनका जन्मगत रिश्ता था उन्होंने रेहसायागढ़ी में अपना एक नया संसार बनाया था, बसाया था। नाभाग जिसे कभी पूरा वज्जि राज्य अपना संसार दिखता था, जिस पर शासन की तैयारी वह कर रहा था, नागरिकों के जीवन स्तर को सुधारने हेतु योजनाएँ बना रहा था उसका संसार अब केवल रेहसायागढ़ी बन गया था। किन्तु यह अपूर्ण या लघु होने का भाव नहीं था बल्कि यह पूर्ण और वृहत्त होने का अनुभव था। एक दूसरे का साथ पाकर, एक दूसरे के साथ होकर दोनों पूर्ण भी हुए थे और उन्होंने अपने संसार को वृहत भी किया था। यह विरोधाभास नहीं था बल्कि प्रतीत हो रहा विरोधाभास उनकी कहानी का सार था। उन्होंने अपना बाह्य संसार छोटा अवश्य किया था किन्तु जो अन्त:करण में पाया था जो वृहत था, अनंत था, असीम था और निश्चित रूप से पूर्ण था।

अब दिन बीत नहीं रहे थे बल्कि तरंग की तरह उनके तन-मन को हर क्षण कंपित कर रहे थे, मधुर तान की तरह हवाओं में गूँज रहे थे। वे जी रहे थे, पूरा जी रहे थे। वे खुश हो रहे थे, हर पल एक नये सुख का सृजन कर रहे थे। वे एक दूसरे के थे, वे एक दूसरे में थे। यह पूर्णता ही उनका जीवन था, यह सन्तुष्टि ही उनका सबकुछ था। यहाँ तक पहुँचने की यात्रा में इन्होने अपना बहुत कुछ हारा था, गँवाया था किन्तु सबकुछ जीत लिया था, पा लिया था। पूरा संसार, पूरा ब्रह्मांड। अब कोई कमी नहीं थी, कुछ भी शेष नहीं था।

आवास पर सागत, मिनांदर, नन्दिवर्धन, इला और लोपामुद्रा की उपस्थिति ने सुप्रभा-नाभाग को कभी एकाकीपन का अनुभव नहीं होने दिया। वे सभी उम्र में उनसे छोटे थे, इसलिए मित्र या सखा से अधिक ये छोटे भाई-बहन बन गए थे। नाभाग को जब भी आवश्यकता होती सागत, मिनांदर और नन्दिवर्धन आसपास ही उपस्थित रहते, सुप्रभा को जब भी आवश्यकता होती इला और लोपामुद्रा उपस्थित हो जाती। वे अब इस नये बने संसार के अभिन्न अंग हो गए थे।

नाभाग के लिए अभी सबसे बड़ा कार्य बंजर भूमि को उपजाऊ हेतु उपयुक्त बनाने का था। ब्राह्मण हत्या के रूप में शापित कहकर प्रचारित की गई भूमि तो कई दशक से बंजर थी। यह काफी दुरूह कार्य था।

कृषि कार्य की जानकारी नाभाग या सुप्रभा को अधिक नहीं थी। संयोग से इस सम्बन्ध में दोनों का अनुभव हिमवंत आश्रम में मिलनेवाले कृषि प्रशिक्षण तक ही सीमित था। वहाँ नाभाग ने कृषि प्रशिक्षण में रुचि दिखाई थी किन्तु वह वहाँ कम समय के लिए रहा था, सुप्रभा वहाँ रही तो थी कई सालों तक किन्तु उसकी रुचि कृषि कार्य में बिलकुल नहीं थी, इस तरह पूरी जानकारी दोनों में से किसी के पास नहीं थी। और समुचित जानकारी हुए बिना इस बंजर भूमि पर अन्न उपजाना कठिन कार्य था। सागत, मिनांदर को सुप्रभा-नाभाग से अधिक जानकारी अवश्य थी, यदा-कदा वे अपने खेतों के कृषि कार्यों में सहयोग करते रहते थे किन्तु यह ज्ञान समुचित नहीं था। नाभाग ने सागत और मिनांदर से किसी भड्डरी अर्थात किसान पंडित के बारे में पता करने को कहा जिससे वे पूरी जानकारी प्राप्त कर सकें। कृषि सम्बन्धी समग्र जानकारी और विशेषज्ञता की वजह से इन वैश्य भड्डरी को गण किसान पंडित भी कहते थे। सागत ने रेहसायागढ़ी से एक कोस उत्तर निर्गाछी ग्राम के भड्डरी उपाली के बारे में बताया। नाभाग, सागत, मिनांदर और नन्दिवर्धन के साथ उपाली के घर पहुँचे। स्वयं का वास्तविक परिचय दिए बिना नाभाग ने उपाली से कहा, "मेरे पास कुछ बंजर भूमि है, अभी तक मैं नगर में रहता था किन्तु परिस्थितिवश मुझे अब ग्राम में आना पड़ा है और कृषि कर के ही गुजारा करना है, कृपया मेरी सहायता करें।"

उपाली ने कहा, "यही तो भूलकर रहे हैं सभी, सब नगर की ओर भाग रहे हैं, यह जाने, समझे बिना कि यदि गाँव में जन बचेंगे नहीं, कृषि करेंगे नहीं तो नगर

का अस्तित्व भी नहीं बचेगा। संसार भर के नगरों का अस्तित्व हमारे गाँवों और हम किसानों पर टिका है। यदि यह पीढ़ी इस बात को न समझी तो इसका अस्तित्व खतरे में पड़ जाएगा। कोई भी सभ्यता कृषि की अनदेखी कर के जीवित ही नहीं रह सकती। मैं तुम्हें जानकारी दूँगा भद्र युवक, किन्तु मुझे पहले यह बताओ कि तुम कृषि के सम्बन्ध में कितना जानते हो?"

नाभाग जितना जानता था उसने सब बता दिया।

नाभाग की बातें सुनकर उपाली मुस्कुराया और फिर बोला—"समझ गया तुमने कभी खेती नहीं की है। कृषि के लिए कुछ मूल बातों को सदैव स्मरण रखो। बोवाई के उचित समय का ठीक ज्ञान होना बहुत जरूरी है। हर उपज की बोवाई के लिए उपयुक्त नक्षत्र एवं समय होता है। उससे पहले या पीछे बोने से उपज को हानि होती है तथा उपज भी सन्तोषप्रद नहीं होती। बोवाई के समय खेत में कितनी नमी हो एवं खेत की मिट्‌टी किस दशा में हो, इसका भी ज्ञान भी आवश्यक है। जिस प्रकार प्रत्येक उपज के लिए अलग-अलग समय है, उसी प्रकार भूमि की दशा, नमी की मात्रा तथा बोवाई के ढंग भी अलग-अलग हैं। किस जाति की उपज किस भूभाग में बोई जाए, इसका ज्ञान भी अपेक्षित है। जो धान माहिष्मती में अच्छा होता है वह वज्जि में भी पैदा होगा ही ऐसी बात नही है। यह बात सभी उपज के लिए है। तदनुसार उचित जाति के बीज बोने से उपज अच्छी होगी। प्रत्येक उपज के लिए भूमि भिन्न प्रकार की होती है। जैसे धान मटियार अथवा नीचे खेतों में अच्छा होता है। कुछ उपज बलुआ खेतों में अच्छी होती है। इनके खेतों में पानी भर जाना हानिकारक होता है। किन्तु पानी भरने से धान को लाभ होता है। कुछ उपज मटियार ढेलेवाले खेतों में अच्छी होती है, और गेहूँ पतली मिट्‌टी वाले दोमट खेतों में। बोवाई के पश्चात कितने दिनों बाद, किस प्रकार खेत में पानी लगाया जाए, या न लगाया जाए तथा पानी लगाने के बाद निकाई गुड़ाई कैसे और कब की जाए, यह जानना भी वांछनीय है। इसमें धोखा होने से उपज को हानि हो सकती है। खेती की उन्नति और उपज की वृद्धि के लिए उन्नत बीज का उपयोग आवश्यक है। प्रत्येक अन्न के बीज की अनेक जातियाँ होती है। उन्नत बीज की खोज हो जाने पर उसे तीव्र गति से बढ़ाया जाता है।"

भड्‌डरी उपाली इस तरह के अनेकानेक परामर्श देता रहा मानो वह किसी ग्रन्थ को देखकर पढ़ रहा हो, वह बोलता गया और नाभाग मंत्रमुग्ध होकर सब सुनता रहा। सागत, मिनांदर और नन्दिवर्धन भी उसी स्थिति में थे। नाभाग ने अपनी बंजर भूमि के बारे में पूछा तो उपाली ने कहा कि 'इस बारिश जितनी बार हो सके खेतों में अधिक से अधिक हल चलाओ और इन खेतों में जल संचय हो सके इसकी व्यवस्था करो।'

आवश्यकता पड़ने पर पुनः आने की बात कहकर सभी रेहसायागढ़ी लौट आए। उन्हें ऐसा प्रतीत हो रहा था जैसे वे अब पूरी तरह प्रशिक्षित हो गए हैं।

नाभाग ने सागत, मिनांदर और नन्दिवर्धन से हल और बैलों की व्यवस्था करने के लिए कहा ताकि मिट्टी गीली होने पर हल चलाया जा सके। उन्होंने बारिश का मौसम प्रारम्भ होने से पूर्व ही सभी खेतों के बाह्य भाग में ऊँचे मुंडेर बना दिए ताकि बारिश के समय वहाँ आसानी से जल संचय हो सके जिससे की खेतों में नमी बनी रहे। और जब बारिश शुरू हुई तो उनकी यह योजना कारगर साबित हुई। अब खेतों में इतनी नमी थी कि उस पर हल चलाया जा सके।

और खेतों में हल भी चले। चार जोड़े बैल और चार हल एक साथ। सागत, मिनांदर, नन्दिवर्धन और नाभाग हल चला रहे थे। वज्जि साम्राज्य का युवराज नाभाग खेतों में हल चला रहा है यह बात केवल रेहसायागढ़ी ही नहीं आसपास के कई गाँवों के लिए चर्चा का विषय थी। कई लोग नाभाग जहाँ भी हल चला रहा होता उसे देखने पहुँच जाते। मिट्टी सने खाली पैर और वस्त्र वाले नाभाग को हल जोतने में तल्लीन देखकर लोगों को सहसा अपनी आँखों पर विश्वास नहीं होता। यह वह दृश्य था जिसे सब देखना चाहते थे। स्वयं आचार्य ब्रह्मदत्त भी इस दृश्य को देखे बिना नहीं रह सके।

नाभाग को बारिश में भीगकर हल चलाते हुए देखते हुए रेहसायागढ़ी की एक वृद्धा के मुख से सहसा निकल पड़ा—'किसान राजा', यह सुनकर पास खड़े लोगों के मुख से निकला—'किसान राजा नाभाग' और फिर कईयों के मुख से समवेत स्वर में निकला 'किसान राजा नाभाग की जय'। वर्षा की ध्वनि में उस समय भले ही यह उद्घोष दब गया हो किन्तु अब यह स्वर रुकनेवाला नहीं था। यह स्वर तो धीरे-धीरे पूरे राज्य में पहुँच गया, वाणिज्यग्राम भी पहुँच गया और राजमहल भी पहुँच गया।

नाभाग को उस अवस्था में देखकर, हल चलाने में तल्लीन देखकर सबकी अपनी-अपनी प्रतिक्रिया थी, इसमें सुप्रभा की भी प्रतिक्रिया थी। जब सुप्रभा ने पहली बार उस अवस्था में नाभाग को देखा तो उसकी आँखों से सहसा आँसू बह निकले, वह इन्हें सँभालने का प्रयत्न करती रही किन्तु वह सँभाले नहीं सँभल रहे थे। उस क्षण सुप्रभा के दिल में एक हूक सी उठी, एक तीव्र टीस ने उसके हृदय को अथाह पीड़ा और आत्मग्लानि से भर दिया। उसे लगा जैसे युवराज की यह दशा और यह अपमान उसी के कारण है। यदि युवराज उससे प्रेम नहीं करते तो आज राजमहल में वज्जि सम्राट के रूप में राजसिंहासन पर बैठे होते। केवल उसके कारण युवराज आज मिट्टी से सने थे, बारिश में भीग रहे थे। उसे पहले स्वयं पर क्रोध आया फिर वज्जि राजमहल पर। वह आक्रोश से भर गई। उसी समय, उसी क्षण मानो उसके हृदय ने जोर से कहा जो उसके होठों तक आया—"नहीं, यह युवराज की नियति नहीं हो सकती। युवराज की वास्तविक जगह राजसिंहासन है, वज्जि राज्य के सम्राट का पद है। मैं प्रण करती हूँ कि एक दिन वह राजमुकुट युवराज के चरणों में रख दूँगी। उस राजमुकुट पर केवल युवराज का अधिकार है और उसे प्राप्त किए बिना

अब मैं चैन से नहीं बैठूँगी।" इस प्रण को दुहराते-दुहराते सुप्रभा की आँखों के आँसू सूख चुके थे, वे अब जैसे ज्वाला बनकर उसकी आँखों में धधक रहे थे। मन में थोड़ी भी शान्ति नहीं थी। उसने जो प्रण किया था वह प्राप्त करने का कोई साधन उसे समझ में नहीं आ रहा था। साधन तो स्वयं नाभाग थे किन्तु वे बीस बरसों के लिए राजधानी से निष्कासित थे। वह सोच रही थी कि 'युवराज जा नहीं सकते, मैं जा नहीं सकती, युवराज तो अपने वचन के कारण इस हेतु कोई प्रयास भी नहीं करेंगे, फिर यह कैसे होगा, यह कौन करेगा?' वह निराश हुई जा रही थी कि तभी आकशवाणी की तरह उसकी अन्तरात्मा ने उससे कुछ कहा और वह मुस्कुरा उठी, जैसे सारी चिन्ता समाप्त हो गई हो, जैसे ईश्वरीय वरदान के रूप में मार्ग मिल गया हो और वह बोल पड़ी—"हाँ यह काम मेरा पुत्र करेगा, हाँ यह काम मेरा पुत्र करेगा। वह राजमुकुट को युवराज के चरणों में लाकर रख देगा।"

पिछले तीन दिन से अपने गर्भवती होने की जानकारी देने में संकोच कर रही सुप्रभा ने तय कर लिया कि वह आज युवराज को बता देगी कि वे पिता बननेवाले हैं।

श्रावण, भाद्रपद और आश्विन मास तक की गई नाभाग की कड़ी मेहनत और सागत, मिनांदर और नन्दिवर्धन के सहयोग से सालों से उपेक्षित और बंजर भूमि अब उस स्थिति में दिखने लगी थी कि उसमें अन्न उगाया जा सके। गाँवों के कई लोगों को आरम्भ से ही इस बात का विश्वास नहीं था कि यह भूमि अब कभी भी अन्न उगाने हेतु उपयुक्त हो पाएगी, एक तो शापित होने की बात मन में थी इसके अलावा मिट्टी की स्थिति देखकर भी उन्हें इस बात पर अविश्वास था। यह लगभग असम्भव के सम्भव हो जाने जैसी स्थिति थी।

कार्तिक मास में गेहूँ की बुआई का कार्य नाभाग ने शुरू कर दिया। बुआई में सबसे बड़ी समस्या श्रम संसाधन की थी। घर के सामने की बंजर भूमि के अलावा आचार्य ब्रह्मदत्त की भूमि के समीप छोड़ी गई भूमि भी बड़ी थी। इसके लिए अधिक लोगों की आवश्यकता थी। नाभाग के मन में सत्यरथ से सहयोग लेने का विचार आया किन्तु यह वह समय था जब लगभग सभी गाँव वाले खेतों में ही रहते थे और अभी अपनी भूमि में बुआई का काम कर रहे थे। ऐसे में यदि सत्यरथ अपने साथ अन्य अस्पृश्यों को लेकर आता तो यह भेद खुलने का भय था इसलिए नाभाग ने यह विचार त्याग दिया। अब सारी बुआई उसे सागत, मिनांदर और नन्दिवर्धन के सहयोग से ही पूरी करनी थी, और यह पूरी हुई भी। किन्तु यह पूरा करने में नाभाग

को लगभग अपना पूरा समय खेतों में देना पड़ा। सागत, मिनांदर और नन्दिवर्धन की भी यही स्थिति थी। यहाँ तक कि इला और लोपामुद्रा को भी इसी काम में पूरा समय देना पड़ जाता था।

अब घर का पूरा उत्तरदायित्व अकेली सुप्रभा पर ही था। चाहे वह आवास की सफाई हो या भोजन तैयार करने का उत्तरदायित्व। सुप्रभा को भोजन खेतों तक पहुँचाने जाना भी पड़ता था। वह गर्भ से थी किन्तु जब भी वह खेतों में जाती उसे स्वयं की स्थिति से अधिक पीड़ा नाभाग को देखकर होती। कई बार उसे एक क्षण के लिए विश्वास ही नहीं होता कि यह वही युवराज हैं जिसे उसने घोड़े पर बैठे हिमवंत आश्रम के पास जंगल में देखा था। राजसी वस्त्र, हीरे-जवाहरात से लदे, सोने की तरह दमक रहे वह सुदर्शन युवराज आज ऊपर से नीचे तक मिट्टी में सने थे। यदि वाणिज्यग्राम का कोई भी व्यक्ति आज युवराज को देखे तो एक क्षण के लिए पहचानने से इनकार कर देगा। युवराज की यह दशा देखकर सुप्रभा आत्मग्लानि और पीड़ा की असहनीय स्थिति में पहुँच जाती थी। वह इस पूरी स्थिति के लिए स्वयं को उत्तरदायी मानती थी। कई बार उसके मन में यह भी आता कि क्या होता यदि वह युवराज से मिलती ही नहीं, कम-से-कम युवराज का जीवन तो इस गर्त में नहीं पहुँचता। वह इस स्थिति को सहन नहीं कर पाती थी, इस स्थिति को किसी भी तरह बदल देना चाहती थी किन्तु अभी वह कुछ नहीं कर सकती थी। अब उसकी सारी आशाएँ केवल अपने होनेवाली सन्तान से थी जो उसके गर्भ में पल रहा था। वह ईश्वर से प्रार्थना करती कि उसे पुत्र रत्न की प्राप्ति हो जिसके द्वारा वह वज्जि राज्य का सिंहासन युवराज के चरणों में रख दे। वह जल्द-से-जल्द अपने पुत्र को इस संसार में देखना चाहती थी जिससे कि वह युवराज को इस दंड से मुक्ति दिलवा सके, जिससे वह युवराज के इन दुख भरे दिनों का अन्त कर सके।

सुप्रभा जिसे पीड़ादायक, दयनीय स्थिति समझती थी उस स्थिति में भले ही युवराज का शरीर मलिन पड़ गया हो, भले ही युवराज धूल, मिट्टी में सने रहते हों, भले ही उनकी पूरी दशा बदल गई हो किन्तु एक चीज अब भी यथावत थी जिसे देखकर सुप्रभा के सारी पीड़ा कुछ क्षण के लिए मिट सी जाती थी। वह थी युवराज के मुख पर सदैव कायम रहनेवाली चिर परिचित निश्छल मुस्कान, वह मुस्कान जो सुप्रभा को देखकर और खिल जाती थी, वह मुस्कान जिसे देखकर सुप्रभा स्वयं खिल उठती थी। जब नाभाग दूर से ही सुप्रभा को भोजन लेकर खेतों में अपनी तरफ आते देखते वह स्वयं सारा काम छोड़कर तेजी से सुप्रभा की दिशा में भागते ताकि सुप्रभा को कम-से-कम दूरी तय करनी पड़े। भोजन करते समय सुप्रभा नाभाग को देखती रहती और नाभाग सुप्रभा पर अपनी दृष्टि रखता। कुछ पल के लिए सुप्रभा भूल जाती कि पहली मुलाकात से अब तक दोनों का संसार किस हद तक बदल चुका है। सबकुछ ठहर जाता, हर दुख मिट जाता।

एक रात सोने के समय नाभाग ने सुप्रभा से कहा, “प्रिय, मैं आपसे क्षमा माँगना चाहता हूँ।”

सुप्रभा यह सुनकर चौंक गई और उसने पूछा, “ऐसा क्या हुआ युवराज, जो आप मुझसे क्षमा माँगना चाहते हैं, आपसे तो कोई ऐसी भूल हो ही नहीं सकती, आप भला क्यों क्षमा माँगेंगे।”

“देवी, यह मेरा कर्तव्य है कि मैं आपको हर तरह की असुविधा, परेशानी से दूर रखूँ। आज जब आप मुझे मेरे जीवन का सबसे बड़ा उपहार देनेवाली हैं, इस अवस्था में आपको जितना श्रम करना पड़ता है उसका उत्तरदायी तो मैं ही हूँ। आप आज यदि अपने पिताश्री के यहाँ वाणिज्यग्राम में होतीं तो आपको इन सारी असुविधाओं का सामना तो नहीं करना पड़ता। इसलिए मुझे आपसे क्षमा माँगनी चाहिए।”

“आप यह कैसी बातें कर रहे हैं युवराज, मुझे आपके सानिध्य में रहकर स्वर्ग से अधिक सुख की अनुभूति होती है। मैं आपके पास हूँ और आप मेरे पास हैं तो मेरे अपने जीवन में कोई कमी नहीं। मैं तो आपकी अर्धांगिनी बनते ही पूर्ण हो गई हूँ। आपने मेरे जीवन की सारी कमियों को पूरा कर दिया है, मुझे तो इस जीवन में स्वयं के लिए अब कुछ चाहिए ही नहीं। आपके साथ रहकर मुझे अब कभी कोई कमी हो ही नहीं सकती है। मैं अब सम्पूर्ण हूँ युवराज। सच कहूँ तो क्षमा तो मुझे माँगनी चाहिए। मेरे कारण आज आप इस दशा में हैं।”

“ऐसे क्यों बोल रही हैं आप देवी सुप्रभा, मैं किस दशा में हूँ भला, क्या हुआ है मुझे?”

“यह तो आपको भी अच्छी तरह ज्ञात है युवराज कि आप आज किस दशा में हैं। आप आज रेहसायागढ़ी के इस छोटे से गृह में, पूरा दिवस खेतों में आम कृषक की तरह काम करने के पश्चात इस अवस्था में हैं। जिस युवराज के सामने पूरा राज्य नतमस्तक होता था वह युवराज हर काम के लिये, हर बात के लिए लोगों से विनती करते हैं। जिस युवराज के एक संकेत पर सारे काम हो जाते थे वह युवराज आज पूरा दिन श्रम करते हैं। जिनके आगे-पीछे सैनिकों, दासों की पूरी भीड़ रहती थी वह युवराज आज नितान्त एकाकी का जीवन जी रहे हैं। जो आज इस राज्य के सम्राट बन चुके होते या बननेवाले होते, जिन्हें गण सम्राट के रूप में जानते उन्हें आज गण एक कृषक के रूप में जान रहे हैं। और इस पूरी स्थिति, पूरी दशा का उत्तरदायी यदि कोई है तो वह केवल मैं हूँ। केवल मेरे कारण आप उन सारे सौभाग्य से वंचित हो गए हैं जिन पर आपका जन्मसिद्ध अधिकार था। केवल मेरे कारण आप वह जीवन जीने को विवश हैं जो आपने भी कभी सोचा नहीं था। इन सबका उत्तरदायी केवल मैं हूँ, यदि आप मुझसे न मिले होते तो आज आपका जीवन सुख, ऐश्वर्य और सत्ता पूर्ण होता। मुझे क्षमा करें युवराज, मैंने आपके जीवन को दुखों से भर दिया है।”

"यह क्या हो गया है आपको देवी, आप किस तरह की बातें कर रही हैं? यदि आप यह सब सोच रही हैं तो इसका अर्थ तो यह हुआ कि आप आज तक मुझे अच्छी तरह जान ही नहीं पाई हैं। अब आप मेरी बातों को ध्यान से सुनिए और समझने का प्रयत्न करिए। यदि मैं चाहता तो क्या महाराज और आपके पिताश्री के इच्छा के विरुद्ध आपसे विवाह करने के पश्चात भी राजमहल में नहीं रह सकता था? यदि मैंने वैश्य बनना स्वीकार भी लिया तो भी वह मेरा गृह था, मुझे उसे छोड़ने की आवश्यकता नहीं थी यदि मैं जीवन में मूल्यों और आदर्शों को इतना महत्त्व नहीं देता तो। मेरा नगर से निष्कासन तो बाद में हुआ, सम्भव है यदि मैं यहाँ नहीं आता, युद्ध हेतु तैयार नहीं हो जाता तो मुझे यह दंड भी नहीं मिलता किन्तु उसके लिए मुझे अपने उन आदर्शों से समझौता करना पड़ता जिनके बिना मैं स्वयं के अस्तित्व की कभी कल्पना नहीं कर पाता हूँ। मेरे लिए मेरे मूल्य, मेरे आदर्श जगत की सारी बातों से अधिक महत्त्वपूर्ण है क्योंकि ये सत्य, मनुष्यत्व और नैतिकता पर आधारित हैं और यह मेरी समझ से संसार का सबसे बड़ा धर्म है। प्रकृति ने हमें इसलिए नहीं बनाया कि हम अपने भौतिक सुखों के लिये, स्वार्थ के लिए या किसी भी क्षणभंगुर लक्ष्य के लिए मनुष्यत्व और उस हेतु अनिवार्य नैतिकता के साथ समझौता करें। इस तरह के समझौतों के बल पर हम भले ही जिन भी भौतिक ऊँचाइयों को प्राप्त कर लें किन्तु वस्तुतः हम स्वयं को खो देते हैं, सबकुछ जीत कर भी हार जाते हैं। अतः मैं इस तरह के समझौते तो कभी नहीं कर सकता न देवी।"

कुछ पल मौन रहने के बाद सुप्रभा को अपनी आगोश में लेकर उसके लम्बे बालों को सँवारते हुए नाभाग ने कहा, "एक बात आप अच्छी तरह समझ लो प्रिय, मेरी अब तक की जिन्दगी की सबसे सुन्दर, विशिष्ट उपलब्धि तो आप हैं। आपको नहीं पाता, आप मेरे जीवन में न होतीं तो क्या मैं कभी भी उस सुख और सन्तोष का अनुभव कर पाता जो मैं आपके साथ होकर आज प्राप्त कर पा रहा हूँ। आज जिस तरह मुझे मेरा जीवन पूर्ण दिखता है क्या संसार भर की सत्ता, ऐश्वर्य से मुझे यह सुख मिल पाता। मैंने जिस क्षण आपको देखा उसी क्षण आपसे प्रेम करने लगा, मुझे नहीं पता यह कैसे हुआ किन्तु ऐसा ही हुआ, उस क्षण के बाद जो भी क्षण आपके बिना मैंने बिताए वे मेरे लिए वास्तविक दंड के कष्टप्रद क्षण थे। उन क्षणों को जीना मेरे लिए कठिन था, किन्तु आपके मेरे जीवन में शामिल होते ही हर दुख समाप्त हो गया और यह जीवन उन खुशियों से भर गया जिनकी मैंने कभी कल्पना नहीं की थी। यह सन्तुष्टि, सम्पूर्णता का वह अनुभव है जिससे मैं इसके पूर्व के जीवन में बिलकुल अनभिज्ञ था।"

नाभाग ने एक बार पुनः सुप्रभा को गौर से देखा और उसकी सौम्यता, सौन्दर्य पर सदैव की तरह मोहित होते हुए मुस्कुराया, तभी सुप्रभा की नजरें नाभाग की उसे प्यार से निहारती नजरों से टकराई तो वह शरमा सी गई। उसने अपनी आँखें मूँद ली।

कुछ क्षण रुककर नाभाग ने कहा, "देवी, मेरा यह जीवन मेरे स्वयं के द्वारा चुना गया है, एक कृषक के रूप में पहचाने जाने से मुझे मेरे मान में किसी ह्रास का अनुभव नहीं होता। सच कहूँ तो राज वंश में जन्म लेकर युवराज बनना और उसके पश्चात सम्राट बन जाना तो आसान काम था, उसमें मेरी क्या उपलब्धि होती, क्या पुरुषार्थ होता? उसके ठीक विपरीत राज वंश में जन्म लेकर, युवराज होते हुए एकाएक स्वयं को कृषक के रूप में परिवर्तित कर लेना एक बड़ी उपलब्धि है, बड़ा सौभाग्य है, कितनों को यह उपलब्धि और सौभाग्य प्राप्त करने का मौका मिल पाया होगा। आपसे न मिलता तो क्या यह उपलब्धि मैं कभी प्राप्त कर पाता? आप तो मेरे जीवन में मेरे सौभाग्य, सुख और उपलब्धि का सबसे बड़ा कारण बनकर आई हैं। क्या आपको मेरे मुख से मेरी यह प्रसन्नता, आनन्द की झलक नहीं दिखती है देवी? इसलिए इस तरह की बातें अपने मन में नहीं लाइए, आपने मुझे, मेरे जीवन को हर तरह की खुशियों से भर दिया है।"

सुप्रभा जानती थी कि युवराज एक संत की तरह सोचते हैं, जीते हैं, उन पर न तो उन बातों का विशेष प्रभाव पड़ता है जिसने उनके जीवन को इतना बदल दिया था और न ही उन बातों का जो इस बदले हुए जीवन में कठिनाइयों के रूप में अब शामिल थीं। किन्तु सुप्रभा पर युवराज की इस स्थिति का प्रभाव पड़ता था, बहुत प्रभाव पड़ता था, वह इसे बदल देने का प्रण कर चुकी थी और इस हेतु अपने पुत्र की प्रतीक्षा कर रही थी। वह पुत्र के आने के बाद उसके लालन-पालन, उसकी शिक्षा और लक्ष्य हेतु उसकी तैयारियों के बारे में सोच रही थी, योजनाएँ बना रही थी। उसे पता था यह अभी जल्दबाजी है क्योंकि अभी तो सन्तान का जन्म भी नहीं हुआ था किन्तु वह इन योजनाओं को बनाकर ही युवराज के साथ हो रहे अपमान को सह पा रही थी।

नाभाग की मेहनत रंग लाई, और गेहूँ की उपज लहलहाने लगी। उगते, बढ़ते और लहलहाते गेहूँ को देखकर नाभाग एक गहरे सन्तोष का अनुभव कर रहा था। उसने जीवन में पहली बार कोई अन्न उगाया था, उसे इस तरह बढ़ते देखना उसे आनंदित कर रहा था। जब वह पहली बार सुप्रभा को लेकर वाणिज्यग्राम से चला था उस समय उसके सामने अपने भविष्य को लेकर कोई निश्चित रूपरेखा नहीं थी, तब उसे केवल इतना पता था कि उसे सुप्रभा के साथ वज्जि राज्य के किसी कोने में अपनी जिन्दगी बितानी है। तब वह आचार्य ब्रह्मदत्त के यहाँ जा अवश्य रहा था किन्तु उस समय तक उसने यह सुनिश्चित नहीं किया था कि उसे अन्ततः रहना

कहाँ है। रेहसायागढ़ी में आने के बाद जैसे सबकुछ स्वयं ही तय होता चला गया। अब उसे लग रहा था जैसे नियति ने पूर्व से ही उसके लिए यही तय कर रखा था। पिताश्री ने काशी में शिक्षा सम्पन्न होने के बाद सीधे वाणिज्यग्राम आने को कहा था, किन्तु उसने स्वयं अनुरोध किया था कि वह सिद्धाश्रम होते हुए आना चाहता है। तब उसकी मंशा सिद्धाश्रम के ऋषि मुनियों से मिलने के अलावा मगध के लोगों की जीवन शैली और वहाँ की शासन व्यवस्था को ठीक से देखना भर था। मगध और वज्जि के बीच वैमनस्य नहीं था किन्तु मित्रता भी नहीं थी। एक प्रतिस्पर्धा सी कायम थी। महाराज नाभानेदिष्ट स्वयं मगध की गतिविधियों पर सूक्ष्म दृष्टि रखते थे और उनका यह प्रयास रहता था कि वहाँ के नागरिकों के जीवन स्तर व शासन व्यवस्था की तुलना में वज्जि राज्य की स्थिति अच्छी रहे। मगध की अच्छी या बुरी स्थिति का सीधा प्रभाव वज्जि के नागरिकों की मन:स्थिति पर पड़ता था। वज्जि के लोग मगध के लोगों से तुरन्त अपनी तुलना करने लगते थे। वहाँ कुछ अच्छा होता तो वे अपने राज्य से भी वही अपेक्षा रखते, कुछ बुरा होता तो अपनी स्थिति को बेहतर समझते। नाभाग इन बातों को समझता था, उसे यह भी पता था कि उसे कुछ समय बाद ही वज्जि राज्य की बागडोर अपने हाथ में लेनी है और फिर उसे भी वज्जि के नागरिकों की अपेक्षा का उसी तरह सामना करना है जिस तरह महाराज नाभानेदिष्ट को करना पड़ा है, इसलिए उसने सिद्धाश्रम रहकर मगध को समझने का निर्णय किया था। किन्तु नियति उसके लिए कुछ और ही सोच रही थी। यदि वहाँ उस समय वह सत्यरथ से नहीं मिलता और आचार्य ब्रह्मदत्त के बारे में उसे जानकारी नहीं मिलती तो शायद अभी वह कहीं और होता।

रेहसायागढ़ी में होने के निर्णय के पीछे सबसे बड़ा कारण आचार्य ब्रह्मदत्त ही थे और रेहसायागढ़ी में होकर ही आज वह अपनी आँखों के सामने स्वयं उगाए गेहूँ की उपज को देख पा रहा था। एक समय उस भूमि को शापित कहनेवाले लोग जब उपज को उत्साह और आश्चर्य से देखते तो नाभाग को अपार हर्ष होता था। आज वसंत पंचमी का शुभ दिन था इसलिए वह खेतों को देखते हुए अकेले आचार्य ब्रह्मदत्त से मिलने उनकी कुटिया की तरफ बढ़ रहा था। तभी उसे प्रतीत हुआ जैसे उसे कोई पुकार रहा है। वह पीछे मुड़ा तो दूर सागत आता दिखा, वह 'युवराज, युवराज' कहकर उसे पुकार रहा था। जब सागत हाँफते-हाँफते समीप आया तो नाभाग ने उससे पूछा, "क्या बात है सागत, इस तरह बदहवास क्यों भागते हुए आ रहे हो, सब ठीक तो है?"

सागत ने हड़बड़ाहट में उत्तर दिया, "युवराज जल्दी चलें, देवी सुप्रभा अति वेदना में हैं, प्रसव पीड़ा शुरू हो गई है।"

"प्रसव पीड़ा, अभी तो दस दिन का समय है, देवी सुप्रभा ने और उसे देखनेवाली दाईमाता ने तो यही कहा था?"

"हाँ किन्तु पीड़ा अभी ही प्रारम्भ हो गई है।"

"दाईमाता को किसी ने सूचित किया?"

"इला उन्हीं के पास गई है, आप जल्दी चलिए।"

नाभाग उसी समय घर की तरफ वापस लौट गया। मन-ही-मन वह सुप्रभा और होनेवाली सन्तान की रक्षा हेतु ईश्वर से प्रार्थना करने लगा।

उसी दिन के तीसरे पहर सुप्रभा ने पुत्र रत्न को जन्म दिया। जच्चा और बच्चा दोनों स्वस्थ थे। सुप्रभा-नाभाग की प्रसन्नता तो अपनी जगह पूरा रेहसायागढ़ी, प्रतापगढ़ और आसपास के कई गाँवों में उत्सव का वातावरण था। सभी इस तरह प्रसन्न हो रहे थे, खुशी व्यक्त कर रहे थे जैसे उनके अपने घर में किसी बच्चे ने जन्म लिया है। कई लोग तो मिष्ठान वितरण कर रहे थे तो कई एक दूसरे को बधाई दे रहे थे। हर कोई हर्षोल्लास में डूब गया था।

आचार्य ब्रह्मदत्त को जैसे यह सूचना प्राप्त हुई, उसने तुरन्त सत्यरथ से वाणिज्यग्राम चलने की व्यवस्था करने के लिए कहा। रात्रि के प्रथम पहर आचार्य ब्रह्म दत्त राजमहल में थे। उन्होंने प्रहरी से महाराज से इसी समय मुलाकात कराने के लिए कहा। आचार्य ब्रह्मदत्त को इस समय अचानक आए देख महाराज नाभानेदिष्ट किसी अनहोनी की आशंका से चिन्तित हो गए। महाराज नाभानेदिष्ट ने तुरन्त आचार्य ब्रह्मदत्त को अपने कक्ष में बुलाया और उनके आसन ग्रहण करते ही पूछा, "क्या कोई चिन्ता की बात है आचार्य ब्रह्मदत्त जो आपको इस समय यहाँ आना पड़ा, मेरा पुत्र नाभाग स्वस्थ तो है? पाँच दिवस पूर्व ही तो उसके कुशल मंगल होने के सम्बन्ध में आपने संदेश भेजा था। सब ठीक तो है?"

आचार्य ब्रह्मदत्त ने उत्तर दिया, "सब कुशल मंगल है महाराज, मैं तो आपको एक शुभ संदेश देने यहाँ उपस्थित हुआ हूँ।"

"कैसा शुभ समाचार आचार्य, क्या अब भी मेरे जीवन में किसी मंगल संदेश को सुनने की सम्भावना बची है?"

"बिलकुल बची है महाराज, आज कुछ समय पहले आपके पुत्र नाभाग को पुत्र रत्न की प्राप्ति हुई है, आप पितामह बन गए हैं।"

यह सुनकर महाराज नाभानेदिष्ट सहसा अपने कानों पर विश्वास नहीं कर पाए क्योंकि तब उन्होंने ऐसे किसी संदेश की अपेक्षा नहीं की थी। उनके मुख से बार-बार यही स्वर निकल रहे थे—

"मेरा पुत्र नाभाग पिता बन गया, मैं पितामह बन गया, मेरे पौत्र ने जन्म लिया है।"

बार-बार इन्हीं शब्दों को दुहराते-दुहराते महाराज नाभानेदिष्ट भाव विह्वल हो गए और अनायास ही उनकी आँखों से आँसू छलक पड़े। उनके आँसू आचार्य ब्रह्मदत्त से छुप न सके।

"क्या बात है महाराज, हर्ष के मौके पर ये अश्रु, इनकी अभी क्या आवश्यकता है?"

"यह हर्ष के ही अश्रु हैं आचार्य, इन्हें बहने दीजिए, लम्बे समय से इन आँखों को यह मौका नहीं मिला था।"

"इन्हें अभी सम्भालिए महाराज, अभी एक शुभ समाचार और शेष है, उसे सुनना अभी बाकी है।"

"एक और शुभ समाचार? यही हर्ष तो सँभाले नहीं सँभल रहा है आचार्य, अब और क्या शुभ संदेश है, जल्दी बताइए।"

"महाराज, मैंने आपके पौत्र के जन्म समय और नक्षत्र की गणना की है, आपका यह पौत्र आपके उन सपनों को पूरा करेगा जो आपने और स्वर्गीय महारानी ने अपने पुत्र नाभाग के बारे में सोचा था। आपके पौत्र के भाग्य में राजयोग स्पष्ट रूप से अंकित है, और यह इतना प्रबल है, ग्रह गोचर इतने अनुकूल हैं कि आपका यह पौत्र चक्रवर्ती सम्राट बनेगा।"

"यह आप क्या कह रहे हैं आचार्य? यह भला कैसे सम्भव है? मेरा पुत्र राजमहल छोड़कर वैश्य जीवन जी रहा है, और मैं यह राजपाट योग्य उत्तराधिकारी को सौंपकर वन प्रस्थान की तैयारी में हूँ। भला मेरे पौत्र को अब सम्राट का पद कैसे प्राप्त होगा?"

"महाराज, यह आज तो मैं नहीं कह सकता कि यह सब कैसे होगा। मुझे आज यह भी नहीं पता कि वह वज्जि राज्य का सम्राट बनेगा या किसी अन्य राज्य का। किन्तु उसकी कुंडली साफ कह रही है कि वह अपना रास्ता स्वयं तय करेगा, सम्भव है वह किसी नये राज्य की स्थापना करे, सम्भव है वह कुछ ऐसा करे जो हम आज सोच नहीं पा रहे हों, किन्तु इतना तय है कि आपका यह पौत्र आपके उन स्वप्न को अक्षरशः पूरा करेगा जिसे आपने लम्बे समय से सँजोकर रखा है।"

"आचार्य, आपने आज जो कहा यदि यह सत्य है तो भगवान इंद्र ने मेरे जीवन को सफल कर दिया है। मैं जानता हूँ मेरे पास इतनी आयु शेष नहीं है कि यह सब होते देख पाऊँगा किन्तु जब भी यह होगा तो गण यह तो कहेंगे कि वह मेरा पौत्र है। मेरे लिए यही पर्याप्त है।"

"महाराज बिलकुल ऐसा ही होगा।"

"आचार्य, मैं कितना अभागा हूँ। आज मेरे वंश के दीपक ने जन्म लिया है और मैं अपनी प्रसन्नता को खुलकर व्यक्त भी नहीं सकता। राजधर्म की मर्यादा मुझे राज्य से निष्कासित पुत्र के साथ पुत्रवत व्यवहार करने से भी रोकती है। यदि मेरा पुत्र नाभाग यहाँ होता तो आज यह वाणिज्यग्राम इस तरह सोता नहीं, आज नगर में, पूरे राज्य में उत्सव का वातावरण होता। हर तरफ कोलाहल और उल्लास होता, पूरा नगर प्रकाशवान होता।"

"महाराज, राजधर्म की मर्यादाएँ आपकी निजी भावनाओं पर पहरेदारी नहीं कर सकती। आप भले ही अभी अपने पुत्र और पौत्र से मिल नहीं सकते, भले ही आज नगर में उत्सव नहीं मनाया जा रहा हो किन्तु इससे आपके मन में बसे स्नेह

को क्या अन्तर पड़ता है, न ही यह आपकी अन्तरात्मा को प्रफुल्लित होने से रोकता है। आपकी निजी भावनाएँ स्वतंत्र हैं अत: इन्हें हर्षित होने दीजिए।"

महाराज नाभानेदिष्ट की प्रसन्नता, उल्लास की कोई सीमा न थी। वह रात उनकी जिन्दगी की कुछ सबसे अच्छी रातों में से एक थी, उनकी आँखें पूरी रात जगी रही, और वे पूरी रात अपनी आँखों से अपनी चिरप्रतीक्षित कामना को पूरी होते हुए देखने के स्वप्न देखते रहे।

पुत्र जन्म के दसवें दिन नाभाग के आवास पर 'आयुष और शक्ति अनुष्ठान' का आयोजन हुआ जिसमें रेहसायागढ़ी, प्रतापगढ़ और आसपास के गाँवों के सभी लोगों को बुलाया गया था। ब्राह्मणों को छोड़कर लगभग सभी क्षत्रिय और वैश्य इसमें शामिल हुए और सभी ने अपना आशीर्वाद नवजात शिशु को दिया। 'अनुष्ठान' को विधिपूर्वक आचार्य ब्रह्मदत्त ने संपन्न कराया। सुप्रभा-नाभाग के आवास पर भी आचार्य ब्रह्मदत्त से गाँव वालों ने पूरी दूरी बनाकर रखी। पूरे समय न तो कोई उनके पास गया और न ही उनसे किसी ने कोई बात की। सुप्रभा-नाभाग द्वारा अनुष्ठान आचार्य ब्रह्मदत्त द्वारा कराए जाने की बात से भी लोग प्रसन्न नहीं थे किन्तु वे यह भी जानते थे कि सुप्रभा-नाभाग की उनसे यह घनिष्ठता महाराज नाभानेदिष्ट के कारण है जिनके ऊपर वे प्रश्न चिह्न खड़ा नहीं कर सकते थे। उन्हें यह भी पता था कि आसपास के समस्त ब्राह्मणों ने सुप्रभा-नाभाग का आरम्भ से ही बहिष्कार कर रखा है इसलिए आचार्य ब्रह्मदत्त के अलावा उस समय कोई और विकल्प भी नहीं था।

ब्राह्मणों के इस बहिष्कार का प्रमुख कारण क्षत्रिय नाभाग का वैश्य सुप्रभा से विवाह तो था ही जो कि उनके द्वारा स्थापित व प्रतिपादित विधान के अनुसार धर्म विरुद्ध था, इसके अलावा एक कारण उनके इन विधानों को चुनौती देते आचार्य ब्रह्मदत्त से सुप्रभा-नाभाग की नजदीकियाँ भी थी। वे इस बात को स्वीकार नहीं पा रहे थे और इसी कारण उन्होंने सुप्रभा-नाभाग का बहिष्कार कर रखा था। इस दूरी को कम करने के लिए सुप्रभा-नाभाग की तरफ से भी कोई प्रयास नहीं किए गए और यह दूरी बढ़ती चली गई।

'आयुष और शक्ति अनुष्ठान' के पश्चात शिशु के नामकरण की प्रक्रिया प्रारम्भ हुई। नाम सुनने के लिए सुप्रभा और नाभाग तो व्यग्र थे ही वहाँ उपस्थित जन भी इस हेतु व्यग्र थे। इला, लोपामुद्रा तो 'आयुष और शक्ति अनुष्ठान' के समय भी बार-बार सुप्रभा से नामकरण को लेकर ही प्रश्न कर रही थीं। उनकी इच्छा थी कि ये अनुष्ठान जल्दी पूरे हों ताकि नामाकरण की प्रक्रिया शुरू हो सके।

आचार्य ब्रह्मदत्त ने नामाकरण की प्रक्रिया पूरी की और गहन गणना व अध्ययन के पश्चात शिशु के नाम की घोषणा की, नाम रखा गया—भलान्दन। आचार्य ब्रह्मदत्त के मुख से 'भलान्दन' उच्चारित होते ही सबके मुख से केवल

यही नाम उच्चारित होने लगा। सुप्रभा और नाभाग ने भी आनंदित होते हुए हल्के स्वर में कहा 'भलान्दन', और यह नाम पूरे वातावरण में गूँज उठा—'भलान्दन, भलान्दन, भलान्दन, भलान्दन'।

फाल्गुन मास में गेहूँ की कटाई होने लगी। इन्हें काटना और उसका संरक्षण भी श्रम साधक कार्य था। सारे गेहूँ को काटकर पहले इकट्ठा करना और उसके दानों को अलग कर एक जगह एकत्रित करना। इस काम में भी नाभाग की सहायता सागत, मिनांदर और नन्दिवर्धन कर रहे थे। सुप्रभा का पूरा समय भलान्दन के साथ बीत जाता था इसलिए गृह कार्य इला और लोपामुद्रा कर रही थीं। वही खेतों में खाना पहुँचाती थी। उस समय गाँव के सारे लोग इसी काम में व्यस्त थे। कुछ बड़े किसानों ने अपने दासों को भी इस काम में लगा रखा था, हालाँकि ऐसे किसानों की संख्या कम थी। सारे किसान वैश्य थे, इस तरह नन्दिवर्धन अकेला क्षत्रिय था जो उस समय उस गाँव में नाभाग की सहायता करने के लिए कृषक कार्य में लिप्त था। क्षत्रियों के पास खेतिहर जमीन की कमी नहीं थी। सच तो यह था कि अधिकतर खेतिहर जमीन क्षत्रियों की ही थी। किन्तु वे सामान्यत: कृषि कार्यों से दूर रहते थे। उन्होंने ऐसी जमीन वैश्यों को दे रखी थी। वैश्य उपज का आधा भाग भू स्वामी क्षत्रियों को दे देते थे।

अन्न का उत्पादन सन्तोषप्रद था इसलिए नाभाग बहुत खुश था। पहली बार उसने एक उपज की बुआई से लेकर कटाई और संरक्षण तक का काम किया था इसलिए जब उत्पादन अच्छा हुआ था तो उसे स्वाभाविक रूप से प्रसन्नता हो रही थी। किन्तु उसे प्रतीत हुआ कि ग्रामवासियों में जो उत्साह और प्रसन्नता बुआई के समय थी वह इस समय पूरी तरह नदारद थी। किसी के चेहरे पर प्रसन्नता का कोई चिह्न नहीं था। सभी बस यंत्रवत काम करते हुए दिख रहे थे। इसका कारण नाभाग को समझ नहीं आ रहा था क्योंकि बिना किसी समस्या के पूरी उपज अच्छी तरह तैयार हो गई थी। उत्पादन भी खूब हुआ था। यह सभी के अब तक के श्रम और धैर्य का फल था फिर सभी का इस तरह निराशा में उत्साहहीन दिखना नाभाग के लिए आश्चर्यजनक था। वह इसके पीछे के कारण को जानना चाह रहा था। और जल्दी ही इसके पीछे की सच्चाई उसे समझ आ गई।

जब उत्पादित अन्न इकट्ठा कर उन्हें खेतों से अपने-अपने घर ले जाने की तैयारी शुरू होती उसी समय हर खेत में राज्य का कर लेने के लिए प्रयुक्त

बलिसाधक प्रहरियों के साथ पहुँच गया। किसानों को कुल उत्पादन का छठा भागकर के रूप में देना था। एक तो वैश्यों के पास अपनी भूमि कम थी, अब जो उत्पादन हुआ था उसमें से छठा भाग उन्हें राज्य को देना था। जिन्होंने क्षत्रियों से खेत लेकर अन्न उगाया था उन्हें तो पहले आधा गेहूँ भू-स्वामी को दे देना पड़ता था, तो वस्तुत: कुल उपज का छठा भाग उसके लिए उसके भाग का लगभग एक तिहाई उपज हो जाती थी। अब यदि किसान ने सिंचाई के लिए नहर के जल का प्रयोग किया हो तो उसे कुल उपज का पाँचवाँ भाग अलग से देना पड़ता था। रेहसायागढ़ी में तो लगभग सभी विशाल नदी से जुड़े नहर का प्रयोग सिंचाई के लिए कर रहे थे, तो सभी को छठा भाग राज्य को 'संरक्षण कर' के रूप में और पाँचवा भाग 'उदक कर' के रूप में देना पड़ता था। समस्या केवल यहीं तक सीमित नहीं थी। बलिसाधक राज्य का भय दिखाकर अपनी मनमानी करता था। वह स्वयं के लिए भी अलग से उपज का एक भाग ले लेता था। पाँचवे और छठे भाग की जो गणना थी इसकी प्रमाणिकता एवं निष्पक्षता का भी कोई निश्चित मापदंड नहीं था अत: यह पूरी तरह बलिसाधक के विवेक पर निर्भर करता था जो कि बलिसाधक को भ्रष्टाचार करने और निरंकुश हो जाने का मौका दे देते थे। राज्य द्वारा स्थापित कानून की अन्तिम परिणति यह होती थी कि कई महीनों तक अथक श्रम करनेवाले के खेत से जब बलिसाधक अपने प्रहरियों के साथ लौटता था तो उस किसान के पास उपज का एक बहुत ही छोटा भाग बचा होता था। उसके और उसके सगे-सम्बन्धियों के मुख पर ठगा हुआ और प्रताड़ित होने का भाव रहता था।

यह व्यवस्था सरासर अन्यायपूर्ण थी। नाभाग का मन क्षोभ से भर गया और उसे पिछले कुछ दिनों से किसानों की उदासी का कारण समझ में आ गया। उसके खेत के आसपास के किसानों से अन्न कर के रूप में लिया जा चुका था और वह अपनी बारी की प्रतीक्षा कर रहा था। किन्तु जब दो दिनों तक बलिसाधक उसके खेतों में नहीं आए तो वह स्वयं बलिसाधक के पास पहुँच गया। बलिसाधक ने नाभाग को अपने सामने देखकर अभिवादन किया और कहा, "युवराज, आपको यहाँ आने की क्या जरूरत थी, आप मुझे बुलाते मैं स्वयं आपके पास चला आता।"

नाभाग ने उससे कहा, "कोई बात नहीं बलिसाधक, तुम मुझे यह बताओ कि तुमने मेरे खेत के आसपास के सभी खेतों से कर संग्रह किया किन्तु तुमने मुझसे अभी तक कर क्यों नहीं लिया?"

"युवराज हम आपसे कर कैसे ले सकते हैं?"

"क्यों, मुझसे कर क्यों नहीं ले सकते, मुझसे कर लेने में क्या समस्या है?"

"युवराज, आप महाराज के पुत्र हैं, यह राज्य आपका है, हम सभी आपके सेवक हैं, आपसे कर लेने के बारे में हम सोच भी नहीं सकते।"

"बलिसाधक, मैं महाराज का पुत्र अवश्य हूँ किन्तु युवराज नहीं हूँ। अब मैं वैश्य हूँ, मैंने अन्न उगाया है, तुम मुझसे कर लो।"

"नहीं युवराज, यह मैं नहीं कर सकता।"

"तो ठीक है यदि तुम मुझसे कर नहीं ले सकते तो तुम अब इस ग्राम में किसी से भी कर नहीं लोगे, अब कोई भी कर तब देगा जब तुम मुझसे कर लोगे।"

नाभाग की बात सुनकर न केवल बलिसाधक अपितु वहाँ उपस्थित किसान भी भौंचक्के रह गए। बलिसाधक उसी समय वहाँ से चला गया। वह वाणिज्यग्राम पहुँचकर अमात्य प्रमुख विश्रुतवंत से मिला और उन्हें सारी बात बताई और पूछा कि वह अब क्या करे।

अमात्य प्रमुख विश्रुतवंत महाराज नाभानेदिष्ट के पास पहुँचा, उस समय उनके साथ राजपुरोहित कौशिक और वसुरथ भी उपस्थित था।

अमात्य प्रमुख विश्रुतवंत ने कहा, "महाराज रेहसायागढ़ी में एक समस्या उत्पन्न हो गई है। आपके निर्णय और आदेश की आवश्यकता है।"

रेहसायागढ़ी का नाम सुनते ही सभी चौंकन्ने हो गए। उस गाँव में नाभाग की उपस्थिति ने सबके मन में विभिन्न तरह की आशंका को जगह दे दी।

राजपुरोहित कौशिक ने पूछा, "अब क्या समस्या आ गई उस ग्राम में, क्या पुनः कुछ अनुचित हुआ है।"

अमात्य प्रमुख विश्रुतवंत ने कहा, "हाँ गुरुदेव, युवराज अपने उपजाए अन्न से राज्य को कर देना चाहते हैं।"

राजपुरोहित कौशिक ने हँसते हुए कहा, "यह तो कोई समस्या नहीं हुई, वे युवराज हैं, राज्य उनसे कर नहीं ले सकता है। उनके इस अनुरोध को मानने की आवश्यकता ही नहीं है। अमात्य प्रमुख विश्रुतवंत आप बलिसाधक से कहिए, उनकी इस इच्छा को न माने, उनसे कोई कर न लें।"

अमात्य प्रमुख विश्रुतवंत ने कहा, "बलिसाधक तो पहले ही इनकार कर चुका है। उसके इस इनकार से ही तो यह समस्या आई है, युवराज ने कहा है कि यदि उनसे कर नहीं लिया गया तो उस गाँव से किसी का भी कर राज्य के पास नहीं जाएगा।"

अमात्य प्रमुख विश्रुतवंत के इस बात को सुनकर सभी सकते में आ गए, एक क्षण के लिए किसी को समझ ही नहीं आया कि इस पर अब क्या किया जाए।

महाराज नाभानेदिष्ट ने राजपुरोहित कौशिक से पूछा, "राजपुरोहित आप ही बताइए, नाभाग से कर लेने में समस्या क्या है?"

राजपुरोहित कौशिक ने कहा, "समस्या है महाराज, किसी ब्राह्मण या किसी युवराज से कर लेना धर्मविरुद्ध आचरण है। धर्म इसकी अनुमति नहीं देता।"

महाराज नाभानेदिष्ट ने कहा, "राजपुरोहित, आपका कथन सत्य है किन्तु नाभाग

अब युवराज रहे कहाँ? वे तो कब का यह सब छोड़ चुके हैं, वे अब एक वैश्य जीवन जी रहे हैं इसलिए उन पर एक आम वैश्यों वाला विधान ही लागू होगा।"

महाराज नाभानेदिष्ट की बात सुनकर सभी चुप हो गए और सभी को मौन देखकर उन्होंने अमात्य प्रमुख विश्रुतवंत को आदेश दिया, "अमात्य प्रमुख, आप बलिसाधक से कहिए वह विधान के अनुसार, बिना किसी कटौती के नाभाग से पूरा कर ले।"

अमात्य प्रमुख विश्रुतवंत यह आदेश प्राप्त कर वहाँ से चले गए किन्तु सबके मन में अनेकानेक प्रश्न आने लगे। नाभाग का व्यक्तित्व किसी को अच्छी तरह समझ नहीं आ रहा था। महाराज अपने पुत्र की नैतिक ईमानदारी की दृढ़ता से चकित थे तो राजपुरोहित कौशिक और वसुरथ इसके पीछे नाभाग की मंशा को लेकर असमंजस में थे। वसुरथ बार-बार यही समझने का प्रयत्न कर रहा था कि नाभाग आखिर यह सब कर क्यों रहा है। उसे यह भी डर सताने लगा कि कहीं यह नाभाग की कोई रणनीति तो नहीं है?

बलिसाधक आदेश प्राप्त कर रेहसायागढ़ी पहुँचा और उसने नाभाग से नियमानुसार पूरा कर लिया। नाभाग को कर देते हुए देखने हेतु गाँववालों की भीड़ जमा हो गई। यह कोई साधारण घटना थी भी नहीं जिसे लोग अनदेखा कर दें। एक राज्य का युवराज अपने पिता को कर दे रहा था। सभी अचंभित थे, आश्चर्यचकित थे।

कर की गणना और कर संग्रह करते समय बलिसाधक का व्यवहार नाभाग के समक्ष पूरी तरह बदला हुआ था। वह अति विनम्रता से बात कर रहा था एवं कर गणना भी सटीकता के साथ कर रहा था। नाभाग के खेतों में वह प्रहरियों को लेकर भी नहीं आया था।

नाभाग ने उससे पूछा, "तुम मेरे खेत में प्रहरियों को लेकर क्यों नहीं आए जिस तरह तुम अन्य किसानों के खेत में लेकर गए थे?"

बलिसाधक ने उत्तर दिया, "युवराज, आपके यहाँ प्रहरियों की क्या आवश्यकता? ग्रामवासी कर देने में आनाकानी करते हैं इसलिए कई बार उनके साथ बलप्रयोग की आवश्यकता पड़ती है।"

"बलिसाधक, मैं तो कई दिवस से कर संग्रह की पूरी प्रक्रिया को देख रहा हूँ, अब तक तो किसी ने आनाकानी नहीं की, यहाँ तक कि तुम्हारी गणना में त्रुटि होते हुए भी किसान तुम्हारी ही बात मान रहे हैं। तुम्हें कर लेने के लिए खेतों में जाने की क्या आवश्यकता है तुम ग्राम में किसी एक जगह रहो, सभी वहीं तुम्हारे पास स्वयं ही अपना कर पहुँचा देंगे।"

"क्षमा करेंगे युवराज, इस तरह तो बेईमानी व कर चोरी की पूरी सम्भावना रहेगी। ये लोग मनमानी करेंगे।"

"मेरे एक प्रश्न का उत्तर दो बलिसाधक, इन खेतों का स्वामी कौन है, इनका वास्तविक अधिकार किसके पास है?"

"युवराज, पूरे राज्य के स्वामी महाराज हैं, इसी तरह समस्त खेत भी राज्य की संपति है, सबकुछ महाराज के अधीन है।"

"बलिसाधक, अपने दृष्टिदोष को सर्वदा के लिए ठीक कर लो, इन खेतों के स्वामी केवल किसान हैं, यह इनकी संपत्ति है। महाराज स्वामी नहीं हैं बल्कि प्रतिनिधि हैं। नागरिक राज्य की व्यवस्था और संचालन हेतु उन्हें अपने प्रतिनिधि के रूप में स्वीकार करते हैं। शक्ति स्रोत नागरिक हैं न कि राज्य। राज्य राजस्व का संग्रह नागरिकों की सहमति से केवल जन कल्याण के उद्देश्य से करता है, यह राज्य या राजा के श्रम से प्राप्त धन अर्जन नहीं है कि वह मनमानी करे। अपनी समझ ठीक करो। ये किसान खेतों के वास्तविक स्वामी होते हुए भी, श्रम साधना कर अन्न उगाने के बाद जब तुम्हारी गलत-सही गणना को स्वीकार लेते हैं तो फिर तुम इनके द्वारा स्वयं की गई कर गणना को क्यों नहीं स्वीकार सकते हो? इन्होंने अब तक तुम पर विश्वास किया है अब तुम इन पर विश्वास करो। ग्राम में किसी एक जगह रहो, किसान स्वयं तुम्हारे पास कर देने जाएँगे। तुम केवल इन किसानों के प्रतिनिधि के कर्मचारी हो न कि इनके स्वामी, अपना व्यवहार उसी तरह रखो।"

"युवराज, किन्तु पूरे राज्य में तो यही व्यवस्था लागू है, मैं तो उसी का अनुपालन कर रहा हूँ।"

"बालिसाधक, राज्य प्रदत्त व्यवस्था केवल कर संग्रह की है जिसमें राज्य अपने नागरिकों के विवेक और ईमानदारी पर विश्वास करता है। यह विधान कहीं नहीं है कि तुम इसके उलट इन पर शंका करो। राज्य के पास कर संग्रह का अधिकार है जिस हेतु तुम्हारी नियुक्ति हुई है, तुम्हारे द्वारा कर हर उपज के समय इस ग्राम के लोगों द्वारा पूरी ईमानदारी से दिया जाएगा, तुम अब भविष्य में किसी खेत में कर संग्रह के लिए नहीं जाओगे। और हाँ मैं पुनः कह दूँ, मैं युवराज नहीं हूँ, मैं एक वैश्य हूँ और इस ग्राम का निवासी हूँ। मैं राज्य के हर ग्राम में नहीं हूँ, इस ग्राम का निवासी होने के नाते मैं इस ग्राम में होनेवाले व्यवहार के सम्बन्ध में आपत्ति व्यक्त कर सकता हूँ इसलिए अब यहाँ यही व्यवस्था रहेगी। कर किसान स्वयं तुम्हें ईमानदारी से देंगे, तुम किसी एक जगह ही रहोगे।"

बलिसाधक चला गया और वहाँ सारा वार्तालाप सुन रहे किसान हर्ष से "युवराज नाभाग की जय, कृषक राजा की जय, किसान राजा की जय" करने लगे। बलिसाधक के शोषण व अपमान से मुक्ति मिलने के कारण ग्रामवासी खुश थे किन्तु नाभाग खुश नहीं था। वह इसे पर्याप्त नहीं समझ रहा था। उसके विरोध से केवल कर संग्रह की प्रक्रिया और बलिसाधक के दुर्व्यवहार से मुक्ति मिलनेवाली थी किन्तु हर उपज में कर के ऊँचे दर से मुक्ति मिले बिना किसानों के जीवन में

आमूलचूल परिवर्तन आने की सम्भावना नहीं थी। इसके अलावा वह अन्य गाँवों के बलिसाधकों के द्वारा होनेवाले इस तरह के शोषण को लेकर भी व्यथित था। उसने अभी केवल एक शुरुआत की थी और उसकी इच्छा थी कि यह संदेश राज्य प्रशासन तक पहुँचे ताकि उनकी दृष्टि किसानों की दुर्दशा पर जाए। इसके द्वारा उसे अन्य गाँव वालों के जागृत होने की भी अपेक्षा थी।

सत्यरथ अपने विष्णुपद ग्राम के सबसे पुराने वट वृक्ष के नीचे दिन के तीसरे पहर अपने दो साथियों के साथ बैठा था। सुबह से उन्होंने विष्णुपद की इस अस्पृश्य बस्ती की हर झोपड़ी में जाकर सभी से दिन के तीसरे पहर इसी वट वृक्ष के नीचे एकत्रित होने का अनुरोध किया था। अभी इक्के दुक्के लोग ही आए थे और सत्यरथ उनसे की जानेवाली चर्चा के सम्बन्ध में सोच रहा था। उसने एक कठिन बीड़ा उठाया था जिसकी सफलता-असफलता के बारे में उसे कुछ भी पता नहीं था और न ही उसके पास कोई बड़ी योजना थी। वह तो बस एक शुरुआत करना चाहता था अपने जैसे अस्पृश्यों को निरन्तर गुलामी, शोषण से मुक्ति दिलाने की दिशा में औपचारिक रूप से आगे बढ़ने के लिये। मगध राज्य में व्यापारियों के साथ लूटपाट जैसे खतरनाक काम कर के भी वह इतना धन संचय नहीं कर पाता था कि अपने जैसे अस्पृश्यों के बड़े वर्ग को कोई राहत दे पाए या उन्हें शोषण के कूचक्र से लम्बे समय तक मुक्त रख पाए। आचार्य ब्रह्मदत्त उसके जैसे न जाने कितने अस्पृश्यों को उसके किशोर अवस्था में शिक्षित करने का प्रयत्न कर चुके थे किन्तु वे सभी भी आज बदतर स्थिति में थे। सम्मान, स्वतंत्रता उनके पास भी नहीं थी। आर्थिक स्वाबलंबन के बिना किसी तरह की मुक्ति की सम्भावना नहीं थी और आर्थिक स्वाबलंबन के लिए सामूहिक प्रयास, योजना और साहस की आवश्यकता थी। इसीलिए सत्यरथ ने सभी अस्पृश्यों को एक जगह एकत्रित किया था।

कुछ ही समय में सभी एकत्रित हो गए, जिसमें महिलाएँ और पुरुष दोनों थे और लगभग सभी सत्यरथ के हमउम्र थे, कोई भी वृद्ध या बच्चा वहाँ नहीं था। सत्यरथ ने उनसे कहा, "मैंने तुम सभी को यहाँ किसी विशेष उद्देश्य से बुलाया है। हालाँकि इस सम्बन्ध में मैं सदैव बात करता रहा हूँ किन्तु अब यह अधिक उचित प्रतीत हुआ कि अलग-अलग बात करने से बेहतर एक ही जगह इकट्ठे बात करूँ। किन्तु पहले मुझे तुम लोगों की मानसिकता समझनी होगी उसके पश्चात ही मैं अपने विचार व्यक्त कर सकता हूँ। एक बात बताओ, क्या तुम लोगों को

ब्राह्मणों, क्षत्रियों या वैश्यों के तिरस्कार, उत्पीड़न से पीड़ा नहीं होती? वे हमारे साथ पशुओं से बदतर व्यवहार करते हैं, यह देखकर भी तुम्हें क्रोध नहीं आता? इस तरह कब तक जियोगे?"

उनमें से आगे बैठे एक व्यक्ति ने उत्तर दिया, "क्यों क्रोध आएगा? यह सब अपने-अपने पूर्वजन्म के कर्मों का फल है। हमने पिछले जन्म में बहुत पाप किए हैं जिसका दंड भुगत रहे हैं, इसमें किसी को क्या दोष देना।"

सत्यरथ ने अपने आवेश पर नियंत्रण करते हुए कहा, "किस तरह की बात कर रहे हो, कौन-सा पिछला जन्म, तुम्हें स्मरण है पिछले जन्म की बात कि तुमने क्या किया था? यह सब हमें मूर्ख बनाने के लिए इन ब्राह्मणों की चाल है जो इस तरह की गाथा समझा देते हैं।"

"सत्यरथ, ये बातें केवल ब्राह्मण देवता नहीं बोलते हैं, यह बातें तो मुझे मेरे पिता-पितामह ने भी बताई है, और यही सत्य है"—अब एक दूसरे व्यक्ति ने कहा।

"हाँ सबके पिता-पितामह ने यह बात इसलिए कही थी क्योंकि उन्हें भी यही झूठ बतलाया गया। कोई पूर्वजन्म के पापों का फल हम नहीं भोग रहे हैं, हमें इन शक्तिशाली जातियों ने गुलाम बनाकर रखा है, हमें पशु बनाकर रखा है। तुम जो अभी बोल रहे हो पूर्वजन्म की बात, चलो मान लेते हैं यही बात कि पूर्वजन्म के पाप के कारण हम यह सब भोग रहे हैं तो मुझे एक बात का उत्तर दे दो। हमें देखने भर से इन लोगों का धर्म भ्रष्ट हो जाता है, हमें चलते समय लकड़ी से ध्वनि कर उन्हें बताना पड़ता है कि हम आ रहे हैं ताकि वे अपनी दृष्टि हमारी तरफ न लाएँ जिससे कि उनका धर्म भ्रष्ट होने से बच जाए। तो क्या यह बात केवल हम पर लागू होती है, यही बात हमारी स्त्रियों पर लागू क्यों नहीं होती? अपनी वासना के लिए गणिकाओं की तरह यह हमारी स्त्रियों का इस्तेमाल क्यों करते हैं? गणिकाओं को तो फिर भी प्रतिष्ठा से जीने का अधिकार है, वे उनके पास चोरों की तरह नहीं जाते और न ही उनके इच्छा के विरुद्ध कोई व्यवहार ही कर सकते हैं। ये लोग रात के अँधेरे में हमारी स्त्रियों का शोषण करते हैं। पूर्वजन्म के पाप की गाथा फिर कहाँ चली जाती है? इस तरह का अपमान हम आखिर कब तक बर्दाश्त करेंगे और क्यों करेंगे"—सत्यरथ ने कहा।

"हम यह बर्दाश्त कर रहे हैं और करेंगे क्योंकि हमारे पास कोई विकल्प नहीं। हमारा जीवन उनकी दया पर निर्भर है। हमारे पेट का अन्न उनके ही दान और भीख से चल रहा है। पेट की भूख मिटाने के लिए हमें इस तरह के समझौते करने पड़ेंगे"—पीछे खड़े एक व्यक्ति ने कहा।

"जब तक तुम लोग इस तरह सोचते रहोगे और उनके अन्याय को भी उनकी कृपा समझते रहोगे तुम्हारे जीवन में कुछ नहीं बदलने वाला। वे इसी तरह युगों तक हमारा शोषण करते रहेंगे"—सत्यरथ ने कहा।

"सत्यरथ, तुम भी केवल समस्या का विवरण दे रहे हो, यह सब हमें पता ही है किन्तु जब तक हमारे पास पेट के अन्न का इन्तजाम नहीं हो जाता हम कुछ नहीं कर सकते। न हमारे पास भूमि है कि हम अन्न उपजा सकें और न ही कोई अन्य साधन जिससे कि हम और हमारे बच्चे भूखे नहीं मरे। तुम्हारे पास मगध जाकर धन लूट लाने की शक्ति है, साहस है, यह हमारे पास नहीं है, हमें अपने जीवन का भय है"—उन्हीं में से एक व्यक्ति ने कहा।

"मैं जानता हूँ यह समस्या है और मैं जो कर रहा हूँ वह निदान नहीं है। निदान हमें यहीं ढूँढ़ना होगा। मैं जानता हूँ कि अन्न का उपाय किए बिना हम सम्मान का जीवन जीने के बारे में सोच भी नहीं सकते और अन्न के लिए धन चाहिए। मैंने इसीलिए तुम लोगों को यहाँ बुलाया है। मेरे पास एक हल है, एक उपाय है"—सत्यरथ ने कहा।

"क्या है हल, क्या है उपाय, बताओ सत्यरथ"—हर तरफ से आई इस आवाज को सुनकर सत्यरथ को यह बात तो जरूर समझ में आ गई कि ये लोग अब धीरे-धीरे ही सही उसकी बातों को समझने लगे हैं और कोई संबल, रास्ता चाह रहे हैं।

सत्यरथ ने कहा, "तुम लोग एक बात समझने का प्रयत्न करो, वे लोग हमसे जितनी भी घृणा करें, हमारा चाहे जितना भी तिरस्कार करें, उनका जीवन हमारे श्रम पर निर्भर है। हम लोग यदि उनके ग्राम, नगर की सफाई न करें तो क्या उनका जीवन चल पाएगा? उनका मल-मूत्र न उठायें तो वे रह पाएँगे? मृत पशुओं को यदि उनके गृह के पास से या मार्ग से उठाकर बाहर न ले जाएँ तो क्या वे एक दिन भी साँस ले सकते हैं? उनका जीना दूभर हो जाएगा। एक दिन के लिए भी वे अपने ग्राम, नगर या गृह में रह नहीं पाएँगे। तो जब उनके जीवन की मूल कुंजी हमारे पास है फिर हम ही उनसे प्रताड़ित क्यों हैं? मैं किसी भी श्रम को, कर्म को बुरा नहीं मानता, हर कार्य सम्पन्न होगा तभी यह संसार चलेगा। सैनिक का खड्ग चलाना जरूरी है, कृषक का अन्न उपजाना जरूरी है उसी तरह यह सब काम करना भी जरूरी है, समाज सुचारू रूप से चल पाए, मानव जाति व्यवस्थित रहे इसके लिए यह आवश्यक है। जिसकी जो योग्यता हो उसके अनुरूप वह कार्य करे न कि यह जन्म के आधार पर हो। सबकुछ एकाएक नहीं बदल सकता किन्तु अभी हमें सैनिकों, कृषकों की तरह ही अपने श्रम का उचित मूल्य प्राप्त करने का पूरा अधिकार है। हमें भीख में फेंका हुआ अन्न नहीं चाहिए बल्कि हमें सम्मान से धन चाहिए। हम अपने श्रम का उचित मूल्य चाहिए कोई भी उससे कम दर से कार्य नहीं करेगा।

"और यदि उन्होंने देने से इनकार कर दिया तब"—एक स्त्री ने पूछा।

"यदि इनकार किया गया तो हम में से कोई भी वह काम नहीं करेगा, हम कार्य बहिष्कार करेंगे और उस स्थिति में वे दो दिन भी हमारी बात माने बिना रह

नहीं पाएँगे। उन्हें हमारी बात माननी ही होगी। यह हमसे अधिक उनकी मजबूरी है, उन्हें हमारी आवश्यकता है"—सत्यरथ ने कहा।

तभी एक व्यक्ति जो कभी आचार्य ब्रह्मदत्त के यहाँ कुछ सालों तक रह चुका था खड़ा हो गया और उसने आक्रोशित होते हुए कहा, "सत्यरथ, तुम हम सभी को अग्नि में समाहित कर देने की योजना बना रहे हो। हम जब तुम्हारे कहे अनुसार व्यवहार करेंगे तो यह बात यहीं तक नहीं रुकेगी। मान लो हम तुम्हारी बात मान लेते हैं, हम लोग काम नहीं करते हैं पर हम किसी अन्य ग्राम के अस्पृश्यों को तो नहीं रोक सकते, मरा हुआ पशु, मल-मूत्र या कुछ भी दूसरे ग्राम का चांडाल भी साफ कर सकता है। और यदि तुम यह समझते हो या चाहते हो कि वज्जि राज्य के हर ग्राम का अस्पृश्य तुम्हारी बात मानकर अपने मूल्य की शर्त रख दें और सभी इसके बिना कार्य करने से इनकार कर दें तो यह सीधा विद्रोह होगा, और ऐसे विद्रोह को वे निर्ममता से कुचल देंगे।"

सत्यरथ ने भी उत्तेजित होते हुए उत्तर दिया, "हम किसी के विरुद्ध विद्रोह करने की बात नहीं कर रहे हैं, हम केवल अपने मानवीय अधिकार की बात कर रहे हैं। न ही हम राज्य या महाराज नाभानेदिष्ट के विरुद्ध कुछ कर रहे हैं जो राज्य की सेना हमारे विरुद्ध कुछ करेगी। और किस तरह वे हमें कुचल देंगे, हमारी संख्या उनसे बहुत अधिक है, हमारे पास अधिक जन हैं, हमें कुचलना आसान नहीं होगा।"

पुनः आचार्य ब्रह्मदत्त के यहाँ शिक्षित व्यक्ति ने उत्तर दिया, "किसे मूर्ख बना रहे हो सत्यरथ, स्वयं को या हम सभी को। विद्रोह केवल राज्य के विरुद्ध नहीं होता। राज्य की शक्ति समाज में है और समाज की शक्ति इन्हीं लोगों के पास है तो यदि हम इनका इस तरह व्यापक विरोध करेंगे तो यह पहले समाज के विरुद्ध और अन्त में राज्य के विरुद्ध विद्रोह के रूप स्थापित हो जाएगा। और इसे स्थापित करने की शक्ति भी इन्हीं के पास है। ये लोग ही समाज हैं, ये लोग ही राज्य हैं और यही लोग धर्मस्थान, न्यायालय हैं फिर तुम किसके विरुद्ध विद्रोह कर भला किससे न्याय की उम्मीद कर रहे हो? तुम्हारी यह सोच हम सभी को विनाश के गर्त में धकेल देगी। तुम कोई पहले व्यक्ति नहीं हो जिसे इस व्यवस्था के बीच जीना पड़ रहा है, हमारी पीढ़ियाँ इसी में गुजर गई, इस कूचक्र से बाहर निकलने का कोई साधन शेष नहीं है, यदि होता तो तुमसे पहले और तुमसे अधिक ज्ञानी, सक्षम लोगों ने यह रास्ता पहले ही चुन लिया होता। उन्होंने यह नहीं किया इसलिए नहीं कि उनके मन में यह विचार नहीं आया होगा, उन्होंने यह नहीं किया क्योंकि वे जान-बूझकर तुम्हारी तरह की मूर्खता नहीं करना चाहते थे। उन्हें पता था कि इस तरह का दु:साहस हमारे अपने लोगों के जीवन को ही खतरे में डाल देगा, नष्ट कर देगा। और तुम यह जो संख्या की बात समझा रहे हो तो एक बात

और अच्छी तरह समझ लो। ज्ञान, शक्ति और इस शक्ति का प्रयोग करनेवाले सामर्थ्यवान तंत्र के बिना किसी संख्या बल का कोई महत्त्व नहीं। इस पृथ्वी पर असंख्य प्राणी हैं, पशुओं की संख्या, कुत्तों, बिल्लियों की संख्या भी इनसे अधिक है किन्तु वे ऐसा नहीं कर सकते क्योंकि न तो उनके पास ज्ञान है, न शक्ति है और न ही सामर्थ्यवान तंत्र है। हमें हमारे हाल पर छोड़ दो सत्यरथ, हमारा नाश मत करो। और नहीं तो इन्हीं पशुओं से सीखो, जीवन जीने की प्रेरणा लो, इन कुत्तों-बिल्लियों से सीखो।"

सत्यरथ अपने आवेश पर नियंत्रण नहीं रख सका और चिल्ला उठा—"नहीं हम पशु नहीं हैं, मैं पशु नहीं हूँ, मैं श्वान या मार्जार नहीं हूँ, नहीं हूँ, नहीं हूँ।"

सत्यरथ बार-बार अपने इन शब्दों को आवेश में दुहरा रहा था। उसे इस बात का ध्यान भी नहीं था कि वहाँ बैठे लोग उठकर जा रहे थे, सभी उस जगह को खाली कर रहे थे। उस वट वृक्ष के नीचे वह अकेला खड़ा था। केवल उसके तीन साथी उसके पीछे बैठे हुए थे।

सत्यरथ यह बात जानता था कि वह जो करना चाह रहा है वह सरल नहीं है, न ही वह इस रास्ते के खतरों से अनभिज्ञ ही था। उसे पता था कि यह कठिन मार्ग है किन्तु उसे लगता था कि इसके सिवा अब कोई विकल्प नहीं बचा है। उसे एकबारगी अपने लोगों से भी पूर्ण समर्थन की प्रत्याशा नहीं थी पर उसे लगता था कि वे लोग कम-से-कम उसकी बातों को समझने का प्रयत्न करेंगे। वह तो एक शुरुआत भर करना चाह रहा था। यह करने के लिए भी उसने अत्यधिक चिन्तन किया था, हिम्मत की थी। किन्तु इसका इस तरह निष्कर्ष निकलेगा, अपने ही लोग जिनके लिए वह यह सब करना चाह रहे हैं वे इससे इस हद तक असहमत होंगे उसने इस बात की भी कल्पना नहीं की थी। अभी इस घोर निराशा के क्षणों में उसे आचार्य ब्रह्मदत्त की बातें स्मरण हो रही थीं। उन्हें अस्पृश्यों के इस मानसिक दुर्बलता का भान है तभी वे उसे सदैव कहते हैं कि सदियों की गुलामी के कारण अपनी क्षमता भूल चुके निर्बल मन को पहले जागृत करने की आवश्यकता है और इस जागृति में कई युग लग सकते हैं, तब तक धैर्य रखकर केवल जागृति हेतु ही उपक्रम करते रहने की आवश्यकता है। अभी इस समय जल्दबाजी में कुछ भी नहीं किया जा सकता। यह धीरे-धीरे समय के साथ होगा। सत्यरथ को आचार्य ब्रह्मदत्त की बातें पुनः सत्य प्रतीत हो रही थीं। उनकी बातों पर तो उसे कभी अविश्वास था भी नहीं किन्तु वे जिस धैर्य की बात करते हैं वैसा धैर्य वह स्वयं में नहीं पाता था। उसके अन्दर सबकुछ अभी ही बदल देने की छटपटाहट थी। उसका व्यग्र मन किसी धैर्य को स्वीकार नहीं कर पाता था। उसे युगों तक प्रतीक्षा नहीं करना था, उसे सबकुछ बदलना था और स्वयं अपने समय में बदलना था। भूत ने उसे इतना निराश कर रखा था कि उसे भविष्य पर कोई विश्वास नहीं था।

संध्या हो चुकी थी, सूरज पश्चिम में डूब रहा था, सत्यरथ की आँखें उस डूबते सूरज की पीछा कर रही थीं।

भलान्दन के जन्म की चौथी सालगिरह के दिन प्रातः काल ही सुप्रभा-नाभाग उसे आचार्य ब्रह्मदत्त के पास ले गए थे। आचार्य ब्रह्मदत्त ने उसके मंगल कामना हेतु एक विशेष पूजन किया और उसे आशीर्वाद दिया। इसके पश्चात आचार्य ब्रह्मदत्त ने कहा, "मैं आप लोगों से मिलने कल प्रातः काल आपके गृह पर आऊँगा, वत्स नाभाग कल आप वहीं रहिएगा।"

"आचार्य मैं आवास पर ही आपकी प्रतीक्षा करूँगा, किन्तु क्या कोई महत्त्वपूर्ण विषय है, या कोई चिन्ता की बात? आप चाहें तो अभी भी मुझसे बात कर सकते हैं"—नाभाग ने कहा।

"विषय तो महत्त्वपूर्ण ही है वत्स, किन्तु कोई चिन्ता की बात नहीं है। परन्तु उस सम्बन्ध में अभी बात करना उचित नहीं, आज वत्स भलान्दन का जन्मदिवस है आज आप अपना पूरा समय इन्हीं के साथ व्यतीत करें। मैं कल प्रातः काल आता हूँ।"

"जैसी आपकी इच्छा आचार्य, मैं कल प्रातः आपकी प्रतीक्षा करूँगा।"

सुप्रभा-नाभाग अपने आवास की तरफ लौटते समय आचार्य ब्रह्मदत्त की कही बात के बारे में ही चर्चा करते रहे। उन्हें यह तो समझ में आ ही गया था कि कोई बहुत विशेष बात है जिसके लिए वे स्वयं आकर बात करना चाहते हैं। अब ऐसी क्या बात हुई होगी यह उन्हें समझ नहीं आ रहा था। क्या महाराज से सम्बन्धित कोई बात है? वाणिज्यग्राम से निष्कासित होने के बाद से अब तक महाराज से सम्पर्क के एक मात्र सूत्र तो आचार्य ब्रह्मदत्त ही थे, उनसे सम्बन्धित कोई भी जानकारी आचार्य ब्रह्मदत्त ही देते थे। सुप्रभा अपने पिता से प्रयास करने के बाद भी कोई सम्पर्क स्थापित नहीं कर पाई थी क्योंकि उन्होंने किसी संदेश का कोई उत्तर देने से इनकार कर दिया था। सुदेव का यह व्यवहार सुप्रभा को पीड़ा देता था। इतने सालों बाद तक जब जीवन अब व्यवस्थित हो गया था और बातें पुरानी हो गईं थी सुदेव का कुपित रहना प्रभा को अत्यधिक पीड़ा देता था किन्तु वह कुछ कर नहीं सकती थी। निष्कासन और बीस सालों तक नगर सीमा में प्रवेश पर रोक होने के कारण वह स्वयं नगर जाकर बात करने की चेष्टा भी नहीं कर सकती थी। इस परिस्थिति ने उसे विवश कर रखा था, अपने पिता के प्रति श्रद्धा, स्नेह के होते हुए भी वह किसी भी तरह उनसे मिलने में असमर्थ थी।

विगत चार सालों में सुप्रभा-नाभाग ने अपने जीवन को रेहसायागढ़ी में पूरी तरह व्यवस्थित कर लिया था। नाभाग कृषि कार्य में इतना निपुण हो गया था कि अब ग्रामवासी कृषि सम्बन्धी कोई संशय होने पर उनसे ही आकर परामर्श लेते थे। नाभाग गेहूँ, धान, जौ, ईख, सरसों जैसी तमाम चीजों का उत्पादन कुशलतापूर्वक कर रहा था। उनके द्वारा तैयार की गई अन्न की उपज गाँव में सबसे अधिक होती थी। अब रेहसायागढ़ी और प्रतापगढ़ में बलिसाधक एक जगह पर ही कर संग्रह करते थे। किसान अपनी स्वेच्छा से कर की गणना कर उनके पास अन्न पहुँचा देते थे। नाभाग अपने उत्पादन का आधा भाग निश्चित रूप से दोनों ग्राम के आभावग्रस्त लोगों में दान कर देता था चाहे वह व्यक्ति जिस भी जाति से सम्बन्ध रखते हो। नाभाग का मानना था कि यह भूमि गाँव वालों की है जिसका प्रयोग वे एक बटाईदार की तरह कर रहे हैं।

सुप्रभा घर के काम और भलान्दन के लालन-पालन के बाद बचा अपना पूरा समय आरोग्यशाला में देती थी। अब तो उसकी निपुणता और ख्याति इस सम्बन्ध में इतनी हो गई थी कि कई कोस दूर से भी लोग उसके पास आरोग्य लाभ के लिए आने लगे थे। धीरे-धीरे सुप्रभा के व्यक्तित्व और योग्यता ने कई गाँव के लोगों को प्रभावित कर लिया था। उसकी ख्याति और प्रशंसा प्रतिदिन बढ़ रही थी, और इससे स्वाभाविक तौर पर व्यस्तता भी बढ़ गई थी।

इसके अलावा एक बात और ऐसी हुई जिसने उन्हें स्थाई रूप से व्यवस्थित होने में सहायता की। सुप्रभा-नाभाग के साथ रहने के दौरान मिनांदर और इला एवं नन्दिवर्धन और लोपामुद्रा एक दूसरे से प्रेम करने लगे। फिर एक साल पहले ही उनके माता-पिता की सहमति से उनका विवाह भी हो गया। विवाह के पश्चात सुप्रभा-नाभाग के आवास से सटे ही उनका अलग घर भी बन गया जिसमें वे लोग अपना वैवाहिक जीवन बिताने लगे। अब एक तरह से एक ही जगह तीन अलग-अलग घर बन गए थे। सुप्रभा-नाभाग, मिनांदर-इला, और नन्दिवर्धन-लोपामुद्रा का घर। सागत अब भी सुप्रभा-नाभाग के साथ रहता था। सागत की वैवाहिक जीवन जीने की इच्छा नहीं थी इसलिए वह विवाह करने सम्बन्धी सुप्रभा-नाभाग के हर सुझाव को अनसुना कर देता था।

सागत, मिनांदर और नन्दिवर्धन का समय नाभाग के कृषि कार्य में सहायता करने में तथा इला और लोपामुद्रा का समय सुप्रभा को उसकी आरोग्यशाला के कार्य में सहयोग करने में व्यतीत होता था। इसके अलावा भलान्दन तो अब सबके जीवन में सम्मिलित हो ही गया था। उसके सुबह जगने से रात सोने तक कोई-न-कोई उसके साथ जरूर रहता। ऐसा कभी नहीं होता कि भलान्दन अकेला रहता हो। वह कभी सागत, मिनांदर या नन्दिवर्धन के साथ खेतों में चला जाता तो कभी इला या लोपामुद्रा के साथ आरोग्यशाला में। अपने तुतलाते स्वर में बात कर वह सबका मन मोह लेता था।

भलान्दन को भोजन में अपूप और करम्भ और यवागू बहुत पसन्द था। और आज अपने जन्मदिन पर उसने इनकी यही सब खाने की विशेष फरमाइश की थी। इला और लोपामुद्रा उसके आचार्य ब्रह्मदत्त के यहाँ से लौटकर आने के पूर्व ही सबकुछ बनाकर तैयार रखना चाहते थे ताकि आते ही उसे परोसा जा सके। 'करम्भ' जौ के सत्तू को पीसने के बाद उसे घी में भूनकर उसमें दही मिलाकर तैयार किया जाता था। भलान्दन ने आते ही सबसे पहले इन्हीं पकवानों की माँग की, इला और लोपामुद्रा तो पहले से ही इस हेतु तैयार बैठी थीं। उन्होंने भलान्दन को अपने पास बैठकर उसके मनपसन्द पकवान खिलाए। भलान्दन बड़े चाव से खाता रहा और इला, लोपामुद्रा उसे प्यार से निहारती रही।

अगले दिन सुबह अपने कथनानुसार आचार्य ब्रह्मदत्त सुप्रभा-नाभाग के आवास पर पहुँचे। वे दोनों तो प्रतीक्षारत थे ही। आसन ग्रहण करने के पश्चात उन्होंने कहा, "वत्स नाभाग, मुझे आपको दो महत्त्वपूर्ण सूचनाएँ देनी थी। कल भलान्दन का जन्मदिवस था और मैं नहीं चाहता था कि आप लोगों का ध्यान किसी कारण अन्यत्र जाए, किन्तु अब बताना आवश्यक है।"

"हम लोग कल से ही इस सम्बन्ध में जानने हेतु प्रतीक्षारत हैं आचार्य। आप बताइए ऐसी कौन-सी महत्त्वपूर्ण बात है जिसे बताने के लिए आपको स्वयं यहाँ आने का कष्ट करना पड़ा"—नाभाग ने कहा।

"वत्स नाभाग, कल वसुरथ का राज्याभिषेक हो गया और उन्होंने वज्जि राज्य के महाराज का गौरवशाली पद सँभाल लिया है।"

"यह तो बहुत उत्तम समाचार आपने दिया आचार्य। वसुरथ का चयन हर दृष्टि से उचित है। वह सुयोग्य है। वज्जि राज्य की प्रतिष्ठा उसके कार्यकाल में और बढ़ेगी। मैं वज्जि राज्य और उसके लिए बहुत खुश हूँ आचार्य"—नाभाग ने प्रसन्न होकर कहा।

किन्तु इस सूचना ने सुप्रभा को अत्यत्न क्षोभ से भर दिया। उसके हृदय में पहले से बसी पीड़ा और बढ़ गई। वह नाभाग के साथ हुए षड्यंत्र का मुख्य सूत्रधार वसुरथ को ही मानती थी और उसके राजसिंहासन पर बैठते ही न केवल उसकी आशंका की पुष्टि हो गई बल्कि उसके अन्दर नाभाग को उसका अधिकार दिलाने के लिए बसा दृढ़ संकल्प और भी मजबूत हो गया। आचार्य ब्रह्मदत्त के इस कथन को सुनते ही सुप्रभा ने मन-ही-मन कहा, 'वसुरथ, तुमने मेरे पुत्र के जन्मदिवस के दिन युवराज के अधिकार पर प्रभुत्व स्थापित किया है, मेरा पुत्र ही तुम्हारे अपराध का दंड तुम्हें देगा और अपने पिता के अधिकार को, वज्जि राज्य के राजसिंहासन को वापस प्राप्त करेगा।'

सुप्रभा की इस मन:स्थिति से इतर नाभाग के मुख पर प्रसन्नता स्पष्ट रूप से परिलक्षित हो रही थी। नाभाग की बातों को सुनकर आचार्य ब्रह्मदत्त ने कहा,

"इंद्र वज्जि राज्य के मान और प्रतिष्ठा बनाएँ रखें। वत्स नाभाग आपके लिए एक सूचना और है। महाराज आज प्रात: काल ही अपने जीवन के अन्तिम दिनों को ईश्वर साधना में व्यतीत करने के लिए सांसारिक जीवन छोड़कर वन प्रस्थान कर गए हैं।"

यह सुनते ही सुप्रभा और नाभाग दोनों के चेहरे पर दुख की रेखाएँ उभर आईं। पिछले लगभग पाँच साल से नाभाग ने अपने पिता को देखा नहीं था। वह जानता था कि उनके पास उम्र अधिक नहीं है किन्तु फिर भी उसके मन में अपने पिता से मिलने की आशा शेष थी। भलान्दन के जन्म के बाद तो उसे अपने पितामह से एक बार मिलवाने की उत्कंठ आकांक्षा थी। इन सालों में आचार्य ब्रह्मदत्त के द्वारा ही उसे महाराज के सम्बन्ध में जानकारी मिलती रहती थी। उनके स्वास्थ्य आदि के बारे वह आचार्य ब्रह्मदत्त से सदैव पूछता रहता था। अभी एकाएक उनके वन प्रस्थान की जानकारी मिलते ही नाभाग ने अपने अन्दर कुछ टूटता सा अनुभव किया।

नाभाग ने आचार्य ब्रह्मदत्त से कहा, "आचार्य, क्या हम एक बार पिताश्री से मिल नहीं सकते हैं? देवी सुप्रभा और मेरी सदैव इच्छा थी कि कम-से-कम एक बार भलान्दन को अपने पितामह के आशीर्वाद का सौभाग्य मिले। हम लोग स्वयं भी जिन परिस्थितियों में पिताश्री से दूर हुए थे हमें भी उनके आशीर्वाद का सौभाग्य नहीं मिल पाया था। आचार्य हमारी सहायता करिए।"

नाभाग यह कहते-कहते भावुक हो गया। आचार्य ब्रह्मदत्त ने कहा, "वत्स नाभाग, जिस तरह आप लोग महाराज से मिलने के लिए व्यग्र हैं वैसे ही महाराज आप लोगों से एक बार मिलना चाह रहे हैं। आज रात्रि क्षीरसमा में उनके ठहरने का कार्यक्रम है। वहाँ ऋषि प्रतोष का आश्रम है। आप लोग वहीं उनसे मिल सकते हैं। फिर कल दिन के दूसरे पहर वे नेपा के लिए प्रस्थान कर जाएँगे। आप लोग चलने की तैयारी करिए। सत्यरथ को मैंने सूचित कर दिया है। वह रथ और अश्व के साथ आता ही होगा।"

आचार्य ब्रह्मदत्त की इन बातों को सुनते ही सुप्रभा और नाभाग के मुरझाये चेहरे खिल उठे। उन्होंने तुरन्त तैयारी शुरू कर दी। तय हुआ कि सागत, मिनांदर, नन्दिवर्धन, इला और लोपामुद्रा भी साथ चलेंगे। वस्तुत: नाभाग अपने पिता को अपने इस नये बने विस्तृत परिवार के सभी सदस्यों से मिलवाना चाहता था।

सत्यरथ दो घोड़े और चार रथ लेकर आया था। दिन के दूसरे पहर तक सभी क्षीरसमा के लिए प्रस्थान कर चुके थे। आचार्य ब्रह्मदत्त, सुप्रभा-नाभाग, मिनांदर-इला और नन्दिवर्धन-लोपामुद्रा अलग-अलग रथ पर थे जबकि सत्यरथ और सागत घोड़े पर थे। भलान्दन पहली बार रेहसायागढ़ी और प्रतापगढ़ की सीमा से बाहर निकला था। वह बहुत खुश था और बार-बार महाराज के बारे

में पूछ रहा था जिनसे मिलने के बारे में सबने उसे बताया था। उसके प्रश्नों ने सुप्रभा-नाभाग को पूरे मार्ग भर व्यस्त रखा—"पितामह हमारे साथ क्यों नहीं रहते?" "पितामह महाराज हैं, महाराज तो बहुत बड़े व्यक्ति होते हैं, क्या हम भी बड़े हैं", "वे इससे पहले मिलने क्यों नहीं आए?", इस तरह के बाल सुलभ प्रश्नों के उत्तर देते हुए भी कई बार सुप्रभा-नाभाग को असहज होना पड़ता था, क्योंकि अभी भलान्दन की उम्र और समझ छोटी थी और सही उत्तर क्लिष्ट होते जिसे वह समझ नहीं पाता।

क्षीरसमा प्रतोष ऋषि के आश्रम में सभी सन्ध्या तक पहुँच गए। उस समय तक महाराज नाभानेदिष्ट वहाँ पहुँचे नहीं थे। आचार्य ब्रह्मदत्त और सुप्रभा-नाभाग ने तब तक का समय प्रतोष ऋषि के साथ बिताया।

सूर्यास्त के पश्चात महाराज नाभानेदिष्ट वहाँ पहुँचे। इतने सालों बाद पिता-पुत्र एक दूसरे को देखकर अपनी भावनाओं पर नियंत्रण नहीं रख सके। वैसे भी महाराज नाभानेदिष्ट अब किसी राज्य के राजा नहीं थे, अब कोई राजनीतिक मर्यादा उन्हें उनके व्यक्तिगत संवेदनाओं पर पहरेदारी करने के लिए उपस्थित नहीं थी। इस तरह की हर बाधा से वे मुक्त हो चुके थे। महाराज नाभानेदिष्ट ने नाभाग को अपनी बाँहों में भर लिया। दोनों के लिए तो यह हर्ष के क्षण थे ही, उन दोनों को इस तरह देखकर सुप्रभा के हृदय से एक बहुत बड़ा बोझ हट गया। सुप्रभा के मन में सदैव यह भाव कहीं छुपकर अन्दर ही अन्दर पीड़ा देता रहता था कि उससे विवाह करने के कारण पिता-पुत्र के बीच इतनी दूरी आ गई। जाने-अनजाने इस बात के लिए वह स्वयं को दोषी मानती थी। पिता-पुत्र को इस तरह मिलते देखकर उसे बहुत सन्तोष का अनुभव हुआ।

सुप्रभा को भी महाराज नाभानेदिष्ट ने पुत्रवधू की तरह आशीर्वाद दिया। और अब तक उन्हें दूर से निहारते भलान्दन पर जब उनकी दृष्टि गई तो आगे बढ़कर उन्होंने उसे गोद में उठा लिया। भलान्दन भी उनकी गोद में इस तरह सहजता से समा गया जैसे वह उन्हें जन्म के समय से जानता हो। महाराज नाभानेदिष्ट जिन्होंने जीवन के न जाने कैसे-कैसे सुख और दुख देखे थे अपने जीवन के इस अवसान के दौर में अपने पौत्र को गोद में भरकर भाव विह्वल हो गए। उनकी आँखों से आँसू छलक पड़े। यह उनके जीवन के चन्द सुखद क्षणों में से एक क्षण था।

नाभाग ने अपने साथ आए उन सभी लोगों से महाराज नाभानेदिष्ट का परिचय करवाया जो लोग रेहसायागढ़ी से उसके साथ आए थे और जो अब उसके परिवार के सदस्य बन चुके थे। महाराज नाभानेदिष्ट भलान्दन को गोद में लेकर ही सबसे बात करते रहे। वे यह जानते थे कि यही लोग अब उसके पुत्र नाभाग के अपने हैं और यही लोग उसके पुत्र नाभाग के संसार को पूर्ण करते हैं। उस समय से रात्रि शयन के समय तक भलान्दन महाराज नाभानेदिष्ट के पास ही रहा, चाहे वह

आचार्य ब्रह्मदत्त से मिल रहे हों या ऋषि प्रतोष से मिल रहे हों या फिर वह भोजन ग्रहण ही कर रहे हों। भलान्दन भी उनके साथ बहुत ही सहजता से रहा। ऐसा लगता था जैसे दोनों पूरे जीवन के साथ की कसर अभी ही पूरी कर लेना चाहते हों।

प्रात: भी वही स्थिति थी, भलान्दन हर समय महाराज नाभानेदिष्ट के पास ही रहा। महाराज नाभानेदिष्ट आश्रम में जहाँ भी जाते भलान्दन उनके साथ ही जाता। महाराज नाभानेदिष्ट से वह खूब बातें कर रहा था। महाराज नाभानेदिष्ट भी उससे तरह-तरह के प्रशन करते और उसके प्रश्नों के उत्तर देते। ऐसे ही बातों-बातों में महाराज नाभानेदिष्ट ने भलान्दन से पूछा, "आपको बड़ा होकर क्या बनने की इच्छा है, क्या आपने इस सम्बन्ध में कोई निर्णय किया है।"

भलान्दन ने उत्तर दिया, "यह तो मैंने अभी सोचा ही नहीं पितामह।"

महाराज नाभानेदिष्ट ने कहा, "तो अभी सोच लीजिए कि क्या बनना चाहते हैं।"

कुछ क्षण सोचकर भलान्दन ने उत्तर दिया, "सब कहते हैं सबसे बड़े महाराजा होते हैं, जैसे आप बड़े हैं महाराजा हैं, क्या यह सत्य है?"

महाराज नाभानेदिष्ट ने उत्तर दिया, "हाँ यह सत्य है।"

"तो फिर मुझे आपकी तरह ही महाराजा बनना है"—ये वे वाक्य थे जिससे सुनने के लिए महाराज नाभानेदिष्ट के कान तरस रहे थे, भलान्दन के इन शब्दों ने उन्हें अप्रतिम सुख का अनुभव कराया। उन्होंने भलान्दन से कहा, "नहीं, आपको मेरी तरह नहीं बल्कि मुझसे भी बड़ा महाराजा बनना है।"

उस समय से महाराज के वहाँ से प्रस्थान करने और सभी के रेहसायागढ़ी लौटने तक भलान्दन के होठों पर केवल यही एक बात बस गई थी। वह हर किसी से कहता "मुझे पितामह ने कहा है, मुझे उनसे भी बड़ा महाराजा बनना है, बहुत बड़ा महाराजा।" सभी उसकी इस बात को बाल सुलभ वचन समझते लकिन सुप्रभा पूरी गम्भीरता से उसे कहती, "हाँ पुत्र, तुम्हें बहुत बड़ा महाराजा बनना है, पितामह से भी बड़ा महाराजा।"

जाने से पूर्व महाराज नाभानेदिष्ट और नाभाग ने एक दूसरे के किसी कृत्य से पहुँचे दुख के लिए एक दूसरे से खेद व्यक्त किया। महाराज नाभानेदिष्ट अपने जीवन के प्राप्त अनुभवों और सीख से नाभाग को अवगत कराने का प्रयत्न करते रहे। वे जानते थे कि उनका पुत्र स्वयं नैतिक बल, बुद्धि व मर्यादाओं के मामले में पूर्ण है किन्तु वे फिर भी अपनी समझ, अपने ज्ञान से उसे अवगत कराने का प्रयत्न करते रहे।

दिन के दूसरे पहर महाराज नाभानेदिष्ट नेपा के लिए प्रस्थान कर गए। यह नाभाग की और वहाँ उपस्थित सभी व्यक्तियों की उनसे अन्तिम मुलाकात थी। एक साल बाद ही महाराज नाभानेदिष्ट नेपा के जंगलों में ईश्वर साधना करते हुए इस संसार से चले गए।

भलान्दन तीन मास पश्चात ग्यारह साल का होनेवालाथा और सुप्रभा उसकी सुव्यवस्थित और सुनियोजित शिक्षा के लिए चिन्तित थी। वैसे तो जब भलान्दन पाँच साल का हुआ था तब आचार्य ब्रह्मदत्त से उसका विद्यारम्भ संस्कार सम्पन्न कराकर उसकी शिक्षा प्रारम्भ कर दी गई थी किन्तु यह शिक्षा लिपि ज्ञान और कुछ प्रारम्भिक ज्ञान से अधिक नहीं थी। भलान्दन कभी आचार्य ब्रह्मदत्त से तो कभी नाभाग से तो कभी सुप्रभा से ऐसे प्रारम्भिक शिक्षा को प्राप्त करता रहता किन्तु सुप्रभा जानती थी कि इस तरह उसकी समुचित शिक्षा नहीं हो सकती। विशेषकर तब जब वह भलान्दन के जीवन की दिशा एक बहुत बड़े लक्ष्य के तरफ अग्रसर कराना चाहती थी। सुप्रभा ने भलान्दन के लिए प्रथम लक्ष्य वज्जि साम्राज्य की राजसत्ता पर अनैतिक रूप से प्रभुत्व जमाए वसुरथ को पदच्युत कर अपने पिता नाभाग को वह स्थान प्रदान कराना तय कर रखा था। भलान्दन अब तक यह तो जान ही गया था कि उसके माता-पिता को किन परिस्थितियों में वाणिज्यग्राम से निष्कासित होना पड़ा था। रेहसायागढ़ी के अन्य बच्चों से जब वह वाणिज्यग्राम नगर की भव्यता की बात सुनता तो वह भी नगर जाने के लिए मचल उठता। शुरुआत में इसे उसका बाल हठ मानकर सुप्रभा उसे सीधा मना कर देती थी किन्तु जब वह अधिक हठ करने लगा और उसे न जाने देने के सम्बन्ध में बहुत सारे प्रश्न करने लगा और जब सुप्रभा को लगा कि अब वह इतना परिपक्व तो हो ही गया है कि सारी बातें समझ सके तो उसने उसे सबकुछ बता दिया। अपने पितामह महाराज नाभानेदिष्ट से हुए साक्षात्कार ने भलान्दन के कच्चे मन पर पहले ही गहरा प्रभाव डाल रखा था। उस समय से ही उसकी सोच और उसके व्यवहार में अन्तर आना प्रारम्भ हो गया था। वह यह जानता था कि भले ही वह आम बच्चों की तरह रेहसायागढ़ी में रह रहा है किन्तु वह सबकी तरह नहीं है। उसके अन्दर स्वयं की पृष्ठभूमि के विशिष्ट होने की भावना उस समय से ही बैठ चुकी थी। उसका व्यवहार रेहसायागढ़ी के अन्य बच्चों के साथ सामान्य ही था किन्तु उसे यह अच्छी तरह पता था कि वह सबकी तरह सामान्य बच्चा नहीं है, वह वज्जि राज्य के महाराजा नाभानेदिष्ट का पौत्र है। इस विशिष्टता की भावना ने उसके मन को गौरवबोध से तो भर ही रखा था, इस भावना ने उसे भविष्य को लेकर सतर्क और सजग भी कर दिया था। यह बोध धीरे-धीरे उसके व्यवहार को अन्य बच्चों की तुलना में अधिक गम्भीर करता चला गया। सुप्रभा भलान्दन के अन्दर आए इन बदलावों को देख रही थी, किन्तु उसके मन पर यह कोई नाकारात्मक प्रभाव न पड़े इसलिए उससे अपने मन की उन बातों को साझा नहीं करती थी। उन बातों को जो उसने भलान्दन के जन्म के पूर्व से अपने अन्दर सँजो रखी थीं।

किन्तु अब सुप्रभा भलान्दन के भविष्य को आकार देने के लिए कुछ ठोस करना चाहती थी। सुप्रभा को रेहसायागढ़ी में यह सम्भव नहीं लग रहा था। ऐसे में जब अभी भलान्दन के ग्यारह साल होने में कुछ मास शेष थे उसने नाभाग से इस हेतु चर्चा की। सुप्रभा ने कहा, "युवराज, भलान्दन की शिक्षा और सर्वांगीण विकास के लिए आपने क्या सोचा है?"

नाभाग ने उत्तर दिया, "देवी, मैंने अभी कुछ सोचा तो नहीं है किन्तु उसकी अब तक की प्रगति से सन्तुष्ट हूँ, वह कुशाग्र बुद्धि का है, जिज्ञासु है, श्रमसाधक है। शारीरिक रूप से भी स्वस्थ है। ऐसी स्थिति में अधिक कुछ करने, सोचने की आवश्यकता मुझे तो नहीं दिखती है।"

"आपकी बातें सच है युवराज, किन्तु यज्ञोपवीत संस्कार के पश्चात उसे उस तरह की सुनियोजित और सुव्यवस्थित शिक्षा की आवश्यकता तो होगी जो आपने या हमने प्राप्त की है।"

"हाँ यह कहना ठीक है आपका, हमें उसे अपने से दूर तो करना होगा। किन्तु क्या आपको नहीं लगता कि आचार्य ब्रह्मदत्त के रहते भलान्दन को कहीं अलग भेजने की आवश्यकता नहीं है। आचार्य के पास रहकर भी वह अच्छी शिक्षा पा सकता है। यदि आपके मन में इससे कोई भिन्न विचार हैं या योजना है तो बताइए।"

"मैं आपकी बातों से असहमत नहीं हूँ युवराज, निश्चित रूप से आचार्य ब्रह्मदत्त भलान्दन को अच्छी तरह शिक्षित करेंगे, अभी भी वह उनके पास जाता ही रहता है, आचार्य अभी भी भलान्दन को नैतिक शिक्षा देते रहते हैं। किन्तु मेरा मन हमारे पुत्र के केवल ग्रन्थ ज्ञान से सन्तुष्ट नहीं हो रहा है, मैं भलान्दन को उसके पितामह महाराज नाभानेदिष्ट और आपकी तरह का समग्र गुण, ज्ञान, शक्ति और पौरुष से पूर्ण इनसान बनाना चाहती हूँ। ऐसा योद्धा बनाना चाहती हूँ जो आप ही की तरह जीवन की हर समस्या का अपने ज्ञान और पौरुष के बल पर निडरता से सामना करे। और जब उसके बारे में यह सब सोचती हूँ तो मुझे उसकी शिक्षा हेतु राजऋषि निपा और उनके हिमवंत आश्रम से बेहतर विकल्प कोई दूसरा नहीं दिखता है। चूँकि मैं वहाँ स्वयं रह चुकी हूँ तो मुझे वहाँ की खूबियों के बारे में पता है। संयोग से आपने भी वहाँ समय बिताया है इसलिए आप भी वहाँ की शिक्षा व्यवस्था से अवगत हैं ही। यदि आपको मेरा यह विचार उचित लगे तो हमें भलान्दन को राजऋषि निपा के पास ही भेजना चाहिए।"

"देवी सुप्रभा, आप भलान्दन की माता हैं, आपसे बेहतर उसके लिए भला कौन सोच सकता है। आपका विचार उत्तम है। आप पुत्र भलान्दन को हिमवंत आश्रम ही भेजें। राजऋषि निपा आपसे बहुत स्नेह भी रखते हैं, आपके पुत्र का वह निश्चित रूप से विशेष ध्यान रखेंगे। अभी तो यज्ञोपवित में समय है, जब समय आएगा तब आप उनसे जाकर स्वयं बात भी कर लीजिएगा।"

"अधिक समय कहाँ है युवराज, केवल तीन मास तो बचे हैं भलान्दन की आयु ग्यारह साल होने में। यज्ञोपवीत का समय तो निकट है।"

"देवी सुप्रभा, आप भूल रही हैं कि यज्ञोपवीत के लिए ग्यारह साल की आयु क्षत्रियों के लिए निर्धारित हैं। जबकि ब्राह्मणों के लिए यह आयु आठ साल और वैश्यों के लिए बारह साल निर्धारित है।"

"मैं भूली नहीं हूँ युवराज, क्षमा करेंगे शायद आप यह भूल रहे हैं कि आप जन्म से क्षत्रिय हैं। आपके पुत्र भलान्दन का रग-रग क्षत्रिय रक्त से भरा है। उसका यज्ञोपवीत संस्कार ग्यारह साल की आयु में ही होना चाहिए।"

"देवी, मैंने तो अपने लिए वैश्य मर्यादा चुन ली है अत: मेरी दृष्टि में भलान्दन का यज्ञोपवीत संस्कार और औपचारिक शिक्षा बारह वर्ष की आयु में प्रारम्भ होनी चाहिए। किन्तु इस सम्बन्ध में अन्तिम निर्णय हेतु आपको एक बार आचार्य ब्रह्मदत्त से विमर्श कर लेना चाहिए।"

अगले दिन सुप्रभा ब्रह्मदत्त के पास विमर्श हेतु उपस्थित थी और उसने उनसे इस भ्रम का निदान करने के लिए कहा। कुछ क्षण मनन कर आचार्य ब्रह्मदत्त ने कहा, "देवी सुप्रभा, आप एक ऐसे व्यक्ति से अपनी दुविधा का निदान चाहती हैं जो स्वयं इन पूर्वग्रहों से भरी दोषपूर्ण व्यवस्था में विश्वास नहीं रखता। यह पूरी व्यवस्था को कुछ वर्ग ने अपनी अनैतिक सामाजिक, आर्थिक व राजनीतिक सत्ता को स्थायी बनाए रखने के लिए स्थापित कर रखा है। प्रकृति ने मनुष्यों में कोई अन्तर नहीं किया, सबके रक्त का रंग एक है और सभी एक ही तरह से जन्म लेते हैं, इतने बड़े सत्य को जिस वर्ग ने धर्म को आधार बनाकर असत्य से ढक दिया है और घोर शोषण को जारी रखने के लिए जिस शक्तिशाली तंत्र को जीवन के हर क्षेत्र में स्थापित कर रखा है उनका सबसे बड़ा हथियार शिक्षा पर नियंत्रण है। उनके इस झूठ, प्रपंच और अमानवीय शोषण को केवल शिक्षा से प्राप्त ज्ञान द्वारा ही चुनौती मिल सकती है इसलिए इन्होने सबसे पहले इस पर ही मजबूत पहरेदारी की है। अस्पृश्यों और शूद्रों के कान में तो वेद का एक स्वर पहुँच जाने पर उसे जघन्य तरह से प्रताड़ित किया जाता है। उनकी तो बात छोड़ ही दी जाए, हम ब्राह्मण तो क्षत्रिय और वैश्य से भी स्वयं को असुरक्षित अनुभूत करते हैं इसलिए इनके बच्चों के लिए भी अपने बच्चों से विलम्ब से और अलग-अलग आयु में शिक्षा ग्रहण का आश्चर्यजनक विधान बना रखा है। मुझे बताओ देवी सुप्रभा, बच्चा तो हर जाति का एक समान है फिर ब्राह्मण बच्चों के लिए आठ वर्ष, क्षत्रिय के लिए इससे तीन वर्ष पश्चात ग्यारह वर्ष और वैश्य बच्चों के लिए उसके भी एक वर्ष पश्चात बारह वर्ष की आयु किस आधार पर निर्धारित की गई है? और यही कुव्यवस्था कायम है और मुझे नहीं लगता कि इसे निकट भविष्य में कोई चुनौती मिलने की सम्भावना है। मेरे जैसा ब्राह्मण जो इसका विरोध करता है उसे पतित, धर्म भ्रष्ट घोषित कर दिया जाता है।"

"मैं आपकी बात से सहमत हूँ आचार्य, किन्तु हम लोग पूर्व से ही राज्य द्वारा निष्कासन भोग रहे हैं, ब्राह्मण वर्ग भी हमसे अप्रसन्न ही है और ऐसे में यदि हमने इस व्यवस्था को चुनौती दी तो यह अप्रसन्नता अधिक उग्र हो सकती है, इसलिए मैं इसी व्यवस्था के अनुरूप ही भलान्दन का यज्ञोपवीत संस्कार कराना चाहती हूँ।"

"मैं आपकी मजबूरी समझ रहा हूँ देवी सुप्रभा। यदि स्थापित व्यवस्था की बात करें तो यह व्यवस्था वत्स भलान्दन को बारह वर्ष की आयु में ही यज्ञोपवीत संस्कार और औपचारिक शिक्षा प्रारम्भ करने की अनुमति प्रदान करती है।"

"क्षमा चाहती हूँ आचार्य, किन्तु भलान्दन तो युवराज का पुत्र है, जो जन्म से क्षत्रिय हैं, हमारे पितृसत्तात्मक सामाजिक व्यवस्था में तो पिता की पहचान ही पुत्र को प्राप्त होती है, इस दृष्टि से भलान्दन का यज्ञोपवीत ग्यारह साल की आयु में ही क्यों नहीं होनी चाहिए।"

"आपकी बातें पूर्णतः असत्य नहीं है देवी सुप्रभा, किन्तु चूँकि वत्स नाभाग ने स्वयं ही क्षत्रिय पहचान का त्याग कर दिया है और वैश्य मर्यादा को अंगीकृत कर लिया है इसलिए अब उनके पुत्र पर भी यही पहचान जारी रहेगी। जिस व्यवस्था के अनुसार आप अभी चलना चाह रही हैं उस व्यवस्था के अनुसार वत्स भलान्दन वैश्य पुत्र ही कहा जाएगा और इस तरह उनका यज्ञोपवीत संस्कार एक साल तीन मास पश्चात ही सम्भव होगा।"

एक बार फिर से सुप्रभा अत्यन्त पीड़ा में थी। उसने अब तक नाभाग को तमाम तरह के समझौते करते देखा था, एक क्षत्रिय युवराज से वैश्य कृषक का जीवन जीते देखा था और अब उसके पुत्र को भी अपने जीवन के सबसे महत्त्वपूर्ण समय और विषय पर समझौता करना पड़ रहा था। वसुरथ जो आज वज्जि राज्य के राजसिंहासन पर बैठा था एवं जिसके षड्यंत्रों को वह इन परिस्थितियों के लिए उत्तरदायी मानती थी के विरुद्ध उसका आक्रोश और बढ़ गया। वसुरथ को सत्ताच्युत किए बिना अब उसके मन को शान्ति नहीं मिलनी थी। उसे सत्ताच्युत करने के लिए भलान्दन को उस हेतु तैयार करना आवश्यक था और जिसके लिए वह उसे जल्द-से-जल्द राजऋषि निपा के पास उनके हिमवंत आश्रम में भेजना चाहती थी। किन्तु अब इसके लिए भी सुप्रभा को एक साल से अधिक समय तक इन्तजार करना था।

बारह साल की आयु में भलान्दन का यज्ञोपवीत संस्कार सम्पन्न हुआ और उसकी विधिवत शिक्षा राजऋषि निपा के हिमवंत आश्रम में प्रारम्भ हो गई।

यज्ञोपवीत संस्कार के एक माह पूर्व सुप्रभा राजऋषि निपा के पास भलान्दन की शिक्षा के सम्बन्ध में बात करने गई थी। हिमवंत आश्रम का अब विस्तार हो गया था। क्षेत्र का भी और प्रशिक्षुओं का भी। अब पहले की तुलना में चार गुना अधिक शिष्य वहाँ शिक्षा ग्रहण कर रहे थे। यह देखकर सुप्रभा खुश हुई। इतने वर्षों बाद अपनी प्रिय शिष्या को देखकर राजऋषि निपा भी प्रसन्न हुए और उन्होंने उसके आश्रम आने का प्रयोजन पूछा तो उसने कहा,

"गुरुदेव, मैं आज जो कुछ भी हूँ उसमें आपका बहुत योगदान है। आपकी शिक्षा और इस आश्रम से प्राप्त संस्कारों ने मुझे इस रूप में ढाला है। आपने शिष्या से अधिक एक पुत्री की तरह मुझे स्नेह दिया है, मैं किन्हीं शब्दों में आपका आभार व्यक्त कर आपकी इस कृपा का अपमान करना नहीं चाहती किन्तु मैं आपकी आभारी तो हूँ। आज पुन: मैं आपसे कुछ माँगने आई हूँ। मैं जानती हूँ आप मुझे इस बार भी निराश नहीं करेंगे।"

राजऋषि निपा ने कहा, "पुत्री सुप्रभा, एक तरफ तुम स्वयं कह रही हो कि मैंने तुम्हें पिता की तरह स्नेह दिया है फिर इतना संकोच क्यों, एक पुत्री की तरह पूरे अधिकार से कहो, मैं तुम्हारी क्या सहायता कर सकता हूँ।"

"गुरुदेव, आपको तो मेरे और युवराज की पूरी जीवन गाथा ज्ञात ही है। सम्भव है आप यह भी जानते होंगे कि किस तरह वसुरथ ने अपने सत्ता के लोभ में षड्यंत्र कर युवराज को उनके अधिकार से वंचित करवा दिया और आज स्वयं सिंहासन पर बैठा है। युवराज तो सांसारिक जीवन जीते हुए भी एक संत की तरह सोचते हैं, उन पर इन बातों का कोई प्रभाव नहीं पड़ता और उन्होंने इस स्थिति को सहर्ष स्वीकार लिया है। किन्तु मैं उनकी तरह नहीं सोच पाती हूँ, भले ही यह मेरी दुर्बलता है किन्तु मैं इस सम्बन्ध में वह दृष्टि और सोच नहीं अपना पाती जो युवराज ने अपना ली है। मुझे यह सीधा अन्याय प्रतीत होता है, युवराज के साथ और अब हमारे पुत्र भलान्दन के साथ। और यह अन्याय बोध मेरे हृदय को अत्यन्त पीड़ा देता है। मैं कभी भी इस पीड़ा से मुक्त नहीं हो पाती हूँ। यह पूरी स्थिति मुझे अपमानजनक प्रतीत होती है और मुझे अशान्त रखती है। मैं इसका स्थायी निदान चाहती हूँ गुरुदेव।"

"पुत्री सुप्रभा, अब यह कोई छुपा हुआ रहस्य नहीं है, यह सभी को पता है कि वसुरथ ने यह पूरा षड्यंत्र किया था जिसमें उसे राजपुरोहित कौशिक का समर्थन भी प्राप्त था। यह अन्याय तो है। युवराज और तुम्हें इस अन्याय को सहना पड़ा इस बात का मुझे दुख है। किन्तु पुत्री, स्वयं को इससे पीड़ा देना, पीड़ित रखना भी तो उचित नहीं। मनुष्य जीवन इस तरह के विडम्बनाओं से भरा पड़ा है जहाँ सत्य को अधिक संघर्ष और कष्ट का सामना करना पड़ता है, मनुष्यत्व इसके ऊपर विजय प्राप्त करने में है। हर मनुष्य में यह क्षमता है, यह बात अलग है कि हर कोई इसका साक्षात्कार नहीं कर पाता। तुम जिस पीड़ा में हो इस पीड़ा का प्राप्त

तो कुछ नहीं होगा, तुम्हें इस पीड़ा को जीत कर उन विकल्पों के बारे में सोचना चाहिए जो इस स्थिति में परिणामी बदलाव ला सके। जीवन जीने की दो ही उत्तम युक्ति है, या तो इन बातों से स्वयं को ऊपर उठा लो और इन्हें निर्मूल समझो जैसा कि युवराज नाभाग कर रहा है या फिर वह करो जिससे यह स्थिति सर्वदा के लिए बदल जाए। पीड़ित होना ऊर्जा को निरर्थक नष्ट करना है। मानव जाति को यह अनुमति बिलकुल नहीं है कि वह ब्रह्म ज्योति पुंज से प्राप्त ऊर्जा समूह के स्वरूप इस जन्म को और सकारात्मक निर्माण के लिए प्राप्त ऊर्जा को इस तरह नष्ट करे। इस पीड़ा को जीतने हेतु सामर्थ्यवान बनो, और कुछ सार्थक करो पुत्री सुप्रभा।"

"मैं आपकी बातों से सहमत हूँ गुरुदेव, मैं स्वयं इस पीड़ा पर विजय प्राप्त करना चाहती हूँ। मेरे स्वयं के लिए यह स्थिति ठीक नहीं है। मैं इसका निदान चाहती हूँ और जैसा कि आपने कहा कुछ सार्थक करना चाहती हूँ। इसीलिए आपके पास आई हूँ। मैं यह आरम्भ में ही समझ गई थी कि युवराज की नैतिक ऊँचाई उन्हें इस हेतु कभी प्रेरित नहीं करेगी कि वह अपने साथ हुए अन्याय को इसी रूप में समझें और इसका प्रतिकार करें। इसलिए मैंने अपने पुत्र के होने और उसे बड़ा होकर इस तरह सामर्थ्यवान बनने तक की प्रतीक्षा करने का निर्णय किया जब वह अपने बाहू और पराक्रम से अपने पिता के साथ हुए अन्याय को न्याय में परिवर्तित करे। इसलिए मैं उसे आपके पास आपकी शरण में लाना चाहती हूँ। मैं चाहती हूँ कि उसमें न केवल अच्छे संस्कार आए बल्कि वह इस तरह का पौरुष प्राप्त करे जिससे वसुरथ को सिंहासन से हटाना उसके लिए आसान बन जाए। मेरी जानकारी में आपकी शरण और इस आश्रम से बेहतर स्थान इस विश्व में कहीं नहीं है जहाँ यह सब एक साथ प्राप्त हो सके। मैं चाहती हूँ कि आप उसे विवेकशील, ज्ञानी बनाने के साथ ही सैन्य गुणों से पूर्ण एक योद्धा भी बनाएँ। उसे इस तरह का बनाएँ कि उसके आगे वसुरथ को अपनी लघुता का स्वतः साक्षात्कार हो जाए। गुरुदेव, यह केवल आप ही कर सकते हैं, आप मुझ पर यह कृपा करें।"

"पुत्री सुप्रभा, पिता अपनी पुत्री पर कृपा नहीं करते बल्कि अपना आशीर्वाद देते हैं, और यह तुम्हें मुझसे सर्वदा प्राप्त है। मैं पूरा प्रयत्न करूँगा कि तुम्हारे पुत्र को बिलकुल उसी तरह शिक्षित और प्रशिक्षित करूँ जैसी तुम्हारी अपेक्षा है और जो तुम्हारा उद्देश्य है।"

"मैं कृतज्ञ हुई गुरुदेव। आपने मेरे जीवन की सबसे बड़ी अभिलाषा को पूर्ण करने का आशीर्वाद दे दिया। आपकी शरण में अपने पुत्र को सौंपकर मैं पूरी तरह निश्चिंत हो गई और मेरी सारी चिन्ता समाप्त हो गई। आपके रहते मुझे अब इस सम्बन्ध में कुछ भी सोचने की आवश्यकता नहीं। गुरुदेव, एक अनुरोध और करना चाहती हूँ, आप पुत्र भलान्दन को उसके लिए निश्चित लक्ष्य हेतु जरूर अग्रसर रखें किन्तु जब तक वह व्यस्क न हो जाए उसे हमारी योजना के बारे में जानकारी नहीं

दें। इससे अभी उसके मानसिक विकास में कोई नकारात्मक प्रभाव नहीं पड़ेगा, अभी उसकी उम्र कम है अतः मेरी समझ से उसका अभी इन बातों को न जानना ही उचित है।"

"तुम निश्चिंत रहो पुत्री सुप्रभा, सबकुछ उचित समय पर ही होगा, तुम्हारी हर इच्छा पूर्ण होगी।"

राजऋषि निपा के इन शब्दों से निश्चिंत होकर जब सुप्रभा हिमवंत आश्रम से रेहसायागढ़ी के लिए चली तो पूरे रास्ते उसके मन में एक उत्साह बना रहा। वह बार-बार मन-ही-मन दुहराती रही कि 'वसुरथ, तुम्हारे अन्याय और प्रपंच की आयु अब जल्दी ही समाप्त होनेवाली है, तुम्हारी उल्टी गिनती शुरू हो चुकी है।' इन शब्दों को दुहराते हुए वह अपने अन्दर एक शान्ति का अनुभव कर रही थी। हालाँकि वह जानती थी कि अभी वह समय आने में विलम्ब है, कम-से-कम बारह वर्ष। यह वह अवधि थी जिसमें भलान्दन को हिमवंत आश्रम में रहकर अध्ययन करना था और प्रशिक्षित होना था। सुप्रभा बारह वर्ष से अधिक पहले ही प्रतीक्षा कर चुकी थी, अब वह इस बारह वर्ष की प्रतीक्षा के लिए भी तैयार थी। इस समय उसके जीवन का सबसे प्रमुख लक्ष्य वसुरथ को पदच्युत कर युवराज को न्याय दिलवाना था। युवराज के साथ हुए अन्याय और अपमान को वह हर क्षण जी रही थी किन्तु उसकी यही पीड़ा उसे हर क्षण प्रतिशोध के लिए प्रेरित भी रखती थी। बाह्य रूप से शान्त चित्त दिखाई देनेवाले उसके व्यक्तित्व का एक सत्य उसके हृदय को सदैव उद्वेलित रखनेवाला यह प्रतिशोध भी था। उसका चित्त उस समुद्र की तरह था जिसकी ऊपरी सतह तो स्थिर थी किन्तु जिसके अन्दर बवंडर सा मचा था और जो उस सही समय का इन्तजार कर रहा था जब उसे पृथ्वी की तमाम विकृतियों को अपने अन्दर समाहित कर दैवीय न्याय करना था। उस क्षण की प्रतीक्षा तक उसे शान्त रहना था, धीरे-धीरे योजनाओं को क्रियान्वित करना था, बिना किसी कोलाहल के।

सुप्रभा सुबह से आरोग्यशाला में व्यस्त थी। पिछले कुछ दिनों से अस्वस्थ लोगों की संख्या बहुत बढ़ गई थी। ज्येष्ठ मास में गर्मी अत्यधिक बढ़ जाती है, सूर्य का चरम ताप लोगों को अस्वस्थ कर रहा था। सुप्रभा के साथ इला और लोपामुद्रा भी रुग्ण लोगों के बीच ही व्यस्त थीं। सुप्रभा अधिक चिन्तित लोपामुद्रा के नवजात पुत्र के लिए थी जो अस्वस्थ था। बीस साल की प्रतीक्षा के बाद नन्दिवर्धन-लोपामुद्रा को सन्तान की प्राप्ति हुई थी। जबकि मिनांदर-इला की पुत्री और पुत्र दोनों क्रमशः

उन्नीस व अठारह साल के व्यस्क हो चुके थे और भलान्दन के साथ ही हिमवंत आश्रम में शिक्षा ग्रहण कर रहे थे। भलान्दन की ग्यारह साल शिक्षा पूरी हो चुकी थी, यह उसकी शिक्षा व प्रशिक्षण का अन्तिम वर्ष था।

सुप्रभा ने लोपामुद्रा को अपने पुत्र को लेकर घर चले जाने के लिए कहा क्योंकि आरोग्यशाला में रहने से वह अपने पुत्र का पूरा ध्यान नहीं रख पा रही थी। लोपामुद्रा जाना नहीं चाह रही थी क्योंकि अस्वस्थ लोगों की संख्या अधिक थी। तब सुप्रभा ने समझाया कि उसकी सहायता इला कर देगी। लोपामुद्रा पुत्र को लेकर अपने घर चली गई। सुप्रभा और इला अस्वस्थ लोगों को देखती रहीं। इन अस्वस्थ स्त्री, पुरुष और बच्चों में अधिकतर दास थे। और तेज गर्मी के अलावा स्वच्छता में कमी के कारण ये अधिक अस्वस्थ पड़ रहे थे। सुप्रभा उन्हें जड़ी-बूटी से बनी दवाओं के अतिरिक्त स्वच्छता पर ध्यान देने का सुझाव भी देती रहीं। दिन के तीसरे पहर तक आरोग्यशाला खाली हो पाई। सुप्रभा और लोपामुद्रा आवास की तरफ बढ़ ही रहे थे कि उन्होंने मार्ग पर पश्चिम की तरफ से एक बड़ी भीड़ आती देखी। उन्होंने गौर किया कि वे सभी अपने रथ, पालकी और अश्व दूर ही छोड़कर पैदल उसके आवास की तरफ बढ़ रहे हैं। वह मार्ग वाणिज्यग्राम से आने का भी मार्ग था और जिस तरह के वस्त्र उन लोगों ने पहन रखे थे वे श्रेष्ठों की तरह दिख रहे थे। इस समय वाणिज्यग्राम से श्रेष्ठी क्यों आ सकते हैं यह बात सुप्रभा को समझ नहीं आई। उसके पिता सुदेव को गुजरे तो छः वर्ष हो चुके थे और वह उन्हें अपने वाणिज्यग्राम छोड़ने के बाद दुबारा कभी देख भी नहीं पाई थी क्योंकि अन्त समय तक वे उसे क्षमा नहीं कर पाए थे। सुप्रभा का कोई अन्य सगा-सम्बन्धी भी वाणिज्यग्राम में नहीं था जिनके अभी इस तरह आने की सम्भावना के बारे में वह सोच सके। सुप्रभा ने नाभाग को जाकर इस बात की जानकारी दी जो सागत के साथ आवास में ही था।

यह लगभग सौ लोगों का समूह था जो वाणिज्यग्राम से नाभाग से मिलने आया था। नाभाग ने सभी को आदर से बैठाया और उसके पास आने का प्रयोजन पूछा। उन श्रेष्ठियों के प्रमुख मिलिंद ने कहा, "युवराज नाभाग, आपने वाणिज्यग्राम क्या छोड़ा भाग्य ने हमारा साथ छोड़ दिया। आपके चले आने के कुछ साल पश्चात हमारे अभिवावक पूज्य महाराज नाभानेदिष्ट ने भी वाणिज्यग्राम त्याग दिया। अब तो वे स्वर्ग में हैं जहाँ अपनी याचना लेकर हम जा भी नहीं सकते। उनके रहते हम लोगों ने यह असुविधा, कष्ट कभी देखा ही नहीं और इस तरह का हमें कभी अनुभव नहीं हुआ जिस तरह अभी हम लोग स्वयं को अनाथ पा रहे हैं। युवराज नाभाग, जब हमें कोई रास्ता नहीं सूझा तब हम लोगों ने आपके पास आने का निर्णय किया।"

नाभाग ने उनसे कहा, "आप लोग मेरे पास आए यह मेरा सौभाग्य है, मैं आप सभी का हृदय से स्वागत करता हूँ। आपकी बातों से प्रतीत हो रहा है कि

आप लोग किसी कारण से बहुत कष्ट में हैं। क्या बात है, आखिर आपके कष्ट का कारण क्या है?"

श्रेष्ठी प्रमुख मिलिंद ने उत्तर देते हुए कहा, "हमारे कष्ट का एकमात्र कारण राजा वसुरथ हैं युवराज। महाराज नाभानेदिष्ट द्वारा अथक श्रम व त्याग से स्थापित की गई सारी व्यवस्था उनके बाद राजा वसुरथ ने चौपट कर दी है। पहले से तय कर चार गुना अधिक तो बढ़ ही चुके हैं उसके अलावा भी तमाम तरह के नये कर लगा दिए गए हैं। हम अपने बुद्धि, श्रम से धन अर्जित करते हैं, हमारे पास कोई पौध तो है नहीं जिससे स्वर्ण के फल लगते हों जिसे राजा की इच्छा पर हम हर समय उपलब्ध करा दें।"

नाभाग ने कहा, "आपकी इन परेशानियों को जानकर दुख हुआ, किन्तु मुझे यह समझ में नहीं आ रहा कि राज्य को इतने धन की आवश्यकता क्यों है, पिछले दो दशक में तो ऐसी कोई बात नहीं हुई है जिससे धन की इतनी आवश्यकता आन पड़ी हो, न तो कोई युद्ध ही हुआ है और न ही कोई ऐसी प्राकृतिक आपदा जिसकी कारण ऐसी जरूरत हुई हो।"

मिलिंद ने कहा, "मुझे कहने में संकोच हो रहा है युवराज किन्तु सच्चाई यही है कि राजा वसुरथ अपनी विलासिता व व्यभिचार के लिए हमारे धन को लुटा रहे हैं। वह हर समय गणिकाओं से घिरे रहते हैं। नगर की व्यवस्था पूरी तरह चौपट हो चुकी है। जगह-जगह गणिकाओं के महल बन गए हैं, और उसके आसपास मधुशालाएँ बना दी गई हैं। लूटपाट चरम पर है। इस अव्यवस्था के कारण अब सुदूर राज्यों से आनेवाले व्यापारियों में भारी कमी हो गई है जिसका सीधा प्रभाव हमारे व्यवसाय पर पड़ने लगा है। कुछ ही वर्षों में हमारी आय आधी हो गई है। यदि यही स्थिति रही तो आनेवाले समय में हम पूरी तरह समाप्त हो जाएँगे, निर्धन बन जाएँगे। इन समस्याओं के साथ-साथ राज्य के अधिकारियों द्वारा होनेवाली मनमानी भी चरम पर है। हम अपनी पीड़ा बताने जाएँ भी तो किसके पास, हमारी सुननेवाला कोई नहीं है। राजा वसुरथ से मिलना अब केवल गणिकाओं के लिए ही सुलभ है, हम चाहकर भी मिल नहीं पाते। कई बार हमने मिलने का प्रयास किया किन्तु हमें महल के प्रवेश द्वार से ही वापस लौटा दिया गया। इस स्थिति में कोई विकल्प ही नहीं बचता है हमारे पास। हम करे तो क्या करें, हम जाएँ तो कहाँ जाएँ। ऐसी कोई जगह नहीं जहाँ हमारी सुनवाई हो और हमारी रक्षा हो।"

नाभाग कुछ क्षण चुप रहा। फिर उसने पूछा, "राजा वसुरथ को इन कृत्य के लिए कोई रोकता क्यों नहीं है? राजपुरोहित कौशिक इस पर आपत्ति व्यक्त क्यों नहीं करते? सभी अमात्य क्या कर रहे हैं? अमात्य प्रमुख विश्रुतवंत भी तो इस स्थिति के प्रति आगाह कर सकते हैं? राज्य पूरी तरह इस स्थिति से आँखें मूँदकर कैसे रह सकता है?"

मिलिंद ने उत्तर दिया, "यदि बाकी लोग राजा वसुरथ को रोकने की स्थिति में होते तो आज यह स्थिति उत्पन्न ही नहीं होती। राजपुरोहित कौशिक हालाँकि अभी भी सक्रिय हैं किन्तु वे वृद्ध हो चुके हैं, राजा वसुरथ अब उनकी कितनी सुनते हैं यह हमें नहीं पता? बाकी अमात्य क्या करेंगे जब अमात्य प्रमुख विश्रुतवंत ही कुछ नहीं कर रहे और अमात्य प्रमुख विश्रुतवंत की मंशा क्या है यह हमें ज्ञात नहीं है।"

नाभाग ने पूछा, "आप लोगों ने राजपुरोहित कौशिक और अमात्य प्रमुख विश्रुतवंत से मुलाकात की है?"

मिलिंद ने उत्तर दिया, "आज तक इन्हीं दोनों से तो मिलते रहे हैं, पहले तो वे कई साल तक हमें आश्वासन देते रहे, किन्तु अब उन्होंने साफ तौर पर यह कहते हुए अपनी असमर्थता प्रकट कर दी है कि राजा वसुरथ उनकी बातें नहीं सुनते। राजा वसुरथ की नाकामियों और गैरजिम्मेदार कूटनीति का परिणाम यह है कि मगध राज्य से वज्जि के सम्बन्ध बहुत खराब हो चुके हैं, ऐसा लगता है कि स्थिति जल्दी सँभाली नहीं गई तो युद्ध कभी भी सम्भव है। अब यदि हम राजा के इन अत्याचारों का विरोध करते हैं तो हमें मगध के साथ होनेवाले युद्ध का खतरा दिखाया जाता है कि यदि हमने यह मनमानी नहीं मानी तो कभी भी राज्य को युद्ध में धकेल दिया जाएगा, मगध वज्जि पर प्रभुत्व स्थापित कर लेगा। अब बताइए युवराज नाभाग हम इस परिस्थिति में क्या कर सकते हैं? जब हमें कोई विकल्प नहीं दिखा तो उम्मीद की अन्तिम किरण के रूप में केवल आप दिखे। अब आपके सिवा कोई हमारी रक्षा नहीं कर सकता, आज हर कोई कष्ट में है, क्या निर्धन क्या धनी, क्या श्रेष्ठी क्या किसान, जो जहाँ है वहीं कष्ट में है। जो वज्जि राज्य और वाणिज्यग्राम नगर एक समय ऐश्वर्य, खुशियों से दमकता रहता था वहाँ आज शोक का वातावरण है। इसे अब आप ही बचा सकते हैं युवराज।"

नाभाग के चेहरे पर चिन्ता और दुख की रेखाएँ स्पष्ट दिखने लगी थीं, उसने कुछ क्षण के बाद कहा, "मुझे आप लोगों की स्थिति जानकर बहुत दुख हुआ। पिछले कुछ सालों में वज्जि की बिगड़ती स्थिति मुझे भी दिखी है। किन्तु आज मैं एक कृषक का जीवन जी रहा हूँ, मैं राज्य के कार्य में सीधा हस्तक्षेप भी नहीं कर सकता।"

अभी नाभाग की बात पूरी भी नहीं हुई थी कि एक साथ कई श्रेष्ठियों ने एक स्वर में कहा, "आप क्यों नहीं हस्तक्षेप कर सकते हैं? आपके निष्कासन की अवधि लगभग चार साल पहले समाप्त हो चुकी है, लगभग चौबीस साल से आप वाणिज्यग्राम नगर से बाहर हैं। अब आपको हस्तक्षेप करना ही होगा युवराज।"

नाभाग ने उन्हें शान्त करते हुए कहा, "मैं आपकी पीड़ा समझ सकता हूँ किन्तु मेरी भी कुछ मर्यादाएँ हैं। फिर भी मैं इस सम्बन्ध में विचार करता हूँ कि राजा वसुरथ तक कैसे मैं आप लोगों की समस्या और वज्जि की वास्तविक

स्थिति को पहुँचा सकता हूँ। मैं आपके इस कष्टप्रद स्थिति में आपसे अलग नहीं हूँ, मुझे कुछ समय दीजिए, मैं अपनी सीमा के भीतर रहकर जल्दी ही कुछ यथोचित करूँगा।"

श्रेष्ठियों के जाने के नाभाग व्यथित दिख रहा था, सुप्रभा उसकी स्थिति को समझ रही थी, उसने कहा, "युवराज, वसुरथ के चरित्र से मैं उसी समय अवगत हो गई थी जब उसने आपके विरुद्ध षड्यंत्र किया। राजपुरोहित के बारे में तो बाद में ज्ञात हुआ। किन्तु यदि वसुरथ तब सज्जन होता तो न तब यह स्थिति आती और न अब यह राज्य इस स्थिति का सामना कर रहा होता। मैं आपकी स्थिति समझती हूँ, लोग आपसे अपेक्षा कर रहे हैं और आप अपनी मर्यादाओं से बँधे हैं, विवश हैं।"

"हाँ देवी सुप्रभा, आज यही विवशता मुझे बहुत पीड़ा दे रही है। जिस राज्य को भारत भर में प्रतिष्ठित करने के लिये, जिस राज्य के नागरिकों के जीवन को खुशियों से भरने के लिए पिताश्री ने अपना पूरा जीवन लगा दिया उस राज्य की यह स्थिति वसुरथ ने कर दी और मैं अपनी प्रतिज्ञाओं से इस तरह बँधा हूँ कि कुछ कर भी नहीं सकता।"

"युवराज, परिस्थितियाँ विरुद्ध तो है किन्तु अभी सारे रास्ते बन्द नहीं हुए हैं। आपको वसुरथ से संवाद स्थापित करना चाहिए। उसे आगाह करना चाहिए कि वज्जि राज्य किस रसातल की तरफ तेजी से जा रहा है। उसे बताइए कि इस स्थिति को उसने यदि जल्दी नियंत्रण में नहीं किया तो यह स्थिति उससे फिर सँभलेगी भी नहीं। नागरिक त्राहिमाम कर रहे हैं, ऐसी स्थिति को वह इस तरह अनदेखा नहीं कर सकता।"

"आप ठीक कह रही हो देवी सुप्रभा, मैं बहुत जल्द अपना संदेश उसके पास भेजूँगा।"

सुप्रभा के मन में कुछ और चल रहा था। वह यह तो समझ गई थी कि वसुरथ का अब राज्य पर नियंत्रण समाप्त हो चुका है। और अपने व्यसन में वह इतना लिप्त है कि अब उससे चाहकर भी स्थिति सँभाली नहीं जा सकेगी। यह सबसे उत्तम समय है उसके पुत्र भलान्दन के लिये। यही वह समय है जब वसुरथ को उसके पापों के कारण सिंहासन से हटाया जा सकता है। अभी उसे न नागरिकों का समर्थन मिलेगा और न ही वह भलान्दन के पौरुष का सामना ही कर सकता है। किन्तु चूँकि वह राजसिंहासन पर है इसलिए उसके पास सैन्य बल तो है ही। इसके अलावा उसके पास धनबल भी है। सैन्य बल और धन बल के द्वारा वह अवश्य अपने अहंकार के चरम पर होगा किन्तु उसके कृत्य उसका नाश करेंगे। पिछले बारह सालों में भलान्दन ने जिस तरह स्वयं को तैयार किया है, शिक्षा और सैन्य प्रशिक्षण प्राप्त की है, इसका सामना वह नहीं कर पाएगा। अब सुप्रभा को बस

अगले कुछ मास के समाप्त होने की प्रतीक्षा थी जब भलान्दन हिमवंत आश्रम से स्नातक होकर वापस आएगा।

राजमहल के प्रवेश द्वार पर आचार्य ब्रह्मदत्त को पहली बार इतने समय तक प्रतीक्षा करनी पड़ रही थी। आज लगभग बीस साल बाद वह यहाँ आए थे। महाराज नाभानेदिष्ट के जाते ही इस राजमहल से नाता भी टूट गया था। उनके जाने के बाद तो एक तरह से वाणिज्यग्राम से ही नाता टूट गया। कुछ समय तक प्रतीक्षा करने के बाद राजा वसुरथ ने मिलने का समय दिया। जब वे वसुरथ के कक्ष में गए तो उस समय रानी पौलोमी, एक अमात्य और राजपुरोहित कौशिक वहीं बैठे थे। जब आचार्य ब्रह्मदत्त ने आसन ग्रहण कर लिया तो वसुरथ ने कहा, "आचार्य, सालों बाद आपने अपने दर्शन दिए, क्या मुझसे कोई गलती हो गई थी।"

आचार्य ब्रह्मदत्त ने उत्तर दिया, "राजन, मैं यहाँ कभी भी किसी व्यक्तिगत कार्य से नहीं आता था। महाराज नाभानेदिष्ट से नाता था, अधिकतर समय उनके बुलावे पर ही आया हूँ। जब वे रहे नहीं तो वह बुलावा आना भी बन्द हो गया और मेरा आना भी।"

"तो क्या आज कोई व्यक्तिगत कार्य आपको यहाँ ले आया आचार्य"—वसुरथ ने कहा।

"राजन, कार्य तो है किन्तु व्यक्तिगत नहीं, हाँ मैं उस पर चर्चा अकेले में अवश्य करना चाहता हूँ।"

"इन सभी से समस्या नहीं आचार्य, आप कहिए जो कहना है, सभी मौन रहेंगे।"

"राजन, मैं यहाँ वत्स नाभाग का एक संदेश लेकर आया हूँ।"

"नाभाग, अच्छा तो आप वैश्य नाभाग का संदेश लेकर आए हैं? क्या इस राज्य में एक आम कृषक वैश्य सन्देशवाहक या उपरिक रखने का सामर्थ्य भी रखता है?"

"राजन, आप मेरा अपमान कर रहे हैं, नाभाग का परिचय मुझे आपको देने की आवश्यकता तो है नहीं, और न ही हमारा जो सम्बन्ध है उससे ही आप अनभिज्ञ हैं। नाभाग स्वयं यहाँ आते किन्तु निष्कासन के बाद उनका यहाँ आना आपको असहज कर सकता था, इसलिए उन्होंने मुझे आपके पास भेजा।"

"आप संदेश बताइए आचार्य।"

"राजन, वत्स नाभाग ने आपको कहने के लिए कहा है कि राज्य के श्रेष्ठी, कृषक और आम नागरिक व्यथित हैं। कर की दरों में बेतहाशा वृद्धि, नगर में बढ़ता

अपराध, कुव्यवस्था ने नगर के श्रेष्ठियों को भी चिन्तित कर रखा है। सुदूर राज्यों से आनेवाले व्यपारियों की कमी चिन्ताजनक है, इसलिए ग्राम के कृषक, नगर के श्रेष्ठी और नागरिक कष्ट में हैं। वत्स नाभाग ने आपसे अनुरोध किया है कि आप इन विषयों पर ध्यान दें और सम्भव हो तो श्रेष्ठियों, कृषकों और नागरिकों से स्वयं बात करें।"

"आचार्य, नाभाग का यह संदेश मुझे आदेश की तरह क्यों प्रतीत हो रहा है? क्या मैं अब किसी वैश्य से अपने राज-काज में निर्देश लूँगा? आपने जो कुछ कहा इससे तो यह प्रतीत होता है कि नाभाग पूरे राज्य की स्थिति का अवलोकन करने में लगा है। आखिर उसकी असली मंशा क्या है? नाभाग के इन शब्दों ने मुझे उसके उद्‌देश्य को लेकर चिन्तित किया है।"

"हे राजन, किसी राजा को अपनी प्रशंसा और आलोचना दोनों सुनने, सहने का धैर्य होना चाहिए, तभी वह नागरिकों के कल्याण हेतु सक्षम हो पाता है। वत्स नाभाग से तो आपका रक्त सम्बन्ध है, उनके इस संदेश में उनके मन में आपके और वज्जि राज्य के लिए जो स्नेह और चिन्ता है केवल इसी की झलक मिलती है, आपको यह कुछ और कैसे प्रतीत हो रहा है यह मैं समझ नहीं पा रहा हूँ।"

"वज्जि राज्य की चिन्ता करने का अधिकार केवल मुझे है, मैं यहाँ का सम्राट हूँ तो यहाँ का सारा उत्तरदायित्व मेरा है और चिन्ता भी मेरी ही है। नाभाग को यह अधिकार किसने दिया?"

"राजन, राज्य की चिन्ता करने का अधिकार तो सभी नागरिकों को है। राज्य की चिन्ता करने के लिए किसी पद की भला क्या आवश्यकता?"

"आचार्य, यह आपकी व्याख्या है जिससे मैं सहमत नहीं हूँ। मैंने नाभाग के इस संदेश को उसी रूप में लिया है, यद्यपि मैं इस बात को अन्यथा नहीं ले रहा। वह भी इसलिए क्योंकि उसके सन्देशवाहक आप हैं। नाभाग से कहिए वह अपना वैश्य जीवन जिये, क्षत्रिय जीवन जीने की क्षमता उसमें नहीं। भविष्य में यदि इस तरह का कोई संदेश मुझे मिला तो इसे मैं अपने कार्य में हस्तक्षेप समझूँगा। इस तरह की धृष्टता मुझे स्वीकार्य नहीं।"

"हे राजन, इस राजमहल में मैं जब भी आया, चाहे किन्हीं परिस्थितियों में आया होऊँ, मैंने कभी भी इस तरह की स्थिति का सामना नहीं किया। शुभेच्छा से दिया गया संदेश यदि आपको आपके कार्य में हस्तक्षेप प्रतीत हो रहा है तो आप इसे अन्यथा लें या न लें मैं अपनी यह अन्तिम बात कहकर अनुमति चाहता हूँ कि राजमहल की दीवारें तभी तक अभेद रहती है जब तक उन दीवारों के कान सही से कार्य कर रहे हों। जिस समय ये कान सही से काम करने बन्द कर देते हैं, उसी समय से राजमहल की नींव कमजोर होने लगती है।"

यह कहते हुए, बिना एक क्षण रुके, आचार्य ब्रह्मदत्त राजमहल से बाहर निकल गए। उनके कक्ष से चले जाने के बाद वसुरथ मुस्कुराते हुए बोला—"सुना गुरुदेव

आपने, अब एक वैश्य मुझे राजकाज की शिक्षा देगा, जो खेतों में हल चलाता हो, अन्न उपजाता हो वह वज्जि राज्य के सम्राट को राजकाज सिखाएगा!"

राजपुरोहित कौशिक ने कहा, "राजन, ब्रह्मदत्त केवल संदेश वाहक नहीं था एक ब्राह्मण अतिथि भी था। नाभाग के प्रति आपकी दुर्भावना ने आपसे अभी एक ब्राह्मण आचार्य का अपमान भी करवा दिया? दूसरी बात, आपको यह बात चाहे जितनी बुरी लगी हो किन्तु यदि नाभाग रेहसायागढ़ी में रहकर भी आपसे राज्य सम्बन्धित कोई सूचना दे रहा हो तो उसे गम्भीरता से तो लेनी ही चाहिए।"

वसुरथ ने उत्तर दिया, "गुरुदेव, आचार्य ब्रह्मदत का तो कब का धर्म भ्रष्ट हो चुका है, उन्हें आप अब भी ब्राह्मण देवता मानते हैं तो यह आपकी महानता है। जहाँ तक प्रश्न नाभाग के सुझाव का है तो मुझे उसकी आवश्यकता ही नहीं। जब राज्य में हर तरफ खुशहाली है तो इसका मतलब यही है कि राजकाज सही ढंग से चल रहा है। इसमें हमें किसी के परामर्श की क्या आवश्यकता?"

वसुरथ का यह व्यवहार राजपुरोहित कौशिक को व्यथित कर गया। किन्तु वसुरथ को उचित-अनुचित बताकर गलत करने से रोक पाने का न तो आत्मबल उनके पास शेष था और न ही इस बात की प्रत्याशा कि स्वेच्छारी बनकर निरंकुश व्यवहार कर रहा वसुरथ कम-से-कम उनके मान का ध्यान रखेगा।

नाभाग आज प्रात: खेतों में नहीं गया था जबकि प्रतिदिन पूजा-अर्चना के पश्चात वह सबसे पहले यही काम करता था, यह सिलसिला कृषि कार्य प्रारम्भ करने के समय से चला आ रहा था। आज वह घर के बरामदे में शान्त बैठा था। सुप्रभा उसे इस तरह बैठे देख उसके पास आकर बैठ गई और बोली—"क्या बात है युवराज, आज खेतों में नहीं गए, अभी इस तरह अलिंद में बैठे हैं, चित्त तो ठीक है? क्या कोई बात है?"

नाभाग ने कहा, "देवी, जब मनुष्य को उसकी लघुता और विवशता का अनुभव हो जाता है तो निराशा उसे घेर लेती है। मनुष्य को उसकी शक्ति का अहंकार सदैव उसे जीवन की मामूली सच्चाइयों से दूर रखता है, अहंकार अपराध हो सकता है किन्तु यही अपराध पाषाण युग से आज तक और आनेवाले युगों तक हिमालय को रौंदने हेतु प्रेरित करता रहेगा, यह अपराध है किन्तु जीवन शक्ति और आशाओं का आधार भी है। ईश्वर ने इसीलिए आँखों और पैरों के बीच अधिकतम दूरी बनाई है ताकि अपने पैरों के आकार को देखकर उसे वह अहंकार करने में दिक्कत न हो।

जीवन का अवसान तब नहीं होता जब भुजाओं का बल कम हो जाता है, जीवन के अवसान का आरम्भ तो तभी हो जाता है जब मनुष्य अपने पैरों को ठीक से देख लेता है, जब पर्वत लाँघने को आतुर उसका मस्तिष्क पैरों के आकार में उलझ जाता है। मैंने अपने जीवन को कभी हार या जीत की दृष्टि से नहीं देखा। केवल चलना जरूरी लगा और चलता रहा। जीवन में पहली बार अब चलने का मार्ग नहीं दिख रहा, चलना सम्भव नहीं हो पा रहा, आगे सब बन्द दिख रहा है, यह लघुता, यह विवशता मुझे निराश कर रही है देवी। आचार्य ब्रह्मदत्त वसुरथ से मिलकर आए हैं। वसुरथ ने मेरे संदेश पर ध्यान देना तो दूर उसने आचार्य के साथ भी उचित व्यवहार नहीं किया। आचार्य बहुत व्यथित थे। वे आरम्भ से ही उसके पास जाने को इच्छुक नहीं थे किन्तु मेरे बारंबार अनुरोध करने पर वह इस हेतु तैयार हुए थे। किन्तु देखिए देवी, क्या हुआ। वसुरथ सामान्य शिष्टाचार भी भूल गया? वह भूल गया कि वह वैवस्वतमनु का प्रपौत्र है, वह भूल गया कि महाराज नाभानेदिष्ट ने उसे अपना उत्तराधिकार दिया है, कम से उनके मान का तो ध्यान रखता। वसुरथ भी मेरी तरह महर्षि मलय ऋषभ का शिष्य रहा है, उसने वहाँ कौन-सी और कैसी शिक्षा प्राप्त कर ली थी जो उसे अपना व्यवहार तक नहीं दिखाई दे रहा।"

"आपके संदेश के प्रत्युत्तर में वसुरथ ने क्या कहा युवराज?"

"देवी, वसुरथ ने कहा है कि मैं उसके राजकाज के सम्बन्ध में इतनी जानकारियाँ क्यों रख रहा हूँ? मेरा उद्देश्य क्या है? उसने कहा है कि भविष्य में मैं उसे कोई संदेश न भेजूँ नहीं तो इसे वह मेरा उसके राजकाज में हस्तक्षेप समझेगा, मेरी धृष्टता मानेगा।"

नाभाग के मुख से वसुरथ का प्रत्युत्तर सुनकर सुप्रभा का मन वसुरथ के प्रति वितृष्णा और घृणा से भर गया। किन्तु इस समय उसके लिए वसुरथ के प्रति अपनी इस अप्रसन्नता को प्रकट करने से अधिक जरूरी नाभाग के व्यथित मन को शान्त करना था। वह अपने पुत्र भलान्दन के वापस आने तक नाभाग की तरफ से होनेवाली किसी प्रतिक्रिया को भी रोककर रखना चाहती थी। उसने कहा, "युवराज, वसुरथ तो अब प्रतिदिन केवल अपना असली रूप परिलक्षित कर रहा है, उसके व्यवहार से आप स्वयं को क्यों कष्ट दे रहे हैं। आपने अपने कर्तव्य का निर्वहन किया है, यह उसका दुर्भाग्य है कि वह आपकी बातों को समझ नहीं पाया। आप दुखी न हों, अपने चित्त को शान्त रखें।"

"देवी सुप्रभा, मुझे मेरे साथ किए गए व्यवहार की चिन्ता नहीं है, मैं अपनी आँखों से स्पष्ट देख रहा हूँ कि वज्जि राज्य आज संकट में है। कई सालों से करों के दर में जिस तरह की वृद्धि हुई और राज्य द्वारा जिस तरह का अमानवीय व्यवहार होने लगा यह तो मैं स्वयं देखता आ रहा था, मगध के साथ बिगड़ते रिश्तों के बारे में भी सूचना मिल रही थी। आपको तो पता है राजा वसुरथ के अत्याचारों से

कृषक पहले ही पीड़ित हैं। दो साल से उपज भी पहले जितनी अच्छी नहीं हुई है, इसमें ऊँचा दर इन्हें जीने नहीं दे रहा। अपने ग्राम में तो फिर भी स्थिति कुछ ठीक है अन्य ग्रामों में कई वैश्य अत्यन्त निर्धन हो गए और उन्होंने ब्राह्मणों और क्षत्रियों के यहाँ स्वयं को बेचकर दासता स्वीकार ली और अपने अपनों की जीवन रक्षा की। इस स्थिति में जब नगर के श्रेष्ठियों ने नगर का हाल बताया तो मुझे लगा कि अब वसुरथ को समझाना अनिवार्य हो गया है। इसलिए मैंने संदेश भेजा था। मैंने राजमहल छोड़ दिया, वैश्य जीवन अपना लिया, वसुरथ के राजा बनने पर भी प्रसन्न हुआ, किन्तु जब मेरे पिताश्री द्वारा स्थापित यह राज्य और यहाँ के नागरिक कराह रहे हैं तो मैं चुप भी तो नहीं बैठ सकता। मैं जानता हूँ अपनी प्रतिज्ञाओं के कारण मैं विवश हूँ, मेरे पास विकल्प सीमित हैं फिर भी मैं वसुरथ को समझाने की चेष्टा तो करता रहूँगा। उसने भले ही मेरे संदेश का अपमान किया है, आचार्य का अपमान किया है फिर भी अब मैं स्वयं उसके पास जाऊँगा। मैं स्वयं उसे समझाऊँगा।"

"और आपको लगता है कि आप उसे समझाएँगे और वह समझ जाएगा। नहीं युवराज, अब वसुरथ उस स्थिति में है ही नहीं कि किसी के समझाने से उसे बात समझ में आ जाए। वह सीमा तो वह कब की लाँघ चुका है, अब उस पर किसी के भी बात का कोई प्रभाव नहीं पड़नेवाला।"

"मैं जानता हूँ देवी सुप्रभा, आपका कथन सत्य है। मैंने यदि आजीवन वैश्य जीवन जीने की प्रतिज्ञा पिताश्री के समक्ष नहीं की होती तो मैं आज इतना विवश नहीं होता किन्तु जब मेरी ही प्रतिज्ञा ने मुझे अपाहिज बना दिया है और आज जब मैं और कुछ नहीं कर सकता तो कम-से-कम मैं उसे समझाते रहने का प्रयत्न तो कर सकता हूँ।"

"युवराज, वैसे प्रयास का क्या लाभ जिसका परिणाम पूर्व ही ज्ञात हो? किन्तु फिर भी आपकी इतनी इच्छा है तो मैं आपको रोकूँगी नहीं, मैं केवल आपसे इतना कहूँगी कि आप अभी रुक जाइए, हमारा पुत्र बारह साल बाद स्नातक बनकर वापस लौट रहा है, उसके आने तक रुक जाइए। मैं उसके आगमन तक किसी तरह का मानसिक व्यावधान भी नहीं चाहती हूँ। उसके समक्ष हम लोगों का प्रसन्न रहना आवश्यक है। इसके अलावा अब आपका पुत्र भी इस हेतु उपयुक्त हो गया है कि आप उससे इस विकट समस्या के सम्बन्ध में विमर्श कर सकें। इसलिए उसके आने तक प्रतीक्षा कर लेना ही उचित होगा युवराज।"

"आप ठीक कह रही हैं देवी, पुत्र भलान्दन के आने तक मुझे प्रतीक्षा करनी चाहिए। राजऋषि निपा के संदेश ने मुझे बहुत प्रसन्नता दी है। आप जैसा चाहती थीं आपका पुत्र बिलकुल वैसा ही बना है। वह ज्ञानी भी है और पराक्रमी भी है। एक तरफ ऋग्वेद कंठस्थ होकर उसकी जिव्हा पर है तो दूसरी तरफ धनुर्विद्या में अद्वितीय है। नीति शास्त्र, दर्शन में विद्वता प्राप्त करने के साथ ही उसने खड्ग,

कृपाण, भाला चलाने में भी निपुणता प्राप्त कर ली है। राजऋषि निपा ने उसे अपने जीवन का सर्वश्रेष्ठ शिष्य घोषित किया है, देवी सुप्रभा आपकी मनोकामना पूर्ण हुई है।"

"युवराज, वह आपका पुत्र है, आपका रक्त है उसमें, उसे तो ऐसा बनना ही था। आर्य सिरमौर वैवस्वतमनु का प्रपौत्र, महाराज नाभानेदिष्ट का पौत्र और आपके जैसे पिता का पुत्र इन गुणों से पूर्ण होगा ही। ईश्वर की हम पर विशेष कृपा है, अभी भलान्दन की शिक्षा पूर्ण भी नहीं हुई और उसकी चर्चा हर तरफ है। उस दिन आचार्य ब्रह्मदत्त भी यह बात कह रहे थे। राज्य में उसकी चर्चा स्वत: ही होने लगी है।"

अभी सुप्रभा और नाभाग का वार्तालाप चल ही रहा था कि रेहसायागढ़ी के कुछ प्रमुख वैश्य और क्षत्रिय समाज के लोग उनसे मिलने आ पहुँचे। एक साथ इतने लोगों को वह भी प्रात: काल में आया देखकर उन्हें किसी अनहोनी की आशंका हुई। उन सभी के बैठने के पश्चात नाभाग ने उनसे पूछा कि बात क्या है तो उनमें से एक व्यक्ति ने उत्तर दिया, "युवराज, हमारे ग्राम में तीन पशु दो दिन से मृत पड़े हैं और उन्हें उठाकर ग्राम से बाहर करनेवाला कोई नहीं?"

नाभाग ने पूछा, "कोई नहीं मतलब?"

उस व्यक्ति ने कहा, "युवराज, कोई नहीं मतलब जो आज तक यह काम करते थे उन्होंने यह करने से साफ इनकार कर दिया है।"

तभी एक दूसरे व्यक्ति ने कहा, "युवराज, यह तो चांडालों का काम है, सदियों से वे ही यह काम करते आए हैं, और उन्होंने यह करने से मना कर दिया है।"

नाभाग ने पूछा, "किन्तु उन्होंने आखिर मना क्यों किया, कारण क्या है?"

तभी एक व्यक्ति ने आक्रोशित होते हुए कहा, "कारण कुछ नहीं युवराज, इनका मस्तिष्क जगह पर नहीं हैं, इन्हें सबक सिखाने की अत्यन्त आवश्यकता है। इनके इस दु:साहस को तुरन्त कुचल देना होगा नहीं तो यह रुग्णता राज्य के सभी चांडालो और अस्पृश्यों तक फैल जाएगी।"

नाभाग ने कहा, "इस तरह क्रोध करना उचित नहीं और न ही किसी के सम्बन्ध में इस तरह की बात करना ही उचित है। हमें पहले पूरी बात जाननी चाहिए, समस्या को समझकर ही उसके निदान के बारे में सोचा जा सकता है। यदि चांडालों की गलती है भी तो उनसे बात करनी होगी, वे दूसरे राज्य के आक्रमणकारी या राज्यद्रोही नहीं हैं जिन्हें आप कुचल देने की बात कर रहे हैं। भविष्य में मेरे समक्ष इस तरह की भाषा का प्रयोग न करें। यह बात स्मरण रखें, मैंने यह बात आप लोगों को सदैव कही है, वर्ण, जाति के आधार पर एक मनुष्य का दूसरे मनुष्य को कमतर समझना या उसे अपमानित करना मेरी दृष्टि में अन्याय भी है और पाप भी है। आप यदि स्वयं के साथ किसी भेदभाव को बर्दाश्त करने की क्षमता नहीं रखते तो

किसी और के साथ भी ऐसा बर्ताव करने का अधिकार आपको नहीं है। चांडाल क्यों ऐसा करने पर विवश हुए यह जाने बिना उनके विरुद्ध पूर्वग्रह के कारण उन्हें अपराधी घोषित कर देना उचित नहीं है।"

नाभाग की बात सुनकर सभी कुछ क्षण के लिए शान्त हो गए। फिर वहाँ थोड़ी दूर बैठे एक अन्य व्यक्ति ने कहा, "हमें क्षमा करें युवराज, वस्तुत: ग्राम में दुर्गन्ध इतनी अधिक हो रही है कि हमारा अपने गृह में बैठना भी सम्भव नहीं हो पा रहा है। हमें कुछ समझ में नहीं आ रहा कि हम क्या करें। आज तक चांडाल जो काम करते थे उसके बदले हम उन्हें अन्न मार्ग पर रख ही देते थे। सम्भव है यह कम रहता हो तो वे इसके सम्बन्ध में हमें बोलते। अब उन्होंने कहा है कि उन्हें अपने श्रम के बदले अन्न नहीं चाहिए, वे अब दम्म और कार्षापण की माँग कर रहे हैं, वह भी कार्य के अनुसार एक निश्चित दर से। यह तो गलत है युवराज। हमें कुछ समझ में नहीं आया कि हम क्या करें तो हम आपके पास चले आए हैं।"

नाभाग के कुछ कहने के पूर्व ही वहाँ उपस्थित एक दूसरे व्यक्ति ने कहा, "युवराज, हमारे ग्राम का कार्य अब तक विष्णुपद ग्राम के चांडाल करते थे। जहाँ तक हमारी जानकारी है विष्णुपद के चांडालों को इस बात के लिए आपके यहाँ दिखनेवाले सत्यरथ ने उकसाया है। पिछले कुछ समय से विष्णुपद के लोग उसकी ही बात सुनते हैं, इसलिए सबसे पहले सत्यरथ से बात करना ठीक रहेगा।"

सभी के जाने के पश्चात नाभाग ने सुप्रभा से कहा, "देवी, ग्रामवासी इस समस्या को केवल अपनी दृष्टि से देख रहे हैं। इन्हें अपनी गलतियों का आभास नहीं है और यह इसलिए नहीं है क्योंकि हमारी सामाजिक व्यवस्था शोषण को भी धर्म के आवरण से ढक देती है। और चूँकि इन्हें अपने अपराध का भान नहीं है इसलिए इन्हें सत्यरथ अपराधी दिख रहा है और उसे दंडित करना चाहते हैं। यह समस्या तो आनी ही थी और आएगी भी, यह आज भले ही सीमित स्तर पर हो, आज भले ही यह केवल सत्यरथ द्वारा प्रायोजित हो, भले ही आज इसे किसी तरह सुलझा लिया जाए किन्तु जब तक हम अपनी सोच और इस दोषपूर्ण अन्यायी सामाजिक व्यवस्था को नहीं बदलते हैं तब तक यह समस्या समाप्त नहीं होगी, यह अलग-अलग समय में, अलग-अलग रूप में इसी तरह प्रकट होती रहेगी।"

सुप्रभा ने कहा, "आपका कथन सत्य है युवराज, रुग्णता शरीर के अन्दर है और लोग शरीर के बाहर उपचार ढूँढ़ रहे हैं। किन्तु अब आप क्या करेंगे युवराज, क्या आप सत्यरथ को समझाएँगे, उससे बात करेंगे।"

"मैं क्या करूँगा देवी, यह समस्या एक मेरे प्रयास या मेरे जैसे सैकड़ों लोगों के प्रयास से भी दूर होनेवाली नहीं है। राजनीतिक, आर्थिक या इस तरह की किसी अन्य समस्या के हल के लिए तो फिर भी एक व्यक्ति या कुछ व्यक्ति प्रयास कर

सकते हैं, उन्हें इसमें सफलता मिल सकती है किन्तु इस तरह की सामाजिक समस्या जिसे धर्म का प्रश्रय और संरक्षण प्राप्त हो उसे इतनी आसानी से दूर करना सम्भव नहीं। आप स्वयं देखिए देवी, प्रकृति ने जिस भूखंड को हिम शिविरों से निर्दिष्ट कर एकत्व के सूत्र में बाँधा है वह राजनीतिक रूप से विभिन्न राज्यों में विभाजित है, राजाओं ने अपनी क्षमता और शक्ति के अनुसार सीमाएँ बना ली हैं किन्तु यह दोषपूर्ण सामाजिक व्यवस्था इन सीमाओं से ऊपर है। विभिन्न राज्यों में आपसी वैमनस्य चाहे जितना हो, वे आपस में युद्ध ही क्यों न कर लें किन्तु इस सामजिक शोषण को यथावत रखने के लिए सभी में जबरदस्त एका है। राज्यों ही नहीं आप देखिए कि कई बार ब्राह्मणों, क्षत्रियों या वैश्यों में आपसी वैमनस्य चरम पर होता है किन्तु वे सभी इन अस्पृश्यों के शोषण और दासों के साथ किए जानेवाले दमन के विषय पर एक रहते हैं। और तो और स्वयं शोषित दास भी अस्पृश्यों के शोषण के मुद्दे पर इन्हीं शक्तिशाली वर्ग के साथ खड़े होते हैं। मैं इसे बदल नहीं सकता और जैसा कि आचार्य ब्रह्मदत्त सदैव कहते हैं यह इस युग में बदलेगा भी नहीं, इस बदलाव को लाने में युग बीत जाएँगे और यह शोषित वर्ग की शिक्षा, जागृति और शोषक वर्ग के स्वमूल्यांकन, ग्लानि पर निर्भर करेगा। किन्तु मैं सत्यरथ से बात करूँगा, मैं वह जो कर रहा इससे उसे रोकूँगा नहीं क्योंकि भले ही उसका यह प्रयास समय से बहुत पूर्व है किन्तु उसका उद्देश्य सही है और मेरे पास उसकी समस्या का ठोस निदान भी नहीं है। मैं केवल उससे उसकी अपनी सुरक्षा हेतु सजग करूँगा, या फिर यदि वह सुन पाया तो उसे कहूँगा कि कुछ समय और प्रतीक्षा कर लो, थोड़ा ठहर जाओ। देवी सुप्रभा, सत्यरथ के लिए मैं चिन्तित हूँ"—नाभाग ने यह कहकर आकाश की तरफ देखा, सूर्य तेजी से ऊँचा उठ रहा था, धरती पर गर्मी बढ़ने लगी थी।

सत्यरथ अपने पुत्र तपास के साथ अपनी कुटिया में बैठा था। सत्यरथ की अर्धांगिनी की मृत्यु तपास को जन्म देते समय ही हो गई थी। तब बड़ी कठिनाई से तपास को बचाया जा सका था। वह बेचारी तो अपने पुत्र का चेहरा भी नहीं देख पाई। तपास अब बीस साल का था। सत्यरथ की तरह शरीर से बलिष्ठ और बुद्धि में तीक्ष्ण। आचार्य ब्रह्मदत्त के सान्निध्य में रहकर उसने शिक्षा भी प्राप्त कर ली थी। नाभाग का संदेश सत्यरथ को मिल चुका था। किन्तु उसने अपने सम्बन्ध में ग्राम में नहीं होने की सूचना भिजवा दी थी। तपास को इसका कारण समझ में नहीं आ रहा था,

उसने सत्यरथ से पूछा, "पिताश्री, आप युवराज से मिलना क्यों नहीं चाह रहे हैं, क्या आप उनसे भी अप्रसन्न हैं?"

सत्यरथ ने उत्तर देते हुए कहा, "नहीं पुत्र तपास, मैं उनसे क्यों अप्रसन्न होऊँगा? उनका तो मैं ऋणी हूँ, उन्होंने मुझे और तुम्हें भी जिस तरह का स्नेह दिया है वह इस युग में आचार्य ब्रह्मदत्त के अलावा केवल वही कर सकते हैं। उनसे कोई कष्ट नहीं।"

"फिर आपने अपने सम्बन्ध में ग्राम से बाहर होने की बात क्यों कहलवायी, आप उनसे मिल क्यों नहीं रहे हैं?"

"पुत्र, मैं उनसे नहीं मिलकर उन्हें धर्मसंकट से बचा रहा हूँ। रेहसायागढ़ी वालों को ज्ञात है कि वे मुझसे स्नेह रखते हैं, इसलिए ग्रामवासी निश्चित रूप से मेरे विरुद्ध उनके पास उलाहना लेकर गए होंगे और इसी हेतु युवराज ने मुझे बुलवाया है। मैं जानता हूँ मैं जो कर रहा हूँ इस बात को वे अच्छी तरह समझ रहे होंगे और मुझे गलत नहीं मान रहे होंगे इसलिए वे स्वेच्छा से कभी भी मुझे रोकेंगे नहीं, दूसरी तरफ ग्रामवासियों की उनसे अपेक्षा का दबाव भी उन पर होगा। मैं उनके समक्ष जाऊँगा तो वे न तो मुझे मना कर पाएँगे और न ही मेरे मिल लेने के बाद वे ग्रामवासियों से कुछ भी कहने की स्थिति में होंगे। वे इस दुविधा में न पड़ें और ग्रामवासी उनसे दुखी न हों इसलिए अब मेरा उनसे नहीं मिलना ही ठीक है।"

"तो क्या आप अब उनसे कभी नहीं मिलेंगे पिताश्री?"

"भविष्य कब, क्या परिस्थिति पैदा कर देता है इसके सम्बन्ध में आज तो कुछ भी निश्चित रूप से कहना कठिन है पुत्र, किन्तु अभी जो स्थिति है उसके अनुसार तो मेरा अब युवराज से कभी नहीं मिलना ही उनके हित में है।"

"पिताश्री, उन्हें आपसे कष्ट नहीं होगा कि आपने उनसे मिलना बन्द कर दिया, वे मुझसे भी तो पूछेंगे?"

"पुत्र तपास, यह कोई सामान्य स्थिति तो है नहीं, इस असामान्य स्थिति में सामान्य व्यवहार तो सम्भव नहीं है, इसलिए तुम्हें भी इसी अनुरूप व्यवहार करने के लिए तैयार रहना होगा। मेरी बात समझ पा रहे हो पुत्र?"

"हाँ पिताश्री, समझ रहा हूँ। किन्तु इन सब का अन्त कब और क्या होगा, यह समझ नहीं पा रहा?"

"किन सब का पुत्र?"

"यह जो आपके आह्वान पर विष्णुपद ग्राम के अस्पृश्यों ने रेहसायागढ़ी के लोगों के समक्ष अपनी माँग रखते हुए कार्य करना बन्द कर दिया है इसका निष्कर्ष क्या निकलेगा पिताश्री?"

"पुत्र तपास, कई बार किसी संघर्ष के अन्त या परिणाम से अधिक महत्त्वपूर्ण उस संघर्ष में होना होता है। ऐसी परिस्थितियों में परिणाम क्या निकला, किसे क्या

प्राप्त हुआ इससे अधिक महत्त्वपूर्ण होता है कि संघर्ष किस तरह किया गया और संघर्ष करनेवाले कौन थे। मैं आज जो कर रहा हूँ, विष्णुपद के लोग आज जो कर रहे हैं इसका निष्कर्ष आज प्राप्त हो यह जरूरी नहीं, मेरी आशा और प्रयास दोनों इस बात में है कि यह प्रारम्भ रुके नहीं। अब जो यह युद्ध शुरू हो गया है तो यह तब तक नहीं थमे जब तक हमारी जीत न हो, यह जीत मेरे सामने हो, तुम्हारे सामने हो या हमारी आनेवाली नस्लों के सामने हो। हमने हमें कैद कर के रखनेवाले जंगल में आग लगा दी है, यह आग तब तक लगी रहनी चाहिए जब तक यह धरती ऐसे जंगलों से खाली न हो जाए। तब तक, जब तक यह उस मैदान में न बदल जाए जिस मैदान में सूर्य का प्रकाश प्रात: पहुँच जाता हो, जिस मैदान में लम्बी छलाँग लगानी सम्भव हो, जिस मैदान में सबके साथ दौड़ना सम्भव हो, जिस मैदान में वर्षा की बूँदे बिना किसी चीज से टकराए, बिना रुके सीधे पहुँचती हो, जिस मैदान से सूर्योदय, सूर्यास्त भी दिखता हो और चाँदनी रात भी दिखती हो। मैंने केवल शुरुआत की है, अन्त तो समय बताएगा पुत्र।"

"पिताश्री, किन्तु यदि अन्य ग्राम के अस्पृश्यों ने रेहसायागढ़ी जाकर कार्य करना शुरू कर दिया फिर तो हम लोग ही संकट में होंगे। फिर तो रेहसायागढ़ी वाले हमारी बात सुनेंगे ही नहीं उस परिस्थिति में यहाँ के लोगों के समक्ष तो भूखे मरने की स्थिति उत्पन्न हो जाएगी। अभी तो आपने जो अन्न या दम्म, कार्षापण दिया है उससे काम चल जा रहा है किन्तु यह स्थायी निदान तो नहीं है, और यदि कोई निदान नहीं निकला तो यही अस्पृश्य जो आज आपकी बात मान रहे हैं वे आपके विरुद्ध हो जाएँगे। अपने साथ हो रहे तमाम दुर्व्यवहार को अनदेखा कर इन्हीं लोगों को लगेगा कि आपने इन्हें संकट में डाल दिया।"

"पुत्र तपास, तुम्हारी सारी चिन्ताएँ अपनी जगह उचित है। यह तो बहुत जल्द सम्भव है कि रेहसायागढ़ी के लोगों का कार्य हमारे बदले किसी अन्य ग्राम के अस्पृश्यों द्वारा कर दिया जाए। किन्तु तुम इसका दूसरा पक्ष भी देखो पुत्र, जो दूसरे ग्राम के अस्पृश्य रेहसायागढ़ी के लोगों का कार्य करेंगे उन तक हमारी बात तो पहुँच जाएगी, भले ही वे काम करेंगे किन्तु उन्हें ज्ञात तो रहेगा कि हम उनके लिए भी संघर्ष कर रहे रहे हैं और यह ज्ञात होना ही उनके गुलाम मन से बंधन तोड़ेगा और उन्हें जागृत करेगा। यदि जागृति आ गई तो आज न कल वे भी हमारे संघर्ष में शामिल हो जाएँगे। रह गई बात हमारे ग्राम के अस्पृश्यों के अन्न की, भूख की तो मैंने यह युद्ध बिना तैयारी के आरम्भ नहीं किया है। पिछले बीस वर्षों में मैंने जो भी धन अर्जित किया है अपनी जान जोखिम में डालकर वह इतना तो जरूर है कि अगले तीन-चार सालों तक विष्णुपद के अस्पृश्यों को भूखे नहीं मरना होगा। उचित समय पर मैं तुम्हें संचित धन दिखा दूँगा जो मैंने एक अतिसुरक्षित जगह पर रखा है। और यदि तीन-चार साल तक विष्णुपद के अस्पृश्यों को रेहसायागढ़ी वालों के

समक्ष झुकने की नौबत नहीं आई तो यकीनन यह दीपदंड, ज्योति दूसरे ग्राम के अस्पृश्यों तक पहुँच जाएगी और यदि एक बार यह श्रृंखला बनने लगी तो फिर यह संघर्ष रुकनेवाला नहीं।"

"पिताश्री, आपकी योजना तो उचित प्रतीत होती है किन्तु यह सारी योजना कई बाह्य कारकों पर निर्भर है। दूसरी तरफ उन शक्तिशाली लोगों की प्रतिक्रिया का भी हमें अन्दाजा नहीं तो उस स्थिति में जिस तरह आप सोच रहे हैं, उससे कुछ उलट भी तो हो सकता है?"

"पुत्र तपास, जब कोई सैनिक युद्ध में जाता है तो अपने गृह से निकलते समय उसे पता नहीं होता कि युद्ध में उसके सामने का योद्धा कौन होगा, उसे यह भी पता नहीं होता है कि धनुष से चलनेवाला तीर किस दिशा से आ जाएगा, कई बार तो अपने साथी सैनिकों के तीर, खड्ग से भी आहत होने की सम्भावना रहती है। इतने तरह के जोखिम के बाद भी एक सैनिक क्या युद्ध से डरता है, क्या वह इन दुश्चिंताओं में उलझकर रुक जाता है। नहीं, वह नहीं रुकता, वह अपने उद्देश्य के प्रति स्पष्ट होता है और सम्भावनाओं को लेकर अत्यन्त आशावान। यही मूल है इस संसार को जीतने वाले सारी शक्तियों का, इसी आधार पर विश्व भर में बड़ी-बड़ी सभ्यताएँ स्थापित हुई हैं, मनुष्य की यही क्षमता, यही सोच उसे पशुओं से अलग करती है और जगत को जीतने की हिम्मत प्रदान करती है। यदि हमारा उद्देश्य सही है तो फिर मार्ग की चिन्ताओं से दूर होना होगा और भविष्य के प्रति पूर्ण आशावान होना होगा। वैसे भी यह युद्ध तो आम सैनिकों के युद्ध से अधिक महत्त्वपूर्ण है। आम सैनिक राज्य जीतने या राज्य बचाने के लिए लड़ते हैं, अपना जीवन दाँव पर लगा देते हैं, हम तो मनुष्यत्व हेतु युद्ध कर रहे हैं, हम तो यह साबित करने के लिए लड़ रहे हैं कि हम भी सभी की तरह मनुष्य हैं। इसलिए पुत्र, हमें हर तरह की दुश्चिंताओं को भूलकर, आनेवाले कल के लिए आशावान रहना होगा, लड़ना होगा, लड़ते ही रहना होगा।"

तपास अपने पिता की बातों को सुनकर चुप हो गया। सत्यरथ तपास की चिन्ताओं को समझ रहा था, उससे असहमत भी नहीं था, किन्तु अब उसने उस संघर्ष की शुरुआत कर दी थी जिसके बिना वह स्वयं के जीवन को निरर्थक ही पाता, वह लड़ रहा था, सार्थक होने के लिये, मनुष्य बने रहने के लिए।

उसी रात तापस को किसी ने बताया कि रेहसायागढ़ी के लोगों ने किसी दूसरे ग्राम के चांडालों से काम करवाना शुरू कर दिया है। तापस रात की लम्बाई नाप रहा था जो एकाएक बहुत लम्बी दिखने लगी थी। उसने सोचा कि आचार्य ब्रह्मदत्त कहते हैं कि रात्रि जितनी लम्बी हो, जिनती गहरी हो प्रातः तो होता ही है, उसने सोचा कि वह सो जाता है तब तक के लिए जब तक कि प्रातः न हो जाए, रात्रि उसे डराती जो है।

आज सुप्रभा-नाभाग के आवास पर उत्सव जैसा वातावरण था। पूरे दिन लोगों के आनेजाने का ताँता लगा रहा। इतने लोग, इतनी भीड़ कि सुप्रभा आज आरोग्यशाला भी नहीं जा सकी। इला और लोपामुद्रा भी बहुत मुश्किल से थोड़ी देर के लिए ही आरोग्यशाला गईं। सब आनेवाले लोगों के स्वागत-सत्कार में व्यस्त थे। सागत, मिनांदर और नन्दिवर्धन इसी काम में व्यस्त थे। आज प्रात: काल भलान्दन के हिमवंत आश्रम से शिक्षा पूरी कर वापस लौट आने की सूचना सभी को मिल चुकी थी। सभी युवराज नाभाग और देवी सुप्रभा के सुदर्शन पुत्र की एक झलक देख लेना चाहते थे। आर्य पितामह वैवस्वतमनु के उस प्रपौत्र भलान्दन की एक झलक जिसका जन्म उन्हीं के रेहसायागढ़ी में हुआ था और जो उन्हीं के गाँव में खेलते हुए बड़ा हुआ था। भलान्दन बारह ही सालों में इतना बदल गया था कि एकबारगी किसी को विश्वास ही नहीं होता था कि यह वही बच्चा है जो कभी पशुओं के पीछे भागता रहता था, तो कभी आम के पेड़ के नीचे से आम चुनता रहता था। भलान्दन कद-काठी में अपने पिता नाभाग और पितामह नाभानेदिष्ट से भी अधिक लम्बा, चौड़ा और बलिष्ठ था। निरन्तर सैन्य प्रशिक्षण ने उसकी भुजाओं को फौलाद सा बना दिया था। गौर वर्ण से दमकते, चेहरे पर सुन्दर मासूमियत ओढ़े भलान्दन की चित्ताकर्षक छवि हर किसी का मन मोह लेती थी। जो उसे एक बार देखता, कुछ क्षण के लिए टकटकी लगाए देखता रह जाता। उसे देखकर लोगों के चेहरे पर छाया सुखद आश्चर्य भाव सुप्रभा को आनंदित कर रहा था। प्रात: काल से दोपहर और फिर दोपहर से सन्ध्या हो गई किन्तु सुप्रभा को अपने पुत्र से कुछ पल बैठकर बात करने का सुख मिल ही नहीं पाया, लोग आते-जाते ही रहे, और भलान्दन सबका आदर से अभिवादन करता रहा, संयत भाव से उनके प्रश्नों के उत्तर देता रहा। रात पहले पहर में किसी तरह मौका निकालकर नाभाग अपने पुत्र को आचार्य ब्रह्मदत्त के पास आशीर्वाद दिलवाने ले जा सका। आचार्य ब्रह्मदत्त ने जितनी भी बात की, वे भलान्दन के बुद्धि, विवेक, ज्ञान, वाकपटुता, शैली, व्यवहार सबके कायल हो गए। उन्होंने जितना सुना था, भलान्दन उससे कहीं अधिक सक्षम, योग्य दिख रहा था। उन्होंने मन-ही-मन महाराज नाभानेदिष्ट को स्मरण किया, और सोचा कि आज यदि वे होते तो अपने पौत्र को देखकर ही समझ जाते कि जो भविष्यवाणी मैंने जन्मकुंडली देखकर की थी उसका सत्य होना बस समय की बात है।

वह पूरा दिन इसी तरह बीत गया, अगले दिन प्रात: काल सुप्रभा को भलान्दन से आराम से बात करने का मौका मिला। हिमवंत आश्रम के जीवन, वहाँ की शिक्षा

और प्रशिक्षण की बातें भलान्दन विस्तार से बताता रहा और सुप्रभा अपनी जिज्ञासा शान्त करती रही। सुप्रभा भलान्दन की प्रगति से पूरी तरह सन्तुष्ट थी किन्तु उसे अभी तक यह नहीं पता था कि उसने जो स्वप्न उसके लिए सँजोकर रखे हैं या जिस उद्देश्य के लिए उसने अब तक प्रतीक्षा की है उसके बारे में भलान्दन को कितना ज्ञात है। उसे यह समझ नहीं आ रहा था कि किस तरह उन विषयों पर बात प्रारम्भ करे। वह इसी उधेड़बुन में थी कि भलान्दन ने कहा,

"माताश्री, वज्जि राज्य की स्थिति के बारे में क्या आपको ज्ञात है? जो कुछ भी वाणिज्यग्राम में हो रहा है, जिस तरह नागरिक कष्ट में हैं क्या आपको किसी ने इस सम्बन्ध में कुछ बताया है?"

भलान्दन की बात को सुनते ही न केवल सुप्रभा की दुविधा समाप्त हो गई बल्कि उसे यह भी अनुभव हो गया कि राजऋषि निपा ने उसे ज्ञान और सैन्य प्रशिक्षण में निपुण बनाने के साथ-साथ राजनीतिक रूप से भी पूरी तरह सजग रखा है। सुप्रभा ने उत्तर दिया, "पुत्र भलान्दन, मुझे ही क्या यह तो पूरे राज्य में सभी को ज्ञात है कि तुम्हारे भ्राता वसुरथ ने राज्य की राजनीतिक, सामाजिक और आर्थिक स्थिति को रसातल में पहुँचा दिया है। करों का ऊँचा दर, राज्य के अधिकारियों के दुर्व्यवहार और असुरक्षित वातावरण से राज्य के नागरिक पूरी तरह त्रस्त हैं।"

"माताश्री, इस स्थिति में पिताश्री कुछ क्यों नहीं करते, यह उनका भी तो उत्तरदायित्व है, यदि भ्राता वसुरथ अकर्मण्य हो गए हैं तो क्या उन्हें इसी तरह स्वेच्छाचारी बने रहने दिया जाएगा? वज्जि राज्य के नागरिकों के प्रति क्या हमारा कोई कर्तव्य नहीं बनता?"

"कर्तव्य बनता है पुत्र, कुछ समय पहले नगर के श्रेष्ठिगण यहाँ आए थे, उन्होंने अपनी पीड़ा से तुम्हारे पिताश्री को अवगत करवाया था। इन्होंने अपनी चिन्ता और सुझाव के संदेश के साथ आचार्य ब्रह्मदत्त को वसुरथ के पास भेजा, किन्तु सत्ता के अहंकार में डूबे वसुरथ ने आचार्य का अपमान तो किया ही उसने इस तरह के संदेश को अन्यथा लेने की चेतावनी भी दी।"

"माताश्री, यह तो घोर अन्याय है, नागरिक त्राहिमाम कर रहे हैं और जो उन्हें उचित परामर्श देगा वे उसे चेतावनी देंगे। पिताश्री कब तक इस अन्याय को बर्दाश्त करेंगे?"

"तुम अपने पिताश्री को जानते ही हो, वे अपनी प्रतिज्ञाओं से बँधे हुए हैं, स्वयं को बेबस पा रहे हैं।"

"मुझे राजऋषि ने पिताश्री की प्रतिज्ञा और उनके साथ हुए षड्यंत्र के सम्बन्ध में सबकुछ बताया है। मैं पिताश्री की विवशता समझता हूँ किन्तु कोई भी विवशता उन्हें इस राज्य के नागरिकों की पीड़ा से विमुख नहीं कर सकती, उन्हें हस्तक्षेप करना ही होगा माताश्री।"

"राजकाज में तो तुम्हारे पिताश्री हस्तक्षेप करेंगे नहीं, किन्तु वे एक बार राजमहल जाकर वसुरथ को स्वयं समझाना चाहते हैं।"

"फिर से समझाना चाहते हैं, किन्तु क्यों, और उससे क्या होगा? जब पिताश्री के संदेश का और आचार्य तक का भ्राता वसुरथ ने अपमान किया है तो फिर इस परिस्थिति में पिताश्री का राजमहल जाना उचित नहीं होगा माताश्री। मेरी समझ से यह समय इन बातों में नष्ट करने का नहीं है। जब कोई राजा अपना कर्तव्य और अपनी मर्यादा से विमुख हो जाए तो वैसे राजा का सिंहासन पर बैठे रहना राज्य हित में नहीं है, ऐसा राजा जब तक सत्ता में रहेगा राज्य की जनता कराहती रहेगी। भ्राता वसुरथ को अब पद छोड़ना ही होगा माताश्री।"

भलान्दन के मुख से निकले यह वह वाक्य थे जिसकी प्रतीक्षा सुप्रभा उसके गर्भ में होने के समय से कर रही थी। इन्हीं शब्दों को सुनने की प्रतीक्षा में सुप्रभा युवराज के साथ अब तक हुए हर अपमान को अनदेखा कर देती थी। भलान्दन के मुख से निकले इस एक वाक्य ने सुप्रभा की सारी पीड़ा को क्षण भर के लिए हर लिया। उसने प्रसन्न होकर एक बार फिर से अपने पुत्र को निहारा। उसने कहा, "पुत्र भलान्दन, आज तक मैं तुम्हारे पिताश्री के साथ हुए हर अन्याय को, हर अपमान को इसलिए सहती आई क्योंकि मैं यह जानती थी कि इससे मुक्ति का मार्ग केवल तुम्हारे लिए ही प्रशस्त है। तुम्हारे पिताश्री अपने वचनों से विवश हैं, त्याग भी उनके स्वभाव में है। किन्तु तुम इन वचनों से मुक्त हो, तुम अपने सुकर्मों के लिए स्वतंत्र हो। तुम्हारे समक्ष पिता के साथ हुए अन्याय को न्याय में बदलने और वज्जि के नागरिकों की पीड़ा से मुक्ति का पथ स्पष्ट दिख रहा है, इस पर चलो और अपना नाम इतिहास में सर्वदा के लिए अंकित कर लो पुत्र। किन्तु मैं जिस तरह सोचती हूँ उसी तरह तुम्हारे पिताश्री नहीं सोचते। वे सांसारिक जीवन जीते हुए भी संत की तरह सोचते हैं। मेरी शुभेच्छा तो तुम्हारे साथ है किन्तु इस पथ पर अग्रसर होने के पूर्व तुम्हें एक बार अपने पिताश्री से अनुमति लेनी होगी।"

उसी रात सोने के पूर्व भलान्दन ने नाभाग से बात की। भलान्दन अपने सोच और लक्ष्य को लेकर स्पष्ट था, उसे राजऋषि निपा के सानिध्य में ही अपनी जीवन रेखा समझ में आ गई थी। जब राजऋषि ने भलान्दन को भ्राता वसुरथ और राजपुरोहित कौशिक के पूरे षड्यंत्र के बारे में बताया तब वह समझ गया था कि जो जीवन उसने जिया है यह केवल प्राकृतिक परिस्थितियों के कारण नहीं है, बल्कि यह उन लोगों के षड्यंत्र के कारण है। उसे अपने जीवन से कोई समस्या नहीं थी किन्तु उसे पिताश्री, माताश्री और अपने अधिकारों का हनन कष्ट दे रहा था। उसने वहीं तय कर लिया था कि वह स्नातक होने के पश्चात सबसे पहले इसी कार्य में लगेगा। वसुरथ की अकर्मण्यता एवं राज्य की बिगड़ती स्थिति ने उसके निश्चय और कारण को वह वैधानिकता प्रदान कर दी जिसके बल पर वह बड़ा युद्ध कर सकता

था। सच तो यह है कि हिमवंत आश्रम के अन्तिम दो सालों में उसने अपनी ऊर्जा अपनी योजना को निर्धारित करने में लगाई थी। ये योजनाएँ भविष्य की परिस्थितियों पर निर्भर अवश्य करनेवाली थीं किन्तु उसने इस हेतु कुछ प्रमुख सहयोगी जरूर चिन्हित कर लिए थे। उसकी दृष्टि में ये दो प्रमुख सहयोगी उसके ही हिमवंत आश्रम में बने मित्र पुष्पमत और देवानिक थे। संयोग से ये दोनों वैश्य पुत्र थे और इनके पिता वाणिज्यग्राम में श्रेष्ठी थे। इनके द्वारा भी भलान्दन को नगर और राजमहल सम्बन्धित जानकारी मिलती रही थीं। भलान्दन ने पुष्पमत या देवानिक को अपनी योजना से अवगत नहीं कराया था किन्तु उसे यह पता था कि समय आने पर इनसे रहा घनिष्ठ सम्बन्ध इन्हें स्वत: ही उसके साथ होने के लिए तैयार कर देगा। इसके अलावा भलान्दन ने अपनी सम्भावित सेना की रूपरेखा भी तैयार कर ली थी। उसे अब तक राज्य की आर्थिक व सैन्य शक्ति के स्रोतों का भी पता चला गया था। भलान्दन के मन में अपनी सफलता को लेकर किसी तरह की कोई शंका नहीं थी, उसे अब केवल परिस्थितियों के संयोग की प्रतीक्षा थी, परिस्थितियों के सहयोग की अपेक्षा थी। किन्तु सबसे पहले उसे अपने पिताश्री से अनुमति प्राप्त करनी थी।

बात की शुरुआत करते हुए भलान्दन ने कहा, "पिताश्री, क्या आप भ्राता वसुरथ से मिलने के बारे में विचार कर रहे हैं, माताश्री बता रहीं थी।"

नाभाग ने उत्तर दिया, "पुत्र, मेरे समक्ष विकल्प बहुत कम हैं किन्तु जो भी हैं मैं उसे छोड़ना नहीं चाहता। इस राज्य को बचाने के लिए, यहाँ के नागरिकों की रक्षा के लिए अब जो भी मेरे बस में है वह मैं कर लेना चाहता हूँ।"

"पिताश्री, इस राज्य को बचाने के लिए आपसे बेहतर और सक्षम व्यक्ति तो कोई नहीं है। यदि आप नहीं रक्षा करेंगे तो वज्जि राज्य का बचना असम्भव हो जाएगा, जिस तरह की स्थिति भ्राता वसुरथ ने कर दी है यदि जल्दी कुछ नहीं किया गया तो इस राज्य का अस्तित्व मिट जाएगा। मगध, विदेह और अंग राज्य की ललचाई दृष्टि ऐसे ही किसी मौके की प्रतीक्षा में है।"

"मैं सब समझता हूँ पुत्र, किन्तु मेरी प्रतिज्ञा ने मुझे विवश कर रखा है। इसलिए मैं अपनी तरफ से वसुरथ को समझाने का एक प्रयत्न करना चाहता हूँ।"

"आपको क्या इस बात की जरा भी सम्भावना दिखती है कि आपके समझाने से भ्राता वसुरथ की सोच में आमूलचूल परिवर्तन आ जाएगा और वह अपने दुराचार छोड़ देंगे? जिन्होंने आपके संदेश भेजने भर पर ऐसी कठोर प्रतिक्रिया दी हो आपको लगता है कि ऐसे व्यक्ति को अब समझाकर ठीक किया जा सकता है? लगभग बीस साल से वे इस राज्य के राजा हैं, उन्हें कम मौका नहीं मिला था सुशासन के बल पर नागरिकों का हृदय जीत लेने का। किन्तु उनके अहंकार और अन्याय से तंग आकर ही इतने सालों बाद भी इस राज्य के नागरिक आपकी तरफ आशा भरी दृष्टि से देख रहे हैं। भ्राता वसुरथ ने आपके साथ जो किया उसे क्षम्य भी मान

लिया जाए तो भी पितामह से प्राप्त उत्तराधिकार का उन्होंने जो अनादर किया है और जिस तरह आज नागरिक त्राहिमाम कर रहे हैं अब उन्हें समझने, समझाने का समय जा चुका है। इस सब से अब कुछ नहीं होनेवाला।"

"तो फिर तुम्हारी दृष्टि में इसका निदान क्या है पुत्र?"

"पिताश्री, जब राजा नागरिक का विश्वास खो दे तो उसे स्वयं ही अपना पद त्याग देना चाहिए। और यदि यह बात भ्राता वसुरथ को समझ में नहीं आ रही है तो उन्हें ऐसा करने के लिए विवश करना होगा। भ्राता वसुरथ को अब राजसिंहासन छोड़ना ही होगा, यही एकमात्र विकल्प है, इसी में राज्य और नागरिकों का वास्तविक कल्याण है।"

"और वसुरथ को विवश कैसे किया जा सकता है पुत्र?"

"शक्ति का उत्तर शक्ति ही तो है पिताश्री। युद्ध ही एकमात्र सार्थक विकल्प शेष है अब।"

"पुत्र भलान्दन, युद्ध स्वयं में एक समस्या है। युद्ध अपने साथ कई संकट लेकर आता है।"

"आपका कहना सत्य है पिताश्री किन्तु यह वैसी कड़वी औषधि है जिसके प्रयोग के बिना राज्य का जीवन बचाना अब सम्भव नहीं है।"

"पुत्र, मैंने क्षत्रिय मर्यादा छोड़ने की प्रतिज्ञा की है, मैंने कृषक के रूप में जीवन व्यतीत करने का प्रण कर रखा है, अत: मैं अब युद्ध नहीं कर सकता, यह तुम अच्छी तरह जानते हो।"

"किन्तु मैंने तो ऐसी कोई प्रतिज्ञा नहीं की है पिताश्री, ऐसी कोई मजबूरी मेरे साथ तो नहीं है। मैं तो स्वतंत्र हूँ। आप मुझे अनुमति दीजिए, इस राज्य को संकट और भ्राता वसुरथ की अकर्मण्यता से मुक्ति मैं दिलवाऊँगा।"

भलान्दन की इस बात को सुनकर नाभाग चुप हो गया। वह चुप ही रहा। कुछ क्षण के पश्चात भलान्दन ने ही कहा, "पिताश्री, मैं आपकी दुविधा को समझ सकता हूँ, मैं जानता हूँ कि भ्राता वसुरथ हमारे कुटुंब ही हैं किन्तु आज बात उनसे हमारे व्यक्तिगत सम्बन्ध की नहीं है। बात कहीं अधिक महत्त्वपूर्ण विषय वज्जि राज्य के भविष्य की है। उस वज्जि राज्य के भविष्य की जिसे स्थापित करने और खुशहाल बनाने में पितामह ने अपना पूरा जीवन लगा दिया। हम इस राज्य को अपनी आँखों के सामने इस तरह उजड़ते हुए नहीं देख सकते। यदि हमने ऐसा किया तो इतिहास हमें कभी क्षमा नहीं करेगा। इसलिए आप मुझे अनुमति दीजिए कि मैं इस राज्य को बचाने के लिए वह सबकुछ करूँ जो मैं कर सकता हूँ।"

कुछ क्षण सोचने के बाद नाभाग ने कहा, "पुत्र, युद्ध तब होना चाहिए जब उसके अलावा कोई विकल्प नहीं बचा हो। यदि इस राज्य को बचाने के लिए वसुरथ का राजसिंहासन से हट जाना ही एकमात्र विकल्प है तो भी एक बार अन्तिम

प्रयास संवाद का होना चाहिए। एक बार वसुरथ से आमने-सामने बात होनी चाहिए। यदि फिर भी असफलता प्राप्त हो तब तो युद्ध ही विकल्प के तौर पर बचा होगा।"

"यदि यह बात है पिताश्री, तो यह संवाद उनसे मैं करूँगा। अपने अहंकार में भ्राता वसुरथ को सम्बन्ध की मर्यादा तक का ध्यान नहीं है, तभी उन्होंने आपके संदेश पर वैसी प्रतिक्रिया दी है। अब यदि वे आपका अपमान करेंगे तो यह सहन करना मेरे बस में नहीं होगा। मैं तो उम्र में उनसे बहुत छोटा हूँ, यदि वे दुर्व्यवहार भी करेंगे तो इसे सहन करना मेरे लिए तुलनात्मक तौर पर आसान होगा। यह अन्तिम प्रयास भी मैं ही करूँगा। किन्तु पिताश्री यदि संवाद से निष्कर्ष नहीं निकला तो फिर युद्ध ही एकमात्र रास्ता बचेगा, मुझे इसकी अनुमति और स्वीकृति दीजिए। अपना आशीर्वाद दीजिए।"

"पुत्र भलान्दन, पिता का आशीर्वाद तो सदैव पुत्र के साथ रहता है। यदि संवाद से हल नहीं निकले तो मैं जानता हूँ जिस युद्ध की बात तुम कर रहे हो वही एकमात्र विकल्प होगा। जब विकल्प ही नहीं तो मैं अनुमति कैसे नहीं दूँगा, प्रश्न वज्जि के भविष्य का है।"

पिता की अनुमति प्राप्त कर भलान्दन ने मन-ही-मन युद्ध की तरफ अपना एक कदम बढ़ा दिया था। अब उसे उस मार्ग पर चलते जाना था जिसमें उसके पिता के साथ हुए अन्याय, माता की पीड़ा, वज्जि नागरिकों के साथ हो रहे दुर्व्यवहार और वज्जि के भविष्य से जुड़े हर प्रश्न का उत्तर, निदान व निष्कर्ष प्रस्तुत था।

अपने पिता युवराज नाभाग से वज्जि राज्य के भविष्य को लेकर विस्तृत विमर्श करने के एक दिन पश्चात भलान्दन वाणिज्यग्राम जाने के लिए निकला। अपने घोड़े पर सवार होकर धीरे-धीरे वह नगर की तरफ बढ़ रहा था। जिस मार्ग से वह वाणिज्यग्राम की ओर जा रहा था यह वह मार्ग था जिस पर वह आज तक नहीं चला था। बचपन में जब उसे सारी बातों की जानकारी नहीं थी और वह दूसरों से नगर का वर्णन सुनकर वहाँ जाने के लिए मचल उठता था तब माताश्री की मनाही उसे समझ में नहीं आती थी। तब वह सोचता कि जब हर कोई वहाँ जा सकता है तब केवल वह क्यों नहीं जा सकता। उसे माताश्री और पिताश्री के वहाँ न जाने का कारण भी समझ में नहीं आता। यह बात उसे तब अधिक उलझन में डाल देती जब वह सोचता कि उसके पितामह महाराज नाभानेदिष्ट भी तो उसी वाणिज्यग्राम में रहते थे। वहाँ जाने की पाबन्दी उसके समझ के परे थी। जब वह

हिमवंत आश्रम में था तब आश्रम के अन्य सहपाठियों से नगर की चर्चा सुनकर वहाँ जाने की उसकी इच्छा प्रबल हो जाती। वज्जि राज्य में होकर भी यह नगर उसके लिए उतना ही दूर था जैसे कोसल या काशी। वाणिज्यग्राम के सम्बन्ध में सटीक और विस्तृत जानकारी उसे अपने मित्र पुष्पमत और देवानिक से प्राप्त हुई। किन्तु नगर की विस्तृत जानकारी होते-होते राजऋषि निपा से उसे अपने पिताश्री और माताश्री के निष्कासन की पूरी गाथा भी ज्ञात हो गई थी। वहाँ कभी गए बिना भी उस जगह में उसे अपना बहुत कुछ दिखाई देता। जहाँ उसकी माताश्री रहीं, जहाँ उसके पिताश्री रहे, जहाँ उन दोनों का मूल घर था। उसे ऐसा प्रतीत होता मानो कोई अदृश्य शक्ति उसे बार-बार वाणिज्यग्राम की तरफ खींच रही हो, तब उसे अपने पितामह का स्मरण होता। उसके पितामह ने उसके पिताश्री को भले ही नगर से निष्कासित कर दिया था किन्तु जब वे उससे मिले थे तो उसे बार-बार बड़े होने पर वाणिज्यग्राम और राजमहल जाने को कह रहे थे। उन्होंने तब कहा था कि बड़ा होकर उस मिट्टी को जाकर नमन अवश्य करे जिसमें हमारी जड़ें हैं, जहाँ से हमारा मान है। हाँ पितामह से तब यह चूक अवश्य हो रही थी कि उन्हें लगता था वसुरथ से उसे भ्राता की तरह स्नेह प्राप्त होगा। वे तब कह रहे थे कि 'पौत्र भलान्दन, तुम्हारे माता-पिता भले ही ग्राम में रहते हों किन्तु तुम्हारे भ्राता वसुरथ अभी भी राजमहल में हैं, उनसे मिलना, वह पूरा स्नेह देंगे।' तब शायद पितामह वसुरथ के चरित्र को समझने में चूक कर गए थे या फिर वसुरथ ने सत्ता के लोभ में अपने वास्तविक चरित्र को इतनी परतों में ढक लिया होगा कि उनकी दृष्टि वहाँ पहुँच ही नहीं पाई होगी।

अपने चिन्तन में खोया भलान्दन इतनी धीमी गति से अश्वारोहण कर रहा था कि वाणिज्यग्राम को जानेवाले उस मुख्यमार्ग पर पहुँचते-पहुँचते दोपहर हो गई जो दूसरी दिशा में विदेह और अंग राज्य की तरफ जाता था। उसकी दृष्टि एक पीपल के वृक्ष के पास गई जहाँ सूर्य के झुलसाते प्रकाश से बचने के लिए एक अधेड़ व्यक्ति बैठा हुआ था। वह आगे बढ़ ही रहा था कि वह व्यक्ति अपने स्थान से उठकर उसके पास चला आया और पूछा, "हे युवक, क्या तुम मुझे बता सकते हो कि विश्रामगृह यहाँ से कितनी दूरी पर है, मैं सार्थवाह हूँ और मुझे अंग राज्य के नगर चम्पा जाना है, मैं थक गया हूँ और आज यहीं विश्राम करना चाहता हूँ विश्राम के पश्चात ही हमारे शकत आगे बढ़ेंगे।"

भलान्दन ने उत्तर दिया, "यहाँ से एकदम पास में ही है, मैं अभी उसी दिशा से आ रहा हूँ, वहाँ गण हैं और व्यवस्था भी है। आप वहीं चले जाइए।"

इतना कहकर भलान्दन आगे बढ़ने ही वाला था कि कुछ स्मरण होते ही वह घोड़े से उतर गया और उसने उस सार्थवाह से बात करने का निर्णय किया। वस्तुतः राजऋषि निपा ने कहा था कि राज्यों की सही स्थिति, वातावरण की सूचना योग्य

सार्थवाहों से प्राप्त हो सकती है। वे लम्बी यात्राएँ करते हैं और उन्हें हर राज्य के लोगों से मिलकर वहाँ की स्थिति की जानकारी प्राप्त होती रहती है।

उसने उस व्यक्ति से अपनी पहचान छुपाने के उद्‌देश्य से पूछा, "मैं भी इस राज्य में अभी-अभी ही आया हूँ। आप कहाँ से आ रहे हैं और चम्पा नगर क्यों जाना चाह रहे हैं?"

उस व्यक्ति ने कहा, "मैं एक छोटा व्यापारी हूँ। मैं गंधार का निवासी हूँ। आज तक वाणिज्यग्राम ही मेरे व्यापार का आधार था। मैं अपने गंधार से कुछ चीजें लाकर यहाँ विक्रय कर लेता था। और यहाँ से मोरपंख, सुगंधित लकड़ियाँ आदि अपने राज्य में ले जाता था जिसका मुझे अत्यधिक मूल्य प्राप्त होता था। किन्तु अब इस राज्य की दशा कुछ ठीक नहीं। यहाँ की स्थिति व्यापार के अनुकूल नहीं रह गई है। हर तरफ कुव्यवस्था और अराजकता व्याप्त है। इसलिए मैंने अंग राज्य जाने का निर्णय किया है।"

भलान्दन ने पूछा, "ऐसा क्या हो गया इस राज्य में जो आप अब यहाँ से अंग जाना चाह रहे हैं।"

उस व्यक्ति ने उत्तर दिया, "युवक, मेरे साथ तो अभी भी अधिक कुछ नहीं हुआ किन्तु यह सर्वज्ञात है कि वाणिज्यग्राम नगर और वज्जि राज्य का अन्त, अवसान एकदम निकट है। वैसे एक वर्ष पूर्व यहाँ आने पर मेरी आधी सामग्री नगर के सैनिकों ने छीन ली। अब जिस राज्य में सैनिक ही लूटपाट कर रहे हों उस राज्य की भला क्या स्थिति होगी।"

सार्थवाह के मुख से अपने राज्य के अन्त की भविष्यवाणी सुनकर भलान्दन का अन्त:करण काँप सा गया। यह सुनकर उस सार्थवाह के लिए उसके मन में क्रोध भी आया किन्तु यह समझकर कि यह कथन उसका निर्दोष विश्लेषण भर है भलान्दन ने उससे कहा, "सार्थवाह, आपको किसी राज्य के अन्त की कामना नहीं करनी चाहिए, यह वाक्य कष्टकारी है।"

सार्थवाह ने उत्तर दिया, "युवक, तुम इस राज्य में नये हो, जबकि मैंने पूरा जीवन इसी राज्य के नगर से धन अर्जित किया है, यह मेरा राज्य नहीं है किन्तु जब आज इसकी यह दशा देखता हूँ तो मन पीड़ा से भर जाता है। देखते ही देखते क्या दशा हो गई इस राज्य की। कभी स्वर्ण सा दमकता, खुशहाली, उन्नति और ऐश्वर्य का पर्याय बन चुका वाणिज्यग्राम नगर आज उजड़ने की कगार पर खड़ा है। मैं तो एक छोटा व्यापारी हूँ, मैंने तो फिर भी इतना धैर्य रखा, पिछले साल तक इसी नगर में आया किन्तु मैं कई ऐसे बड़े व्यापरियों, श्रेष्ठियों को जानता हूँ जिन्होंने सालों पहले इस राज्य से नाता तोड़ लिया। जब शासक निरंकुश और भोग विलास में लिप्त हो जाता है तो बड़ी-बड़ी सभ्यताएँ ऐसे ही नष्ट होकर इतिहास बन जाती हैं। सभ्यताओं का होना बड़ी घटना हो सकती हैं किन्तु उससे महान

घटना उसका कायम रहना है। हड़प्पा, मोहनजोदड़ो कभी भव्य सभ्यता थीं, किन्तु वे अब हैं नहीं।"

"मैं आपकी बातों से सहमत हूँ सार्थवाह, किन्तु क्या आप बता सकते हैं कि अचानक इस राज्य की यह दशा क्यों हो गई? आखिर इस स्थिति में यह राज्य कैसे पहुँच गया?"

"युवक, किसी भी राज्य का अस्तित्व राजा और प्रजा दोनों के चरित्र, आचरण और परस्पर सम्बन्ध पर निर्भर करता है। चूँकि राजा राज्य का नेतृत्व और प्रतिनिधित्व दोनों करता है इसलिए उसके चरित्र और आचरण पर बहुत कुछ निर्भर हो जाता है। यदि राजा चरित्रवान होगा, यदि उसका आचरण शुद्ध होगा, यदि वह स्वयं को ईश्वर समझने के बदले प्रजा का सेवक समझेगा तो वह उन परिस्थितियों के लिए सजग भी रहेगा जो परिस्थितियाँ आन्तरिक या बाह्य रूप से राज्य के लिए संकट बन सकती है। किन्तु यदि राजा स्वयं को ईश्वर और प्रजा को गुलाम समझेगा, यदि उसका समय भोग विलास में बीतेगा तो न केवल प्रजा उसके विरुद्ध हो जाएगी बल्कि प्रजा और कर्तव्यों से उसकी दूरी उसे यह पता भी नहीं चलने देगी कि उसका राज्य शनैः शनैः किस तरह कमजोर हो चुका है एवं गम्भीर संकट से घिर गया है। उत्तराधिकार में सत्ता पाए व्यक्ति राजसिंहासन की कीमत और मर्यादा समझने में कई बार चूक जाते हैं, उन्हें यह ईश्वरीय प्रतीत होने लगता और यह पहले अहंकार फिर विनाश को जन्म देता है। इस राज्य की स्थापना आर्य गौरव वैवस्वतमनु के पुत्र महाराजा नाभानेदिष्ट ने की थी। उन्होंने अपने बुद्धि, विवेक, पराक्रम और शौर्य के बल पर वज्जि राज्य को पूरे विश्व में प्रतिष्ठित कर दिया। उनके समय मुझे इस राज्य की उन्नति और गति देखकर ऐसा लगने लगा था जैसे यह राज्य जल्दी ही विस्तृत होकर कई राज्यों को समाहित कर लेगा, यह विस्तार शक्ति से नहीं होता बल्कि यह स्वेच्छा से होता।"

इतना कहकर सार्थवाह मौन हो गया। उसके चेहरे से उसकी निराशा साफ झलक रही थी। यह उसी निराशा का अंश था जो उस वक्त वज्जि राज्य में हर तरफ पसरा हुआ था।

कुछ देर चुप रहकर सार्थवाह ने कहा, "युवक सीमायें राजनीतिक चौहद्दियाँ होती है किन्तु नागरिक का मन स्वच्छंद होता है, उस तक इन चौहद्दियों से बाहर की भी हवाएँ पहुँचती है जो वातावरण और अन्य राज्यों की सूचनाएँ भी लेती आती हैं। यदि अपने राज्य में अन्य राज्यों की तुलना में खुशहाली हो तो उसका मन उन राज्यों पर तरस खाता है किन्तु यदि स्थिति उल्टी हो तो उनका मन उन्हीं राज्यों को देखकर तरसता भी है। आज इस राज्य के लोगों से जब मैं मिलता हूँ तो वे मुझसे मगध के बारे में सबसे अधिक जानना चाहते हैं जबकि आज इस राज्य का सम्बन्ध मगध से बहुत खराब है। वे मुझसे कोसम्बी, मलय,

कोशल, काशी, की बात नहीं करते वे मगध की बात करते हैं। ये गण वज्जि राज्य से बहुत प्यार करते हैं किन्तु इनके उजड़ते, नष्ट होते जीवन इन्हें गंगा उस पार देखने को विवश करता है। मैं तो सार्थवाह हूँ, आज मैं इस राज्य को छोड़ चुका हूँ किन्तु महाराजा नाभानेदिष्ट ने जिस अकर्मण्य और भोगी पुरुष को अपना उत्तराधिकारी बनाया है यदि वह कुछ समय और सिंहासन पर बैठा रहा तो यहाँ के श्रेष्ठी, कृषक इस राज्य से पलायन कर जाएँगे या फिर इस स्थिति में यह भी हो सकता है कि यदि मगध जैसे राज्य ने आक्रमण किया तो नागरिकों की उदासीनता राजा वसुरथ को प्रतिकार की अधिक शक्ति ही नहीं देगी और यह राज्य स्वयं ही मगध में समाहित हो जाएगा। अब इस राज्य को कोई चमत्कार ही बचा सकता है युवक। मैं तो सार्थवाह हूँ, यात्राएँ करता रहता हूँ, एक समय इस राज्य के जिस ध्वज को देखकर भारत भर में गण या तो श्रद्धा से सिर झुकाते थे या इसे देखकर भयभीत हो जाते थे, वे आज उसी ध्वज का उपहास उड़ाते हैं। तुम्हें यह सच्चाई देखनी है तो अपने साथ इस राज्य का ध्वज लेकर किसी अन्य राज्य में जाकर देखो, लोगों के व्यंग्य और उपहास को अधिक समय तक झेल नहीं पाओगे और ध्वज फेंक दोगे।"

सार्थवाह के साथ हुए इस वार्तालाप ने भलान्दन की चिन्ता को न केवल बढ़ा दिया बल्कि उसे यह भी बोध कराया कि अब अधिक विलम्ब करना घातक सिद्ध होगा। यदि विलम्ब हुआ तो सम्भव है मगध ही वज्जि राज्य के अस्तित्व को मिटा दे और इसे अपने राज्य का हिस्सा बना ले। विदेह और अंग राज्य की अभी चिन्ता भलान्दन को नहीं थी, न तो उन राज्यों से वज्जि के सम्बन्ध खराब थे और न ही वे राज्य मगध की तरह आक्रामक दृष्टि से वज्जि को देख रहे थे।

भलान्दन ने जब वाणिज्यग्राम नगर में प्रवेश किया तो इस नगर के वैभव और सौन्दर्य से आकर्षित हुए बिना नहीं रह सका। जिस नगर को कुछ समय पहले सार्थवाह उजड़ने की कगार पर पहुँचा बता रहा था वह नगर आज भी किसी को आकर्षित करने में सक्षम था। भलान्दन सोच रहा था कि यदि यह नगर इस बुरी स्थिति में यह वैभव ओढ़े है तो जब यह अपने ऐश्वर्य के चरम पर था तब यह नगर किस तरह का होगा। चौड़े मार्ग, मार्ग के दोनों तरफ सुन्दर छोटे वृक्ष, बड़ी-बड़ी अट्टालिकाएँ, सुसज्जित दुकानें, हीरे-जवाहरात जड़ें महँगे कपड़े पहने लोग। यह नगर आज भी किसी भी राज्य के राजा को अपनी तरफ ललचा सकता था।

भलान्दन ने एक बात और महसूस की कि भले ही वह इस नगर में पहली बार आया था किन्तु इस नगर में उसे कुछ भी पराया प्रतीत नहीं हो रहा था। सबकुछ पहली बार देखने के बाद भी ऐसा नहीं लग रहा था कि वह यह सब जीवन में पहली बार देख रहा हो। हर जगह और हर व्यक्ति से उसे एक जुड़ाव सा प्रतीत

होता। उसे इसका कारण समझ में नहीं आ रहा था। उसने सोचा सम्भव हो यह अब तक इस नगर से सम्बन्धित की गई विस्तृत चर्चाओं का प्रभाव हो या फिर इस नगर से उसके जुड़ाव का प्रभाव।

भलान्दन की योजना अगले दिन राजमहल जाने की थी। वह रात्रि विश्राम अपने मित्र पुष्पमत के यहाँ करनेवाला था। नगर भ्रमण के पश्चात वह पहले देवानीक से मिला और फिर वह पुष्पमत के आवास पर गया। इन दोनों के पिता नगर के बड़े श्रेष्ठी थे। इनका घर भी बहुत ही भव्य था। इतने आलीशान घर में ठहरने का यह उसका पहला अनुभव था। भलान्दन ने पुष्पमत और देवानीक से उसकी पहचान किसी से भी प्रकट करने से मना किया था। भलान्दन वसुरथ से मिलने के पहले नहीं चाहता था कि नगर में उसकी उपस्थिति के बारे में किसी को ज्ञात हो।

भलान्दन राजमहल दिन के दूसरे पहर पहुँचा। मुख्य द्वार पर उसने प्रहरी से कहा कि वह रेहसायागढ़ी से आया है और उसे राजा से मिलना है। उसने अपना परिचय राजऋषि ऋषि निपा के एक स्नातक शिष्य के रूप में दिया। दिन के तीसरे पहर उसे राजमहल के अन्दर जाने की अनुमति मिली। उसे एक सैनिक राज प्रसाद ले गया जहाँ धर्मस्थान की कार्यवाही चल रही थी। पूरा राजप्रसाद अमात्यों, पदाधिकारियों एवं उन नागरिकों से भरा था जिन्हें अपने मामले सुलझाने थे। राजा वसुरथ के दाहिनी तरफ राजपुरोहित कौशिक और बाएँ तरफ रानी पौलोमी बैठी थी। अमात्य प्रमुख विश्रुतवंत एक-एक कर के विवादित मामलों को प्रस्तुत कर रहा था और सम्बन्धित नागरिकों की बात सुनने के बाद राजा वसुरथ कभी स्वयं तो कभी राजपुरोहित कौशिक या रानी पौलोमी से विमर्श कर निर्णय सुना रहा था। इन सभी लोगों को भलान्दन पहली बार देख रहा था। वसुरथ-पौलोमी को भी वह पहली बार ही देख रहा था किन्तु भलान्दन की दृष्टि वसुरथ-पौलोमी के मुख से अधिक उन दोनों के मुकुट पर जा रही थी। वज्जि राज्य के राजा-रानी के इन मुकुटों पर भलान्दन अपने माता-पिता का अधिकार समझ रहा था। भलान्दन ने मन-ही-मन सोचा कि यदि वसुरथ ने उसके पिताश्री के साथ षड्यंत्र नहीं किया होता तो आज इस धर्मस्थान में राजसिंहासन पर स्वर्ण मुकुट के साथ राजा-रानी के रूप में उसके माता-पिता बैठे होते। यह बात मन में आते ही भलान्दन ने अपने अन्दर वसुरथ और पौलोमी के लिए एक तीव्र वितृष्णा का अनुभव किया। वह इसी चिन्तन में तल्लीन था कि अमात्य प्रमुख विश्रुतवंत के मुँह से अपना नाम सुनकर चौंक गया।

वस्तुत: धर्मस्थान की प्रक्रिया में शामिल होने की अब उसकी बारी आ गई थी। पुष्पमत ने उसे बताया था कि पितामह महाराज नाभानेदिष्ट के समय धर्मस्थान की यह प्रक्रिया मास में कम से बीस दिवस चलती थी जो अब छ: मास में भी बीस दिवस नहीं चलती क्योंकि राजा वसुरथ के पास इस हेतु समय नहीं था। अपना नाम पुकारे जाने पर भलान्दन अपने पहले के लोगों का अनुसरण करते हुए सभा के मध्य में खड़ा हो गया और उसने झुककर वसुरथ-पौलोमी सहित वहाँ उपस्थित सभी लोगों का अभिवादन किया।

अमात्य प्रमुख विश्रुतववंत ने उससे कहा, "स्नातक भलान्दन, महाराज को अपना परिचय दो।"

भलान्दन ने कहा, "मैं राजऋषि निपा का शिष्य भलान्दन हूँ, मेरा गृह विशाल नदी के पास के रेहसायागढ़ी में है।"

"यहाँ उपस्थित होने का प्रयोजन बताओ"—अमात्य प्रमुख के इस प्रश्न का भलान्दन कोई उत्तर देता इसके पूर्व ही वसुरथ बोल पड़ा—"रेहसायागढ़ी! यह वही ग्राम है न जहाँ वैश्य नाभाग कृषक के रूप में रह रहा है?"

वसुरथ के मुँह से अपने पिता के लिए इस तरह के अपमानजनक शब्दों को सुनकर भलान्दन का मन आक्रोश से भर गया। उसके पिता सम्बन्ध की मर्यादा के अनुसार वसुरथ से बड़े थे फिर भी उनके लिए किया गया इस तरह का उपहास भरा सम्बोधन भलान्दन के लिए अनपेक्षित था, उसे इससे अत्यधिक पीड़ा हुई किन्तु उसने इसे प्रकट नहीं होने दिया। उसने उत्तर दिया—"हाँ महाराज मैं उसी ग्राम से आया हूँ।"

वसुरथ यह सुनकर कुछ क्षण के लिए चुप हो गया। फिर उसने कहा, "तुम अपनी समस्या बताओ।"

भलान्दन ने उत्तर दिया, "समस्या मेरी व्यक्तिगत नहीं है महाराज, यह समस्या समस्त वज्जि राज्य की है, मैं पूरे राज्य के नागरिकों की तरफ से आपसे न्याय माँगने आया हूँ।"

"तुम्हें क्या नागरिकों ने इस हेतु नियुक्त किया है? सभी नागरिकों की समस्या के लिए तुम्हें बात करने का अधिकार किसने दिया भलान्दन? और ऐसी कौन-सी समस्या है जो पूरे वज्जि राज्य में व्याप्त है"—वसुरथ के स्वर से उसका क्रोध स्पष्ट रूप से परिलक्षित हो रहा था।

"महाराज, इन समस्त वज्जि के नागरिकों में एक मैं स्वयं भी तो हूँ, और इस राज्य का नागरिक होने के नाते राज्य की स्थिति का अवलोकन और उसका आपके समक्ष प्रकटीकरण दोनों का अधिकार मुझे स्वत: प्राप्त है। राज्य की नागरिकता जन्म से प्राप्त होती है, यह कोई पृथक पद नहीं है जिसके लिए किसी के द्वारा किसी की नियुक्ति की आवश्यकता हो।"

"भलान्दन, मैं दयालु राजा हूँ इसलिए तुम्हारी इस व्याख्या को सुन रहा हूँ, नहीं तो यह केवल कुतर्क है। राज्य में नागरिक होने की स्वीकृति भी राजा प्रदान करता है और इस नागरिकता को निरस्त करने का अधिकार भी राजा को है इसलिए इसे जन्म से जुड़ा अधिकार समझना तुम्हारी मूर्खता है। किन्तु तुम पहले मुझे उस राज्यव्यापी समस्या के बारे में बताओ जिसके बारे में मुझे भी ज्ञात नहीं।"

"महाराज, इस राज्य में जन्म लेने वालों के लिए यह अधिकार उसके जन्म से ही जुड़ा है, राजा अनायास और अकारण न तो किसी को यह प्रदान कर सकता है न ही निरस्त कर सकता है, राजा की शक्ति अनंत नहीं है, वह नागरिकों के प्रति ही उत्तरदायी है, राजा स्वेच्छाचारी नहीं हो सकता। मैं जिस समस्या की बात करने आया हूँ और जिससे इस राज्य की जनता त्रस्त है वह समस्या है राजा की यही स्वेच्छाचारिता और उसका उत्तरदायित्व से मुक्त होना। महाराज, आपकी प्रजा आज आपके द्वारा लागू किए गए बेतहाशा बढ़ोत्तरी वाले करों के दर, राज्य के पदाधिकारियों द्वारा होनेवाले उत्पीड़न, प्रशासन की निष्क्रियता के कारण आई कुव्यवस्था, पड़ोसी राज्य से बिगड़ते सम्बन्ध के कारण व्याप्त डर के वातावरण के कारण त्राहिमाम कर रही है। उसके पास इन बातों को आप तक पहुँचाने तक का साधन उपलब्ध नहीं है और वह इस अभिशप्त वातावरण में जीने को विवश है। महाराज, आपके पास यदि इन समस्याओं के तुरन्त निदान की कोई योजना और इच्छाशक्ति है तो उसे मुझे इस राज्य का नागरिक होने के नाते जानना है और यदि ऐसी कोई योजना और इच्छाशक्ति आपके पास नहीं है तो यह जानना भी मेरा अधिकार है ताकि मैं अपने राज्य को इस दुर्दिन से निकालने के विकल्पों के बारे में विचार कर सकूँ।"

भलान्दन के इन शब्दों से पूरे राज-प्रसाद में सन्नाटा पसर गया। ये वे शब्द थे जिसके वहाँ गूँजने के सम्बन्ध में किसी ने कल्पना तक नहीं की थी। राजा वसुरथ के समक्ष उसकी आँखों में आँखें डालकर, आत्मविश्वास से पूर्ण एक सुदर्शन युवक को इस तरह बोलते देखना सभी को अचंभित करनेवाला क्षण था। क्या अमात्य, क्या सैनिक और क्या वहाँ पहले से उपस्थित नागरिक, सभी स्तब्ध थे। स्वयं वसुरथ और पौलोमी इस तरह सकते में आ गए थे कि कुछ क्षण के लिए प्रतिक्रिया व्यक्त करने तक का उन्हें ध्यान नहीं रहा। राजपुरोहित कौशिक की वृद्ध आँखें अपने जीवन के समस्त अनुभव को झोंककर इस युवक को ऊपर से नीचे तक खंगालने में व्यस्त थीं। ये आँखें उस सूत्र की खोज में थी जिसने युवक को वज्जि राज्य के सम्राट के समक्ष इस तरह खड़ा होने का साहस दिया था। सभी की स्तब्धता का एक पक्ष यह भी था कि वसुरथ, पौलोमी और उसके कुछेक करीबी अमात्यों को छोड़कर सभी की अन्तरात्मा युवक की बातों से पूर्णतः सहमत थी। और यह छुपा भी नहीं था। उनकी सहमति का भाव उनकी आँखों से स्पष्ट रूप

से परिलक्षित हो रहा था जिसे पढ़ने में न तो वसुरथ ने कोई भूल की और न ही राजपुरोहित कौशिक ने। वसुरथ जितना भलान्दन के शब्दों से आहत था उतना ही सभा में उपस्थित अधिकतर लोगों की आँखों में दिख रहे सहमति के भाव से भी आहत था। इसी वजह से वह तत्क्षण प्रतिक्रिया नहीं दे पाया। उसे उत्तर देने में कुछ अतिरिक्त समय लगा।

वसुरथ ने ऊँचे स्वर में क्रोधित होते हुए कहा, "मूर्ख युवक, तुमने अपने दु:साहस के कारण स्वयं अपने जीवन को संकट में डाल लिया है। किन्तु तुम्हें कठोर से कठोर दंड देने के पूर्व मेरा यह जानना जरूरी है कि तुम ब्राह्मण हो या क्षत्रिय हो। मेरा दुर्भाग्य होगा यदि तुम आज ब्राह्मण निकले क्योंकि तब मैं तुम्हें तुम्हारे इस जघन्य अपराध के लिए कठोरतम दंड देने में असमर्थ हो जाऊँगा। अपना परिचय स्पष्ट करो, अपने पिता का नाम बताओ, अभी इसी क्षण।"

वसुरथ के क्रोध से अप्रभावित होते भलान्दन ने अपने उन्हीं संयत और सधे हुए शब्दों में उत्तर दिया, "महाराज, यह युद्ध का मैदान नहीं बल्कि धर्मस्थान है यह ध्यान रखना आपका कर्तव्य है। न्यायालय में जहाँ पूरे राज्य भर के अलग-अलग क्षेत्रों की प्रजा उपस्थित हो, जहाँ तमाम गणमान्य व्यक्ति उपस्थित हों, वहाँ धर्मस्थ, न्यायाधीश के रूप में इस तरह क्रोध व्यक्त करना एक राजा के लिए उचित नहीं क्योंकि इससे न केवल न्यायाधीश के पद की गरिमा का हनन होता है बल्कि राजा की अपने भावनाओं पर नियंत्रण न रख पाने की दुर्बलता भी उजागर हो जाती है। आप निश्चिंत रहें, आपका यह दुर्भाग्य तो नहीं है कि आप यदि मुझे कठोरतम दंड देना चाहें तो केवल इसलिए न दें पाएँ कि मैं एक ब्राह्मण हूँ। मैं ब्राह्मण नहीं हूँ। मैं आर्य सिरमौर वैवस्वतमनु का प्रपौत्र, वज्जि राज्य के जनक महाराज नाभानेदिष्ट का पौत्र और इस राज्य के अन्तिम सर्वप्रतिष्ठित और राजा के पद से षड्यंत्रों द्वारा वंचित किए गए युवराज नाभाग का पुत्र भलान्दन हूँ।"

भलान्दन के अन्तिम शब्दों के पूरा होते-होते राज प्रसाद में अभी तक कायम शान्ति भंग हो गई। नाभाग के पुत्र को देखने की उत्तेजना ऐसी की सभी भूल गए कि यह राजा वसुरथ की सभा है। अधिकतर जन ऊँचे स्वर में बातें करने लगे, सभी भलान्दन के व्यक्तित्व, वाकपटुता, ज्ञान से सम्मोहित थे। वे अपने बीच नाभाग के पुत्र को देखकर हर्ष व्यक्त करने में कोई संकोच भी नहीं कर रहे थे। राजपुरोहित कौशिक, अमात्य प्रमुख विश्रुतवंत जैसे कुछ लोगों को छोड़कर सभी के मुख पर हर्ष की रेखा साफ दिख रही थी।

वसुरथ और पौलोमी के लिए तो यह बुरी तरह झकझोर देनेवाले क्षण थे। वे अपने सामने नाभाग के पुत्र को इस तरह देखकर तो स्तब्ध थे ही, उस समय उसे देखकर राज प्रसाद में हो रही प्रतिक्रिया से भी चिन्तित थे। भलान्दन के लिए लोगों में उमड़े इस स्वत: स्फुर्द आकर्षण ने वसुरथ और पौलोमी दोनों को चिन्तित

कर दिया था। उसी समय पौलोमी ने वसुरथ से संकेतों में और धीमे स्वर में कुछ कहा। पौलोमी के कुछ कहते ही वसुरथ का क्रोधित चेहरे पर कुछ सहजता दिखने लगी। उसने अपने स्वर का स्तर बदलकर संयत दिखने का प्रयत्न करते हुए कहा, "भलान्दन, तुमने मुझे पहले अपना वास्तविक परिचय क्यों नहीं दिया?"

"भ्राता, इस हेतु क्षमा प्रार्थी हूँ, किन्तु मैं आपसे पहले एक आम नागरिक के तौर पर ही बात करना चाहता था, इसलिए मैंने ऐसा किया।"

"भलान्दन, तुमने अभी बहुत कुछ अवांछित भी कहा है किन्तु मैं तुम्हें क्षमा करता हूँ। तुम्हारी यदि कोई वैध माँग या आवश्यकता हो तो बोलो।"

"भ्राता, वांछित-अवांछित का निर्णय तो अपने-अपने दृष्टिकोण पर निर्भर करता है। न तो मेरी कोई माँग व्यक्तिगत है और न ही मेरी कोई व्यक्तिगत आवश्यकता। मेरी प्राथमिकता केवल हमारे पितामह द्वारा स्थापित इस राज्य की सुरक्षा और यहाँ के नागरिकों की खुशहाली है, मुझे ऐसा लगता है कि आपने बीस वर्षों तक इस राज्य के सम्राट के तौर पर जो कार्य किया उसका निष्कर्ष राज्य के नागरिकों के लिए हितकारी नहीं रहा। इस परिस्थिति में मैं इस राज्य की भलाई के लिए माँग करता हूँ कि आप यह राजसिंहासन त्याग दें, आपने जो कुछ भी मेरे पिताश्री के साथ किया उसे मैं भूलने के लिए तैयार हूँ। आप यह पद मेरे पिताश्री को सौंप दें और ससम्मान इस राज्य में ही रहें।"

यह सुनकर वसुरथ जोर-जोर से हँसने लगा। उसकी हँसी का अर्थ वहाँ किसी को समझ नहीं आ रहा था किन्तु वह तिरस्कारपूर्ण दृष्टि से भलान्दन को देखते हुए हँसे जा रहा था। कुछ क्षण बाद शान्त होकर उसने कहा, "भलान्दन, तुमने बताया कि तुम राजऋषि निपा के शिष्य हो और स्नातक हो, किन्तु अब मुझे इस बात की सत्यता पर शंका है। कोई भी स्नातक और वह भी जो राजऋषि निपा से शिक्षित हुआ हो वह ऐसे अशिक्षितों की तरह बात कर ही नहीं सकता।"

फिर एक क्षण रुककर उसने राजपुरोहित कौशिक की तरफ देखते हुए कहा, "गुरुदेव यहाँ बैठे हैं, आप ही बताइए गुरुदेव कि क्या कोई वैश्य किसी राज्य का राजा बन सकता है, बताइए भलान्दन को, धर्म की व्याख्या क्या है?"

राजपुरोहित कुछ क्षण चुप रहे, उनके व्यवहार से यह साफ दिख रहा था कि वे इस प्रश्न का उत्तर देने के इच्छुक नहीं हैं। फिर भी उन्होंने कहा, "धर्म इस विषय पर स्पष्ट है कि एक क्षत्रिय ही किसी राज्य का राजा बन सकता है।"

यह सुनकर वसुरथ ने कहा, "भलान्दन, तो तुम क्या धर्म विरुद्ध आचरण करना चाहते हो? या तुमने अपने स्वार्थ के लिए धर्म भ्रष्ट करने का निर्णय कर लिया है, तुम जानते हो तुम्हारे पिता क्षत्रिय नहीं हैं, वह एक वैश्य हैं और एक वैश्य का धर्म व्यवसाय कर धन अर्जित करना है या कृषि कार्य कर अन्न उपजाना है। राजकाज न वैश्य के बस में है और न ही इसकी उसे अनुमति है।"

"भ्राता, मैं यहाँ न तो धर्म के विरुद्ध कोई काम करने की बात कह रहा हूँ और न ही मैं यहाँ धर्म की व्याख्या करने के लिए उपस्थित हूँ, यदि आपकी रुचि है तो मैं किसी अन्य समय पर आप जितना चाहें उतने विमर्श के लिए उपस्थित हो जाऊँगा। अभी मैं इस सम्बन्ध में इतना जरूर कहूँगा कि वर्ण की सीमा कर्म के अधीन है। कर्म हर मनुष्य को एक दृष्टि से देखता है, उसने किसी को निषिद्ध नहीं कर रखा है। इस तरह कोई भी कर्मयोगी वर्ण की विभिन्न सीमाओं को लाँघ सकता है। अपनी रुचि, योग्यता और शौर्य के बल पर इन सीमाओं का पुनर्निर्धारण कर सकता है। धर्म मानव को आकाश सा विस्तार देता है, यदि धर्म की कोई भी व्याख्या इस मानव को सीमित करती हो, उसकी दृष्टि, बाहू को बंधन में बांधे रखती हो तो त्रुटि हमारे धर्म में नहीं बल्कि ऐसी व्याख्या में है, हमारा धर्म इतना संकुचित हो ही नहीं सकता। रह गई बात मेरे पिताश्री कि तो वे जन्म से आपकी तरह ही क्षत्रिय हैं इसलिए उनके राजा बनने में आपकी व्याख्या के अनुसार भी कोई समस्या नहीं है।"

"भलान्दन, यह पच्चीस साल पुरानी बात थी, अब वे वैश्य हैं यही अन्तिम सत्य है। और एक बात, क्षत्रिय होना कोई बाल क्रीड़ा नहीं है। यह योग्यता सबको प्राप्त भी नहीं होती। एक राज्य का संरक्षण, शासन और समायोजन यह दुरूह कार्य करने की क्षमता केवल उस क्षत्रिय के पास होती है जिसमें ऐसी अद्‌भुत योग्यता हो। तुम्हारे पिताश्री में यह योग्यता होती तो वे ही अभी इस सिंहासन पर बैठे होते। किन्तु उनमें यह योग्यता थी ही नहीं और जो योग्यता थी उसके अनुरूप उन्होंने कार्य का चुनाव कर लिया है। राजसिंहासन के लिए योग्यता सिद्ध करनी होती है भलान्दन।"

"आपने कौन-सी योग्यता सिद्ध की थी भ्राता जो आप आज इस सिंहासन पर बैठे हैं जिस पर कभी पितामह जैसे योद्धा बैठते थे, आपकी योग्यता क्या थी?"

"यह प्रश्न तो परम पूज्य महाराज नाभानेदिष्ट से करना होगा भलान्दन, यह निर्णय उनका था, यदि मेरे अन्दर उन्होंने वह योग्यता नहीं देखी होती तो वे कभी भी मुझे अपना उत्तराधिकारी घोषित नहीं करते। अब तुम उनकी दृष्टि पर तो शंका व्यक्त मत करो। इसलिए मेरी योग्यता तो सिद्ध है। युवराज नाभाग की योग्यता कब सिद्ध हुई? चलो कुछ पल के लिए तुम्हारी इस बात को मान भी लेते हैं कि वे जन्म से क्षत्रिय हैं किन्तु पिछले पच्चीस सालों में उनकी भुजाओं ने तो न खड्‌ग का स्पर्श किया और न ही धनुष का, उनके हाथ हल चलाने के अभ्यस्त हैं, अन्न उगाने के अभ्यस्त हैं। तुम चाहते हो कि यह राज्य उन्हें सौंप दिया जाए जो हल चलाने में पारंगत हो? तुम एक वैश्य पुत्र हो भलान्दन, तुम्हारी दृष्टि वहाँ पहुँच ही नहीं सकती जहाँ एक क्षत्रिय की दृष्टि जाती है इसलिए इस तरह के अनर्गल प्रलाप में हमारा समय नष्ट मत करो।"

"भ्राता, यदि बात योग्यता सिद्ध करने की है तो इसके लिए मुझे क्या करना होगा जिससे यह सिद्ध हो जाए कि मेरे पिता और मैं आपके अनुसार निर्धारित क्षत्रिय मर्यादा का पालन करने में सक्षम हूँ।"

"वही जो सबके लिए है। कोई भी क्षत्रिय यदि किसी भी राज्य की सत्ता चाहता है तो उसे वर्तमान शासक को युद्ध में पराजित करना पड़ता है। यह प्रतिस्पर्धी व्यवस्था तो पूरे भारत में कायम है। मुझे युद्ध में पराजित करो और अपनी वह योग्यता सिद्ध करो जो तुममें वैश्य होने के कारण इस जन्म में हो ही नहीं सकती। इसके लिए पुनर्जन्म लेना होगा।"

वसुरथ की इस घोषणा से पहले से स्तब्ध सभा और भी आतंकित हो गई। राजपुरोहित कौशिक ने धीरे स्वर में वसुरथ से कहा, "राजन, यह उचित प्रस्ताव नहीं है, युद्ध आपके हित में नहीं, आप एकान्त में भलान्दन से बात करिए और कोई मार्ग निकालिए।"

किन्तु वसुरथ ने राजपुरोहित की बातों को अनसुना करते हुए पुनः भलान्दन को ललकारते हुए कहा, "क्या हुआ भलान्दन, युद्ध की बात से हाथ, पैर काँपने लगे न? इसलिए कहा था तुम वैश्य हो और आजीवन वैश्य ही रहोगे, इसलिए वैश्य मर्यादा का ही पालन करो, वज्जि साम्राज्य के सिंहासन का स्वप्न देखना छोड़ दो।"

कुछ क्षण शान्त रहकर भलान्दन ने थोड़े ऊँचे स्वर में कहा, "इस सभा में उपस्थित सभी लोगों को साक्षी मानकर मैं प्रतिज्ञा करता हूँ भ्राता, आज से तीस दिवस से अधिक आप इस सिंहासन पर नहीं होंगे। मैं यहाँ आपसे युद्ध करने का प्रस्ताव लेकर नहीं आया था। मैंने हमारे रक्त सम्बन्ध का ध्यान रखकर हम दोनों के लिए सम्मानजनक विकल्प दिया था किन्तु आपने न केवल हमारे प्रस्ताव का उपहास उड़ाया बल्कि बार-बार मुझे और मेरे पिताश्री को वर्ण के आधार पर अपमानित किया। अब मैं अपना वह प्रस्ताव वापस लेता हूँ और उसके तहत तब कही गई उस बात को भी वापस लेता हूँ जिसमें मैंने यह कहा था कि आप मेरे पिताश्री को सत्ता सौंपकर इसी राज्य में ससम्मान रहें। मैं आपको युद्ध में पराजित करूँगा और यदि आपने वीरगति को प्राप्त नहीं किया तब आपको इस राज्य से सर्वदा के लिए निष्कासित होना होगा। अब आपसे सामना युद्ध मैदान में ही होगा। अब प्रस्थान की अनुमति चाहता हूँ।"

भलान्दन की बात सुनकर उपहास में मुस्कुराते हुए वसुरथ ने कहा, "भलान्दन, तीस दिन की अवधि कुछ कम नहीं हो गई तुम्हारे लिये, जाओ मैं तुम्हें दो मास का समय देता हूँ। पूरी तैयारी कर के युद्ध के मैदान में आना, मैं प्रतीक्षा करूँगा।"

भलान्दन के चले जाने और धर्मस्थान की कार्यवाही समाप्त होने के पश्चात वसुरथ के कक्ष में राजपुरोहित कौशिक और पौलोमी आपस में विमर्श कर रहे थे।

जो कुछ भी हुआ उससे राजपुरोहित कौशिक बिलकुल भी खुश नहीं थे। राजपुरोहित कौशिक ने अपनी अप्रसन्नता प्रकट करते हुए कहा, "राजन, आपने मेरे परामर्श को भी नहीं माना, यह युद्ध आपके लिए घातक सिद्ध होगा। आपकी ग्रह-दशा भी अभी ठीक नहीं, पहले से ही राज्य के भीतर और बाहर से तमाम तरह के संकट हैं और अब आपने यह युद्ध अपने समक्ष खड़ा कर लिया?"

"कैसी बातें कर रहे हैं गुरुदेव, मैंने यह परिस्थिति नहीं लाई है, नाभाग का पुत्र मेरे राजमहल में, भरी सभा के सामने मेरी गलतियाँ गिनाकर, मुझे ही चुनौती दे रहा था तो मैं क्या उसके आगे झुक जाता, अपनी गलती मानकर यह सत्ता उस वैश्य को सौंप देता"—वसुरथ ने उत्तर दिया।

वसुरथ की बात सुनकर पौलोमी ने कहा, "महाराज ठीक कह रहे हैं गुरुदेव, आपने देखा नहीं भलान्दन हमें अपमानित करने की मंशा से यहाँ आया था। और उसने सीधे अपने पिताश्री के लिए सिंहासन की माँग रख दी। ग्राम में रहनेवाला, अभी जिसकी आयु ही कितनी है वह इस तरह से आँखें दिखाए तो इसे सहन करना हमारी प्रतिष्ठा के विरुद्ध होता। और गुरुदेव मैं इन दिनों यह भी अनुभव कर रही हूँ कि आप महाराज के हर निर्णय से अप्रसन्न रहते हैं, एक समय आप महाराज के हर निर्णय का समर्थन करते थे, आपके समर्थन के बिना यह राजमुकुट इनके पास नहीं होता फिर आप आज इस तरह क्यों सोच रहे हैं?"

राजपुरोहित कौशिक ने कहा, "हे रानी, यह बात सच है कि मैंने राजन का समर्थन किया था किन्तु वह समर्थन इन्हें राजमुकुट दिलाने के लिए था, इस बात के लिए नहीं था कि वज्जि राज्य संकट से घिरा रहे और राजन अपनी सुख सुविधा से इतर कुछ सोच ही न पाएँ। क्या यह इन्हें ज्ञात नहीं है कि मगध हमें आँख दिखा रहा है, या इन्हें यह ज्ञात नहीं है कि हमारा राजकोष खाली हो चुका है जबकि हमने नागरिकों को करों के दलदल में धंसा दिया है, क्या इन्हें यह ज्ञात नहीं है कि नगर से लेकर ग्राम तक, श्रेष्ठी से लेकर कृषक तक हर तरफ निराशा का वातावरण है, हमारे अधिकारी, सैनिक सब स्वच्छंद होते जा रहे हैं। मैं इनका शुभचिंतक हूँ, मैंने इनका भला चाहा है, आज भी चाहता हूँ किन्तु इनकी प्राथमिकता राजकाज है ही नहीं जिसका परिणाम यह बदहाली है। इन्हें केवल अपनी सत्ता से मतलब है। नागरिकों के हित, समृद्धि, राज्य का उत्थान, रक्षा जैसे शब्द इनके शब्दकोश में है ही नहीं। इनके चारों तरफ केवल चाटुकारों का जमावड़ा है। तथ्य और सत्य बोलने वालों से इन्हें परहेज है। यह भयंकर विनाशकारी स्थिति है।"

अपने आवेश पर काबू पाने की चेष्टा करते हुए कुछ क्षण रुककर राजपुरोहित कौशिक ने कहा, "अब यदि राज्य का ही अस्तित्व नहीं बचेगा तो न ये राजन रह पाएँगे, न आप रानी और न मैं राजपुरोहित। मेरे लिए इस समय पहली प्राथमिकता वज्जि राज्य है। मैं वृद्ध हो चला हूँ, मैं अब बहुत कुछ नहीं कर सकता किन्तु

जितना सम्भव है प्रयास तो कर सकता हूँ। और इसीलिए मैंने इनसे कहा कि हम अभी युद्ध नहीं कर सकते। युद्ध के लिए कम-से-कम पाँच सहस्त्र सैनिकों की आवश्यकता होगी, इतने कम समय में सारा इन्तजाम करने के लिए पूरा राजकोष खोलना होगा। भलान्दन चाहे कुछ भी कह रहा था किन्तु यदि राजन शान्त मन से मेरे परामर्श को मानते तो युद्ध की आवश्यकता नहीं होती। उससे एकान्त में बात करने की आवश्यकता थी। मान लीजिए वह नहीं ही मानता तो हमारे पास विकल्प नाभाग से बात करने का तो था ही। मुझे आज भी विश्वास है कि नाभाग से बात करने से कोई-न-कोई मार्ग निकल सकता है।"

राजपुरोहित कौशिक की बात पूर्ण भी नहीं हुई थी कि वसुरथ बोल पड़ा, "गुरुदेव, अभी यह सब सोचने का समय नहीं है। आप देखिएगा या तो भलान्दन युद्ध के लिए आएगा ही नहीं और आया भी तो हम उसे कुछ पलों में धूल चटा देंगे। उसे क्या पता युद्ध क्या चीज है।"

"राजन, किसी भी युद्ध को हल्के में लेना घातक सिद्ध होता है, इसलिए यह सोच भी ठीक नहीं, यदि आप समझौते के किसी विकल्प पर विचार करना नहीं चाहते तो फिर आप युद्ध की तैयारी गम्भीरता से करिए, जब तक यह संकट टल नहीं जाता स्वयं को बाकी बातों से दूर रखिए"—राजपुरोहित कौशिक ने कहा।

उसी दिन सेनापति प्रसेनजीत को पाँच सहस्त्र सैनिकों के इन्तजाम हेतु कह दिया गया और इसके साथ ही नगर के श्रेष्ठियों से युद्ध शुल्क भी लेने का आदेश दे दिया गया। जो श्रेष्ठी धन देने से इनकार करें उनके साथ कठोरता से पेश आने के लिए कहा गया। वसुरथ ने यह सारे इन्तजाम बीस दिनों में पूरे कर लेने के लिए कहा। राजपुरोहित कौशिक अनिष्ट की सम्भावना से व्यथित थे, उनका चित्त एकदम स्थिर नहीं था। वे यह समझ रहे थे कि जिस वसुरथ का इन्होने अब तक साथ दिया न तो उसका विवेक उसके पक्ष में है और न ही उसके ग्रहों की स्थिति। उम्र के इस पड़ाव पर उन्हें अपना और अपने वंश का भविष्य बहुत ही असुरक्षित प्रतीत हो रहा था।

भलान्दन अपमान, पीड़ा और आक्रोश की मिश्रित मनो:स्थिति में राजमहल से बाहर निकला। उसके कानों में बार-बार उसके पिता और स्वयं उसके लिए "वैश्य" कहकर उपहास उड़ाते वाक्य गूँज रहे थे। उसके पिता ने वैश्य मर्यादा अपना ली थी या उसकी माता वैश्य थी यह तथ्य उसके लिए कभी अपमानजनक नहीं थे। उसने

इस कारण कभी भी अपने अन्दर किसी हीनता का अनुभव नहीं किया था। किन्तु 'जाति' को जिस तरह वसुरथ ने उसके पूरे अस्तित्व पर हावी कर दिया था, जिस तरह उसके जीवन के सारे कर्म, उपलब्धि को 'जाति' की दृष्टि से निरुपित कर उसकी लघुता स्थापित करने का प्रयत्न किया था वह पीड़ादायक था। यह जानते हुए भी कि इसमें उसकी कोई गलती नहीं और यह पूरी तरह वसुरथ की दोषपूर्ण दृष्टि या समाज में व्याप्त जातीय दंश का प्रकटीकरण है, भलान्दन अपने आप को अपमानित, पीड़ित अनुभूत कर रहा था। जीवन में पहली बार उसे इस तरह की पीड़ा का अनुभव हो रहा था।

राजमहल से निकलकर वह पहले पुष्पमत और देवानीक से मिला। अपने इन दोनों मित्रों को साथ लेकर वह नगर से बाहर निकल गया। वह रात दूसरे पहर रेहसायागढ़ी पहुँचा। उस समय तक सभी सो चुके थे। वह जानता था कि यदि इस समय उसने माता-पिता से राजमहल की हुई घटनाओं के सम्बन्ध में बात की तो वे व्यथित होकर आज रात सो नहीं पाएँगे अतः उसने पुष्पमत और देवानीक के साथ आरोग्यशाला में ही विश्राम किया। हालाँकि सुबह जब सुप्रभा को इस बात की जानकारी हुई कि सभी ने आरोग्यशाला में रात बिताई है तो वह दुखी हो गई। किन्तु इससे अधिक दुख, पीड़ा और क्षोभ उसे तब हुआ जब भलान्दन ने उसके और नाभाग के समक्ष राजमहल की घटनाओं का विस्तृत वर्णन किया। अपने पुत्र के साथ हुए इस अपमान को जानकर सुप्रभा और नाभाग दोनों कुछ क्षण के लिए निःशब्द हो गए। सुप्रभा तो चुप रही किन्तु नाभाग ने भलान्दन से बात की। नाभाग ने भलान्दन से कहा, "पुत्र, मुझे दुख है कि तुम्हें वसुरथ के कारण इस तरह की अवस्था से गुजरना पड़ा, किन्तु इस कारण स्वयं को दुखी करना उचित नहीं, इसे अपने ज्येष्ठ भ्राता वसुरथ की मूर्खता और विवेकहीनता मानो।"

भलान्दन ने कहा, "पिताश्री, मुझे दुख तो है, और मैं इसे भ्राता वसुरथ की मूर्खता और विवेकहीनता मानते हुए भी दुखी हूँ। किन्तु यह दुख केवल इस कारण नहीं है कि उन्होंने आपको या मुझे अपमानित किया, मेरे दुख का एक कारण यह भी है कि मैं आपकी प्रथम इच्छा को पूर्ण करने में असफल रहा। आप युद्ध नहीं चाहते थे, और इसलिए मैंने पूरी सभा में भ्राता वसुरथ के हर अत्यन्त कटु व्यवहार, उपहास का उत्तर संयम से दिया। मैं चाहता था कि कोई निष्कर्ष बिना युद्ध के निकले जिससे कि आप दुखी न हों किन्तु मैं असमर्थ रहा। मैं क्षमा प्रार्थी हूँ पिताश्री।"

"तुम्हें क्षमा माँगने की आवश्यकता नहीं है पुत्र। मैं जानता हूँ तुमने अपनी तरफ से हर यत्न किया है। यह जीवन इन्हीं विडम्बनाओं से भरा पड़ा है, कई बार हमारा सारा यत्न निष्फल हो जाता है और हमें उस नियति को स्वीकारना पड़ता है जो हमारी पसन्द अनुसार नहीं होती, उसे हमें स्वीकारना भी होता है और जीना भी होता है। मैं यह भी जानता हूँ कि अब परिस्थितियों ने जीवन को जिस मोड़ पर

खड़ा कर दिया है वहाँ से निकलनेवाला कोई भी मार्ग सुगम या हर्षित करनेवाला नहीं है। यदि युद्ध से बचा जाए क्योंकि यह स्वयं में कष्ट, विध्वंस का जनक है, जिसमें कई निर्दोष नागरिकों, सैनिकों को असमय मृत्यु का वरण करना होगा, तो वज्जि राज्य के समस्त नागरिकों और इस राज्य के भविष्य पर कायम संकट और गहराता चला जाएगा क्योंकि वसुरथ जिस विकृत मनोदशा में है एवं अहंकार के दलदल में धँस चुका है कि उसका अब इससे बाहर निकल पाना असम्भव है। मैं जानता हूँ पुत्र अब युद्ध का कोई और विकल्प नहीं।"

यह कहकर नाभाग ने कुछ क्षण के लिए चुप्पी साध ली। नाभाग की आँखें भरी हुई थी जिसे उसने किसी तरह नियंत्रित किया ताकि वहाँ उपस्थित सुप्रभा, भलान्दन और उसके मित्रों पुष्पमत, देवानीक की दृष्टि उस पर न पड़े। नाभाग अब जो आगे देख रहा था उसमें उसे कुछ भी पूरी तरह सुख देनेवाला, सन्तुष्ट करनेवाला नहीं था। यह एक ज्योति की तलाश भर थी जिस तक पहुँचने के लिए तमाम अँधेरों से होकर गुजरना था।

कुछ क्षण पश्चात नाभाग ने कहा, "पुत्र भलान्दन, मैं तुम्हें अब युद्ध से रोकूँगा नहीं और न ही तुमसे तुम्हारी युद्ध सम्बन्धी योजनाओं के सम्बन्ध में बात करूँगा क्योंकि अब तुम यह सब सोचने के लिए स्वयं सक्षम हो, तुम अब जो भी करोगे वह नैतिक रूप से उचित और न्यायपूर्ण होगा इसका मुझे विश्वास है किन्तु मैं तुमसे एक वचन चाहता हूँ।"

"आप नि:संकोच अपनी इच्छा बताइए पिताश्री, मैं वचन देता हूँ कि उसे अक्षरश:पूर्ण करने का हर यत्न करूँगा।"

"पुत्र, मैं जानता हूँ कि युद्ध में कई बार स्थितियाँ अपने नियंत्रण में नहीं होती, कई बार वह हो जाता है जो हम बिलकुल नहीं चाहते फिर भी मेरी इच्छा है कि वसुरथ को जीवनदान मिले, उसके जीवन की रक्षा हो। उससे हमारे रक्त सम्बन्ध हैं और उसे तुम्हारे पितामह ने अपना उत्तराधिकारी नियुक्त किया था अत: तुम्हारी तरफ से यह पूरा प्रयास हो, तुम तब तक उसका जीवन बचाने का प्रयत्न करना जब तक तुम्हारे स्वयं के जीवन पर कोई संकट न हो।"

"पिताश्री, काल के गर्भ में क्या छुपा है मैं यह नहीं जानता किन्तु मैं आपको वचन देता हूँ कि युद्ध में मेरा लक्ष्य केवल भ्राता वसुरथ को पराजित करना ही होगा, उनके जीवन की रक्षा करने का मैं अपनी तरफ से पूरा प्रयत्न करूँगा। आप मेरी तरफ से इस बात के लिए पूरी तरह निश्चिंत रहिए और मुझे अपना आशीर्वाद दीजिए।"

इसके बाद भलान्दन ने अपनी योजना संक्षिप्त रूप से बताते हुए कहा कि वह इसी समय राजऋषि निपा के पास जाने के लिए प्रस्थान करेगा, और उनके सहयोग से ही युद्ध की पूरी संरचना तय करेगा। भलान्दन ने पुष्पमत और देवानीक

के साथ जाकर आचार्य ब्रह्मदत्त को सारी परिस्थितियों की जानकारी दी और युद्ध में विजय हेतु आशीर्वाद लिया।

प्रस्थान के पूर्व सुप्रभा भलान्दन को वह सबकुछ समझाती रही जो वह युद्ध और भलान्दन की सुरक्षा के सम्बन्ध में समझा सकती थी। पिछले पच्चीस सालों से वह इस दिन की प्रतीक्षा कर रही थी जब उसका पुत्र युवराज नाभाग के साथ हुए अन्याय का विरोध करे और वसुरथ को उसके किए का दंड देकर न्याय करे। वह युवराज नाभाग को वज्जि राज्य के सिंहासन पर देखना चाहती थी। उस राजमुकुट को युवराज नाभाग का शोभा बनते देखना चाहती थी जो कभी महाराज नाभानेदिष्ट के सम्मान और पराक्रम का चिह्न था। किन्तु अब जब उसका पुत्र वास्तव में उस दिशा में औपचारिक तौर पर बढ़नेवाला था तो उसे अपने पुत्र की सुरक्षा की चिन्ता व्यथित कर रही थी। युद्ध के जोखिम को तो वह सदैव समझती थी किन्तु इस समय वही समझ हर अन्य बातों की तुलना में अधिक महत्त्वपूर्ण हो गया था। वह जानती थी कि राजऋषि निपा से प्रशिक्षित उसका पुत्र अब एक योद्धा है किन्तु फिर भी वह युद्ध सम्बन्धी जिस भी सूक्ष्मता को जानती थी वह उससे कह देना चाहती थी। सुप्रभा ने वाणिज्यग्राम नगर की बाह्य और आन्तरिक संरचना की विस्तृत जानकारी उसे दी। उसने तीन तरफ से सदानीरा नदी से घिरे नगर की अद्‌भुत भौगोलिक स्थिति के सम्बन्ध में बताते हुए युद्ध की योजना बनाते समय इस बात पर विशेष ध्यान देने के लिए कहा। सुप्रभा ने भलान्दन से कहा कि वह कुछ ऐसे विश्वासपात्र संदेशवाहक की व्यवस्था करे जो प्रतिदिन और आवश्यक होने पर एक दिन में एक से अधिक बार युद्धभूमि से रेहसायागढ़ी के बीच सूचनाओं का आदान-प्रदान कर सकें। सुप्रभा युद्धभूमि में जाए बिना भी सारी गतिविधियों पर अपनी दृष्टि बनाए रखना चाहती थी ताकि उसे अपने पुत्र के कुशलक्षेम की सूचना तो मिलती ही रहे, इसके अलावा वह आवश्यकतानुसार उसे परामर्श देने की स्थिति में भी रहे। अपने पुत्र की योग्यता पर पूर्ण विश्वास होते हुए भी यह उसका ममत्व था जो उसे इस हेतु प्रेरित कर रहा था।

सुप्रभा-नाभाग से "विजयी भव" का आशीर्वाद लेकर भलान्दन, पुष्पमत और देवानीक के साथ राजऋषि निपा के हिमवंत आश्रम के लिए प्रस्थान कर गया।

हिमवंत आश्रम पहुँचकर भलान्दन ने राजऋषि निपा को अब तक के सारे घटनाक्रम से अवगत कराया। राजऋषि निपा पूर्व से ही इस स्थिति के लिए तैयार थे, उन्हें

पता था कि वसुरथ वह स्थिति ला ही देगा जब या तो वज्जि राज्य के विघटन की स्थिति को स्वीकार कर लेना होगा या फिर रक्षा हेतु प्रतिकार करना होगा। इस प्रतिकार के लिए महाराज नाभानेदिष्ट के पौत्र और उनकी प्रिय शिष्या सुप्रभा का पुत्र भलान्दन से उत्तम व योग्य पात्र भला कौन हो सकता था। वज्जि राज्य भर से आ रही ज्यादतियों की सूचनाओं ने विगत एक दशक से उन्हें व्यथित कर रखा था, किन्तु जब भी उन्हें यह व्यथा अधिक सताती उनकी दृष्टि स्वत: ही भलान्दन पर चली जाती थी। सुप्रभा ने जब भलान्दन को उनके सानिध्य में रखा था तब उन्होंने जो भी अपेक्षा की थी भलान्दन उससे कहीं अधिक तीक्ष्ण बुद्धि व समग्र सोच से पूर्ण विवेकशील, परिश्रमी, साहसी और पराक्रमी सिद्ध हुआ था। कुछ ही वर्षों में उन्होंने यह समझ लिया था कि भलान्दन ही वज्जि का भविष्य है। इसलिए उन्होंने अपनी पूरी विद्वता, ज्ञान और ऊर्जा उस पर उलेड़ दी थी। वे लगातार उसे न केवल सम्भावित युद्ध के लिए प्रशिक्षित कर रहे थे बल्कि एक ज्ञानी, विवेकशील सम्राट के रूप में भी तैयार कर रहे थे। अब वह समय आ गया था जब उनके प्रशिक्षण का फल वज्जि राज्य को प्राप्त हो। उन्होंने भलान्दन से पूछा, "तुम्हारी योजना क्या है भलान्दन?"

भलान्दन ने उत्तर दिया, "गुरुदेव, मेरे सामने केवल पन्द्रह दिवस हैं तैयारियों के लिये। मैं वैसे नये लोगों को साथ लेकर यह युद्ध नहीं लड़ सकता जिन्होंने पूर्व से सैन्य प्रशिक्षण प्राप्त नहीं किया हो। राज्य के द्वारा जो सेना अभी एकत्रित की जाएगी वह भी नई ही होगी किन्तु फिर भी राज्य के पास कुछ स्थायी सैनिक तो हैं ही, भले ही उनके ऐसे सैनिकों की संख्या कम हो किन्तु इस बात से बहुत अन्तर पड़ जाता है। इसलिए मेरे समक्ष अभी सबसे बड़ा कार्य प्रशिक्षित सैन्य योग्यता वाले लोगों को एकत्रित करने का है और यह आपकी सहायता के बिना सम्भव नहीं है। आपके द्वारा प्रशिक्षित व्यक्तियों को यदि मैं एकत्रित करने में सफल रहा तो यह काम हो जाएगा।"

"भलान्दन, तुम्हें कितने सैनिकों की आवश्यकता है?"

"गुरुदेव, भ्राता वसुरथ ने मेरी चुनौती को बहुत हल्के में लिया है। मुझे नहीं लगता कि वे पाँच सहस्त्र से अधिक सैनिकों को एकत्रित करेंगे, वैसे मैं और सूचना प्राप्त करने का यत्न करता रहूँगा। किन्तु यदि हम भी इतने ही सैनिकों को एकत्रित कर पाएँ तो हमारे लिए युद्ध आसान होगा।"

"तुम चिन्तित न हो वत्स भलान्दन, अगले दस दिवस में इतने सैनिक मैं एकत्रित कर दूँगा।"

"गुरुदेव, किन्तु इसमें एक समस्या है। मैं इस युद्ध में आपके अलावा न तो किसी ब्राह्मण का सहयोग चाहता हूँ और न ही किसी एक भी क्षत्रिय का सहयोग चाहता हूँ।"

"भलान्दन, इस तरह की इच्छा का क्या अर्थ है? युद्ध राज्य हित में है, राज्य के लिए है, यह कोई वर्ण युद्ध तो है नहीं, इसलिए इस तरह के विभाजन की क्या आवश्यकता है?"

"क्षमा करेंगे गुरुदेव, यह विभाजन तो समाज में ऊपर से लेकर नीचे तक व्याप्त है। यह विभाजन नहीं होता तो आज इसी विभाजन से प्रेरित विधान द्वारा नगर से निष्कासित होकर मेरे पिताश्री को रेहसायागढ़ी में नहीं रहना पड़ता, यह विभाजन नहीं होता तो वज्जि राज्य की भलाई के लिए होनेवाली पूरी चर्चा को भ्राता वसुरथ द्वारा मेरे पिताश्री के तथाकथित रूप से वैश्य होने के कुतर्क पर सीमित नहीं कर दिया जाता और मुझे इसी पहचान के साथ उनके द्वारा बार-बार अपमानित नहीं किया जाता। मेरे पिताश्री की स्थिति के उत्तरदायी धर्म रक्षा के स्वघोषित ध्वजा रोहक तमाम ब्राह्मण भी हैं जो राजदरबार में बैठकर धर्म की अनर्गल व्याख्या करते रहे। आज इतने वर्षों बाद तक ब्राह्मण समाज ने एक तरह से हमें बहिष्कृत कर रखा है। आप और आचार्य ब्रह्मदत्त तो अपवाद हैं जिनकी हमलोगों पर विशेष कृपा रही है जिस हेतु हम सदैव आपके ऋणी रहेंगे।"

"भलान्दन, यह किस तरह की बातें कर रहे हो, सुप्रभा मेरी पुत्री समान है, तो कोई पिता अपनी पुत्री पर कृपा नहीं करता। तुम्हारी पीड़ा मैं समझ सकता हूँ किन्तु धर्म की रक्षा, समाज का संचालन कुछ ऐसे विषय हैं जो कई बार आपस में उलझकर कष्टदायी स्थिति उत्पन्न कर देते हैं। इस संसार के संसाधन सीमित हैं, यदि श्रम वितरण की एक व्यवस्था स्थापित नहीं की जाए तो अनिश्चित प्रतिस्पर्धा में मानव जाति के अस्तित्व पर संकट उत्पन्न हो जाएगा, यह विभाजन समाज को इसी निष्कर्ष से बचाने का प्रयास है। यह बात अलग है कि इनका दुरूपयोग विभिन्न स्वार्थों के लिए किया जा रहा है किन्तु दोष इसका दुरूपयोग करनेवाले लोगों में है न कि इस व्यवस्था में। वसुरथ ने इसी तरह का दुरूपयोग तुम्हारे या तुम्हारे पिताश्री के सन्दर्भ में किया है, इसी आधार पर किसी तरह के अवांछित धारणा को स्थापित करना उचित नहीं वत्स।"

"गुरुदेव, मैं आपकी बातों से असहमत नहीं हूँ, किन्तु यह विभाजन केवल तब तक ही आपके द्वारा उद्देश्य की पूर्ति कर सकता था जबतक इसे जन्मगत नहीं स्थापित किया जाता। आज यह पूरी तरह जन्मगत है। आप यदि एक सीमा तक इसे भी उचित मानते हैं तो कम-से-कम इस आधार पर भेदभाव तो न हो, किसी की सम्भावना को इस आधार पर वंचित तो नहीं किया जाए या उसे अपमानित तो नहीं किया जाए। गुरुदेव, मेरे मन में ब्राह्मण या क्षत्रिय ही नहीं अपितु किसी भी वर्ण या जाति के लिए कोई दुर्भावना नहीं है और न ही ऐसे किसी उद्देश्य के लिए मैंने ब्राह्मणों और क्षत्रियों के सहयोग के बिना युद्ध करने का निर्णय किया है। मैं तो वस्तुत: आप जिस श्रम विभाजन के आधार को व्यवस्था स्थापना के लिए उचित

मानते हैं उसी तथ्य को स्थापित करने का यत्न विपरीत तरीके से कर रहा हूँ, वह भी इसलिए ताकि इस व्यवस्था में आई विसंगतियों और गलत धारणाओं को रोका जा सके। भ्राता वसुरथ के पूरे विमर्श का आधार केवल यही था कि चूँकि मैं और मेरे पिताश्री क्षत्रिय नहीं हैं तो हममें न शासन की क्षमता है न युद्ध करने की योग्यता। शासन की क्षमता तो सत्ता प्राप्ति के पश्चात ही सिद्ध करना सम्भव है किन्तु युद्ध लड़ पाने की योग्यता तो मैं अभी सिद्ध कर सकता हूँ। मैं केवल वैश्य सैनिकों के सहयोग से युद्ध लड़कर भ्राता वसुरथ को पराजित करना चाहता हूँ ताकि जो गलत धारणा समाज में स्थापित कर दी गई है उसे बदल सकूँ। इससे उन विसंगतियों को दूर कर सकूँ जो आज हमारे समाज को अन्दर ही अन्दर खोखला कर रही हैं। गुरुदेव, मैं वज्जि राज्य की रक्षा करने के साथ-साथ हमारे धर्म पर आधारित इस समाज की भी रक्षा करना चाहता हूँ, मेरी सहायता करने की कृपा करिए, मुझे अपना आशीर्वाद दीजिए।"

"भलान्दन, मेरा आशीर्वाद सदैव तुम्हारे साथ है, विजय तुम्हारी ही होगी। किन्तु यदि क्षत्रिय सैनिकों को छोड़कर सेना तैयार करना है तो यह संख्या दो सहस्त्र से अधिक नहीं हो पाएगी, मैं दस सहस्त्र क्षत्रियों को इतने ही समय में एकत्रित कर दे सकता हूँ क्योंकि क्षत्रिय समाज सैन्य प्रशिक्षण को प्राथमिकता देता है किन्तु दुर्भाग्य से ऐसा अन्यों के साथ नहीं है।"

"कोई बात नहीं गुरुदेव, मैं दो सहस्त्र सैनिकों के सहयोग से ही युद्ध लड़ूँगा और आपके आशीर्वाद से जीतूँगा भी। मेरा प्रयास है कि मैं बारहवें दिवस तक वाणिज्यग्राम के पास पहुँच जाऊँ, भ्राता वसुरथ की अपेक्षा होगी कि मैं बीस-पच्चीस दिन का समय लूँगा, मैं उन्हें उससे पहले ही युद्ध के मैदान में लाना चाहता हूँ ताकि उन्हें अपनी तैयारी का पूरा मौका नहीं मिले।"

"तुम अन्य तैयारियों पर ध्यान दो भलान्दन, सैनिकों को एकत्रित करने और उनके अस्त्र-शस्त्र की व्यवस्था तुम पूरी तरह मुझ पर छोड़ दो।"

राजऋषि निपा से बात करने के बाद भलान्दन ने पुष्पवत और देवानीक से युद्ध की तैयारियों के सम्बन्ध में बात की। भलान्दन के लिए अकेले सबकुछ करना सम्भव नहीं था इसीलिए कार्यों का वितरण करना अत्यावश्यक था। भलान्दन की इच्छा थी कि युद्ध कौशल में अधिक निपुण और बलिष्ठ देवानीक इस युद्ध में सेनापति की भूमिका निभाये। सैनिकों की गतिविधियों पर गहन दृष्टि रखना एवं उनकी सुविधाओं की उपलब्धता सुनिश्चित करने के साथ-साथ समन्वय हेतु एक अलग व्यक्ति की नियुक्ति आवश्यक थी। देवानीक ने इस उत्तरदायित्व को स्वीकार कर लिया। इसके पश्चात भलान्दन ने पुष्पवत से कहा, "मित्र पुष्पवत, तुम्हें दो प्रमुख उत्तरदायित्व लेने होंगे। युद्ध में धन और सटीक सूचना की अनिवार्यता होती है। इनके बिना कोई युद्ध जीता नहीं जा सकता। तुम्हारे पिताश्री नगर के बड़े श्रेष्ठी

हैं, वे यदि हमसे और हमारे उद्देश्य से सहानुभूति रखनेवाले अन्य श्रेष्ठियों के सहयोग से धन एकत्रित कर सकें तो हमारी यह आवश्यकता पूर्ण हो जाएगी।"

भलान्दन की बात सुनकर पुष्पवत ने कहा, "मित्र, मैं स्वयं ही यह बात कहनेवाला था। मेरे पिताश्री भी राजा वसुरथ से व्यथित हैं। तुम्हारे पिताश्री के पास सहायता माँगने जानेवाले श्रेष्ठियों में मेरे पिताश्री भी थे। वे युद्ध हेतु धन की व्यवस्था बहुत ही सुगमता से कर लेंगे। उनसे धन प्राप्त कर युद्ध समाप्त होने तक धन की व्यवस्था करने का उत्तरदायित्व मेरा हुआ, तुम अभी से इस ओर से निश्चिंत हो जाओ। किन्तु जो तुम दूसरा कार्य सूचना एकत्रित करने और तुम तक पहुँचाने की बात कह रहे हो यह कैसे सम्भव होगा यह मैं समझ नहीं पा रहा हूँ।"

भलान्दन ने कहा, "पुष्पवत, इस हेतु तुम्हें अभी से नगर में ही रहना होगा। वहाँ रहकर तुम्हें ऐसे लोगों को ढूँढ़ना होगा जिनका किसी भी तरह या कारण से राजमहल में आना-जाना लगा रहता हो। विशेषकर भ्राता वसुरथ, राजपुरोहित कौशिक, अमात्य प्रमुख विश्रुतवंत और सेनापति प्रसेनजीत के सहयोगियों या उनके आवास पर किसी भी कारण से जानेवाले लोगों को ढूँढ़ो, इन्हें धन का लोभ दो, इनके द्वारा ही हमें सही जानकारी प्राप्त होगी। किन्तु तुम्हें इस बात का पूरा ध्यान रखना होगा कि ऐसे जन हमारा भेद न खोल दें, इसलिए उत्तरदायित्व देने के पूर्व पहले उस व्यक्ति के बारे में पूरी जानकारी प्राप्त कर लेना। यदि सम्भव हो तो उपरोक्त चारों के यहाँ दो भिन्न स्रोतों पर निर्भर होना अधिक ठीक होगा क्योंकि कई बार ऐसे लोगों का इस्तेमाल इनका भेद खुल जाने पर हमें गलत सूचना देकर भरमाने के लिए भी किया जा सकता है। सूचना नहीं मिलना स्वीकार्य है किन्तु गलत सूचना मिलना अधिक घातक सिद्ध होता है।"

"तुम निश्चिंत रहो मित्र भलान्दन, इस कार्य में बिलकुल भी कोई चूक नहीं होगी। मुझे बस दुख इस बात का है कि मैं देवानीक की तरह युद्ध में तुम्हारे साथ रहकर भाग नहीं ले पाऊँगा जिसकी मुझे अत्यन्त इच्छा थी।"

"मित्र पुष्पवत, तुम जो ये दोनों कार्य करोगे इन पर ही तो मैं निर्भर रहूँगा और यह युद्ध पूरी तरह निर्भर होगा। इनके बिना तो मैं कुछ कर ही नहीं पाऊँगा। युद्ध में भाग लेने के लिए केवल अस्त्र चलाना ही महत्त्वपूर्ण नहीं है, कई बार बिना अस्त्र चलाये ही युद्ध में अधिक बड़ा योगदान दिया जाता है। तुम भी इस युद्ध में मेरे साथ उतना ही सम्मिलित रहोगे जितना देवानीक रहेगा।"

भलान्दन की बात पूरी होने पर देवानीक ने पूछा, "मित्र भलान्दन, हमारे सैनिकों के वस्त्र और हमारे ध्वज को लेकर क्या तुमने कुछ निर्णय किए हैं?"

भलान्दन ने उत्तर देते हुए कहा, "मित्र देवानीक, इस सम्बन्ध में मैं मेरे पिताश्री द्वारा एक समय अपनाई गई युक्ति का पालन करूँगा। एक समय जब मेरे पिताश्री और मेरे पितामह युद्ध मैदान में आमने-सामने थे तो समयाभाव और वज्जि राज्य के ध्वज

के प्रति सम्मान प्रकट करते हुए उन्होंने न तो निश्चित वस्त्र का प्रयोग किया था और न ही ध्वज का। इस सम्बन्ध में माताश्री ने मुझे विस्तार से बताया है। मैं पिताश्री की उसी युक्ति का प्रयोग थोड़े बदलाव के साथ करूँगा। वस्त्र तैयार करने में ऊर्जा नष्ट करने की आवश्यकता नहीं, वज्जि राज्य के सैनिक निश्चित रंग के और एक तरह के वस्त्रों में रहेंगे ही तो हमारे सैनिक स्वयं ही अलग दिखेंगे। हाँ ध्वज मैं हमारी सेना का अलग चाहता हूँ। इसके पीछे दो कारण है। पहला कारण यह कि भ्राता वसुरथ ने विगत बीस वर्षों के अपने कार्यकाल में वज्जि राज्य की प्रतिष्ठा धूमिल कर दी है। एक समय जिस ध्वज को देखकर भारत भर में मित्र राज्य श्रद्धा से सिर झुकाते थे या दुश्मन राज्य जिसे देखकर भयभीत हो जाते थे उनकी दृष्टि में अब इस ध्वज का महत्त्व कम हो गया है। वे अब इसका उपहास उड़ाते हैं। इसलिए इसमें बदलाव करना आवश्यक हो गया है। जो अभी हमारी सेना का ध्वज होगा हमारी जीत के बाद वही वज्जि राज्य का ध्वज होगा। ध्वज में बदलाव का दूसरा कारण यह है कि मैं हमारी जीत को केवल राजनीतिक सत्ता परिवर्तन के रूप में नहीं देखता हूँ। मेरे पिताश्री ने कृषक के रूप में इस राज्य के कृषकों या अन्य कमजोर वर्गों के लोगों की पीड़ा को निकट से देखा है। रेहसायागढ़ी में रहते हुए उन्होंने अपने स्तर से इसमें बदलाव हेतु प्रयास किए हैं, अब जब हमारी जीत होगी और वे स्वयं राजसिंहासन पर बैठेंगे तो स्वाभाविक रूप से राज्य की नीतियों में इस तरह के बदलाव लाएँगे जिससे कि इससे सम्बन्धित सामाजिक और आर्थिक बदलाव हो सके। इसलिए अब जो यह वज्जि राज्य होगा उसकी सीमाओं में अभी भले ही बदलाव नहीं आया होगा किन्तु इसके चरित्र में सर्वदा के लिए बदलाव आ जाएगा और यह संदेश सभी तक जाए कि यह बदला हुआ राज्य है इस हेतु ध्वज में कुछ बदलाव आवश्यक है।"

"क्या तुमने इस सम्बन्ध में कुछ निर्णय किया है, क्या कोई स्वरूप है जिसे मैं बनवाना प्रारम्भ कर दूँ"—देवानीक ने पूछा।

"हाँ मित्र, मैंने इस बारे में सोच रखा है, यदि तुम लोगों को मेरा यह विचार पसन्द आए तो इसे ही अपना लिया जाएगा। अभी वज्जि राज्य का ध्वज 'पीले पताके पर सिंह मुख के चिह्न' रूप में है, मेरी इच्छा है कि सिंह मुख का आकार पहले से आधा कर दिया जाए और पीले रंग को बदलकर केसरिया कर दिया जाए। सिंह का मुख आक्रमकता का प्रतीक है, इसके आकार को कम कर मैं किसी को भयाक्रांत करने की प्रकृति को बदलना चाहता हूँ। केसरिया रंग साहस और बलिदान का प्रतीक माना जाता है अत: इसे मैं पीले की जगह इस्तेमाल करना चाहता हूँ।"

भलान्दन का विचार पुष्पवत और देवानीक दोनों को पसन्द आया और उन्होंने इसे ही ध्वज के रूप में स्वीकार लिया। देवानीक और पुष्पवत युद्ध की रणनीति और योजना के सम्बन्ध में जानना चाहते थे। अपनी योजना और रणनीति के सम्बन्ध में जानकारी देते हुए भलान्दन ने कहा, "मित्र, राज्य की शक्ति अधिक है, उनके

संसाधन भी अधिक हैं, यदि हम पारम्परिक तरीके से एक स्थान पर आमने-सामने का सीधा युद्ध करेंगे तो यह हमारे लिए कठिन सिद्ध हो सकता है। आमने-सामने का युद्ध तो होना ही है किन्तु वह हमारी शर्तों और परिस्थितियों के अनुरूप हो, यह मेरी आकांक्षा है। हम आमने-सामने के युद्ध में तब होंगे जब हमारी और उनकी शक्ति लगभग बराबर होगी।"

"मैं समझा नहीं इस बात को, इसे और स्पष्ट करो क्योंकि युद्ध तो आमने-सामने ही होता है, बिना युद्ध किए हम उनकी शक्ति को कम कैसे करेंगे जिससे कि वे हमारी बराबरी पर आ जाएँ"—देवानीक ने पूछा।

भलान्दन ने अपनी बात स्पष्ट करते हुए कहा, "मैंने वाणिज्यग्राम के भ्रमण के दौरान नगर की बाह्य और आन्तरिक संरचना का सूक्ष्मता से अध्ययन किया है। माताश्री ने भी इस सम्बन्ध में मुझे कई महत्त्वपूर्ण जानकारियाँ दी हैं। जैसा कि हम सभी को ज्ञात है कि सामान्यत: नदी किनारे बसे नगर के एक तरफ या छोर पर ही वह नदी होती है। वाणिज्यग्राम नगर इस मामले में अपनी तरह का एक अनोखा नगर है जो दो तरफ से नदी से घिरा है। नेपा से चलकर सदानीरा नदी नगर के पास से गुजरते हुए कोटिग्राम और उल्कचेल के पास गंगा नदी में जाकर मिल जाती है जिसके दक्षिणी तट पर मगध राज्य का पाटलिग्राम है। किन्तु वाणिज्यग्राम नगर सदानीरा नदी के ठीक उस जगह पर है जहाँ यह नदी पूरब से उत्तर की तरफ मुड़कर फिर गंगा की दिशा में जाने के लिए दक्षिण की तरफ बढ़ती है अर्थात ठीक इसी जगह पर एक द्वीप जैसा निर्माण करती है। सदानीरा के इस अनोखे घुमावदार मोड़ पर द्वीप जैसी जगह पर इस नगर के बसने के कारण इसका पूरब, उत्तर और पश्चिम भाग पूरी तरह नदी से परिवृत है। यही भौगोलिक स्थिति नगर को दक्षिण के अलावा तीन दिशा से सुरक्षित करती है और यही कारण है कि पितामह महाराज नाभानेदिष्ट ने इस जगह को अपनी राजधानी के रूप में चुना होगा। नगर की इसी खूबसूरती और प्राकृतिक सुरक्षा तंत्र को हमें अपने पक्ष में इस्तेमाल करना है। यदि हमने किसी तरह केवल एक तरफ से खुले क्षेत्र अर्थात नगर के दक्षिणी भाग को अवरोधित कर दिया तो न केवल नगर का सम्पर्क बाकी राज्य से कट जाएगा, उन्हें राज्य से कोई भी सामग्री मिलनी बन्द हो जाएगी बल्कि फिर राज्य के सैनिकों को हमारी शर्तों पर, हमारी परिस्थितियों के अनुरूप नगर के एकमात्र प्रवेश द्वार से बाहर निकलने को विवश होना पड़ेगा। उनके पास संख्या अधिक है किन्तु जब वे हमारे मजबूत अवरोध के बीच बाहर निकलेंगे तो हम उन पर प्रभावी होकर शुरुआती दौर में तो क्षति पहुँचा ही देंगे। हमारे लिए सबसे अच्छी स्थिति यह होगी कि आमने-सामने का युद्ध बराबरी की संख्या में हो। नगर का घेरा और अन्न जैसे आवश्यक सामानो की कमी होते ही भ्राता वसुरथ के समर्थकों और सैनिकों का मनोबल टूट चुका होगा जिससे इतनी जल्द उन्हें सैनिकों की संख्या बढ़ाने का अवसर भी प्राप्त नहीं होगा।"

"यह योजना तो बहुत शानदार है भलान्दन, किन्तु नगर के प्रवेश द्वार के सामने के खुले स्थान को अवरोधित करेंगे कैसे"—पुष्पवत ने पूछा।

"तुम लोग मुझे यह बताओ कि यदि हमारे सात-आठ सहस्त्र लोगों को काम में लगाया जाए तो सदानीरा नदी से प्रवेश द्वार के सामने और थोड़ा आगे पूरब की तरफ तक नहर खोदने में कितना समय लगेगा"—भलान्दन ने पूछा।

"पाँच से छः दिवस"—देवानीक ने कहा।

"और यदि इतने लोगों के दो समूह की व्यवस्था की जाए और रात-दिन मिलाकर कार्य हो तो"—भलान्दन ने अगला प्रश्न किया।

"अधिक से अधिक तीन दिवस"—देवानीक ने उत्तर दिया।

यह सुनकर भलान्दन ने कहा, "तो हमें केवल तीन दिवस में ही प्रवेश द्वार को इस तरह अवरोधित कर रखना है कि उस प्रवेश द्वार से कोई भी निकल नहीं पाए। हम रात्रि प्रथम पहर पहले नगर के प्रवेश द्वार को अपने दो सहस्त्र सैनिकों के बल पर पूरी तरह घेर देंगे। उसी समय नहर खोदने का काम भी शुरू कर देंगे। नहर खोदने में निकाली गई मिट्टी को प्रवेश द्वार के दोनों तरफ इस तरह रखा जाएगा कि यह एक ऊँचे बाँध का काम करे। तीन दिवस पश्चात जैसे ही हमारा नहर खोदने का कार्य पूरा हो जाएगा, हमारे एक हजार सैनिक प्रवेश द्वार के दोनों तरफ बने इस ऊँचे बाँध पर अपना स्थान ले लेंगे। जब नगर के इस मुख्य द्वार से राज्य के सैनिक बाहर निकलेंगे तो वे आगे पानी से भरी नहर और दोनों तरफ हमारे बनाए बाँध के बीच से गुजरने को विवश होंगे। यदि उनमें से कुछ नहर पार भी कर गए तो हमारे बचे एक हजार सैनिक उन पर भारी पड़ेंगे। हालाँकि यह स्थिति तब बदल जाएगी जब इस बात को समझकर सेनापति प्रसेनजीत एक ही बार बड़ी संख्या में राज्य के सैनिकों को बाहर निकालेगा किन्तु तब तक हम उन्हें उतना नुकसान पहुँचा चुके होंगे कि हमारी संख्या लगभग बराबर होगी। फिर आमने-सामने के युद्ध में हम उन्हें परास्त कर देंगे।"

"किन्तु जब नगर का इस तरह का अवरोध होगा तब मैं सूचनाएँ कैसे भेज पाऊँगा"—पुष्पवत ने पूछा।

"इसके लिए तुम्हें नदी का सहारा लेना होगा। गुप्तचर या संदेशवाहक नदी पार कर आ ही सकते हैं पुष्पवत—भलान्दन ने जवाब दिया। फिर उसने देवानीक से कहा, "अच्छा देवानीक, तुम्हें इस बात पर विशेष ध्यान रखना होगा कि नहर खोदने के लिए हमें हमारे निश्चय के अनुसार ब्राह्मण या क्षत्रिय से किसी प्रकार का सहयोग नहीं लेना है। इन्हें छोड़कर आवश्यकतानुसार वैश्य, शूद्र, अस्पृश्य सभी का सहयोग लो। यह मेरा व्यक्तिगत युद्ध नहीं है, यह युद्ध समस्त समाज एवं राज्य के हितों हेतु है। किन्तु तुम यह भी प्रयास करना मित्र कि ये नगर के आसपास के ग्रामों के गण हों जिससे उन्हें कम असुविधा हो और वे समय पर कार्य पूर्ण कर सकें"—भलान्दन ने कहा।

राजऋषि निपा का हिमवंत आश्रम ही भलान्दन की युद्ध सम्बन्धित तैयारियों का केन्द्र बन गया। हिमवंत आश्रम या उसके आसपास ही सैनिक एकत्रित होने प्रारम्भ हो गए। अस्त्र-शस्त्र भी आश्रम के अन्दर एक निश्चित जगह पर एकत्रित किए जाने लगे। रथ का निर्माण भी आश्रम के पास ही हो रहा था। घोड़े और हाथियों को आश्रम के पास के जंगल में रखा जा रहा था। भलान्दन और देवानीक इन कार्यों की निगरानी कर रहे थे। पुष्पवत नगर जा चुका था। उसने योजना अनुसार अपने पिता और अन्य श्रेष्ठियों के सहयोग से पर्याप्त धन भलान्दन के पास भेजा था। उसने यह सूचना भी भेजी कि सेनापति प्रसेनजीत पाँच हजार सैनिकों को तैयार कर रहा है, जिसे पूरा करने का लक्ष्य बीस दिन रखा गया है। पुष्पवत ने यह जानकारी भी भेजी कि युद्ध शुल्क के नाम पर श्रेष्ठियों से अत्यधिक धन वसूला जा रहा है और जो श्रेष्ठी इनकार कर रहे हैं उन्हें प्रताड़ित किया जा रहा है जिससे कि नगर में अत्यधिक तनाव है। अधिकतर श्रेष्ठी वसुरथ के विरुद्ध हो चुके हैं।

ये सारी जानकारियाँ भलान्दन के आकलन के अनुरूप ही थीं। सेनापति प्रसेनजीत द्वारा निर्धारित बीस दिन के लक्ष्य को जानकर उसे प्रसन्नता हुई। उसने देवानीक से कहा कि हमें हर हाल में दस दिन पश्चात प्रस्थान कर ग्यारहवें दिन नगर के मुख्य द्वार पर पहुँच जाना है। देवानीक ने अपनी तैयारियों को इसी के अनुरूप बताया। देवानीक इस बीच नहर खोदने के लिए नगर के आसपास के गाँवों के लोगों से बात कर आठ सहस्त्र लोगों के दो समूह की व्यवस्था भी कर आया। उसने अभी उन्हें यह जानकारी गुप्त रखने को कहा। देवानीक ने अनुभव किया कि ये सारे गण स्वेच्छा से भलान्दन की सहायता करना चाह रहे थे। यह स्थिति पूरी तरह भलान्दन के अनुकूल थी। भलान्दन ने तीन तेज गति से चलनेवाले ऐसे घुड़सवारों की व्यवस्था भी की थी जो सुप्रभा और उसके बीच सूचनाओं का आदान-प्रदान सुनिश्चित कर सके। भलान्दन को इस बात का सन्तोष था कि अभी तक की प्रगति से वह सन्तुष्ट थीं।

सारी तैयारियाँ योजना अनुसार तय समय पर हो गईं। ठीक दसवें दिवस प्रातः काल राजऋषि निपा का आशीर्वाद लेकर भलान्दन वाणिज्यग्राम के लिए अपनी सेना के साथ प्रस्थान कर गया। उसने वह रात नगर के पास के क्षेत्र में बिताई। अगली रात उन्हें नगर के मुख्य द्वार को अवरोधित करना था।

रात दूसरा पहर समाप्त होने को था, नगर में हर तरफ सन्नाटा व्याप्त था किन्तु सेनापति प्रसेनजीत बदहवास राजमहल की तरफ तेजी से जा रहा था। उसे देखते

ही राजमहल के प्रवेश द्वार का प्रहरी मार्ग प्रशस्त करते हुए सर झुकाकर पीछे हट गया। अन्दर के सैनिक भी उसे देखकर प्रहरी की तरह ही हट जा रहे थे। वह सीधे अन्त:पुर के द्वार पर पहुँचा जहाँ उपस्थित दासी से उसने कहा कि उसे अभी इसी समय महाराज से मिलना है। दासी रात के तीसरे पहर सेनापति को देखकर पहले ही चौंक गई थी किन्तु जब उसे महाराज से मिलाने के लिए कहा गया तो उसे समझ ही नहीं आया कि वह क्या बोले। दासी जब किंकर्तव्यविमूढ़ वहीं खड़ी रही तो सेनापति प्रसेनजीत ने इस बार ऊँचे स्वर में क्रोधित होते हुए उससे कहा कि वह अभी महाराज को सूचित करे। इस बार दासी अन्दर की तरफ भागी।

राजपुरोहित कौशिक, सेनापति प्रसेनजीत और अमात्य प्रमुख विश्रुतवंत प्रात: काल राजप्रसाद में वसुरथ की प्रतीक्षा कर रहे थे। सभी को वहीं प्रतीक्षा करने के लिए कहा गया था। अब जब दिन का प्रथम पहर बीतने को था तब वसुरथ उनके बीच आया। उसकी स्थिति अब भी ऐसी नहीं लग रही कि वह किसी विमर्श की स्थिति में हो। रात के मद्यपान का प्रभाव अब भी स्पष्ट रूप से परिलक्षित था किन्तु वह अपनी तरफ से संयत दिखने का पूरा यत्न कर रहा था। जब उसे लगा कि अब वह संयत दिख रहा है एवं उसका स्वर अब लड़खड़ायेगा नहीं तब उसने कहा, "ऐसी कौन-सी विपत्ति आ गई कि मुझे इस तरह तंग किया गया, मेरे विश्राम को भंग किया गया। सेनापति, आपको क्या दिन और रात का अन्तर नहीं पता? यह किस तरह का व्यवहार है, मैं सारा दिन राजकाज में व्यस्त रहता हूँ, क्या वज्जि राज्य के सम्राट को रात्रि विश्राम की भी अनुमति नहीं है? भविष्य में यह बात स्मरण रहे, इस तरह का व्यवहार मुझे स्वीकार्य नहीं होगा।"

सेनापति प्रसेनजीत कुछ बोलता इसके पूर्व ही राजपुरोहित कौशिक ने कहा, "राजन, एक राज्य के राजा के लिए उसका कोई भी समय आरक्षित नहीं होता। जिस समय वह सत्ता के शिखर पर पहुँचता है उसी समय वह अपने दिन और रात दान कर देता है। राजसिंहासन केवल सत्ता, राजमुकुट और अधिकार ही प्रदान नहीं करता है, इसके साथ ही कुछ कर्तव्य भी देता है। अथाह अधिकार का भोग करने के लिए कुछ कर्तव्य भी करने पड़ते हैं। सेनापति प्रसेनजीत लगभग आधी रात्रि से आपकी प्रतीक्षा कर रहे हैं, प्रात: काल से मैं और अमात्य प्रमुख विश्रुतवंत आपकी प्रतीक्षा कर रहे हैं, तो राजन आपका पहला प्रश्न आपके विश्राम में आई अड़चन से सम्बन्धित न होकर राज्य की सुरक्षा से सम्बन्धित होना चाहिए था।"

वसुरथ ने कहा, "गुरुदेव, अभी इस समय मैं आपसे शिक्षा ग्रहण करने नहीं आया हूँ, इसके लिए आप अलग से जब कहेंगे आपके समक्ष उपस्थित हो जाऊँगा। मैं जानना चाहता हूँ कि आखिर ऐसी कौन-सी बात हो गई, ऐसा कौन-सा पर्वत गिर पड़ा कि आप लोग दिन सही से प्रारम्भ होने की भी प्रतीक्षा नहीं कर सके? बताइए सेनापति, क्या हुआ है?"

"महाराज, एक संकट की सूचना है, भलान्दन ने नगर के मुख्य द्वार को बाहर से बन्द कर दिया है"—सेनापति प्रसेनजीत ने उत्तर दिया।

"क्या बच्चों जैसी बातें कर रहे हैं सेनापति आप, नगर का मुख्य द्वार क्या किसी गृह का द्वार है जिसे वह वैश्य भलान्दन बन्द कर देगा। और यदि कर भी दिया तो उसे बन्दी बनाइए और द्वार खोलिये, इसमें मेरी अनुमति की भला क्या आवश्यकता है।"

"महाराज, भलान्दन अपनी सेना के साथ आया है, उसकी सेना ने मुख्य द्वार घेरकर बाहर से उसे अवरुद्ध क़र दिया है।"

"क्या? वह अभी सेना लेकर आ गया? यह भला कैसे हो सकता है, अभी एक पखवाड़ा भी नहीं बीता उसके गए जबकि उसने तो एक मास की बात की थी।"

"राजन, आप भूल रहे हैं, उसने एक मास में युद्ध समाप्त करने की बात कही थी, आने के लिए तो वह कभी भी स्वतंत्र था"—राजपुरोहित कौशिक ने कहा।

"जो भी हो गुरुदेव, किन्तु यह तो युद्ध नहीं है, वह इस तरह नगर का द्वार कैसे बन्द कर सकता है?"

"राजन, कैसे, क्या का उत्तर तो आपके सेनापति और अमात्य प्रमुख देंगे किन्तु यह युद्ध ही है। कोई सेना चाहे तो आधी रात में नगर पर प्रभुत्व स्थापित कर सकती है, यह तो उस नगर और राज्य का कर्तव्य है कि वह अपनी व्यवस्था इतनी सुदृढ़ रखे कि कोई इस तरह का दुःसाहस करने की हिम्मत ही नहीं कर सके। एक राजा के तौर पर यह आपकी विफलता है। अभी आपको प्रश्न ही करना है तो हमारे सेनापति प्रसेनजीत से यह प्रश्न करिए कि जब भलान्दन हमारे ही राज्य में इतनी बड़ी तैयारियाँ कर रहा था तो राज्य की गुप्तचर शाखा को इस सम्बन्ध में जानकारी कैसे नहीं हुई? और यह स्थिति तब उत्पन्न हुई है जब युद्ध की स्पष्ट चेतावनी थी, केवल चेतावनी ही नहीं अपितु हम तो युद्ध की तैयारियाँ कर रहे थे। हाँ यह बात अवश्य है कि इन तैयारियों के लिए आपको बीस दिवस की आवश्यकता थी किन्तु एक आम नागरिक भलान्दन ने यह काम दस दिवस में ही कर दिया। वह भी तब जब उसे अपनी पूरी तैयारी अर्थात सेना गठन से लेकर शस्त्र संग्रहण तक सबकुछ इसी अवधि में करना पड़ा होगा। अब उसकी चपलता और हमारी अकर्मण्यता के कारण उत्पन्न इस स्थिति के लिए किसे दोष दें? वज्जि राज्य की पूरी व्यवस्था सालों से चरमराई हुई है, न तो कोई समन्वय है और न ही कोई शासन, फिर तो यह स्थिति आज न कल आनी ही थी।"

"गुरुदेव, मैं यहाँ उस वैश्य पुत्र की प्रशंसा और अपनी असफलता की गाथा सुनने नहीं बैठा हूँ और ना ही यह क्या, क्यों और कैसे में उलझने का समय है। हम पहले इस वैश्य पुत्र को बन्दी बनाकर कारावास में डाल दें, इस विद्रोह का नाश कर दें उसके बाद इन सारी बातों पर मनन करते रहेंगे, तब आपकी हर बात पर

अमल किया जाएगा। किन्तु अभी कृपया कर मुझे यह बताया जाए कि अब तक हम प्रतीक्षा किस बात की कर रहे हैं, हम उसे कुचल क्यों नहीं देते? सेनापति आप अपनी सेना से उसे रौंद दीजिए, उसे बन्दी बनाकर मेरे समक्ष लाइए।"

"यह अभी सम्भव नहीं है महाराज"—सेनापति प्रसेनजीत ने कहा।

"सम्भव नहीं है, क्यों सम्भव नहीं है, दस-बारह दिवस में वह कितनी बड़ी सेना ले आया है कि आप इसे असम्भव मान रहे हैं सेनापति?"

"महाराज सेना तो दो सहस्त्र होने की सूचना है।"

"बस दो सहस्त्र और आप इसे इतना कठिन मान रहे हैं, हमारी तैयारी तो पाँच सहस्त्र की है न? फिर हमारी सेना उसे आसानी से सबक सिखा देगी।"

"महाराज, पाँच सहस्त्र सैनिक की तैयारी आपने बीस दिवस में करने के लिए कहा था, जिसमें अभी आठ दिवस शेष है। अभी हमारे पास तीन सहस्त्र से अधिक सैनिक नहीं हैं, इन तीन सहस्त्र सैनिकों में भी कई किसी कार्यवश नगर से बाहर गए है जिन्हें सात दिवस पश्चात उपस्थित होने के लिए कहा गया था। अब चूँकि नगर का द्वार ही बन्द है तो वे अभी आ भी नहीं सकते। अत: अभी हमारी उन पर मामूली बढ़त है और चूँकि उनकी सेना नगर का मुख्य द्वार बन्द कर चुकी है तो वे अच्छी स्थिति में होंगे और वे हमारी सेना का अधिक नुकसान कर सकते हैं।"

प्रसेनजीत की बातों को सुनकर सभी चुप हो गए। कुछ क्षण रुककर अमात्य प्रमुख विश्रुतवंत ने कहा, "एक सूचना और प्राप्त हुई है, भलान्दन लगभग सात-आठ सहस्त्र लोगों के सहयोग से सदानीरा से नगर के मुख्य द्वार से आगे तक नहर खुदवा रहा है।"

उसकी बात सुनते ही वसुरथ बोल पड़ा—"नहर, इस समय, वह भी मुख्य द्वार के सामने, क्या पागलपन है यह, क्या उसकी बुद्धि भ्रष्ट हो गई है, और उसे पता नहीं कि मेरी अनुमति के बिना मेरे राज्य में इस तरह का कार्य कर वह अपनी मृत्यु सुनिश्चित कर रहा है। इस नहर को बनाने के पीछे अभी उसका उद्देश्य क्या है?"

सेनापति प्रसेनजीत ने उत्तर देते हुए कहा, "महाराज, भलान्दन वस्तुत: हमें चारों तरफ से द्वीप की तरह घेरकर पूरे राज्य से हमारा सम्पर्क अवरुद्ध कर रहा है। यह नगर तो पहले से ही तीन तरफ से सदानीरा से घिरा हुआ है, अब जो भाग मुक्त था उसे भी वह नहर बनाकर हमें इसी नगर में कैद कर देना चाहता है। इससे हमें राज्य भर से मिलनेवाली सहायता तो रुक ही जाएगी, नगर में आवश्यक वस्तुओं की भी भारी कमी हो जाएगी। यदि एक दिवस भी यह बन्द रह गया तो नगर में फल-सब्जियों तक की कमी हो जाएगी, नागरिक व्यग्र हो जाएँगे। संकट यहीं तक सीमित नहीं है महाराज, हमें उससे युद्ध लड़ने भी इसी नहर को पार कर जाना होगा और इस नहर को पार करने की चेष्टा के समय

बाहर पहले से उपस्थित भलान्दन की सेना भारी क्षति पहुँचा सकती है। बिना लड़े ही हमारी सेना कमजोर हो जाएगी। यदि हमने दस सहस्त्र सैनिकों का इन्तजाम किया होता तो शायद एक बार आक्रमण कर हम उनकी सेना पर हावी हो सकते थे, तब यदि नहर पार करने तक हमारे आधे सैनिक भी कम हो जाते तो भी हम उनसे दोगुने से अधिक रहते।"

"तो सेनापति आप क्या कहना चाह रहे हैं, हम अभी कुछ नहीं करें, उस वैश्य पुत्र की जो भी इच्छा हो उसे करने दें, इस तरह तो हम उसे स्वयं ही बढ़त दे देंगे।"

"महाराज, हमें सबसे पहले हमारी सैन्य शक्ति उस पर बढ़त के उपयुक्त बनानी होगी। हमें कम-से-कम पाँच सहस्त्र सैनिकों की अपनी योजना को पूरी करने के बाद ही किसी प्रत्युत्तर के बारे में सोचना चाहिए। मैं नगर के कुछ और नागरिकों पर दबाव बनाकर सेना में शामिल करता हूँ।"

"सेनापति, इन पाँच सहस्त्र सैनिकों के तैयार होने में अभी आपको कितना समय लगेगा।"

"महाराज, इसमें कम-से-कम दो से तीन दिवस तो लगेंगे ही।"

"और यदि इस बीच में उसने नगर पर आक्रमण कर दिया तो?"

"नहीं महाराज, वे यह गलती कभी नहीं करेंगे। एक तो उन्हें हमारी तैयारियों के बारे में निश्चित रूप से कुछ पता नहीं होगा दूसरी तरफ उनके पास कोई बड़ी सेना नहीं है जो इस तरह का दु:साहस करे। नगर के अन्दर घुसने का मतलब हमारी अनुकूल स्थितियों के बीच उनका फँस जाना होगा, मात्र दो सहस्त्र सैनिकों के बल पर वे यह कार्य नहीं कर सकते, उनकी पूरी योजना हमसे नगर के बाहर उनकी अनुकूल स्थितियों में लड़ने की है। और अभी उन्हें अपनी स्थिति थोड़ी और मजबूत करने देने के सिवा हमारे पास कोई विकल्प भी नहीं है। हमें पूरी तैयारियों के बाद ही युद्ध करना होगा।"

"ठीक है सेनापति, आप जैसा उचित समझें करें, किन्तु यह ध्यान रहे कि वह नगर में घुसने की चेष्टा न करे। अभी हमारे पास जितने भी सैनिक हैं उन्हें नगर के मुख्य द्वार के पास भेज दीजिए, वे अन्दर रहकर ही द्वार की रक्षा करें। किसी भी कीमत पर जो बाकी सैन्य तैयारियाँ करनी है वह दो से तीन दिवस में पूरी हो जाए।"

सेनापति प्रसेनजीत उसी समय राजमहल से निकलकर अपनी सैन्य तैयारियों में लग गया। उसे यह बात समझ में आ गई थी कि यदि असाधारण प्रयास न किए जाएँ तो अब राज्य की सेना को हार से बचाना असम्भव होगा। भलान्दन की चपलता, तैयारियों से वह स्वयं स्तब्ध था, इतनी कम अवधि में बिना पूर्व तैयारियों के इस तरह का आक्रमण, यह बात कल्पना से परे थी, किन्तु यही सत्य था जिसका उसे सामना करना था।

भलान्दन अभी-अभी देवानीक के साथ तीन दिवस में तैयार हुई नहर का निरीक्षण कर आया था। योजना के मुताबिक नहर बन चुकी थी। नगर के मुख्य द्वार के दोनों तरफ नहर की निकाली गई मिट्टी से ऊँचा बाँध भी तैयार हो चुका था। यह सबकुछ बिना किसी प्रतिरोध के हो गया। मुख्य द्वार के गोपुर पर उपस्थित राज्य के सैनिक जिनके जिम्मे दूर तक निगरानी रखने का कार्य था वे चुपचाप इन निर्माण कार्यों को देख रहे थे। पुष्पवत ने पहले ही सूचना भेजी थी कि राज्य की सैन्य तैयारी अभी अधूरी है और तीन दिवस तक राज्य की सेना की तरफ से कोई कार्यवाही सम्भव नहीं है। पुष्पवत ने नगर के अन्दर के वातावरण की भी जानकारी भेजी थी जो भलान्दन के लिए उत्साहवर्धक था। नगर में मुख्य द्वार को घेरे जाने की बात सुनकर पहले तो लोग घबरा गए थे किन्तु जब बाद में उन्हें ज्ञात हुआ कि युवराज नाभाग के पुत्र भलान्दन ने वसुरथ को सिंहासन से हटाने के लिए यह किया है तो वे प्रसन्न हो गए। वसुरथ के अब तक के अत्याचारों और अकर्मण्यता से ऊब चुके नागरिक इसे अपनी मुक्ति का मौका मान रहे थे। अधिकतर श्रेष्ठियों से लेकर आम नागरिक तक भले ही वसुरथ के डर से अपनी मनोभावना को उजागर नहीं कर रहे थे किन्तु प्रसन्न सभी थे। नगर का वातावरण कुछ इस तरह का था जैसे गण बस भलान्दन के विजय की प्रतीक्षा में थे। नगर में आवश्यक वस्तुओं की कमी हो गई थी फिर भी आम नागरिक इस कठिनाई को सहजता से स्वीकार रहे थे, उनकी कामना बस भलान्दन की जीत थी। इस जानकारी ने भलान्दन को बहुत ही ढाढ़स प्रदान किया, अब उसे केवल राज्य की सेना और वसुरथ को पराजित करने की प्रतीक्षा थी। और जैसे अब तक सबकुछ योजना के मुताबिक हो रहा था चौथे दिन भी सबकुछ उसी अनुरूप हुआ।

चौथे दिन के दूसरे पहर में मुख्य प्रवेश द्वार से लगभग दो हजार सैनिक बाहर निकले जिन्हें दोनों तरफ के बाँध के पीछे छिपे भलान्दन के सैनिकों के ऊँचाई से भेदे जा रही बाणों का सामना करना पड़ा। ऊँचे बाँध जैसे सुरक्षित स्थान से हुए इस अकस्मात आक्रमण से बचाव और प्रत्युत्तर का राज्य के सैनिकों के पास कोई ठोस साधन नहीं था। वे आगे नहर से घिरे थे जबकि दोनों तरफ से उनके ऊपर बाण बरस रहे थे। दिन के तीसरे पहर सेनापति प्रसेनजीत ने सैनिकों से नहर की तरफ बढ़ने के बजाए बाणों की परवाह किए बिना बाँध पर चढ़कर भलान्दन के सैनिकों से लोहा को कहा। सैनिकों ने ऐसा ही किया और तब वे कुछ हद तक भलान्दन की सेना का मुकाबला करने में सक्षम हो पाए फिर भी वे उन पर बढ़त बनाने की स्थिति में नहीं थे। अपनी कमजोर स्थिति को बदलने के लिए युद्ध के

अन्तिम कुछ समय में सेनापति प्रसेनजीत को एक हजार और सैनिकों को बाहर लाना पड़ा। किन्तु यह सारे प्रयास निष्फल ही साबित हुए। सूर्यास्त के साथ युद्ध समाप्त होने तक राज्य की सेना को भारी क्षति हो चुकी थी। वसुरथ जो मुख्य द्वार के पास ही रहकर सारी गतिविधियों का अवलोकन कर रहा था वह इस अनपेक्षित क्षति से हताश था। निराशा की यही स्थिति सेनापति और राज्य के सैनिकों की भी थी। दूसरी तरफ भलान्दन के शिविर में हर्ष का वातावरण था। हालाँकि कुछ सैनिक यहाँ भी हताहत हुए थे किन्तु युद्ध के पहले दिन मिली इस सफलता से सभी उत्साहित थे।

रेहसायागढ़ी में सुप्रभा को भी जब ये सूचनाएँ प्राप्त हुईं तो उसने सन्तोष का अनुभव किया। पहले दिन की इस स्थिति से वह समझ गई कि वसुरथ की सैन्य क्षमता सीमित है और अब वह अधिक समय तक प्रतिकार करने में असमर्थ होगा। सुप्रभा ने अपनी तरफ से यथोचित संदेश भी भलान्दन तक भेजे थे जिससे उसे कुछ सुविधा प्राप्त हो। रात गहरे अँधेरे में बीत रही थी किन्तु सुप्रभा को जल्दी सुबह होने का आभास अब हो गया था।

रात तीसरे पहर देवानीक को पुष्पवत द्वारा भेजी गई एक महत्त्वपूर्ण सूचना प्राप्त हुई। देवनीक अविलम्ब भलान्दन के पास पहुँचा और भेजी गई सूचना की जानकारी देते हुए कहा, "उनकी योजना अपने सैनिकों और कारीगरों के सहयोग से कल नहर पर काष्ठ और पत्थरों से निर्मित सेतु बनाने की है।"

भलान्दन ने पूछा, "उन्हें यह सेतु बनाने में कितना समय लगेगा?"

देवानीक ने उत्तर दिया, "यदि बिना किसी व्यवधान के सुगमता से यह कार्य हो और बड़े पैमाने पर शिल्पकार व सामग्री की व्यवस्था हो तो हमने जितनी चौड़ी नहर का निर्माण किया है इसमें आधा दिन तो लग ही जाएगा। किन्तु हम उन्हें यह काम सुगमता से करने ही नहीं देंगे, उन्हें तो पहले बाँध पर उपस्थित हमारे सैनिकों के बाणों से स्वयं को सुरक्षित करना होगा फिर नहर के इस पार जो हमारे सैनिक हैं वे भी उनका स्वागत बाण से ही करेंगे। उन्हें पूरा दिन लग जाएगा और फिर भी सम्भव है उनका कार्य अपूर्ण ही रहे।"

देवानीक की बातों को सुनकर भलान्दन ने कहा, "देवानीक, उन्हें बिना किसी बाधा के सेतु बनाने दो, अपने सैनिकों से कहो कि वे उन्हें नहीं रोकें।"

देवानीक ने चौंकते हुए कहा, "यह तुम क्या कह रहे हो मित्र, हम उन्हें भला यह काम सुगमता से क्यों करने दें? यदि हमने कल भी अपना आक्रमण विगत दिवस की तरह जारी रखा तो उन्हें पुनः नुकसान उठाना होगा और उनके सैनिकों की संख्या कम हो जाएगी।"

भलान्दन ने देवानीक को समझाते हुए कहा, "मित्र, हमें युद्ध जीतना है, यह हमारी प्राथमिकता अवश्य है किन्तु हमें केवल नैतिक मार्ग का चयन करना है,

किसी अनैतिक तरीके से यह युद्ध नहीं जीतना है। हमारा युद्ध केवल राजमुकुट के लिए नहीं है, हमारा युद्ध असत्य पर सत्य की जीत और अनैतिकता पर नैतिकता की जीत हेतु है। हमने नहर बनाई, मुख्य द्वार के दोनों तरफ बाँध बनाए जिसकी सहायता से हमने कल उन्हें परास्त किया किन्तु यह सब केवल इसलिए सम्भव हो पाया क्योंकि राज्य की पूरी व्यवस्था समाप्त हो चुकी है। भ्राता वसुरथ ने अपने अहंकार और भोग विलास में डूबकर ऐसी कुव्यवस्था उत्पन्न कर दी है कि आज यह राज्य किसी भी आक्रमण के लिए पूरी तरह अक्षम हो चुका है। हम लोग दस दिवस तक इसी राज्य में सैन्य तैयारी करते रहे, तुमने आठ सहस्त्र लोगों के दो अलग-अलग समूह नगर के आसपास के ग्रामों से बना लिये, हम इतने लोगों और इतनी तैयारियों के साथ यहाँ पहुँच भी गए और हमने बिना किसी प्रतिरोध के नहर व बाँध दोनों बना लिये, क्या कोई भी सबल राज्य, जिसकी गुप्तचर व सैन्य व्यवस्था दुरुस्त हो, प्रशासन सही से कार्य कर रहा हो वह यह कभी होने देता? यह तो गनीमत है कि अब तक मगध या किसी अन्य राज्य को हमारी इतनी बदतर स्थिति का अनुमान नहीं हो पाया अन्यथा आज इस राज्य का अस्तित्व संकट में होता, सोचो यही काम यदि किसी अन्य राज्य की सेना ने किया होता तो आज क्या स्थिति होती? मैंने नहर, बाँध का निर्माण उनकी सैन्य शक्ति कम करने के लिए अवश्य किया है किन्तु इसके पीछे मेरा एक उद्देश्य यह भी था कि राज्य की प्रजा अच्छी तरह वसुरथ द्वारा स्थापित कर दी गई असुरक्षा और कुव्यवस्था को समझ लें। हमारा यह उद्देश्य पूरा हो चुका है मित्र देवानीक। अब हमें परम्परागत युद्ध में उन्हें परास्त करना है। मैं जानता हूँ तुम अभी भी उनके पास की हमसे अधिक सैनिकों की संख्या से चिन्तित हो किन्तु हम अपने शौर्य से उन्हें फिर भी परास्त करेंगे। नहर और बाँध बनाने से हमें एक लाभ यह भी तो हुआ है कि हम संख्या में कम होकर भी, कुल क्षमता में कम होकर भी उनके अन्दर भय पैदा करने में सफल रहे हैं। मित्र भयग्रस्त व्यक्ति या सेना कभी भी जीत नहीं सकती। विजय हमारी ही होगी। तुम अपने सैनिकों को बाँध से अभी ही वापस बुला लो, उन्हें कल आधे दिन तक सेतु बनाने दो, जो शिल्पकार सेतु बनाएँगे वे सैनिक नहीं होंगे अत: उन पर आक्रमण करना अनैतिक होगा, हमें उन्हें कल सेतु सुगमता से बनाने देना है, हम इस पार उनका युद्ध भूमि में स्वागत करेंगे।"

अगले दिन सेनापति प्रसेनजीत अपनी लगभग पूरी सेना के साथ मुख्य प्रवेश द्वार से बाहर निकला और यह देखकर आश्चर्यचकित हो गया कि दोनों तरफ के बाँधों से भलान्दन के सैनिक जा चुके थे। उसे किसी प्रतिरोध का सामना करना नहीं पड़ा। उसे यह बात भी समझ में नहीं आई कि उसके कारीगरों को सुगमता से पुल क्यों बनाने दिया जा रहा है जबकि उसने अपनी तरफ से उनकी सुरक्षा हेतु कई तैयारियाँ की थी फिर भी वह भलान्दन के सैनिकों की तरफ से होनेवाले आक्रमण

को लेकर सशंकित था। दिन आधा समाप्त होने तक पुल पूरा तैयार हो गया। पुल तैयार होते ही वसुरथ नगर से बाहर आया और नहर के इस पार युद्ध प्रारम्भ हो गया।

पहले पैदल सेना के बीच घोर संघर्ष हुआ, दोनों तरफ के सैनिक एक दूसरे पर हावी होने का प्रयत्न करते रहे। कुछ समय पश्चात समस्त सेना युद्ध में शामिल हो गई। दोनों तरफ के हाथी, रथ और घोड़ा पर सवार सैनिक भीषण युद्ध करते रहे। भलान्दन की इच्छा वसुरथ से सीधा युद्ध करने की थी किन्तु सेनापति प्रसेनजीत स्वयं अन्य सैनिकों के साथ यह सुनिश्चित करता रहा कि भलान्दन वसुरथ तक पहुँच न पाए। सूर्यास्त होने पर युद्ध समाप्त हो गया किन्तु भलान्दन वसुरथ तक पहुँचने में असमर्थ रहा। आज के युद्ध में किसी को बढ़त प्राप्त नहीं हुई थी। क्षति लगभग बराबर थी किन्तु अब भी भलान्दन की तुलना में बड़ी सेना होने के बाद भी वसुरथ को बढ़त नहीं मिल पाना राज्य के सैनिकों को निराश कर रहा था। एक समय कुछ ही देर में भलान्दन की सेना को कुचल देने की बात सोचनेवाला वसुरथ दो दिनों के युद्ध में यह समझ गया था कि यह बहुत ही कठिन युद्ध है।

तीसरे दिन जब युद्ध प्रारम्भ हुआ तो भलान्दन ने देवानीक से कहा कि वह किसी तरह सेनापति प्रसेनजीत को उलझाकर रखे ताकि वह स्वयं वसुरथ के पास पहुँच सके। किन्तु जब तक देवानीक उसकी बात पर अमल करता सेनापति प्रसेनजीत अपने रथ पर सवार होकर भलान्दन के रथ के सामने आ चुका था। भलान्दन और प्रसेनजीत के बीच युद्ध होने लगा, किन्तु कुछ ही समय में अपने बाणों से भलान्दन प्रसेनजीत को आहत करने में सफल रहा। जब तक प्रसेनजीत कुछ सँभलता तब तक भलान्दन ने उसके रथ को क्षतिग्रस्त कर दिया परिमाणतः प्रसेनजीत को वहाँ से हट जाना पड़ा। हालाँकि कुछ समय पश्चात दूसरे रथ पर सवार होकर वह पुनः लौटा किन्तु इस बार देवानीक ने उसे भलान्दन तक पहुँचने नहीं दिया।

आधा दिन बीतने को था और भलान्दन जल्द वसुरथ के सामने जाने का यत्न कर रहा था। और जब भलान्दन वसुरथ के पास पहुँचा तो उसने पाया कि वह अन्य सैनिकों से युद्धरत है। भलान्दन ने अपने सैनिकों को हट जाने का संकेत करते हुए ऊँचे स्वर में वसुरथ से कहा, "भ्राता, युद्धभूमि में मैं आपका स्वागत करता हूँ, आप मेरा अभिवादन स्वीकार करिए और सावधान हो जाइए, मैं अब आप पर आक्रमण करूँगा।"

वसुरथ ने भी ऊँचे स्वर में उत्तर दिया, "वैश्य पुत्र भलान्दन, इस अभिनय की कोई आवश्यकता नहीं है। तुमने किसी दूसरे राज्य के सहयोग से मेरे विरुद्ध जो यह षड्यंत्र रचा है उसका मैं आज ही अन्त कर दूँगा, मैं तो तुम्हें ही ढूँढ़ रहा था। आज तुम्हारे जीवन का अन्तिम दिवस है, मैं आज ही यहीं युद्ध भूमि में तुम्हें मृत्यु दंड दूँगा।"

भलान्दन ने कहा, "भ्राता, मुझे लगा था आपको मेरी तैयारियों को देखकर अपनी स्थिति का कुछ आकलन हुआ होगा किन्तु ऐसा हुआ नहीं है। आज भी आप

अपने अहंकार से मुक्त नहीं हो पा रहे हैं। आप विगत बीस सालों से इस राज्य के राजा हैं, आप मेरे आक्रमण को समय रहते सँभालने और समझने में तो विफल रहे ही, आप अपने राज्य की प्रजा तक को पहचान नहीं पा रहे हैं। अपनी दुर्बलता, असफलता को ढकने के लिए दूसरे राज्य के षड्यंत्र के आवरण का सहारा मत लीजिए। यह एक अयोग्य शासक के चिह्न हैं, अयोग्य शासक इसी तरह अपनी अकर्मण्यता को छुपाने के लिए दूसरे राज्य के षड्यंत्रों से प्रताड़ित होने का स्वाँग रचते हैं ताकि नागरिकों के मन में उनके प्रति सहानुभूति उत्पन्न हो एवं दृष्टि उनकी अक्षमता की तरफ न जाए। संयोग से मैंने आज तक के जीवन में अपने पग वज्जि राज्य की सीमा से बाहर रखे ही नहीं हैं। ध्यान से देखिए नहर बनानेवाले लोगों से युद्ध कर रहे सैनिकों तक सभी आप ही के राज्य के नागरिक हैं। और एक बात जिसे जानकर आपको दुख होगा वह भी जानना आपके लिए जरूरी है, ये जो सैनिक आपकी सेना से युद्ध कर रहे हैं इनमें आपकी परिभाषा के अनुसार कोई भी क्षत्रिय नहीं है। आप युद्ध लड़ भी रहे हैं उनसे जो क्षत्रिय नहीं हैं और आपकी सेना को पराजय भी इन्हीं से मिलेगा।"

इसके पश्चात भलान्दन और वसुरथ में युद्ध प्रारम्भ हो गया। उनके बीच धनुष-बाण से युद्ध होता रहा। युद्ध बराबरी का था और कोई कमतर साबित नहीं हो रहा था। किन्तु इसी बीच भलान्दन वसुरथ के रथ को क्षतिग्रस्त करने में सफल रहा। वसुरथ खड्ग लेकर नीचे चला आया और उसने भलान्दन को ललकारा। भलान्दन भी रथ छोड़कर खड्ग के साथ नीचे चला आया। दोनों के बीच घमासान युद्ध होता रहा। कभी भलान्दन हावी हो जाता तो कभी वसुरथ किन्तु अन्ततः भलान्दन ने वसुरथ को आहत कर दिया। वसुरथ की भुजाओं पर खड्ग से कड़ा प्रहार हुआ था। वह लड़खड़ाकर नीचे गिर पड़ा। भलान्दन ने उसे उठने के लिए कहा, वसुरथ पुनः युद्ध करने लगा किन्तु अब वह अन्दर ही अन्दर शिथिल हो रहा था। उसकी शक्ति क्षीण हो चुकी थी। उसके हाथ से दो बार खड्ग गिर गया किन्तु दोनों बार भलान्दन ने उसे खड्ग उठाने का मौका दिया। परन्तु कुछ ही समय में वसुरथ निढाल होकर नीचे गिर पड़ा। उसे इस तरह गिरता देख उसके सैनिकों में भगदड़ मच गई, सभी नगर की तरफ भागने लगे।

भलान्दन भूमि पर निढ़ाल पड़े वसुरथ के एकदम पास गया और कहा, "राजन, क्या आप युद्ध करेंगे, मैं निहत्थे पर वार नहीं कर सकता, आप उठिए और अपना खड्ग उठाइए, मुझसे युद्ध करिए।"

बड़ी कठिनाई से वसुरथ उत्तर देते हुए बोल पाया—"भलान्दन, मैं पराजय स्वीकार करता हूँ, मुझमें अब युद्ध करने की शक्ति शेष नहीं है। मेरा वध मत करो, मैं तुम्हारे हर शर्त को मानने को तैयार हूँ, मुझे जीवन दान दे दो, मुझसे भूल हुई, मुझे क्षमा कर दो।"

भलान्दन उसके पास सिराहने जाकर बैठ गया। उसने अपने सैनिकों से जल मँगवाया और वसुरथ को सहारा देकर उससे जल ग्रहण करवाने के पश्चात बोला, "भ्राता, मैं आपका जीवन लेने का इच्छुक कभी था भी नहीं, मेरे पिताश्री ने मुझसे वचन लिया है कि मैं आपकी हत्या नहीं करूँगा। आप अपने जीवन को सुरक्षित समझें। आप स्वास्थ्य लाभ लें और जब उस स्थिति में हों इस राज्य से चले जाएँ। जीवनयापन के लिए आपकी इच्छानुसार आपको पर्याप्त धन दे दिया जाएगा।"

युद्ध समाप्त हो चुका था। हर तरफ हर्ष का वातावरण था। देवानीक, पुष्पवत, भलान्दन के सैनिक और वाणिज्यग्राम के नागरिक खुलकर अपना हर्ष व्यक्त कर रहे थे। इस बीच किसी ने भलान्दन के जयकार का उद्घोष किया तो उसने उन्हें रोकते हुए कहा, "मेरी नहीं, महाराज नाभाग की जय बोलो"। और उस समय से पूरा युद्धभूमि और नगर "महाराज नाभाग की जय" के उद्घोषों से गूँजने लगा।

सूर्यास्त हो चुका था। युद्ध समाप्त होने के पश्चात भलान्दन आहत सैनिकों के पास गया जहाँ उनका उपचार चल रहा था। उसने राज्य के आहत सैनिकों के उपचार की भी व्यवस्था करवाई। उसने पुष्पवत और देवानीक से कहा कि वे नगर में रहें और नगर की स्थिति पर दृष्टि रखें। फिर वह राजऋषि निपा के हिमवंत आश्रम के लिए प्रस्थान कर गया। रात दूसरे पहर वह हिमवंत आश्रम पहुँचा। राजऋषि निपा को उसने युद्ध में विजय की सूचना दी। राजऋषि निपा के लिए यह गर्व का क्षण था। उनके शिष्य ने वज्जि साम्राज्य को कुशासन से मुक्ति दिलाई थी। पूरा हिमवंत आश्रम आज गौरवान्वित था। हिमवंत आश्रम में ही रात्रि विश्राम कर भलान्दन सुबह रेहसायागढ़ी पहुँचा और पहले आचार्य ब्रह्मदत्त के पास गया। आचार्य ब्रह्मदत्त तक युद्ध में उसकी जीत की सूचना पहुँच चुकी थी। उन्होंने बताया कि अब यह सूचना पूरे राज्य में पहुँच चुकी है, रेहसायागढ़ी में तो अर्धरात्रि के बाद से ही हर्षोल्लास का वातावरण है। आचार्य ब्रह्मदत ने आनेवाले जीवन हेतु भलान्दन को आशीर्वाद दिया और कहा कि आज महाराजा नाभानेदिष्ट की आत्मा को उस पर बहुत गर्व हो रहा होगा। आचार्य ब्रह्मदत ने कहा नहीं पर उन्हें महाराजा नाभानेदिष्ट के समक्ष भलान्दन के सम्बन्ध में की गई अपनी भविष्यवाणी का सच होना अब स्पष्ट दिखाई दे रहा था।

आचार्य ब्रह्मदत्त के पास कुछ समय रुककर जब भलान्दन अपने माता-पिता से मिलने घर पर पहुँचा तो वहाँ का दृश्य देखकर अचंभित रह गया। वहाँ केवल

रेहसायागढ़ी के लोग ही नहीं बल्कि आसपास के अनेको गाँव के लगभग सारे लोग उपस्थित थे जिसमें स्त्री-पुरुष, वृद्ध-बच्चे सभी थे। इतनी बड़ी भीड़ थी कि उनके बीच से उसे अपने माता-पिता के पास पहुँचने में भी समय लग गया। वे उसे अपने बीच देखते तो उनकी उत्तेजना और बढ़ जाती और वे हर्षोल्लास से जयकार करने लगते। भलान्दन के हाथों में केवल दो मुकुट थे, ये दोनों राजमुकुट वसुरथ और पौलोमी के थे जिसे उसने युद्धभूमि से प्रस्थान करने के पूर्व देवानीक के द्वारा मँगवा लिया था।

भलान्दन ने अपने घर के बरामदे में खड़े अपने पिता और माता के चरणों में ये दोनों राजमुकुट रख दिए। अपने पराक्रमी विजयी पुत्र को अपने चरणों में इस तरह झुके देखकर सुप्रभा-नाभाग भाव विह्वल हो गए। उन्होंने उसे उठाकर अपनी बाँहों में भर लिया। यह दृश्य वहाँ उपस्थित सभी को भावविह्वल कर गया और सभी 'महाराज नाभाग की जय, रानी सुप्रभा' की जय का उद्‌घोष करने लगे। यह उद्‌घोष एक बार जो आरम्भ हुआ वह अब रुकने का नाम ही नहीं ले रहा था। ऐसा लग रहा था जैसे पूरा आकाश इन उद्‌घोषों से गूँज रहा हो। ये वह ध्वनि थी, वे स्वर थे, वह प्राप्त लक्ष्य था जिसके लिए सुप्रभा पच्चीस साल से प्रतीक्षारत थी। भलान्दन के गर्भ में होने के समय से एक-एक दिन और एक-एक क्षण उसने इस हेतु ईश्वर से प्रार्थना की थी। यह अविस्मरणीय स्वर्णिम क्षण थे, उसने एक बार नाभाग के चेहरे को गौर से देखा और कानों में आ रहे स्वर 'महाराज नाभाग की जय' को अपने अन्त:करण में छुपा लिया, उसे लगा जैसे यह वह संसार अब रह ही नहीं गया जिसे वह विगत पच्चीस सालों से जीती आ रही थी। यह कोई और संसार था जिसमें न अपमान था और न पीड़ा थी। यह अद्‌भुत सुख उसने इसके पूर्व कभी अनुभव नहीं किया था। उसने ईश्वर के प्रति मन-ही-मन आभार व्यक्त किया। उसे लगा जैसे अब उसने सबकुछ पा लिया, अब उसके नाभाग को उसके कारण मिले अपमान भरे जीवन से मुक्ति मिल गई।

अत्यधिक प्रयत्न करने के बाद जब सभी शान्त हुए तो नाभाग ने वहाँ उपस्थित सभी लोगों से कहा, "यह केवल मेरे या देवी सुप्रभा के जयकार का समय नहीं है, यह वज्जि राज्य, इसे स्थापित करनेवाले महाराज नाभानेदिष्ट और यहाँ के समस्त नागरिकों के जयकार का समय है। यह आप सभी की जय है, जीत है। आज से अभी से यह वज्जि राज्य विगत दो दशक की पीड़ा से मुक्त होकर एक नये समाज और राज्य के निर्माण हेतु अग्रसर हो चुका है। बाकी बातें और चीजें तो शनैः शनैः होंगी किन्तु एक बात की घोषणा मैं आप लोगों के समक्ष अभी ही कर देना चाहता हूँ। आज से, अभी से इस राज्य का हर नागरिक यही सोचे, समझे और अपने अन्त:करण में बैठा ले कि 'मैं अब अपनी मिट्‌टी का स्वयं स्वामी हूँ, अपनी धरती का राजा स्वयं हूँ।' कोई किसी के अधीन नहीं, कोई किसी का स्वामी नहीं, इस

राज्य में हर कोई राजा है, हर कोई प्रजा है। राजसिंहासन पर बैठनेवाला जिसे राजा के नाम से पुकारा जाएगा वह प्रजा का प्रतिनिधि भर है, वह राजा प्रजा की जरूरतों को पूरी करने के लिए प्रजा द्वारा ही नियुक्त प्रतिनिधि है, प्रजा राजा से ऊपर है। ऐसी व्यवस्था सुनिश्चित की जाएगी कि राजकाज और प्रशासन में नागरिकों का प्रतिनिधित्व सुनिश्चित हो ताकि नागरिकों की प्राथमिकताएँ ही राजा व राज्य की प्राथमिकता बनी रहे एवं शासन में नागरिकों की सीधी भागीदारी हो।"

नाभाग की इस अद्‌भुत, और अभूतपूर्व उद्‌घोषणा का अर्थ जब लोगों ने समझा तो उन्हें लगा जैसे उनके समक्ष कृषक के रूप में कोई उनका उद्धारक खड़ा है जो अब सम्राट भी है, एक 'कृषक सम्राट' जो मानव जाति को हर तरह की पराधीनता से मुक्त कर, हर गण को शासन के तंत्र के रूप में देख रहा था, एक समान समझ रहा था। पूरा वातावरण पुनः 'महाराज नाभाग की जय' के उद्‌घोषों से गूँज उठा।

लोगों के प्रस्थान और भोजन के पश्चात नाभाग ने सुप्रभा और भलान्दन को अपने कक्ष में बुलाया। कुछ अन्य सामान्य बातों के पश्चात नाभाग ने उनसे कहा, "मैं जानता हूँ, मैं अभी जो कहने जा रहा हूँ उससे आप दोनों को कष्ट होगा किन्तु मुझे यह विश्वास है कि आप मेरी सन्तुष्टि और प्रसन्नता के लिए इस कष्ट का भी सहजता से वरण कर लेंगे। मैं आप लोगों की इच्छा का अनादर भी करना नहीं चाहता किन्तु यह आप भी नहीं चाहेंगे कि मैं वैसा कुछ भी करूँ जिसे मेरा अन्तः स्वीकार ही नहीं करता हो। मैं वज्जि राज्य का सम्राट नहीं बनूँगा, यह पद भलान्दन स्वीकार करे।"

नाभाग के इन शब्दों को सुनकर सुप्रभा, भलान्दन स्तब्ध रह गए। उन्हें एक क्षण के लिए इन्हें सुने जाने का विश्वास ही नहीं हुआ। सुप्रभा को तो ऐसा लगा जैसे किसी ने उसे नींद से जगा दिया हो या वह अब नींद में विचरण करने लगी हो।

भलान्दन बोल पड़ा—"पिताश्री, आप यह क्या कह रहे हैं, मैंने तो यह युद्ध केवल आपके लिए जीता है। आरम्भ से अन्त तक मैंने केवल आपको राजसिंहासन पर देखने की कल्पना की है। यह राजमुकुट जब मैं लेकर आ रहा था तो इन्हें आपके और माताश्री के शीश पर देखने की कल्पना कर हर्षित हो रहा था। मैंने यह सबकुछ आपके लिए किया है, मैं स्वयं के लिए सोच भी नहीं पा रहा हूँ, मुझे यह दंड मत दीजिए पिताश्री। माताश्री आप कहिए न पिताश्री को, वे यह पद स्वीकार करें।"

सुप्रभा तो स्वयं हतप्रभ थी, उसने स्वयं को सँभालते हुए नाभाग से कहा, "रेहसायागढ़ी में जब मैंने आपको पहली बार खेतों में काम करते हुए धूल-धूसरित देखा था, तब जब यह मेरा लाल भलान्दन मेरी कोख में था उसी समय मैंने प्रण कर लिया था कि जिस समय तक वसुरथ के शीश का राजमुकुट आपके पास नहीं आ जाएगा उस समय तक मैं चैन से नहीं बैठूँगी। आज जब पुत्र भलान्दन ने

ईश्वर, पूर्वजों और गुरुजनों के आशीर्वाद और अपने पराक्रम से वह क्षण ला दिया है तो आप मुझसे आपको राजा के रूप में देखने का सुख क्यों छीनना चाहते हैं, आपने मुझे सबकुछ दिया है, मैं अपने जीवन के लिए अब कुछ नहीं चाहती, आप केवल यह पद स्वीकार लें।"

सुप्रभा, भलान्दन की बातें सुनकर चेहरे पर चिरपरिचित मुस्कान के साथ नाभाग ने कहा, "देवी, आपने जो प्रण किया था वह तो पूर्ण हो गया, देखिए राजमुकुट यहाँ मेरे पास आ चुका है, अब राजसिंहासन पर मैं बैठूँ या आपका पुत्र, अन्तर क्या है इसमें? देवी सुप्रभा, आपने वह कर दिखाया है जिसे युगों-युगों तक स्मरण किया जाएगा। आज की इस सफलता की पूरी परिकल्पना तो आपने ही निर्धारित की है। आपने पच्चीस वर्षों से इस हेतु अपनी योजनाएँ बनाई है और धैर्य के साथ उचित समय पर इन्हें क्रियान्वित किया है। आपने केवल अपनी प्रतिज्ञा को पूर्ण करके नहीं दिखाया है बल्कि इस राज्य को कुशासन से मुक्ति भी दिलाई है और यहाँ के नागरिकों का कल्याण किया है। मुझे आज उस क्षण का स्मरण हो रहा है जब मैं आपसे पाणिग्रहण हेतु पिताश्री और भार्गव ऋषि के समक्ष याचना कर रहा था। तब उन्होंने मुझसे कहा था कि राज्य की महारानी का पद किसी क्षत्राणी के लिए ही आरक्षित है। वस्तुत: इस परम्परा में कोई बुराई नहीं है यदि क्षत्राणी होने का आधार जन्मगत न हो, यदि यह कर्म पर आधारित हो जो कि मेरी दृष्टि में धर्म की वास्तविक और सच्ची व्याख्या है, क्योंकि एक राज्य की रक्षा हेतु बुद्धि, शौर्य, धैर्य व समग्र सोच की आवश्यकता होती है जो कि एक क्षत्रिय या क्षत्राणी का मूल गुण है। क्या आज आपसे उत्तम क्षत्राणी का कोई अन्य उदाहरण इस भारत वर्ष में है? आप आज भारत की सर्वश्रेष्ठ क्षत्राणी हैं देवी। आपने हमारी परम्पराओं में आए दोष और धर्म की गलत व्यख्या को स्पष्ट दृष्टिगोचर कर दिया है और यह सिद्ध किया है कि क्षत्रिय या क्षत्राणी होना जन्मगत नहीं है बल्कि यह पूर्णरूपेण कर्म पर आधारित है। आपने मुझे गौरवान्वित किया है देवी, यह धरती आपको सदैव श्रद्धा से स्मरण करेगी।"

सुप्रभा कुछ बोलती उससे पहले ही नाभाग ने भलान्दन से कहा, "पुत्र भलान्दन, मैं जानता हूँ तुमने केवल इस राज्य को कुशासन से मुक्ति दिलाने और मुझे राजा के रूप में देखने के लिए ही यह सारा यत्न किया है किन्तु तुम अब मेरी आज्ञा और इच्छा से ही इस पद को स्वीकार करो। मैं उस पद पर नहीं होकर भी जो भी मेरा अनुभव है उसके अनुसार तुम्हें दिशा-निर्देश और सुझाव देता रहूँगा। मैं भले ही यहाँ रेहसायागढ़ी में रहूँगा किन्तु राजमहल तो आता-जाता ही रहूँगा। मैं अमात्यों या किसी अन्य पदाधिकारी को भले कोई निर्देश ना दूँ किन्तु तुम्हारा पिता होने के नाते तुम्हें तो निर्देश, सुझाव दे ही सकता हूँ। रह गई मेरे पद न स्वीकारने के पीछे का कारण, तो यह केवल एक ही है। मैंने अपने पिताश्री के समक्ष वैश्य मर्यादा पालन करने की प्रतिज्ञा ली थी, मेरे पिताश्री ने मुझसे केवल मेरे वैश्य होने के आधार पर

युद्ध करने से इनकार कर दिया था तो उसी समय एक तरह से मेरी प्रतिज्ञा उनके आदेश में परिवर्तित हो गई थी। और मैं उनके दिए आदेश की अवहेलना कैसे कर सकता हूँ, यदि वे होते और वे मुझे अपने आदेश से मुक्त कर देते तो मेरे लिए इस पद हेतु विचार करना सम्भव भी था। उनके आदेशानुसार मैंने वैश्य के रूप में उन्हें कर दिया, फिर वसुरथ को कर दिया और अब तुम्हें कर दूँगा पुत्र भलान्दन। मेरे पिताश्री अब इस संसार में नहीं हैं, क्या आप चाहेंगे कि उनके न होते मैं कोई ऐसा कार्य करूँ जिससे उनकी आत्मा को कष्ट पहुँचे और मेरी अन्तरात्मा मुझे धिक्कारे।"

नाभाग की इस बात का किसी के पास कोई उत्तर नहीं था, उन्हें नाभाग की इच्छा माननी पड़ी। नाभाग ने भलान्दन को राजकाज के लिए तमाम उपयुक्त सुझाव दिए और उससे कहा कि, "पुत्र भलान्दन, मैंने कृषक के रूप में इतने वर्ष बिताकर नागरिकों के कष्ट को बहुत ही निकट से देखा है। मैं यहाँ रहकर यह भी अनुभव कर पाया हूँ कि आखिर क्यों एक राजा तक नागरिक की पीड़ा पहुँच नहीं पाती। मैं विस्तार से तुम्हें भविष्य में भी हर बात को समझाता रहूँगा किन्तु अभी कुछ प्रमुख बातों को कहना जरूरी समझता हूँ जिसका अनुकरण करना तुम्हारे लिए आवश्यक है। सबसे पहला काम यह होना चाहिए कि राजा की शक्ति का विकेन्द्रीकरण हो। राजा के पास असीमित शक्ति होने से उसके वसुरथ की तरह निरंकुश होने की सम्भावना बनी रहती है और इससे राजा पर अनेकानेक कार्यों की निर्भरता हो जाती है, अत: कुछ कार्यों को अमात्यों या अन्य पद सृजित कर सौंपने की आवश्यकता है। अभी तक अमात्य राजा की इच्छा से बनते हैं, जिसका परिणाम यह होता है कि राजा के आसपास केवल चाटुकार लोगों का जमावड़ा हो जाता है जो राजा के गलत निर्णय पर उसे रोकना तो दूर वे उसका समर्थन ही करते रहते हैं जिससे कि राजा को न तो उचित परामर्श मिल पाता है और न ही उसकी गलतियों पर कोई नियंत्रण होता है। मेरी समझ से ऐसी कोई व्यवस्था स्थापित होनी चाहिए जिससे कि अमात्यों की नियुक्ति नागरिकों की इच्छा से हो, नागरिक अपने क्षेत्र से योग्य अमात्य को भेजें जिसका कार्यकाल निश्चित हो। इसके लिए राज्य को विभिन्न मंडलों में बाँटकर हर मंडल से एक-एक अमात्य को चुना जा सकता है, इससे राज्य नागरिकों के प्रति उत्तरदायी भी होगा और नागरिकों की शासन में अपनी भागीदारी भी सुनिश्चित दिखेगी। इसके अलावा करों के दर में सुधार की आवश्यकता है। किसानों से तो साल भर कर लिया जाता है। हर उपज पर कर, यह उचित नहीं, और न ही कर का अन्न के रूप में लिया जाना उचित है। कर साल में केवल एक बार व्यक्ति के आय के अनुरूप लिया जाए। इनके साथ ही एक अति महत्त्वपूर्ण विषय पर तुम्हें निरन्तर कार्य करने की आवश्यकता होगी पुत्र, समाज में दासों और अस्पृश्य जातियों की स्थिति बहुत ही दयनीय है। यह दयनीय स्थिति केवल अर्थ, धन से जुड़ी हुई समस्या नहीं है, इन वर्गों के लोगों के साथ

समाज के बाकी तबकों द्वारा लगातार अमानवीय व्यवहार और शोषण किया जाता है। इसका निर्मूलन अपरिहार्य है, इसके लिए सामाजिक जागृति चाहिए। राज्य और समाज मिलकर ही यह कार्य कर सकते हैं। तुम इसकी शुरुआत करो, इस सम्बन्ध में आचार्य ब्रह्मदत्त से भी विमर्श करते रहो।"

ऐसे ही अनेकानेक परामर्शों को लेकर भलान्दन वाणिज्यग्राम लौट आया, जहाँ उसका भव्य स्वागत किया गया। भलान्दन ने पद सँभालते ही सबसे पहले सेनापति प्रसेनजीत को उसकी अकर्मण्यता के कारण हटा दिया और उसकी जगह देवानीक की नियुक्ति कर दी। अमात्य प्रमुख विश्रुतवंत को अपनी कार्यप्रणाली सुधारने के लिए उसने तीन मास का समय दिया। भलान्दन ने पुष्पवत को कोषाध्यक्ष का पद देकर राज्य के सारे वित्तीय अधिकार उसे सौंप दिए और उसे कर की प्रणाली का पिता नाभाग के इच्छानुसार नवीनीकरण करने को कहा। उसने राजपुरोहित कौशिक के अनुरोध पर अत्यधिक आयु को देखते हुए पद से तो नहीं हटाया किन्तु उसके राजकाज में हस्तक्षेप पर पूर्ण रोक लगा दी।

भलान्दन ने अस्पृश्यों या दासों के साथ होनेवाले उत्पीड़न को रोकने के लिए कई निर्देश दिए एवं इस हेतु एक पृथक पदाधिकारी की नियुक्ति की जो ऐसे मामलों पर उचित निर्णय कर सके।

भलान्दन ने सारे अन्य अमात्यों को तत्काल हटा दिया और राज्य को विभिन्न मंडलों में बाँटकर वहाँ से चुने गए प्रतिनिधियों को सभासद और अमात्य के रूप में नियुक्त करने की दिशा में कार्य प्रारम्भ कर दिया जैसा कि नाभाग ने उससे कहा था। पूरे राज्य को छोटे-छोटे मंडलों में बाँट दिया गया, जिनकी संख्या 200 से ज्यादा थी। इन मंडलों में हर दो वर्ष के अन्तराल पर एक आमसभा बुलाने की व्यवस्था की गई। इस आमसभा में नागरिकों द्वारा अपने एक प्रतिनिधि का चुनाव करना निश्चित हुआ, जिनका कार्यकाल दो वर्ष के लिए तय था। इन्हीं चुने गए जनप्रतिनिधियों को राजसभा में स्थान मिलना था जहाँ वे सभासद और अमात्य के रूप में राजकाज में सहयोग करनेवाले थे। वज्जि राज्य जन प्रतिनिधित्व के आधार पर नवीन शासन प्रणाली की दिशा में अग्रसर हो गया था जिसके सूत्रधार 'कृषक सम्राट' नाभाग थे। उनके नेतृत्व में वज्जि अर्थात वैशाली में गणतंत्र की आधारशिला पड़ चुकी थी।

राजपुरोहित कौशिक अपने कमरे में बेचैनी से चहलकदमी कर रहे थे। वे अधीरता से अमात्य प्रमुख विश्रुतवंत की प्रतीक्षा कर रहे थे जिन्हें उन्होंने अपने कक्ष में

बुलवाया था। अमात्य प्रमुख के आने पर राजपुरोहित कौशिक ने उन्हें बैठने के लिए कहा और स्वयं पूर्ववत चलते रहे। कुछ समय बाद तक जब राजपुरोहित कौशिक ने कुछ नहीं कहा तो विश्रुतवंत ने कहा, "क्या बात है गुरुदेव आप आज बहुत व्यथित दिख रहे हैं, क्या कोई बड़ा संकट आ गया है?"

राजपुरोहित कौशिक ने उत्तर दिया, "हाँ अमात्यप्रमुख, संकट तो बहुत बड़ा है ही, तभी मैंने आपको यहाँ बुलाया है।"

"ऐसी क्या बात है जिसने आपको इतना व्यथित कर रखा है, मैं आपको दशकों से देख रहा हूँ, महाराज नाभानेदिष्ट के समय से लेकर आज तक कैसे-कैसे संकट आए, किन्तु मैंने आपको कभी इस तरह उद्विग्न नहीं देखा। यहाँ तक कि जब आपके प्रिय राजा वसुरथ युद्ध हार गए थे तब भी मैंने आपको इस तरह की पीड़ा और घबराहट में नहीं देखा था, आज उससे बड़ी बात भला क्या हो गई?"

"अमात्य प्रमुख, वसुरथ की हार से भी मैं दुखी था किन्तु राजाओं का आना जाना लगा रहता है, इससे हमारी वास्तविक शक्ति और अधिकार में कोई विशेष अन्तर नहीं पड़ता है। आज यदि मुझे राजपुरोहित के पद से हटा ही दिया जाता तो क्या अन्तर पड़ता, यही न कि मैं इस स्थान पर नहीं होता, किन्तु कोई तो होता। और वह मेरी तरह कोई ब्राह्मण ही होता, तो वस्तुतः मैं हटकर भी कायम रहता। यह मेरे लिए उतनी चिन्ता की बात नहीं है जितनी विष्णुपद ग्राम के अस्पृश्यों का विद्रोह, क्या आपको ज्ञात है कि वहाँ क्या हो रहा है?"

"हाँ गुरुदेव, मुझे कुछ दिन पूर्व ही ज्ञात हुआ है, वहाँ अस्पृश्यों ने निश्चित दर पर मूल्य लिए बिना काम करने से इनकार कर दिया है और इस बात को हुए कई मास हो गए।"

"आश्चर्य, घोर आश्चर्य! अमात्य प्रमुख विश्रुतवंत आपको यह बात ज्ञात है फिर भी आप हाथ पर हाथ रखकर बैठे हुए हैं? अभी आपको राजा भलान्दन ने जो कार्य सुधार की चेतावनी दी है इससे तो आप बहुत भयभीत हैं, किन्तु जिस बात का प्रभाव आपकी वास्तविक सत्ता पर पड़ रहा है उसकी आपको चिन्ता नहीं। आपको ज्ञात है विष्णुपद के अस्पृश्यों के इस कार्य बहिष्कार का क्या-क्या प्रभाव होगा? यदि एक बार यह चिंगारी अग्नि का रूप ले ली तो हमारे पूरे संसार में आग लग जाएगी। उस नीच ब्रह्मदत्त ने इन अस्पृश्यों को ज्ञान देकर, शिक्षित कर इस स्तर तक पहुँचा दिया कि ये हमारी सदियों की मेहनत से प्राप्त सत्ता को आँखें दिखा रहे हैं। अमात्य प्रमुख, इसे रोकना ही होगा नहीं तो भूचाल आ जाएगा। सब तहस-नहस हो जाएगा और इस पाप के भागी बनेंगे हम, जिनके ऊपर इसे रोकने का उत्तरदायित्व था। हम ऐसे नहीं बैठ सकते हैं।"

"आपका कहना सत्य है गुरुदेव, किन्तु इसे रोका कैसे जाए?"

“अमात्य प्रमुख, दुर्भाग्य यह है कि आज राजसिंहासन पर वसुरथ विराजमान नहीं है, वसुरथ के होते तो किसी भी तरह, कोई भी जघन्य आरोप लगाकर मैं विष्णुपद के एक-एक अस्पृश्य को प्राणदंड दिलवा देता। किन्तु अब राजसिंहासन पर भलान्दन विराजमान है जिनके रहते उन अस्पृश्यों पर मिथ्या आरोप लगाकर उन्हें दंडित करने के बारे में सोचा भी नहीं जा सकता। आपको पता है उनका नेतृत्व कौन कर रहा है, एक चांडाल जिसके बारे में गुप्त सूचना है कि वह मगध जाकर सार्थवाह, व्यापारियों को लूटता है और उसी धन के बल पर विष्णुपद का अस्पृश्य विद्रोह कर पाया है। यह जो चांडाल है इसके बारे में एक जानकारी यह भी है कि यह नाभाग का प्रिय रहा है।”

“इस परिस्थिति में हम उस पर कोई सीधी कार्यवाई तो कर नहीं सकते, फिर विकल्प क्या है गुरुदेव?”

“इस विद्रोह को जड़ से काटना होगा ताकि पुन: कोई ऐसा दु:साहस करने स्वप्न भी न देखे। विष्णुपद के अस्पृश्यों को बाकी बातों के अलावा इस बात से भी बल मिल रहा होगा कि उस चांडाल पर नाभाग की दयादृष्टि है। हमें उनकी सारी शक्ति को समाप्त करने के लिए इसी जड़ को हटाना होगा, वह भी इस तरह कि हम पर किसी को शंका नहीं हो।”

“मैं कुछ समझा नहीं गुरुदेव?”

“अमात्य प्रमुख, हमें मगध से सहायता लेनी होगी।”

“गुरुदेव, आप कैसी बातें कर रहे हैं, इससे पूर्व कभी भी मगध से हमारे सम्बन्ध इतने खराब नहीं थे। यदि राजा वसुरथ कुछ समय और रह जाते तो युद्ध तय था। ऐसे में वे हमारी सहायता भला क्यों करेंगे, उन्हें ज्ञात होगा कि कोई हमारे राज्य में विद्रोह कर रहा है तो वे तो उल्टा और उसकी सहायता कर उसे मजबूत करेंगे, ताकि उसका इस्तेमाल हमारे विरुद्ध हो सके।”

“अमात्य प्रमुख, आप जो बात कह रहे हैं वह राजनीति के अनुसार बिलकुल सही है। राजनीति की भाषा में यह व्याख्या उचित है। किन्तु आप यह नहीं समझ पा रहे हैं कि धर्म का ताप राजनीति की सीमाओं को नहीं मानता। ये जो राज्यों की सीमाएँ राजनीतिक सत्ता के लिए आप क्षत्रियों ने निर्धारित की हैं वह सामाजिक सत्ता के आगे तिनके के समान भी सामर्थ्य नहीं रखती। क्योंकि इस सामाजिक सत्ता को ऊर्जा धर्म के ताप से प्राप्त होती है जिसके आगे नस्लों तक का कोई मूल्य नहीं, राज्य या राजनीतिक सत्ता क्या चीज है। आप मेरा एक काम करिए, मेरा एक पत्र मगध के राजपुरोहित विश्वघृति के पास पहुँचाने की व्यवस्था करवा दीजिए, बाकी ब्रह्म की इच्छा।”

अमात्य प्रमुख जा चुके थे और राजपुरोहित कौशिक अब भी अपने कमरे में पूर्ववत बिना रुके चहलकदमी कर रहे थे।

इस वार्तालाप के आठ दिन पश्चात भी राजपुरोहित कौशिक के मन को शान्ति नहीं थी, वे अभी भी उसी उद्विग्नता और व्याकुलता में थे।

इधर सिद्धाश्रम के जंगल में सूर्यास्त के समय सत्यरथ अपने चार साथियों के साथ रात होने की प्रतीक्षा कर रहा था। विगत तीन दिन में अच्छा धन अर्जन हुआ था, वह आज रात कार्य कर कल लौट जाने के बारे में सोच रहा था। तभी उसके एक साथी ने उससे पूछा, "तुम्हें क्या लगता है सत्यरथ, क्या हम उनसे जीत पाएँगे, वे झुकेंगे, हमारी शर्तों को मानेंगे?"

सत्यरथ ने उत्तर दिया, "पता नहीं, इसके बारे में अभी कुछ भी कहना कठिन है किन्तु इतना तय है कि हमने युद्ध प्रारम्भ तो कर दिया है, यही हमारा सौभाग्य है। आचार्य ब्रह्मदत्त कहते हैं, यह युगों तक चलनेवाला युद्ध है, और वे यह भी कहते हैं कि इस लम्बे युद्ध में इतिहास उनका लिखा जाएगा जिन्होंने इसमें भाग लिया, यह भाग लेना ही महत्त्वपूर्ण है, किसके समय इसका निष्कर्ष प्राप्त होगा यह उतना महत्त्वपूर्ण नहीं। वैसे मुझे लगता है कि यदि हमने कुछ सालों तक भी अपने ग्राम के लोगों को झुकने से रोक लिया, उनके अन्न का उपाय हम करते रहे तो फिर यह शुरुआत यहीं तक रुकेगी नहीं, यह फैलेगी, पहले रेहसायागढ़ी के आसपास, फिर पूरे वज्जि राज्य में और अन्त में पूरे भारत में।"

"मुझे एक और बात समझ नहीं आती कि जब तुम्हें युवराज नाभाग इतना स्नेह देते हैं तो तुम उनसे सहायता क्यों नहीं माँगते, अब तो उनका पुत्र भलान्दन ही राजसिंहासन पर बैठा है, वह चाहें तो उनके एक आदेश से हमारी माँग पूरी हो जाए।"

"मित्र, ऐसा नहीं है। यह समाज ऊपर से नीचे तक दो पृथक भागों में विभक्त है, सबका भाग अलग-अलग है। इसी धरती पर एक साथ दो संसारों का अस्तित्व है, एक संसार उन सबका और एक संसार हमारा। युवराज जिस संसार में सुधार का प्रयास कर रहे हैं उसका अधिक प्रभाव हम पर नहीं पड़नेवाला, हालाँकि उनका वह कार्य भी अन्ततः समाज के हित में ही है। किन्तु यदि वे हमारे संसार में सुधार हेतु अधिक सक्रियता से प्रयास करेंगे तो उन्हें पहला विद्रोह उनके अपने संसार में झेलना होगा और सम्भव है वे उसे नियंत्रित नहीं कर पाएँ तो फिर अहित उनका भी होगा और समाज का भी होगा। इसलिए वे जो कर रहे हैं वह भी उचित है, उन्हें हमारे संसार में उलझाना ठीक नहीं। उस संसार का आदमी जब भी हमारे संसार को बदलने के लिए उस संसार द्वारा निर्धारित सीमा को लाँघेगा उसे मिटा दिया जाएगा। हमारा संसार तब बदलेगा जब हम जागृत होंगे, हम अपना युद्ध स्वयं संचालित करेंगे, उस संसार वाले हमें भी मिटाएँगे किन्तु हम इसी तरह मिटते, मिटते अपने संसार को जागृत कर चुके होंगे और एक समय आएगा जब हम जीतेंगे और जब जीतेंगे तो यह पूरा संसार हमारा होगा। किन्तु तब तक हमें अपना युद्ध स्वयं हमें ही जारी रखना होगा।"

सत्यरथ की बात सुनकर उसके मित्र चुप हो गए। फिर न प्रश्न हुआ न ही प्रतिप्रश्न और न ही उत्तर। सभी सत्यरथ के हर शब्द को परखने में उलझे हुए थे, भूत, वर्तमान और भविष्य का झंझावात उनकी दृष्टि की परीक्षा ले रहा था, वे उससे गुजर रहे थे, ठहर रहे थे, आगे बढ़ रहे थे। सत्यरथ स्वयं भी यही कर रहा था, इसलिए नहीं कि उसे अपने ही शब्द सशंकित कर रहे थे, अपितु इसलिए कि जिस आह्वान को उसने थाम लिया था उसकीं गूँज को थामने में वह अब भी असमर्थ था, क्योंकि उसका अन्तिम सिरा हजारों साल पश्चात तक का विस्तार लिए भी हो सकता था। किन्तु इस विस्तार की सम्भावना अब उसे निराश नहीं कर रही थी क्योंकि सार्थकता अब उसे अपना सहचर प्रतीत होने लगी थी, वह चल जो पड़ा था, आगे बढ़ जो रहा था, एक नया आकाश गढ़ जो रहा था।

अगले दिन सुबह सिद्धाश्रम के जंगल में लोगों की भीड़ लगी थी। वहाँ पाँच लोगों के नग्न क्षत-विक्षत शव पड़े थे। ऐसा प्रतीत हो रहा था जैसे अत्यन्त अमानुषिक दंड दिया गया था। शवों की त्वचा उघड़ी हुई थी।

सूर्य अब अपनी ऊँचाई की ओर अग्रसर था, पेड़ों के झुरमुट के बीच से सूर्य का प्रकाश छनकर उन शवों के मध्य पड़े उस व्यक्ति के शव पर पड़ रहा था जिसकी खुली आँखें आकाश को ताक रही थीं मानो भविष्य को देख लेना चाहती हों।

✪